ELISABETH HERESCH

Rasputin

ELISABETH HERESCH

Rasputin

Das Geheimnis seiner Macht

Mit 63 Abbildungen
und unveröffentlichten Dokumenten

LANGEN MÜLLER

Die Transkription russischer Namen wurde nach der populären Schreibweise unter Berücksichtigung der korrekten Aussprache vorgenommen. Daher heißt es zum Beispiel Zarskoje Sjelo statt Carskoe Selo oder Jefimowitsch statt Efimovic.

Die Daten sind angesichts des Schauplatzes Rußland nach russischem Kalender angegeben – außer dort, wo es anders vermerkt ist, oder bei Ereignissen wie dem Attentat von Sarajewo oder den Kriegserklärungen Deutschlands und Österrreich-Ungarns an Rußland. Der orthodoxe Kalender steht dem westlichen bis 1900 um zwölf, 1900–1917 um dreizehn Tage nach (z. B. der 1. eines Monats = 14. nach westlicher Zeitrechnung). Seit dem 31.1.1918 sind beide Kalender gleich.

Die russische Hauptstadt bis 1918, Petersburg (russ. Sankt Petersburg), wurde mit Kriegseintritt im August 1914 in Petrograd umbenannt, 1924 in Leningrad; seit 7.11.1991 trägt sie wieder ihren ursprünglichen Namen.

Die Unterlagen für vorliegende Arbeit stammen aus neun Archiven, davon aus fünf russischen (darunter drei Sammlungen in Sibirien). Ohne die Hilfe von deren Mitarbeitern für rasche und relativ unbürokratische Bereitstellung des umfangreichen Materials wäre die Entstehung dieses Buches in kurzer Zeit nicht möglich gewesen. Dafür möchte ich allen Beteiligten herzlich danken, ganz besonders Olga Barkowetz, Moskau, Michail, Moskau, für seinen Geleitschutz in Sibirien und Alexandre Khudokormoff für seine immerwährende Hilfsbereitschaft.

Bildnachweis:
Sämtliche Bildrechte bei der Autorin

2. Auflage 1999

© 1995 by Langen Müller
in der F. A. Herbig Verlagsbuchhandlung GmbH, München
Alle Rechte vorbehalten
Umschlaggestaltung: Bernd und Christel Kaselow, München
Umschlagbild: Archiv für Kunst und Geschichte, Berlin
Herstellung: VerlagsService Dr. Helmut Neuberger
& Karl Schaumann GmbH, Heimstetten
Satz: Fotosatz Völkl, Puchheim
Gesetzt aus 10,5/13 Punkt Palatino
Druck: Jos. C. Huber KG, Dießen
Binden: R. Oldenbourg, München
Printed in Germany 1999
ISBN 3-7844-2506-2

Fatal haben ihn erst Ort und Zeit gemacht

N. A. TEFFI-BUTSCHINSKAJA,
RUSSISCHE SCHRIFTSTELLERIN UM 1916

Ohne Rasputin kein Lenin

ALEXANDER KERENSKIJ,
PREMIER DER PROVISORISCHEN REGIERUNG 1917

INHALT

III. VERGÖTTERT UND VERFLUCHT

VORWORT

Ein Mythos war Rasputin bereits zu Lebzeiten. Seine ambivalente Persönlichkeit, sein hemmungsloser Lebensstil einerseits, sein unerklärliches Heilen und Einwirken auf andere Menschen andererseits und schließlich das Phänomen seiner Macht lieferten seit jeher unerschöpflichen Stoff, der sich im Laufe der Zeit schließlich zum Boulevardthema reduziert hat.

Tatsächlich ist seine Geschichte tieferer Betrachtung wert. Angesichts von Zeit und Ort ihres Ablaufs erhält sie über das persönliche Schicksal hinausgehend jene historische Dimension, die Rasputins Rolle im Rahmen der Ereignisse am Vorabend von 1917 erst interessant macht.

Zunächst ist es höchste Zeit, Rasputins Person zu entmystifizieren. Wir verfolgen seine Kindheit und werden Zeugen jener Schlüsselerlebnisse, die seine Vorstellungen von der Verschmelzung religiösen und sexuellen Erlebens geprägt haben. Wir beobachten, wie er anfangs Antworten auf Fragen des Lebens und nach Gott sucht und dabei gegen seine Triebhaftigkeit ankämpft. Wir sehen ihn schließlich in Petersburg von eben jener Wirkung korrumpiert, die er durch seine suggestiven Kräfte und seine von den sibirischen Schamanen erlernten Heilkünste auf andere – insbesondere Angehörige der höheren Gesellschaft – ausübt. Und wir erleben schließlich mit, wie Rasputin den Kampf gegen seinen körperlichen »Dämon«, wie er seine übersteigerte Sexualität nennt, aufgibt und verliert. Sein frommes Gehaben,

9

ursprünglich Ausdruck ehrlicher Empfindung, gerät zur leeren Hülle – kaum mehr als ein Kostüm, hinter dem der Muschik, berechnend sein Image wahrend, Doppelbödigkeit und Doppelleben verbirgt und mit dem religiösen Pathos seiner effektvollen Rhetorik maskiert. Selten hat ein Gottsucher zynischer den Glauben verspottet.

Geheimberichte der Polizeiagenten, Aufzeichnungen der Schreibhilfe Rasputins, seine Briefe und Schriften und die Erzählungen von Zeitgenossen formen als Mosaiksteine das Bild Rasputins und jener Gesellschaft, die ihn zu dem gemacht hat, was er geworden ist.

Die über den üblichen Rahmen hinausgehende Religiosität der Zarin und ihre Bereitschaft, Mystik über reale Vorstellungen dominieren zu lassen, haben den Zugang Rasputins zum Zarenhof ermöglicht. Daß Rasputin imstande schien, den bluterkranken Thronfolger in kritischen Situationen dem Tod zu entreißen und zugleich die Zarin von ihren Schuldgefühlen zu befreien – schließlich hatte sie diese Krankheit eingebracht –, mußte seine Position am Zarenhof endgültig festigen.

Die einzelnen Fakten, für sich betrachtet, sind Glieder einer Kette, in deren tragischer Verknüpfung Rasputin das verbindende Element war. Auslösend für den fatalen Mechanismus, der Karrieristen um Rasputin scharte und ihn zum Instrument ihrer Ambitionen und Machenschaften werden ließ, war die Kriegserklärung Deutschlands an Rußland vom 1. August 1914. Sie versetzte das aufblühende, moderne und weltoffene Reich in einen Ausnahmezustand, in dem es auch geringe innere Erschütterungen aus dem Gleichgewicht zu werfen vermochten.

Mit dem Kriegseintritt Rußlands verließ der Zar die Hauptstadt, um im Generalstab und an der Front präsent zu sein. Damit entglitt ihm die Kontrolle über das, was in Petersburg (hinter den Kulissen) gespielt wurde. Woher sollte er auch wissen, daß einer von Rasputins Freunden nur davon lebte, daß er seine Wohnung Ministern und solchen, die es werden wollten, für Treffen mit Rasputin zur Verfügung stellte? Und daß auf diese Weise jene Listen von Kandidaten entstanden, die die Zarin ihrem Mann als »loyale, von Unserem Freund (Rasputin) akzeptierte Kandidaten« empfahl, ja in beschwörenden Briefen bei einer Postenbesetzung geradezu vorschrieb?

Und wie sollte er ahnen, daß jene Personen aus dem Freundeskreis Rasputins – für deren Begnadigung die Zarin flehentlich bat –, mit dessen Hilfe (wenn auch ohne sein Wissen) mit dem deutschen Kriegsgegner Geschäfte machten und deren Geldüberweisungen für die Revolutionäre verwalteten, die bereits am Sturz der Dynastie arbeiteten?

Gewiß, man wird Rasputin, der im Grunde gläubiger Patriot war, nicht des Landesverrats bezichtigen können. Doch daß er ungewollt die kostbarste Informationsquelle für den deutschen Generalstab war, ist erwiesen. Weit mehr als das: Obwohl die Schwächung oder gar der Sturz des Zaren das letzte war, was im Interesse des machthungrigen Muschiks liegen konnte, bot er doch das stärkste Werkzeug für die Revolutionäre, denen die Schwächung der Regierung, Destabilisierung der Verhältnisse und die Diskreditierung des zarischen Regimes nur willkommen sein konnte. Gaben sie das doch nicht zuletzt selbst zu, als einer von ihnen, von Jusupow zur Mitwirkung an Rasputins Ermordung eingeladen, kühl lächelnd abwinkte: »Warum sollen wir Rasputin umbringen? Keiner arbeitet so wertvoll für unsere Revolution wie er!«

Diskreditiert war der Zar durch das Doppelleben Rasputins, das über Petersburg hinaus bekannt war: Am Zarenhof im schlichten Tuchkaftan mit bäuerlichen Stiefeln, stets mit wohlklingenden Bibelzitaten auf den Lippen die naive Zarin erbauend – abends mit Lackstiefeln, Sei-

denhemd, Samthosen und Pelz sich ins Nachtleben stür-
zend, von Prostituierten umgeben jenen Männern zupro-
stend, deren illegale Machenschaften er gegen gutes Geld
protegierte und sich wenig darum kümmerte, welchen
Schaden er der Regierung und seinem »Väterchen Zar« mit
jedem Schachzug zufügte. Damit stürzte er in der heiklen
Zeit des Krieges Schritt für Schritt eben jenes Gesellschafts-
system in den Ruin, das ihm und den um ihn versammelten Parasiten als Quelle von Geld und Macht diente – einer
Macht, die sich Rasputin, in zunehmend kritischer politischer Lage von loyalen Beamten des Zaren beschworen,
nicht einmal mehr um viel Geld abkaufen ließ: sie war ihm
unbezahlbar geworden.

Doch als unersättlich sollte sich Rasputin auch am Rausch
der Macht erweisen – wenn wir Jusupow, seinem Mörder,
glauben können. Hat der sibirische Bauer ihm wirklich anvertraut, daß er den Zaren stürzen und die Zarin zur Re-
gentin machen wolle, bis der Thronfolger seine Volljährigkeit erreichen würde? Überzeugender hätte Jusupow seine
Mordtat jedenfalls kaum motivieren können.

Rasputin ist nur eine der schillernden Gestalten in wiederkehrenden Modellsituationen menschlichen Verhaltens in
einer Gesellschaft. Es gab und gibt derer immer und überall
viele, die sich eine Situation zunutzemachen und sich selbst
benutzen lassen – und letztlich den Organismus zerstören,
von dem sie profitieren. Rasputin war nur einer von ihnen,
doch zweifellos einer jener, die in den Gang unseres Jahrhunderts entscheidend eingegriffen haben.

I. Bauer und Gottsucher

Prolog

8. März 1917. Im weitläufigen Park von Zarskoje Sjelo, unweit der Zarenresidenz, graben einige Männer im Schnee. Sie suchen nach einem Grab.

Vom Fenster des Palastes aus beobachtet Alexandra beunruhigt, wie sich Soldaten, deren Uniformen sie aus der Entfernung nicht erkennen kann, an der für sie heiligen Stätte zu schaffen machen. Bis vor kurzem hatte sie das Grab bewachen lassen. Doch seit einer Woche ist sie nicht mehr Zarin. Am 2. März hat Zar Nikolaus unter dem Druck der Unruhen im Februar abgedankt. Er und seine Familie stehen nun unter Hausarrest. Nicht beschützt, sondern bewacht.

Aufgeregt ruft sie Alexander Kerenskij an. Dem Minister der Provisorischen Regierung untersteht nun das Kommando über Zarskoje Sjelo. Er verspricht, einen Panzerwagen zu schicken. Alexandra ahnt nicht, daß er befohlen hatte, Rasputins Leiche wegzubringen.

Schon stößt einer der Grabenden auf den Sarg. Die Stelle war leicht auszunehmen gewesen, ist sie doch durch Reste einer Kapelle markiert, die nicht mehr errichtet werden konnte …

Ein Soldat öffnet den eichenen Sargdeckel: »Das ist er! Der Verteufelte, der Zar, Zarin und Rußland regiert hat …« – das furchtbare Gesicht der Leiche, schwarz geworden;

noch die Ikone auf der Brust, die Alexandras Namenszug trägt.

Rasch wird der Sarg in eine bereitgestellte Holzkiste, die sonst Klaviertransporten dient, gelegt und auf den offenen Lastwagen geladen. Augenblicke später rast der Wagen mit einer johlenden Horde von Soldaten, unter die sich auch ein paar Studenten gemischt haben, davon.

Als sie in wilder Fahrt beim Palast vorbeikommen, löst sich der Sargdeckel und fliegt in weitem Bogen weg. Alexandra bietet sich der furchtbare Anblick des Toten – schlimmer noch als der Alptraum, der die Frau Stunden später heimsuchen wird:

»Rasputin stand in meinem Zimmer«, berichtet sie am Morgen leichenblaß ihrer Kammerfrau, »und sein starrer Blick war auf mich gerichtet … mit fürchterlicher Stimme rief er mir zu: ›Alle, alle werdet ihr auf dem Scheiterhaufen enden!‹ … Ich versuchte, zu ihm zu gelangen, streckte die Hände nach ihm aus – doch plötzlich stand das ganze Zimmer in Flammen und trennte mich von ihm …«

In der gleichen Nacht ereignet sich auch in Wirklichkeit eine gespenstische Szene. Während Kerenskijs Panzerwagen »zu spät« nach Zarskoje Sjelo kommt, bricht der Lastwagen mit der grausigen Ladung bei Ljesnoje – auf der Straße nach Petersburg, das nun Petrograd heißt – zusammen. Bald ist er von Neugierigen umringt. Sie alle wollen wissen, was sich in dieser großen Kiste verbirgt. Gold?

Die Männer laden die Fuhre ab. Die Umstehenden reißen erschrocken die Augen auf. Ist *er* das wirklich?!

Jetzt gibt es keine Hemmungen mehr. Rasch werden aus dem nahen Wald Kiefernäste abgeschlagen und herbeigeschafft. Ein Scheiterhaufen wird errichtet. Vorsichtig, um nicht die schon zersetzte Leiche anzufassen, wird der Körper mit Stangen aus dem Sarg gehoben und auf die Äste geworfen. Mit Benzin wird Feuer entfacht.

Nun sind es schon einige hundert Menschen, die sich ange-
sammelt haben – zum Großteil Bauern aus der Umgebung.
Nach der ersten Aufregung werden sie immer stiller; allmählich verstummen sie ganz. Wie magisch angezogen,
verharren sie rund um das gespenstische Schauspiel und
starren fasziniert in die Flammen.

Stück um Stück frißt sich das Feuer durch seine Beute. Kein
beißender Rauch, der immer neu aus den Flammen empor-
steigt, kein übler Geruch, den die Windstöße aus der Glut
treiben, keine nächtliche Kälte und keine Müdigkeit –
nichts kann die Menschenmenge davon abhalten, schweigend und gebannt den symbolischen Akt bis zu seinem Ende zu verfolgen.

Es bricht schon der nächste Wintertag an, als das Feuer die
Reste des Mannes, der seinen Weg als »Mann Gottes« begann und als »Mann des Teufels« beendete, vernichtet hat.
Und während sich die Menschenmenge in den Morgen zerstreut, sammeln die Soldaten die letzte Asche ein und ver-
graben sie im Schnee.

»Wenn mir etwas zustößt, wirst du deine Krone verlieren
und furchtbares Unglück wird über euch kommen ...«, hatte Rasputin der Zarin zu Lebzeiten wiederholt prophezeit
(oder gedroht, um ihren Schutz vor Mordkomplotten gegen
ihn zu erzwingen). Eine Prophezeiung, die sich erfüllen
sollte – allerdings weniger durch seinen Tod als durch sein
eigenes Wirken zu Lebzeiten.

1. »Grischa«

Am 10. Januar 1869, am orthodoxen Feiertag des Kirchen-
lehrers Hl. Gregor von Nizäa, wird Grigorij Jefimowitsch
Rasputin im sibirischen Pokrowskoje geboren. Das Dorf

15

1.	2.	3.	4.	5.	6.	7.
№№ семействъ.		Прозваніе (или фамилія), имя и отчество лицъ мужескаго пола.	Лѣта, показанныя въ ревизской сказкѣ.	Лѣта къ 1-му Января того года, въ которомъ составленъ посемейный списокъ.	Годъ, мѣсяцъ и день рожденія по метрикѣ.	Отмѣтка о прибыли и убыли лицъ мужескаго пола послѣ составленія списка.
				В о з р а с т ъ.		
		Ефима сынъ				
		Григорій	„	*27.*	*10 Января 1869 г.*	
77	*97.*	*Менщиковъ*				
		Степанъ Макаровъ умеръ		„	„	

Bisher schien Rasputins Geburtsdatum meist falsch auf. Aus dem kirchlichen Taufbuch geht jedoch eindeutig hervor: er wurde am 10.1.1869 geboren.

16

mit seinen weniger als eineinhalbtausend Seelen liegt verträumt über dem linken Ufer der Tura, knapp hinter dem Ural, wo sich Sibirien zu den unendlichen Weiten nach Osten öffnet.

Pokrowskoje ist im Laufe der im 16. Jahrhundert einsetzenden Erschließung Sibiriens entstanden. Während in Zentralrußland um 1861, acht Jahre vor Rasputins Geburt, die Leibeigenschaft offiziell abgeschafft wurde, waren die sibirischen Bauern seit jeher frei, selbständig und stolz. In diesem Gebiet ist viel Land, der Boden ergiebig. Außerdem liegen beiderseits der sibirischen Hauptverbindung nach Osten ausgedehnte Wälder, und die Flüsse sind reich an Fischen. Die Pokrowsker leben aber nicht nur von Fischfang, Jagd und Landwirtschaft. Schon seit dem 18. Jahrhundert hat sich hier Gewerbe entwickelt; Pelz- und Lederverarbeitung und eine alte Schmiede bescheren den Einwohnern dieses Gebietes zusätzliches Einkommen.

Der nächstgelegene Ort ist Tjumen. Diese kleine Stadt von sechzigtausend Einwohnern liegt an die hundert Kilometer westlich von Pokrowskoje und ist meist das Ziel der Bauern, die oft tagelang mit ihren Karren dorthin unterwegs sind, um am Markt ihre Produkte zu verkaufen. In jenen Jahren wird eine Asphaltstraße gebaut, auf der die wohlhabenden Händler ihre Trojkas von Tjumen über Pokrowskoje Richtung Osten jagen, zur nächsten Stadt Tobolsk und weiter auf der ehemaligen Seidenstraße bis nach China.

Im Winter bestimmen Pferdeschlitten das Straßenbild; Eisenbahn gibt es hier bis zum Beginn der Transsibirischen um 1891 noch keine. Im Sommer, wenn die Flüsse eisfrei sind, dampfen kleine Schiffe an Pokrowskoje vorbei – dort, wo Tobol und Tura zusammenfließen.

Tobolsk, die Gouvernementshauptstadt, liegt etwa hundertfünfzig Kilometer östlich von Pokrowskoje an jener sibirischen Trasse, die, vom Ural aus dem Westen kommend,

Auf dieser Karte Rußlands vor dem Ersten Weltkrieg ist die Transsibirische Eisenbahnlinie, die es zum Zeitpunkt von Rasputins Geburt

THE RUSSIAN EMPIRE 1900~1914

Arctic Ocean

EASTERN

SIBERIA

Viluisk

Yakutsk

Lower Tunguska

Lena

Angara

Kolyma

Amur

SAKHALIN

Lake Baikal

Cheremkhovo

Irkutsk

Chita

Khabarovsk

Nerchinsky Zarod

Kyakhta

MONGOLIA

MANCHURIA

Harbin

Vladivostok

CHINA

Japan

Se

NATIONAL AND ETHNIC GROUPS
IN EUROPEAN RUSSIA

55 million – Russians	5 million – Jews
22 million – Ukrainians	4 million – Balts
8 million – Poles	3 million – Caucasians
6 million – White Russians	2 million – Germans

noch nicht gab, bereits registriert. Sein Geburtsort Pokrowskoje liegt bei
Tobolsk.

am Ufer der Tobol entlang weiter nach Osten führt – in die Gebiete des Irtysch oder des Ob und noch weiter nach Kasachstan.

Die Gouvernementsstadt Tobolsk, Anfang des 17. Jahrhunderts Stützpunkt der sibirischen Erschließung durch ein paar hundert Kosaken unter Jermak Timofejew, hat sich seitdem zu einem blühenden Handels- und Kulturzentrum entwickelt. Hier kreuzen sich seit damals die Wege der Kaufleute. Hier entstand die erste Grundschule Sibiriens, hier entwickelte sich eine eigene Schule der Ikonenmalerei. In diesem Gebiet teilen sich die Sibirier östlich des Ural seit altersher in »Alteingesessene«, »Neue Siedler« und »Verbannte«. Rasputins Familie lebt zumindest seit drei Generationen hier in Pokrowskoje und gehört demnach zur erstgenannten Kategorie.

Die Eltern von Grigorij Jefimowitsch Rasputin, Jefim Jakowitsch – seinerseits Sohn des Jakow Wasiljewitsch – und Anna Wasiljewna, sind gutsituierte Bauern. Zu ihrem Hof gehört außer fruchtbarem Ackerland ein Viehbestand von zwölf Kühen und acht Pferden, die der Vater manchmal auch an Fuhr- und Postdienste vermietet.

Nach den jungverstorbenen Geschwistern stirbt auch Grigorijs Bruder noch im Kindesalter, als er sich beim Baden im Tura-Fluß eine Lungenentzündung holt. Grigorij ist von kräftigerer Gesundheit. Schon als Kleinkind war er früher auf den Beinen als seine Geschwister und konnte bereits mit acht Monaten laufen.

Seine Mutter stirbt früh, er behält wenig Erinnerungen an sie. Wie seine Geschwister und seine Eltern erhält auch er keine nennenswerte Schulbildung. Er lernt kaum lesen oder schreiben. Nur die Religion wird – wie auch bei anderen Familien – hochgehalten. Die Kirche wird besucht, und Bräuche, Feiertage und Fastenzeiten werden streng beachtet.

20

Fasziniert lauscht der junge Grigorij den Reden des Popen über Gott und all die Gleichnisse von Gut und Böse, den Parabeln von Schuld und Gerechtigkeit, Ehrlichkeit und Lüge, Liebe und Verrat. Und abends, wenn Pilger und Wanderer in seinem Elternhaus Einkehr finden, kann er von ihren Erzählungen über Erlebnisse auf den Reisen zu Klöstern und über das Leben anderswo nicht genug bekommen.

Der junge Rasputin neigt zum Einzelgänger. Freunde interessieren ihn kaum. Er streunt lieber allein umher oder beschäftigt sich mit Tieren. Schon in jungen Jahren wird er von seinem Vater zur Mithilfe auf dem Hof angehalten. Er weidet Vieh, übernimmt selbst auch für andere Fuhren, fährt auf dem Fluß zum Fischfang aus und hilft mitunter beim Pflügen. Doch die Arbeit ist seine Sache nicht; der Vater findet in ihm keinen zupackenden Helfer. Um so besser geht Grigorij mit Pferden und Tieren überhaupt um, die er mit seiner Stimme zu beherrschen versteht. Einmal soll er störrische Pferde allein mit seiner eindringlichen Stimme und gutem Zureden beruhigt haben.

Zugleich zeigt sich schon früh Rasputins Begabung, etwas zu erraten. Wenn er plötzlich erklärt, wer als nächster sterben wird, bekreuzigt sich Jefim Jakowitsch erschrocken und mahnt seinen Sohn, sich nicht zu versündigen. Um dann, wenn sich dessen Ahnung bewahrheitet, nur verständnislos den Kopf zu schütteln …

Wann immer etwas gestohlen wurde, zeigt Rasputin spontan auf den Dieb. »Ich sehe hinter ihm den gesuchten Gegenstand«, versucht er selbst zu erklären, was unverständlich scheint. Deshalb wagt er, wie er behauptet, auch selbst nie zu stehlen, denn er fürchtet, daß auch die anderen ihn gleichermaßen zu entlarven wissen.

Doch das bewahrt den jungen Grigorij Rasputin nicht davor, von anderen immer wieder des Diebstahls bezichtigt zu werden. Und – wie sich herausstellt – oft nicht zu Unrecht.

Einmal ist es Heu »direkt vom Heuschober«, ein andermal ist es die Angelrute, die nach Angaben von Rasputins Nachbarn, den Kartawzews, von niemand anderem als von Grigorij entwendet worden ist. »Kein Wunder«, untermauert der Bestohlene seine Behauptung, »kommt doch Grischa oft genug vom Getreideverkauf aus Tjumen mit leeren Händen zurück – ohne Ware und ohne Geld, weil er alles versoffen hat …« – »Schlecht postiert«, widersprechen andere, die in Rasputin das harmlose Opfer übler Verleumdung sehen, wobei sie auch gleich das Delikt relativieren: »Nicht nur der Dieb ist schuld, auch das Objekt, das sich stehlen läßt …«

So entzweit Rasputin schon in jungen Jahren die Einwohner seines Ortes. Er selbst legt eine eher philosophische Unbekümmertheit zu Eigentum und Geld an den Tag – nicht nur was die Leichtigkeit betrifft, mit der er etwas nimmt oder Geld ausgibt. Ob Philosophie oder Geistesgegenwart – als er einmal selbst im Wald von Räubern überfallen wird, leistet er keinen Widerstand, sondern lädt die Diebe ein: »Nehmt nur alles von mir – es gehört ohnehin alles Gott, und ich gebe es euch mit Freuden!«

Über Rasputin spricht man im Dorf ein wenig abwertend als »Grischa« – statt in der respektierlichen traditionellen Form aus Vor- und Vaternamen »Grigorij Jefimowitsch«. Daran trägt nicht nur seine bekannte Arbeitsscheu Schuld, sondern auch die Tatsache, daß er schon mit fünfzehn zu trinken anfängt. Dabei entspricht er durchaus dem Vorbild seines Vaters, dem man jedoch nachsichtiger begegnet: »Die Mönche trinken schließlich auch …« – Dagegen wird »Grischa« bald zum Synonym für »Trunkenbold«, »Sittenstrolch«, »Gauner«, »Filou« und »Pferdedieb« (ein Etikett, das zeitlebens an Rasputin haftenbleiben sollte).

So fällt kaum jemandem auf, was in diesem jungen Sonderling vorgeht, wenn er wieder einmal mitten in der Feldarbeit unvermittelt ausreißt. Da läuft er weit weg, über Felder und Wiesen, und erst wenn ihm der Atem ausgeht, bleibt er im Wald stehen und kauert sich unter einen Baum. Wo ist Gott?, fragt er sich. – Was will er von uns? Ist es wahr, was uns der Pope sagt, daß Gott in jedem von uns lebt? Wie sollen wir leben? – Lange denkt er über all das nach, wie er später seiner Magd Dunja anvertraut – der Vater hätte dafür kaum Verständnis – und bis in die dunkle Nacht verbringt er seine Zeit mit Fragen, Zweifeln und Gebeten. Er will mehr wissen als das, was ihm vermittelt wird, die Welt sehen und die Geheimnisse des Lebens verstehen – wie all die weisen umherziehenden Wanderpilger, die so viel zu erzählen wissen …

Das alles ändert nichts daran, daß Rasputin schon am nächsten Morgen wieder Liederlichkeit an den Tag legt und sich unbekümmert eher seinen Neigungen als seinen Pflichten widmet.

Aufgrund der Anzeigen gegen Rasputin, die aber mangels Beweisen alle im Sand verlaufen waren, liegt längst bei der Distriktpolizei ein dicker Akt über ihn auf. Hier lautet die Personenbeschreibung des siebzehnjährigen Grigorij Jefimowitsch Rasputin:

»1,82 Meter groß; Haare – hell und strähnig; Gesicht – länglich; Nase – durchschnittlich; Bart – dunkelrötlicher Vollbart; Typ – russisch …« – Augenzeugen erinnern sich auch noch an die »besondere Blässe in seinem Gesicht« und »die tiefliegenden, großen und hellen wäßrigblauen Augen«.

Rasputin ist früh zu einem kräftigen jungen Mann herangewachsen, selbstbewußter als die bescheidenen anderen Muschiks* seines Standes, und versteht bereits, das andere Geschlecht zu beeindrucken.

---

*) Bezeichnung für einfachen russischen Bauerntyp

Die Wirtschaft seines Vaters entwickelt sich günstig. Immer öfter wird Grigorij zum Markt nach Tjumen geschickt, um das überschüssige Getreide seiner Mühle zu verkaufen. Dabei fällt ihm eine attraktive junge Frau auf. Irina Kubaschowa war als Tochter eines Oberst der Kaiserlichen Artillerie, der sein Vermögen und seinen Ruf in Spielsalons zu verlieren drohte, quasi als Wiedergutmachung seinem vorgesetzten General zur Frau gegeben worden.

Wenn sich ihr um vier Jahrzehnte älterer Ehemann nach den Wintern in Moskau, Russisch-Polen oder der Krim in der wärmeren Jahreszeit auf sein Gut bei Tjumen zurückzuziehen pflegt, bricht für Irina Langeweile aus. Da sie weder für die Jagd noch für die Bibliothek etwas übrig hat und sechs Mädchen die Hausarbeit verrichten, pflegt sie gelangweilt spazierenzufahren oder sich in Tjumen nach Einkäufen umzusehen.

Als Rasputin sie zum erstenmal sieht, ist er fasziniert von ihrer eleganten Erscheinung und ihren langen blonden Locken. Doch er gibt sich keinen Illusionen hin, die gesellschaftliche Barriere zu überschreiten, die den Muschik von einer Angehörigen der höheren Gesellschaft trennt. Mehrmals sieht er sie, ohne daß sie einander begegnen. Doch einmal – vielleicht auf die Art hin, wie er sie anstarrt – lächelt sie ihm zu. Und plötzlich taucht sie auf, als sich Rasputin gerade wieder auf dem Markt aufhält. Ihre Begleiterin steckt ihm einen Zettel zu. Er enthält Zeit und Ort für ein Rendezvous.

Rasputin fährt mit seinem Bauernkarren zur angegebenen Adresse. Allein das prächtige Tor läßt ahnen, daß sich hinter dem diskret die Sicht abschirmenden Park ein Palais verbirgt. Zögernd tritt er ein und findet, unbemerkt vom Gärtner, der in seine Arbeit versunken ist, den Weg zum Haus der Angebeteten.

Sie erwartet ihn im Salon des ersten Stocks. Bei dem, was

nun folgt, ist man darauf angewiesen, einer von Irinas Dienerinnen, Dunja, zu glauben. Diese sollte vom Verhalten ihrer Herrin so abgestoßen sein, daß sie danach den Dienst quittieren und sich in Rasputins Haus verdingen wird.

Nach ihrem Bericht – später von Rasputins Tochter niedergeschrieben – hat Irina den ankommenden Rasputin, ohne daß einer den Namen des anderen kannte, überschwenglich begrüßt und ihm ohne Umschweife mit einer Geste bedeutet, sich zu entkleiden, ehe sie ins Nebenzimmer entschwand. Als er ihr Augenblicke später gefolgt sei, habe sie (zu Rasputins Erstaunen bekleidet geblieben) ein Signal gegeben. Daraufhin stürzten ihre fünf oder sechs Dienerinnen hinter den Vorhängen der vier Fenster hervor und übergossen Rasputin – wie er war – mit Eimern kalten Wassers, bevor sie ihn unter allgemeinem Gelächter am ganzen Körper malträtierten.

Eine halbe Stunde, Stunde – eine Ewigkeit? – und Rasputin fand sich im Freien wieder, wo ihm eine mitleidige Hand seine Kleidung nachwarf.

Wenn das stimmt, hat sich Rasputin auch nachträglich darüber nicht amüsiert, sondern eher die traumatische Erinnerung an die Erniedrigung durch das begehrte andere Geschlecht bewahrt.

Ob Dunja nun aus Mitleid oder – wie sie später einräumt – aus Verliebtheit ihren Dienst als Magd in Rasputins Haushalt aufgenommen hat, Tatsache bleibt, daß sie nicht nur nach Pokrowskoje zieht, sondern auch später Rasputin nach Petersburg folgt und ihm bis zu seiner Ermordung dient.

Eines Nachts meint Rasputins Nachbar Kartawzew, ihn wieder einmal als Dieb ertappt zu haben. »Ich versetzte ihm einige Hiebe auf den Kopf, bis er so stark aus der Nase blutete, daß er das Bewußtsein verlor«, gibt der Bestohlene später zu Protokoll.

»Es waren deren mehrere«, heißt es weiter im Polizeibericht. Am Morgen werden die angezeigten Missetäter gesucht. Rasputin wird in seinem Haus angetroffen, die anderen Gesuchten jedoch nicht. Dem Antrag auf seine Verbannung in ein östlicher gelegenes Gebiet – eine Form der Bestrafung, die nach den hier geltenden Gesetzen von der Bevölkerung für unliebsame Mitbewohner oder Straftäter beantragt werden kann – wird im Fall von Grigorij Rasputin mangels Beweisen nicht stattgegeben, und er darf sich weiterhin in Pokrowskoje aufhalten.

Doch Rasputin bleibt nicht. Er beschließt, auf Pilgerschaft zu gehen.

2. Schlüsselerlebnisse

Interpretiert auch sein Vater das plötzliche Verschwinden seines Sohnes mit mangelnder Lust an Arbeit und dem Versuch, sich davor zu drücken, motiviert es der bestohlene Bauer damit, daß Rasputin sich dem Verfahren, das gleich einem Damoklesschwert über ihm hängt, sicherheitshalber rechtzeitig zu entziehen versucht.

Später wird Rasputins devote Tochter Matrjona das Verhalten ihres Vaters damit erklären, daß ihm mitten auf dem Feld die Muttergottes erschienen und er ihrem Ruf gefolgt sei, auf Pilgerschaft zu gehen. Das habe er ihr glaubwürdig berichtet. Rasputin selbst hat Jahre später Notizen darüber verfaßt oder von seinen Anhängern niederschreiben lassen. Demnach sei er weggegangen, um Erkenntnis über das Leben und den Willen Gottes zu erlangen. Ziel sind »heilige Stätten«.

Rasputin beginnt seine »Schitjo«* – »Lebensbeschreibung« mit dieser Episode:

»*Zu Beginn meines Lebens auf dieser Erde (...) war ich in Har-*

---

*) Erst 1915 offenbar von Freunden mit Schreibmaschine in Manuskriptform gebracht

monie mit dieser Welt, das heißt, ich liebte das Leben hier und suchte mein Glück im Weltlichen.

Ich zog Karren, spielte Postkutscher, war Fischer und pflügte das Feld. Das alles macht doch einen guten Bauern aus!

Und doch mußte ich auch Unangenehmes über mich ergehen lassen. Immer wenn etwas passierte, war ich schuld, auch wenn ich gar nichts dafür konnte, und ich mußte allerlei Spott hinnehmen. Dabei bearbeitete ich doch eifrig das Feld, schlief wenig und dachte über vieles nach. Ich hatte in meiner Seele das Bedürfnis, etwas zu finden, das dem Menschen das wahre Heil bringen könnte.

Ich suchte nach Beispielen bei unseren Popen, aber das alles genügte mir nicht. Nur Singen und lautes Beten wie einer, der regelmäßig Holz hackt – das konnte doch nicht alles sein: Ich überlegte lange, und so kam es, daß ich auf Pilgerschaft ging, um mir in kurzer Zeit Lebenserfahrung zu erwerben ...«

Zu Fuß zu Klöstern zu pilgern ist im Rußland jener Zeit nicht außergewöhnlich. Seit Jahrhunderten gilt der Brauch, sich zu Fuß zu »heiligen Stätten« – das sind außer Klöstern auch Kirchen mit besonderen Ikonen oder Reliquien von Heiligen, an denen die russisch-orthodoxe Kirche so reich ist – zu begeben, als Pflichtübung eines orthodoxen Gläubigen. Er wird nicht nur von Bauern, sondern nicht selten auch von Angehörigen höherer Gesellschaftsschichten gepflegt – selbst von Zaren, die allerdings per Kutsche oder ihrem Privatzug die Reise tun. Gewöhnlich ist eine solche Pilgerreise nicht auf ein einziges Mal im Leben beschränkt; mehrmals, oder in der Regel sogar einmal jährlich, macht sich ein russischer Gläubiger zu jener Zeit auf den Weg.

Die Auswahl der Ziele ist ebenso groß, wie die Liste der orthodoxen Heiligen lang ist, an deren Chronik sich die Gläubigen erbauen können. Zahllos sind die Legenden, die um früher einmal wohltätig oder ruhmreich wirkende Personen geflochten sind – Eremiten, Asketen, Wundertäter und, nicht zu vergessen, so manche eines gewaltsamen Todes gestorbene Krieger oder Herrscher im Laufe der russischen Geschichte, die nachträglich von der Kirche heiliggesprochen wurden. Der russische Gläubige meint, als Pilger Abbuße für seine Sünden zu leisten und sich selbst Gott näherzubringen. Diejenigen, die den Wanderpilgern auf ihrem Weg Unterkunft gewähren, tun es in der Hoffnung, an diesem »Werk Gottes« teilzuhaben. Daß sich unter den Gestalten, die in grobe, von einer Schnur gegürtete Leinenhemden gehüllt sind und mit dem sprichwörtlichen Bettelstab als äußeres Zeichen der Demut auch noch barfuß dahinwandern, mitunter auch arbeitsscheues Gesindel verbirgt, hat der Sitte, sie bereitwillig aufzunehmen – ganz im Sinne der traditionellen Gastfreundschaft gegenüber Fremden – bisher keinen Abbruch getan.

»Ich ging an die vierzig bis fünfzig Werst* im Tag«, setzt Rasputin seinen Bericht über seine erste Pilgerschaft fort, »mich kümmerten weder Sturm noch Regen. Selten bekam ich zu essen, und im Gouvernement Tambowsk lebte ich nur von Kartoffeln, zumal ich kein Geld hatte. Ich mußte ganz auf Gottes Hilfe vertrauen, daß ich Nachtlager und dabei auch etwas zu essen fand. So gelangte ich mehrmals von Tobolsk nach Kiew – das alles, um mich Prüfungen auszusetzen und zu lernen. An heißen Tagen erlegte ich mir selbst Fasten auf; ich trank nicht einmal Kwaß** und arbeitete mit Taglöhnern am Feld; arbeitete und ging dazwischen in die Büsche, um zu beten. Oft half ich auch beim Pflügen und erholte mich davon im Gebet. Wenn ich Pferde weidete, betete ich dabei. Das half mir bei allem …«

Rasputins Religiosität verlagert sich sichtlich von Gott auf die Natur, und dementsprechend sinniert er:

»… Ich ging Flüsse entlang, und in der Natur fand ich Trost und Ruhe und dachte dabei an den Erlöser, wie er gewandert ist. Die Natur lehrte mich, Gott zu lieben und mit Ihm*** zu sprechen.

---

*) 1 Werst = 1,067 Kilometer
**) Säuerliches russisches Getränk aus Schwarzbrot und Malz
***) Im russischen Original mit Großbuchstaben

Viel kann die Natur lehren in ihrer ganzen Weisheit, jeder Baum – und erst der Frühling. Der Frühling bedeutet ein großes Fest für den religiösen Menschen. Wie sich alles auf dem Feld öffnet und der helle Mai sich schmückt, so ergeht es auch dem Menschen, der Gott folgt, denn auch seine Seele entfaltet sich ähnlich der Natur im Mai, es ist, als nähme er am Heiligen Abendmahl teil, und er empfindet ein ähnliches Gefühl wie am Tag des Osterfestes – wie die Natur aufblüht, so blüht auch die Seele jenes Menschen auf, der Gott sucht ...«

Nicht nur die Natur wirkt auf Rasputin ein. Auch die Erhabenheit der Klöster, deren Goldtürme er nach entbehrungsreichen Wanderungen von weitem vor sich auftauchen sieht wie Schöpfungen aus einer anderen Welt. Sie beflügeln Rasputins religiöse Schwärmerei.

Eine der ersten Stätten dieser Art ist das Kloster von Abalak – fünfundzwanzig Werst von Tobolsk entfernt. Majestätisch überragen die auf hohen Mauern aufgesetzten Türme die weiten Wiesen und Wälder, die sich am Ufer des breiten Flusses Irtysch entlangziehen. In seinem Wasser spiegeln sich die Kirchenkuppeln mit ihren orthodoxen Kreuzen.

An dieser Stelle hatte Jahrhunderte zuvor der Tataren-Khan Kutschma an der an der strategisch für einen Wachtposten idealen Lage eine Festung errichtet. Nach dem Ende der Tatarenherrschaft soll nach der Legende eine alte Pilgerin im Dorf Abalak eine Vision erlebt haben, in der ihr die Gottesmutter erschien. Aufgrund ihres Berichtes wurde vom Diakon von Tobolsk eine Ikone geschaffen, die mit dem Jahre 1637 datiert ist. Die als wundertätig geltende Ikone hat seitdem so viele Gläubige angezogen, daß zu deren Unterbringung eine eigene Herberge neben dem Kloster errichtet wurde. Derartige Beispiele gibt es viele, und ihretwegen ist der Begriff »heiliges Rußland« entstanden.

Rasputins Erfahrungen beschränken sich aber nicht auf das Kennenlernen der traditionellen Ziele religiöser Verehrung. Die Begegnungen mit Mönchen und gelehrten Geistlichen erweitern sein Wissen im Bereich der Kirchenlehre; bald zitiert er weite Teile des Neuen Testaments auswendig. Asketen in ihren selbstgewählten Eremitenbehausungen lehren ihn das Meditieren und die völlige Loslösung des Geistes vom körperlichen Bewußtsein. Sie weihen ihn ein in die Geheimnisse der Kräuter der Natur und deren Heilkraft oder andere Wirkungsweisen für Gesunde. Manche von ihnen sind längst berühmt unter den Pilgern, und sie kommen von weit her, um von ihrer Weisheit zu lernen oder ihren Rat zu suchen.

Das entspricht auch der Tradition der russischen Gläubigen, die innerhalb einer Gemeinschaft gewöhnlich einen »Ältesten« als »Starez« anerkennen. »Starez« ist der feststehende russische Begriff für einen geistlichen Führer innerhalb einer Gemeinschaft, der als weiser und erfahrener gilt als die anderen (er ist meist auch älter als diese oder der älteste), und ihnen als Ratgeber den Weg für ihr irdisches und religiöses Leben weist. Gewöhnlich ist er auch besonders religiös, gilt als unfehlbar und verfügt zumindest in den Augen anderer über Heil- oder Wunderkräfte.

Diesem aus der sibirischen Schamanentradition hervorgegangenen Typus hat Dostojewskij im Roman »Die Brüder Karamasow« ein literarisches Denkmal gesetzt:

»... Ein Starez nimmt eure Seele gefangen, unterwirft unseren Willen seiner Seele und seinem Willen. Indem ihr euch euren Starez erwählt, sagt ihr euch von eurem eigenen Willen los und unterwerft euch seinem Gehorsam. (...) Durch die freiwillige Prüfung und Lebensdisziplin hoffen wir dadurch, uns selbst zu besiegen, ganz frei zu werden und den Weg zu uns selbst zu finden ...«

Das ist auch das Ziel, das Rasputin – ganz unter dem Eindruck seiner erfahrenen Gesprächspartner – zu diesem Zeitpunkt anstrebt.

Doch auch die Bekanntschaft mit den Menschen, die ihm auf seinen Wanderungen Unterkunft gewähren, öffnet Rasputin eine neue Welt. Eines Abends nehmen ihn sein Quartiergeber und dessen Frau zu einer Sektenversammlung mit. Darüber berichtet Rasputin später:

»Der Kellerraum war nur von einigen Kerzen beleuchtet. Ein paar schlichte Möbel und einen schäbigen Teppich, der den Boden bedeckte, konnte man ausnehmen. Die sechs oder sieben Menschen, die da waren, begrüßten den Führer der Gruppe, der mich hierher mitgenommen hatte, um ihr Ritual zu sehen. Bald formten sie um ihn einen Kreis. Ich fand einen Platz zwischen seiner Frau und einer anderen – wie überhaupt Frauen in der Mehrheit waren. Von zehn waren nur drei Männer.

Der geistliche Führer begann ein Gebet zu sprechen, das aus der orthodoxen Litanei stammte. Doch bald wich er von dieser ab und sprach von der ›höchsten Anbetung Gottes‹. Danach war jeder von uns eine Verkörperung Gottes, und jeder sollte so jeden verehren und lieben. ›Also, meine Kinder, liebet einander‹, schloß er. Es war wie ein Kommando, dem alle gehorchten. Während der Führer sein schwarzes Gewand abstreifte, unter welchem er nackt war, legte der Kreis der Andächtigen seine Kleider ab, und ich tat dasselbe. Es war irgendwie seltsam, so neben der biederen Frau zu stehen, die mir Unterkunft gewährt hatte.

Der Kreis begann sich zu bewegen, und die Leute verfielen allmählich in Tanz um die ruhige Figur ihres Anführers, erst langsam, dann schneller und schneller, bis sie sich wie Derwische in einem Kreis bewegten. Alles ging fast lautlos vor sich – bis der Tanz immer rascher und wilder wurde und den Höhepunkt erreichte, als eine der Frauen mit einem wilden Schrei aus dem Kreis ausbrach, sich selbst dem Anführer in die Arme warf und ihn zu Boden riß, wo sie sich beide der Leidenschaft ergaben.

Während ich zusah, wurde ich selbst weggezogen und war bald selbst mit einer Frau in dasselbe Spiel vertieft; ich begriff bald, daß ich das noch öfter betreiben würde, denn jede der überzähligen Frauen wartete, bis sie an der Reihe war.

Als er erschöpft war, sagte der Anführer von der Mitte des Raumes aus: ›Kinder Gottes, die Zeremonie ist zu Ende. Geht in Frieden.‹ Alle kleideten sich an und gingen …«

So beschreibt Grigorij Rasputin sein erstes Erlebnis mit den Ritualen jener »Chlysten« genannten Sekte, die auf ihn in jungen Jahren – er war knapp achtzehn – großen Eindruck gemacht hatte. Endlich scheint ihm die Verbindung von religiöser Andacht und seinen sexuellen Bedürfnissen kein Gegensatz mehr zu sein. So stellt sich jedenfalls für ihn dieses Schlüsselerlebnis dar, das Rasputin mehr und mehr als Grundlage dient, sein Auftreten als religiöser Gottsucher und Prediger mit dem Ausleben sexueller Eskapaden zu verbinden, auf die er auch zugunsten einer respekteinflößenden geistlichen Aura nicht verzichten will.

Rasputin mag sich über diese Kombination von religiöser Andacht mit sexueller Ausgelassenheit wundern, seiner Natur scheint sie jedoch durchaus zu entsprechen. Lange hat er, bekennt er in seinen Aufzeichnungen über diese Zeit in mehr oder weniger verschlüsselter Form, mit dem »Dämon« – wie er seine fleischlichen Gelüste nennt – gekämpft, der ihm bei seinen Gebeten oder Versuchen, sich auf meditative Zustände zu konzentrieren, im Weg war. Nun fühlt er sich frei, seinen Bedürfnissen nachzugeben, wie es ihm gefällt und sich die Gelegenheit gerade ergibt. Unbefangen erzählt er daher auch in seiner »Lebensgeschichte«, wie ihm bei seiner weiteren Wanderung Anhängerinnen »auf dem Weg zu Gott« gefolgt seien, die sich unterwegs »zu mir legten, jede, wie sie konnte …«

Rasputins Tochter hat die Bestrebungen ihres Vaters, zur

wahren Religion in Askese zu finden, und dessen gleich-
zeitige Ausschweifungen mit Erkenntnissen der Hindus zu
erklären versucht. Danach haben die im Rückenmark loka-
lisierten Nervenstränge auf dem Weg zur Meditation erst
die für primäre Lebensfunktionen nötigen Zentren zu passieren. Daher mache erst die Überwindung dieser Bedürfnisse – darunter die sexuellen – das Bewußtsein für die
geistige Konzentration frei.

Wenn man ihnen aber nicht nachgeben könne oder wolle,
sei man nur unter der Führung eines Guru imstande, auch
ohne Befriedigung der niedrigen Bedürfnisse von diesen
befreit zu werden und in den Zustand der Meditation und
Loslösung vom eigenen Ich zu gelangen. Diese Hilfe sei
Rasputin nicht zuteil geworden, daher habe er nur nach
Ausleben seiner Triebe zur Konzentration auf das gelangen
können, was er eigentlich gesucht habe – Meditation und
Zwiesprache mit Gott.

Vieles spricht dafür, daß Rasputin nach seinem ersten Erlebnis mit der Sekte der »Chlysten«, wie sie in Rußland genannt wird, deren Grundidee – »Liebe« und »Gottesdienst«
in einer natürlichen Einheit zu sehen – anzunehmen ge-
neigt ist. Daß die Sekte jedoch nicht zu seiner Ersatzreligion
wird, stellt sich schon bald danach heraus, als Rasputin im
Laufe dieser monatelangen Pilgerschaft einer weiteren
»Andacht« beiwohnt.

Diesmal sind die Versammelten von Anfang an gar nicht
erst bekleidet. Der »Priester« eröffnet den »Gottesdienst«
auch nicht mit einem Gebet. Statt dessen wählt er die hüb-
scheste der weiblichen Anwesenden – »Schwestern« sind
sie in dieser Runde analog zu den »Brüdern« – als »Altar«
aus. Er schüttet Meßwein in ihren Nabel, um anschließend
davon zu trinken. Nun spricht er ein Gebet zum Herrn, ehe
er weitere sexuelle Handlungen mit seiner auserwählten
»Schwester« vornimmt. Bald findet sich die ganze Ver-

sammlung in einer allgemeinen Orgie wieder, an der Rasputin nicht unbeteiligt bleibt.

Doch als er diesmal die »schwarze Messe« verläßt, haben deren Rituale – die in dieser Sekte offenbar der individuellen Auslegung der Glaubensgrundsätze durch den jeweiligen als »Priester« fungierenden Gruppenältesten überlassen sind – doch Zweifel in Rasputin hinterlassen, ob es sich angesichts dieser Perversionen noch um eine Glaubensgemeinschaft handelt, die etwas mit Religion zu tun hat.

Sekten haben in Rußland Geschichte. Ihre Vergangenheit gibt Aufschluß über die Bedeutung der Kirche für den einzelnen und die russische Mentalität. Sekten entstanden gewöhnlich als Symptom einer Krise, in der sich die Kirche gerade befand und die die Gläubigen verunsicherte.

Rußland hat seine Konfession im 10. Jahrhundert nach dem Vorbild von Byzanz nach dem griechischen Ritus angenommen. Die Legende berichtet zwar, die Wahl sei auf diesen gefallen, weil die katholische Kirche als zu spartanisch erschienen sei, die moslemische wegen ihres Alkoholverbotes als unannehmbar für das russische Volk ausschied und die jüdische schließlich angesichts der Diaspora ihrer Angehörigen als nicht repräsentativ genug für eine Staatsreligion erachtet worden sei. Tatsächlich wollte es der russische Großfürst Wladimir, der die Orthodoxie als Staatsreligion einführte, Byzanz gleichtun, dessen Krone er außer einem eigenen Patriarchen begehrte.

Die russische Kirche blieb bis zum Fall von Byzanz um 1453 dessen Patriarchat unterworfen. Mit der Loslösung von diesem, parallel zum Aufstieg des Moskauer Reiches, setzte die eigenständige Entwicklung und Russifizierung der orthodoxen Kirche ein – und damit fingen die ersten Diskussionen an.

Schon damals begann eine erste innere Spaltung in zwei Strömungen. Die »Josephiter« – nach einem Abt des Wolotsker

Klosters benannt – plädierten für eine starke Bindung zwischen Kirche und Staat und sahen die Aufgabe der Kirche in seiner Unterstützung und der Entfaltung von Reichtum als Zeichen ihrer Macht. Dagegen wandten sich jedoch die »Besitzlosen« mit ihrer Galionsfigur, dem Eremiten Nilus von Sora, der für die Aufteilung kirchlichen Reichtums an Arme und für Unabhängigkeit von der Staatsmacht eintrat, »vor der doch ein Hirte der Kirche nicht zittern dürfe«.

Auch in der Ausübung der Riten schieden sich die Geister. Erstere wollten den liturgischen Regeln streng folgen, da nur in prächtigen Gesängen der Gottesdienst seinen würdigen Ausdruck finde; dagegen lag für letztere die Kraft des Gebetes ausschließlich in religiöser Meditation – abseits vorgeschriebener Riten.

Nicht genug damit, entstand auch noch eine Spaltung in eine prowestliche und slawophile Richtung. Dem sollte mit der Schaffung eines Schiedsrichters – eines weltlichen Entscheidungsträgers über kirchliche Belange – entgegengewirkt werden. Von Zar Alexis bereits betrieben, wurde diese Lösung von Zar Peter dem Großen Anfang des 18. Jahrhunderts eingeführt. Seitdem gibt es in Rußland (bis 1917) kein Patriarchat, sondern als oberstes Gremium der Kirche den »Heiligen Synod«, mit einem »Oberprokuror« als höchstem vom Zaren bestimmten weltlichen Verwalter.

Seitdem mehren sich Versuche einzelner Glaubensgruppen, sich eine in ihren Augen »wahre Form von Religion und Kirche« zu schaffen. Zu Rasputins Lebzeiten sind die Bewohner der Städte, zumindest deren gebildete Schichten, die »Intelligenzia«, längst in Atheisten, Protestanten, mystische Sektierer, rationale Sektierer, Freimaurer und Nihilisten gespalten; nur halten sich letztere aus den end(und sinn-)losen Streitereien heraus, da ihnen angesichts des für die Jahrhundertwende zu erwartenden Weltuntergangs weitere Diskussionen ohnehin überflüssig scheinen.

Verunsicherung bietet fruchtbaren Boden nicht nur für politische, sondern auch für religiöse Demagogie. Aus Schweden und Litauen wurde die Sekte der »Evangelisten« importiert, die in jedem Menschen eine lebendige Verkörperung der Kirche sieht. Wenn sich ein Gläubiger im Zustand der Ekstase befindet, wird er – den »Evangelisten« zufolge – in Wirklichkeit vom »Heiligen Geist« heimgesucht, der den in älteren Zeiten bei dieser Gelegenheit vermuteten »Dämon« ablöst.

Die Sekte der »Chlysten«* ist zu Rasputins Lebzeiten die bekannteste. Das Wort ist eine bewußte Verballhornung von »Christen« – die Sekte ist allgemein als Entartung des Christentums berüchtigt. Hier heißt es, daß Christus selbst in jedem ihrer Anhänger verkörpert sei. Da die Chlysten die Kirche in sich selbst zu tragen meinen, verneinen sie deren äußere Existenzberechtigung. Ihr Gott ist der »Christus der Wahrheit und der Liebe«. Ihre Riten praktizieren sie in langen weißen Büßerhemden – in individueller Auslegung auch ohne diese –, und ihre Gesänge und Tänze gipfeln meist in Ekstase. Zwar handelt es sich in ihren Gemeinschaften ausschließlich um »Brüder« und »Schwestern«, denen körperliche Liebe im Grunde nicht zusteht, doch diese kleinliche Differenzierung wird im allgemeinen aufgegeben, da die Auffassung der »Chlysten« sexuelle Handlungen als Verbindung »christlicher Wahrheit« mit »christlicher Liebe« sieht. Außerdem ist ihrer Meinung nach ohnehin jeder im Zustand der Ekstase vom Heiligen Geist beherrscht und daher wohl kaum mehr selbst für seine Handlungen verantwortlich.

Legendärster Vertreter dieser Sekte – bis Rasputin ihr zugeordnet werden sollte – war im 17. Jahrhundert ein Bauer aus Kostroma an der Wolga, Danil Filippow. Er proklamierte

---

*) Deutsch »Geißlersekte«

sich ohne falsche Bescheidenheit zum »fleischgewordenen Heiligen Geist«, warf demonstrativ vor seinen staunenden Anhängern außer der Bibel eine ganze Bibliothek von Büchern in hohem Bogen in den ehrwürdigen Fluß – zum äußeren Zeichen dafür, daß all die alten Kirchenschriften nunmehr überflüssig seien. Er stellte – »unter Anleitung des Heiligen Geistes« – eine neue Gesetzestafel der Zehn Gebote auf, die die bisherigen außer Kraft setzen sollten. Die orthodoxe Kirche hatte wenig für die Lehren des Danil Filippow übrig, und als sie ihn als Ketzer in den Kerker warf, blieb ihm die Hilfe des Heiligen Geistes versagt.

3. Religion à la carte

Rasputin ist achtzehn, als er im Jahre 1887 in seinen Heimatort zurückkehrt. Auf einem Fest im benachbarten Dorf lernt er das blonde und braunäugige Mädchen Paraskjewa Fjodorowa Dubrownina, genannt Praskowja Fjdorowna, kennen. Nach den Tänzen des langen Abends begleitet Rasputin seine neue Angebetete auf einem ausgedehnten Umweg über Wiesen und Felder nach Hause. Sie ist nicht nur schön, sondern auch warmherzig und bescheiden. Er hat seine ideale Frau gefunden.

Noch im gleichen Jahr heiratet er das um zwei Jahre ältere Bauernmädchen, das in sein Elternhaus einzieht. Sie arbeitet an seiner Seite bei allen Arbeiten der Landwirtschaft mit. Doch lange hält es Rasputin nicht in seiner neuen häuslichen Idylle aus. Es zieht ihn wieder fort. Ob ihn die Suche nach dem wahren Glauben, Lebenssinn oder die Neugier treibt – oder die Faulheit, wie sein Vater meint –, er bricht zu einer weiten Wallfahrt auf.

Seine Ziele sind diesmal weiter entfernt als bisher – die Klö-

Eintragung von Rasputins Eheschließung mit Paraskjewa Fjodorowna Dubrownina am 22.2.1887

ster im Umkreis von einigen hundert Kilometern. Kasan, wohin Pilger der berühmten Kasaner Muttergottes-Ikone wegen reisen, Zarizyn im Süden, das Solowezer Kloster und die Stätte des heiligen Sergej von Radonesch.

Höhepunkt der Pilgerreise ist für ihn jedoch Kiew – das größte Heiligtum des orthodoxen Rußland. Hier hatte Großfürst Wladimir geherrscht, der im 10. Jahrhundert als erster die Fürstentümer des feudalen Staatsgebildes geeint und die christliche Religion nach byzantinischem Ritus angenommen und zur Staatsreligion erklärt hatte. Womit er als Heiliger im langen Register der russischen religiösen Kultfiguren verewigt wurde.

Bald leuchteten über den Hügeln Kiews die ersten Kirchenkuppeln, die nach dem Vorbild der Hagia-Sophia-Kathedrale in Byzanz geformt waren. Der Bedeutung Kiews als »Heilige Stätte der Taufe Rußlands« konnte es auch nichts anhaben, daß Tataren die Stadt zerstörten und später Moskau, seit dem 18. Jahrhundert Petersburg zur Hauptstadt des indessen russischen Reiches auserkoren wurde.

Das Kiewer Höhlenkloster mit seinen in den Fels gehauenen Katakomben, seines runden Grundrisses wegen »Petscherskaja Lawra« genannt, zieht auch Rasputin magisch an, wie aus seinen später festgehaltenen Erinnerungen »Schitjo« hervorgeht:

»Hier ist Einfachheit, nicht Silber und Gold oder der Prunk, wie ich ihn von Kindheit an in Kirchen gewöhnt bin – nur schlichte Eichengräber; unwillkürlich wird man an die eigene Eitelkeit und Vergänglichkeit erinnert (...) Als der Chor dann in der Kirche ›Zu Deiner Gnade nehmen wir Zuflucht‹ anstimmte, blieb mir das Herz stehen ...«

Dreitausend Werst (ungefähr ebenso viele Kilometer) durchreist Rasputin, meist zu Fuß, hin und wieder auf einem Dampfer, oder er läßt sich ein Stück auf einem Karren mitnehmen. Jahrelang ist er unterwegs.

Rasputin schwankt in der Suche nach seiner wahren Religion zwischen den Grundsätzen der Chlysten-Sekte, deren Rituale ihn aber verunsichern, und den orthodoxen Prinzipien. Offenbar hat er dem Gedanken, sich einem Dasein als Mönch zu verschreiben und ein »Starez« zu werden, noch nicht abgeschworen.

Doch aufgrund der Beobachtungen und Erfahrungen, die er auf seiner weiten Reise durch die Klöster von deren Alltag gewinnt, verliert Rasputin den Glauben daran, daß er hier den richtigen Weg für sich findet. Das geht aus seinen Aufzeichnungen hervor:

»… Ich rate niemandem, seine Frau zu verlassen und in ein Kloster zu ziehen, um ein geistliches Leben zu führen. Dort habe ich mancherlei Sorten von Menschen gesehen; sie leben keineswegs wie Mönche, sondern tun, was ihnen beliebt, und auch Frauen halten nicht, was sie ihren Männern versprochen haben …«

Prügeleien, Homosexualität, Machtkämpfe und Intrigen will Rasputin in den Klöstern beobachtet haben, wie er in mehr oder weniger direkter Form berichtet. Desillusioniert wendet er sich endgültig von der Idee ab, sich zu einem Mönch berufen zu fühlen. Daß ihn diese Erkenntnis angesichts seiner sexuellen Bedürfnisse auch mit Erleichterung erfüllt, kann man weniger aus seinen Aufzeichnungen als aus dem Lebenswandel nach seiner Heimkehr schließen.

Doch zuvor hat Rasputin eine Begegnung, die – wie er selbst später Bekannten gegenüber äußert – für ihn richtungweisend ist: In der Nähe des Klosters Werchoturje in seinem Heimatbezirk lernt er den Einsiedler Makarij kennen. Angeblich wollte Rasputins Vater nach Werchoturje pilgern, erkrankte jedoch, und ganz im Sinne herkömmlicher Vorstellungen, wonach einer für einen anderen Abbuße tun könne, besuchte Rasputin diesen Wallfahrtsort.

In der Nähe dieses Klosters sucht er den Mönchspriester Makarij in seiner Behausung im Wald auf, wohin dieser sich nach Enttäuschungen vom Klosterleben zurückgezogen hatte.

»Im Grunde hat er mich beeinflußt und mir meine Richtung eingegeben«, erzählt Rasputin später. »Auf meine Fragen über Gott und das wahre religiöse Leben sagte er mir: ›Wenn du dein Heil nicht im Geistlichen finden kannst, suche es im Weltlichen ...‹ – Und er riet mir, zuvor nach Athos und von dort ins Heilige Land zu gehen ...«

Bevor der alte Starez, seiner Weisheit wegen längst Ziel unzähliger Ratsuchender, Rasputin entläßt, prophezeit er ihm noch: »Gott hat dir eine besondere Aufgabe vorbehalten ...«

Für Rasputin ist das eine Aufforderung, im weltlichen Leben seinen Sinn zu suchen, und die Erkenntnisse darüber und über seine Vorstellung von Gott an andere weiterzugeben. Er pilgert noch nach Athos und lernt vieles, das sein kirchengeschichtliches Wissen bereichert. Mangels Lese- und Schreibkenntnissen versucht er, Gelerntes im Kopf zu behalten, wobei ihm sein außergewöhnlich gutes Gedächtnis zu Hilfe kommt.

Kurz vor Erreichen des untersten Priesterstandes verläßt Rasputin das Kloster und begibt sich auf den Heimweg. Das Heilige Land sollte er erst viel später sehen ...

Die Entbehrungen der langen Fußwanderungen stellen für Rasputin eine Herausforderung an seine Gesundheit dar, aus der er jedoch am Ende mit gestärkter Widerstandskraft hervorgehen sollte. Er ist an Fasten und langes Gehen bei wenig Schlaf gewöhnt, wobei er von Halluzinationen in übermüdetem Zustand zu berichten weiß:

»... Es war tiefer Winter – an die dreißig Grad Frost –, als mir eine teuflische Stimme eingab: ›Nimm deine Mütze ab und bete!‹ – Und ich nahm wirklich meine Mütze ab und betete – doch bald wurde mir immer heißer, und ich sah alles mögliche vor meinen Augen ... Ein anderes Mal flüsterte mir eine Stimme zu, das nächste Dorf wäre noch dreißig Werst entfernt, aber ich war schon so erschöpft, daß ich mich schon hinlegen wollte – dabei lag der Ort schon hinter dem Wald, in dem ich gerade ging ...«

Als Rasputin heimkehrt, wirkt er so verändert, daß ihn seine eigene Frau nicht einmal sofort erkennt. Er war Jahre weg gewesen, und nie hat sie von ihm gehört. Schreiben konnte er nicht, und die vorbeiziehenden Pilger, die sie begierig ausgefragt hatte, ob sie etwas von ihrem Mann wüßten, hatten verneinend den Kopf geschüttelt.

»Er kam ohne Kopfbedeckung zurück«, beschreibt Rasputins Nachbar Kartawzew dessen Rückkehr, »die Haare hingen lang und lose herunter, und im Gehen sang er ständig irgendwelche Gebete und gestikulierte fahrig in der Luft; dann sprach er mit sich selbst unzusammenhängende Sätze ...«

Kartawzew, der ihm lange zuvor einmal anläßlich eines Diebstahls einen kräftigen Hieb auf den Kopf versetzt hatte, von dem Rasputin zeitlebens auf der Stirn eine Schramme bleiben sollte, kommt zu dem Schluß, »daß er bei dieser Gelegenheit den Verstand verloren hat«.

Doch auch anderen Ortsbewohnern fällt auf, daß Rasputin sich merkwürdig benimmt: »Während des Gottesdienstes starrt er seltsam um sich und beginnt plötzlich wie wild zu singen ...« Offenbar hat die Lebensweise der letzten Zeit Rasputin gezeichnet; eine so lange Pilgerzeit hat ihn dem alltäglichen Leben entrückt und an seinen Nerven gezehrt.

Rasputin arbeitet wieder auf seinem Hof. Doch die Pilgerjahre haben ihn geprägt, und wenn er von seinen Erfahrungen und Erlebnissen berichtet, nimmt er immer mehr die Rolle eines Predigers an. Am tiefsten ist dabei seine eigene Frau davon überzeugt, daß Rasputins zum Teil banale

Binsenwahrheiten tieferer Weisheit und Erleuchtung entspringen, mit denen er außer seiner Familie auch andere erbauen könne.

Zu diesem Zeitpunkt – Rasputin ist knapp Mitte zwanzig – hat sich sein Bild über weltliches Leben und Religion bereits geformt. Wenn er seine aus den Pilgererfahrungen gewonnenen Ansichten weitergibt, nehmen seine Reden einen belehrenden Ton an, zu dem er sich wie ein »Starez« berufen fühlt.

Seine unterschwellige Kritik an geweihten Kirchenvertretern hat nicht zuletzt den Zweck, sich selbst – obwohl Analphabet – in einer priesterartigen Rolle zu autorisieren. Was er dabei anderen sagt, hat er später niedergeschrieben bzw. von Freunden aufschreiben lassen:

»Gelehrsamkeit nützt der Frömmigkeit gar nichts«, erklärt er. – »Ich habe nichts gegen das Geschriebene, aber der Gelehrte wird allein dadurch nicht zu Gott finden. Das Wissen macht seinen Kopf wirr und seinen Fuß schwer, und er wird nicht imstande sein, die Stufen zum Erlöser zu überwinden …«

Das Bild von den Stufen, die es durch den Gläubigen zu überwinden gilt, um zu Gott zu gelangen, ist in der orthodoxen Vorstellungswelt verankert: So führt gewöhnlich eine äußere Treppe zum Eingang einer russischen Kirche. Der Besucher der Kirche muß sich erst durch Überwindung der Stufen als würdig erweisen, indem er auf jeder Stufe seine Sünden bereut und sich mit jedem Schritt »erhöht«.

Allmählich sammelt Rasputin immer mehr Zuhörer um sich. Ob in seinem Haus an langen Abenden, ob auf der Straße, wo sich bald eine Menschentraube um ihn drängt, ob beim Fischen, wo ihn immer mehr Leute begleiten wollen – er gewinnt Aufmerksamkeit und Publikum. Wie in früheren Zeiten, als die Menschen mangels Lesens und Schreibens ihre Informationen von Erzählern und den

Popen in der Kirche bezogen – man lauscht seinen Ausführungen mit den dazwischen eingeflochtenen, wenn auch bruchstückhaften Zitaten aus dem Neuen Testament, die er quasi als höhere Bestätigung seiner Betrachtungen über das Leben und den Weg zu Gott heranzieht.

In seinen Reden plädiert Rasputin »für eine Erneuerung der Kirche« – damit meint er seine eigenen unorthodoxen Lehren, zu denen er sich berufener fühlt als die Popen:

»Es gibt Priester, die nur dem Buchstaben der Lehre folgen, und solche, die aufrichtig fromm sind«, hat Rasputin auch in seinen Schriften festgehalten, »und das Heil Rußlands liegt nicht in Beschwörungen und Gebeten, sondern in guten Taten, die das Land und die Kirche erneuern sollen ...«

Die meisten Zuhörer, die Rasputins moralisierenden Reden folgen, sind – wie er – Analphabeten; ihnen leuchtet das »buchstabenfreie Wissen« ein, von dem er spricht, um so mehr, als er seine Grundsätze überzeugend vorzutragen versteht.

Rasputin findet stets einprägsame Redewendungen. Zu seinem wichtigsten Vokabular gehören »Wahrheit«, »Gerechtigkeit« und »Liebe«. Doch auch mit »Seele« und »Gewissen« beschäftigt er sich ständig:

»So klug du auch bist, aber das Gewissen wirst du doch nie überlisten«, erklärt er, oder umschreibt den Gedanken poetisch: »Das Gewissen ist wie eine Welle; die Wellen des Meeres glätten sich irgendwann, das Gewissen erlischt jedoch erst durch das gute Werk ...«

Im Mittelpunkt seiner Ausführungen steht jedoch »die Liebe« – als Schöpfungsprinzip – und überhaupt: »Wo man liebt, da ist Gott.« – »Der Verstand wird von der Wahrheit erhellt, doch das Herz von der Liebe erwärmt«, erinnert er an ein russisches Sprichwort. – Und: »Die Liebe ist weiser als selbst Salomon«, sagt Rasputin mit gewichtiger Stimme. Die Verbindung zwischen Liebe und Demut stellt er mit der

Feststellung her: »Erst in der Erniedrigung und in der Liebe liegt das Heil.«

Liebe ist für Rasputin – und hier scheint die Erinnerung an die Lehre der Chlysten durchzudringen – ein »natürlicher Bestandteil der Religionsausübung«. – »Dabei soll man nicht allgemein lieben oder eine Auswahl treffen, sondern denjenigen, der gerade neben einem ist, oder den, dem man gerade begegnet ...«

Gottesdienste im herkömmlichen Sinn redet Rasputin seinen Zuhörern förmlich aus: »Nicht dessen Seele wird gerettet werden, der regelmäßig Gottesdiensten beiwohnt oder die heiligen Bücher auswendig kennt, sondern derjenige, der seinen Willen und sein Denken Gott unterwirft ...«

Und er scheut sich nicht, an der Autorität der orthodoxen Geistlichen – ob Priester oder Mönche – zu rütteln:

»Im allgemeinen ist der Klerus heute nicht besonders geistig begabt, und die Geistlichen sind wie Funktionäre, die nur an ihre Karriere denken; sie fürchten ihre Versetzung in den Ruhestand mehr als das Jüngste Gericht ... Und ein Bischof fängt zu weinen an, wenn er kein Kreuz [Attribut der Würde] bekommt ...«

Auch über Mönche und das Klosterleben äußert er sich abfällig. Zu den diesbezüglichen Ansichten ist er, wie zu allen anderen, während seiner Pilgerzeit gelangt, wie auch der Untertitel zu seinen Aufzeichnungen – »Notizen eines erfahrenen Pilgers« zeigt:

»Wenn du draußen im Leben ein guter Mensch warst, geh' ins Kloster – und man wird dich verderben. Das Klosterleben ist nicht nach meinem Geschmack – man praktiziert Gewalt gegeneinander; die Mönche werden dick und können sich kaum rühren – die Faulheit bringt sie um. – Allerdings«, räumt er dazu ein, »ist Gesundheit auch eine Gabe Gottes, und mancher ist eben schon von Geburt an dick ...«

45

Nur der Zar bleibt ungeschoren in Rasputins unorthodoxen Reden. Schließlich verkörpert er für den einfachen Russen den »von Gott Gesalbten«:

»Der Zar ist unsere Heimat, denn seine Macht vereint alle Werte des heiligen Rußland in sich. Daher muß ein Russe seine Heimat und ihren höchsten Vater, den Zaren, lieben. Er ist der vollkommene Ausdruck der Weisheit, des Gewissens und des Willens des russischen Volkes ...«

Daß mit Ausnahme der letzten Behauptung die Reden Rasputins bei den Popen seiner Dorfkirche wenig Gefallen finden, ist leicht vorstellbar. Ist er Häretiker wie sein Namenspatron Gregor von Nizäa? Ist er Sektierer? Andererseits besucht Rasputin die Gottesdienste der Dorfkirche, spendet für sie und hält außer den üblichen Fest- und Fasttagen eine vierzigtägige Fastenzeit vor Ostern ein. Merkwürdig, dieser Muschik, schütteln sie den Kopf ...

Noch suspekter als die »Predigten« aber sind Rasputins »Gottesdienste«.

Unter dem Schuppen seines Bauernhauses hat Rasputin einen kleinen Kellerraum ausgehoben, der ihm als Andachtsraum dient. »Ich kann mich hier besser auf das Gebet konzentrieren«, erklärt er seiner Frau.

Doch nicht nur für sich selbst, sondern auch für die ständig wachsende Schar seiner Zuhörer und Anhänger ist der Raum da. Sie sind alle seine »Brüder« und »Schwestern« – wobei letztere sich deutlich in der Überzahl befinden. Rasputins Gebetsversammlungen sind für viele, vor allem Jüngere, längst interessanter geworden als herkömmliche Gottesdienste.

Daß der selbsternannte Prediger der Dorfkirche ihre Schäfchen abspenstig macht, ist schon schlimm genug; daß er sie aber als »überflüssig« und den Popen als »nicht ausersehen für seinen Dienst an Gott« bezeichnet, ist zuviel:

»Die Kirche ist für die Seele da – man kann ruhig in die Kirche gehen, denn man geht ja nicht zum Popen. Doch die Kirche selbst ist leer geworden und hat seit der Zeit der Apostel ihre Reinheit verloren; deshalb ist auch die Gnade nur über auserwählte Menschen gekommen. Ein Mensch, der durch ein echtes Gebet in Ekstase gerät, ist ausersehen, Prophet und Prediger zu sein ...« Und dieser für sich selbst maßgeschneiderten Erklärung fügt Rasputin noch hinzu: »Die Gnade Gottes verläßt die unwürdigen Hirten Gottes und kehrt bei den Einfachen ein; denn der Einfache steht Gott näher als der durch Wissen Verdorbene ...«

Die Priester des Ortes sehen in Rasputin einen »Antichristen« und versuchen festzustellen, ob er Sektenorgien in seinem Keller abhält. Doch diesen Nachweis können sie zunächst nicht erbringen. Noch gibt Rasputin sein unkonventionelles Gemisch aus religiösen, moralischen und mystischen Belehrungen vorwiegend verbal von sich. Da er sich dabei vorläufig noch nichts zuschulden kommen läßt, kann die Kirche nichts gegen ihn unternehmen. Sie verbietet ihm lediglich, über seiner schwarzen, mönchartigen Kutte das orthodoxe Kreuz – Zeichen eines geweihten Priesters oder Mönches – zu tragen (woran er sich natürlich nicht hält, unterstreicht es doch seine Predigerrolle).

Allmählich pilgern Bauern – vor allem ältere Frauen – auch von weiter her, um bei Rasputin Rat für ihr Leben, ihren Glauben oder Heilung von Krankheiten zu holen. »Nicht ich, Gott heilt – ich bin nur sein Werkzeug«, erklärt er, wenn er tatsächlich jemandem Erleichterung verschaffen konnte. Da er sich zu seiner bereits vorhandenen psychologischen Begabung die Geheimnisse sibirischer Naturheilkunst angeeignet hat, wächst seine Autorität auch zu der eines »Wunderheilers« an. Seine meist aus gesundem Menschenverstand hergeleiteten Voraussagen für zukünftige Situationen besiegeln schließlich auch noch Rasputins Ruf als Prophet. Aus der russischen Neigung zu Mythenbildung und Autoritätsgläubigkeit entstehen um Rasputin bald Legenden und werden weit hinausgetragen.

Indessen ist Rasputin Vater geworden. 1895 kommt nach einer früheren Fehlgeburt und einem weiteren Kind, das früh an Scharlach starb, der Sohn Dmitrij zur Welt, drei Jahre später Tochter Matrjona, meist Maria genannt, und um 1900 die zweite Tochter Warwara.

Bald ist Rasputin in Sibirien berühmt. Doch selbst als Vater dreier Kinder fühlt er sich nicht an bürgerliche Pflichten gebunden. Wieder sucht er das Weite, von seiner ebenso betrübten wie verständnisvoll-devoten Frau verabschiedet, die als ergebenste Schülerin seiner Predigten an seine »höhere Berufung« glaubt und darüber hinaus bereit ist, die Last der landwirtschaftlichen und häuslichen Arbeit auch ohne ihn zu bewältigen. Mägde werden als Hilfe aufgenommen.

Auf seinen weiteren Reisen neigt Rasputin allmählich dazu, seine unkonventionellen Lehren auch selbst in seinem Sinne auszuleben und sich dabei die Wirkung seiner Persönlichkeit zunutze zu machen.

Er übt – das bleibt ihm nicht verborgen – auf Frauen verschiedenen Alters eine starke Anziehungskraft aus. Es scheint, als komme seine starke Willenskraft in seiner Ausstrahlung zum Ausdruck. Selbst gibt er den Anschein äußerster Disziplin: Er ißt seit seiner Begegnung mit dem Einsiedler Makarij kein Fleisch (was er bis an sein Lebensende beibehalten wird), trinkt keinen Alkohol (zumindest einige Jahre lang) und raucht nicht. Seine Konstitution ist kräftig, und seine derbe Männlichkeit scheint manchen Frauen zu gefallen. Seine rhetorische Gabe, mit der er aus unerschöpflichen Quellen biblische Zitate vorzubringen weiß, erhält noch Unterstützung durch die Tatsache, daß er diese oft unvermittelt (und wohl unfreiwillig) bruchstückhaft einfügt, was seine Aussagen mitunter völlig unverständlich macht und mit einem Schleier des Geheimnisvollen umgibt. Rasputins Aussagen, die er einleuchtend und selbstbewußt von sich gibt, wird von niemandem widersprochen.

Bald macht sich Rasputin bewußt die Wirkung seines Wesens und Gehabens zunutze, das ursprünglich spontaner Natur war und seiner Eingebung entsprang. Sein Blick und seine Reden beeindrucken vor allem Frauen von weniger gefestigter Persönlichkeit und labilerer Psyche, und sie signalisieren ihm ihre Unterwerfung unter sein dominantes Wesen. Allmählich beginnt er auch, seine religiösen Vorstellungen entsprechend denen der Chlysten-Sekte in die Praxis umzusetzen, oder er nimmt davon Anleihen, um durch sein Handeln nicht seine Rolle des geistlichen Führers in Frage zu stellen, sondern damit zu untermauern (bzw. zu rechtfertigen).

Da ist vom »Gott der umfassenden Liebe« die Rede, und von der »Wahrheit der Liebe, der Natur der Lebensfreude« und der Vorstellung, man könne ja auch »in Form eines Tanzes zu Gott beten – Hauptsache, man freut sich im Herrn«.

Wenn er eine Frau begehrt, erklärt er ihr, die »fleischlichen Gelüste« seien ein »Dämon«, den man »austreiben müsse«. Als er in einer Stadt im Hause, wo er Unterkunft findet, der hübschen Tochter des Hausherrn begegnet, versichert er ihr, nur er könne »den bösen Dämon« in ihr besiegen, und als sie allein zu Hause ist, wirft er sie mit beschwörenden Worten aufs Bett.

In seinem Selbstbewußtsein maßlos geworden, macht es sich Rasputin zur selbstverständlichen Gewohnheit, daß er auch wildfremde hübsche Frauen auf der Straße einfach küßt. Da kommt es allerdings vor, daß eine schallende Ohrfeige die Antwort ist und Rasputin das Weite sucht.

Doch das ist eher die Ausnahme. »Frauen sind dumm«, gelangt Rasputin zur Überzeugung, wie er auf einer Reise zu einem Mönch äußert, »und man kann mit ihnen machen, was man will …«

Daß er Frauen so leicht gewinnt, liegt auch daran, daß er intuitiv die Schwäche einfacher Frauen oder Mädchen erfaßt und darauf reagiert. Der Mönch, der Rasputin näher kennenlernt, erklärt das so: »Es gelingt ihm zu erraten, was im Gemüt der jeweiligen Frau vorgeht, und macht sie sich schon dadurch ergeben, weil sie sich von ihm verstanden fühlt …«

Warum das nicht auch Männer betrifft, erklärt Rasputin selbst: »Die Männer sind vielfältig beschäftigt und daher weniger imstande, in sich zu gehen. Doch nur in einem solchen Zustand kann ich in ihre Seele schauen und sehen, wie sie leidet. Wenn ich mit den Frauen einfach so spreche, wie Gott es mir eingibt, geht es ihnen gleich besser. Und sind nicht auch Frauen menschliche Geschöpfe? Und verdienen nicht auch sie, getröstet zu werden?«

Mit der Reaktion auf sein Gehaben verhält Rasputin sich immer ungenierter. Wenn manche Frauen sich vor ihm demütig zu Boden werfen, spielt er – wenn sie ihm gefallen – seine Rolle als gebieterischer Prediger weiter, indem er ihnen zu »Buße und seelischer Reinigung« verhilft, »denn Reue ist der beste Weg zu Gott« – was voraussetzt, vorher zu sündigen oder sich zu demütigen. Im Klartext: Rasputin nimmt die solcherart Bereitwilligen, sofern sie naiv genug sind, in die Sauna mit, um sich von ihnen seinen Körper waschen zu lassen und sie solcherart »vor Gott« zu erniedrigen. »Schließlich«, erklärt er, »sind Hochmut und Stolz die größte Sünde …«

Er selbst, behauptet er später gegenüber seinem Freund Mönch Iliodor, habe eine Methode, seine Begierde zu zügeln: »Ich berühre eine Frau lediglich oder küsse sie nur und reagiere dadurch meine Lust ab …« – worauf man sich jedoch nicht ganz verlassen kann. Warum es sich dabei aber

immer nur um junge, hübsche Frauen handelt, erklärt Rasputin damit, daß »ältere Frauen frei von Begierden« seien …
Während der asketischere Mönch Iliodor den Sitz des »Dämons des Fleisches« – damit ist die sexuelle Begierde gemeint – »irgendwo zwischen den Rippen« vermutet und ihn durch Gebete, Kreuz und Weihwasser zu vertreiben sucht, lokalisiert Rasputin ihn an einer konkreteren Stelle und findet nur eine Form, ihn loszuwerden (wenn es mit Küssen nicht getan ist): ihm zu erliegen.

Nachdem sich immer mehr von religiösem Wahn erfaßte oder hysterische Frauen Rasputin hingeben – für die einfältigen unter ihnen verschwimmen die Grenzen zwischen psychischer und physischer Dominanz durch ihn –, verliert er völlig jegliche Achtung vor dem anderen Geschlecht. »Sie sind alle dumm«, wiederholt er Iliodor immer wieder, »und sie laufen mir zu, weil ich sie von ihrem Dämon befreien kann …«

Ob bewußt oder unbewußt, Rasputin praktiziert ungeachtet dessen, was er an frommen Reden von sich gibt, längst einige der Prinzipien der Sekte, die ihn zugleich beeindruckt und abgestoßen hat und der er sich nach außen hin nicht zugehörig fühlt, und mischt aus allem seine persönliche (Religions- und Lebens-)Philosophie zusammen: Die Behauptung, Gott in sich zu tragen; die Opposition gegen die herkömmliche orthodoxe Kirche und ihre geweihten Priester; die Liebe als »Gottesdienst« mit all den Spannweiten ihrer Auslegungen; die Bezeichnung seiner Anhänger als »Schwestern und Brüder«; die Idee, das »Fleisch durch das Fleisch zu besiegen« – und die Ekstase als »vergeistigten Zustand«, für den man in diesem Augenblick mit dem Hl. Geist vereint und für sein Handeln nicht selbst verantwortlich ist.

Der Rest – Buße, Erniedrigung, Demut und Dämon – sind Rasputins eigene Attribute zu einer »Lehre« für eine Lebensweise, bei der er nach religiösem Erleben strebt und dabei dennoch seine spirituelle und triebhafte Seite zugleich entfaltet und auslebt. In einem seiner typischen Resümees faßt er zusammen:

»Religion ist eine Form der Lebensfreude, und die Liebe ist ein frommes Werk. Warum soll es schlecht sein, wenn ein Mann einer Frau Vergnügen bereitet? Das ist keine Sünde – die Menschen haben erst diesen Begriff erfunden – seht doch nur die Bienen an – kennen die eine Sünde?«

Die Wende zum 20. Jahrhundert ist angebrochen. Rasputin hat das dreißigste Lebensjahr überschritten. In diesen drei Jahrzehnten hat sich die russische Gesellschaft verändert. Seit seiner Geburt ist der dritte Zar an der Macht – Zar Alexander II., der »Bauernbefreier«, war 1881 ermordet worden; ihm folgte Alexander III., der »Friedenszar«, der das Land mit eiserner Hand zusammenhielt und Kriege vermieden hatte.

Und 1894 war sein weniger energischer Sohn Nikolaus II. auf den Thron gekommen. Wirtschaftliche Prosperität des Landes, stürmische Industrialisierung, die auch Sibirien mit dem Bau der Transsibirischen Eisenbahn erreichte, werfen ihre Schatten in Form unberücksichtigter Bedürfnisse des neuentstandenen Industrieproletariats. Eine Arbeiterpartei wird gegründet, die an den Zaren Forderungen stellt – und letztlich seinen Sturz anstrebt. Intellektuelle verbreiten westlich importierte gesellschaftliche Utopien, die den alten Traum von einer gerechten Gesellschaft erfüllen sollen. In diskriminierten Kreisen gärt im Untergrund Opposition. Religiöse Verunsicherung herrscht; wieder bieten importierte Sekten, Mystik und Okkultismus denen Alternativen, für die herkömmliche religiöse Lehren nicht mehr zeitgemäß scheinen …

In dieser Atmosphäre der Verunsicherung macht sich Rasputin, der im Jahre 1903 vierunddreißig Jahre alt ist, von

Pokrowskoje auf, um bis zur Hauptstadt Petersburg zu gelangen. Dort will er den als Heiligen und Wundertätigen verehrten Johannes von Kronstadt treffen und von ihm lernen, und er will Geld für eine Renovierung seiner Dorfkirche sammeln. Längst hat Rasputin, über dessen Begabungen, aber auch Eskapaden in anderen Städten Gerüchte bis in seinen Heimatort gedrungen sind, seine Umgebung in Anhänger und Kritiker gespalten. Will er sich nun rehabilitieren? – fragen sich manche. Oder will er sich endgültig den Dämon austreiben lassen?

Für seine Frau Praskowja keine Frage. Lange sieht sie ihn an. Dann sagt sie: »Geh nur – ich weiß, du bist zu Höherem bestimmt ...«

II. »ZU HÖHEREM BESTIMMT«

1. Ankunft in Petersburg

Im Mai des Jahres 1904 kommt Rasputin in der russischen Hauptstadt Petersburg an. »Ich bin aus dem Gouvernement Tobolsk mit nur einem Rubel weggefahren und habe zugesehen, wie die Passagiere bei der Fahrt auf dem Kama-Fluß Münzen ins Wasser warfen – während ich nicht einmal genug Geld für Tee besaß ...«, schreibt er darüber später.
St. Petersburg ist 1904 gerade zwei Jahrhunderte alt: 1703 wurde diese Stadt buchstäblich aus dem sumpfigen Boden gestampft. Eine schmetternde Artilleriesalve – und Zigtausende Arbeiter begannen gleichzeitig, einen Stein zum anderen zu fügen, zwischen den zahllosen Inseln Brücken zu schlagen und nach den frühen Holzbauten die ersten Häuser aus Stein zu errichten. Erst entsteht die Hafenanlage für den Zugang zum offenen Meer, der Stolz des Zaren Peter des Großen – im weithin sichtbaren Goldturm der Admiralität symbolisiert, dessen Nadelspitze sich im Himmel zu verlieren scheint. Erst dann kommt alles andere, geschaffen als Grundlage der Größe und Stärke ausstrahlenden Hauptstadt eines Reiches, auf das die ganze Welt blicken sollte. Spätere Zaren, vor allem Katharina II., haben diesen Reichtum des Landes auszuweiten und auszuschöpfen verstanden und in prunkvollen Bauten, wie etwa dem Winterpalast, mit ihren ebenmäßigen Fassaden, traditionell zur Erin-

nerung an die Nähe des Meeres in blautürkisfarbenen und grünen Tönen mit Gold gehalten, versinnbildlicht.

Unter den vielen Kirch- und Klostertürmen, die gegenüber der orientalischen Buntheit des älteren Moskau hier in den zurückhaltenden Farben Weiß, Gold oder auch Blau gehalten sind, ragt die Kulisse des Alexander-Newskij-Klosters heraus, das mit seinem Baukomplex und dem großen angeschlossenen Friedhof eine stattliche Festung der orthodoxen Kirche abgibt. Daß Rasputin sich gerade dieses Symbol der Orthodoxie und ihrer Geschichte als erstes Ziel auswählt, hat seinen Grund in der großen Bedeutung des Klosters für Rußland.

Mit seinem Namen hat das Alexander-Newskij-Kloster einen Heiligen verewigt, dessen Verdienste – wie so oft bei Heiliggesprochenen der russisch-orthodoxen Kirche – eher im militärisch-politischen Bereich als in der Führung eines heiligmäßigen Lebens lagen. Alexander, Fürst von Nowgorod im Feudalzeitalter des frühen Kiewer Reiches, hatte im Jahre 1240 einen massiven Einfall der Schweden in Nowgorod in der Schlacht an der Newa zurückgeschlagen – was der frommen Bevölkerung so unerklärlich schien, daß sie den Erfolg überirdischer Hilfe zuschrieb und Alexander zum Nationalheiligen erhob, der eingedenk dieses Sieges an der Newa den Beinamen »Njewskij« erhielt.

Damit waren seine Verdienste jedoch noch nicht erschöpft. Nicht genug damit, daß er die Angriffe parierte – er rettete auch die Machtsphäre der Ostkirche. Immerhin war der Feind aus dem Westen auch noch durch Angehörige papsttreuer Orden verstärkt worden, denn die Deutschordensritter hatten sich mit den Livländischen als ihren Glaubensbrüdern zum gemeinsamen Kampf gegen die orthodoxen Länder oder besser: zur Ausweitung der westlichen, Romorientierten Machtsphäre auf Kosten der orthodoxen verbündet.

56

Alexander widerstand auch diplomatischen Versuchen, ihn für die Interessen der Kirche – einer gemeinsamen Ost-West-Kirche – zu gängeln, die der Papst durch eigens entsandte Emissäre unternommen hatte. So erscheint der deutsch-livländische Angriff als Teil eines sich gegen die kirchliche und politische Unabhängigkeit Rußlands richtenden päpstlichen Operationsplans – und das in der Zeit, als Rußland durch den ebenfalls politisch und konfessionell motivierten Angriff der Mongolen noch in Bedrängnis war.

Das alles war der russischen Sympathie für die Westkirche nicht gerade förderlich, um so mehr jedoch der Dankbarkeit gegenüber jenem Mann, der wie Alexander »Newskij« das russische Bollwerk gegen Störenfriede von außen (ob weltlicher oder geistlicher Art) symbolisierte.

Was wäre daher geeigneter gewesen als Ziel des in Petersburg ankommenden Grigorij Rasputin – auf seiner Suche nach dem Zentrum der Orthodoxie – als das Alexander-Newskij-Kloster. Dabei setzt er seine ganze Hoffnung auf einen alten Bekannten aus den Pilgerjahren, der es zum Abt des Klosters gebracht hat. Zunächst nimmt Rasputin – mit seinem Bündel auf dem Rücken – an einer Messe für Waisen teil. Mit der Opferung von »drei Kopeken für die Waisen und zwei für die Kerze« – wie Rasputin sich später genau erinnert –, sind seine finanziellen Reserven auch schon erschöpft.

Die folgende Begegnung des nach wie vor in erster Linie als frommer Wanderpilger auftretenden Grigorij Rasputin mit den höchsten kirchlichen Würdenträgern der Stadt sollte für den weiteren Verlauf seines Lebens und vor allem Wirkens entscheidend sein. Auf die Version, wonach der legendäre, als Heiliger verehrte Bischof Johannes von Kronstadt während der Messe auf den Sibirier mit dem »vergeistigten Ausdruck« aufmerksam geworden sei und diesen zu sich geholt haben soll, kann man sich jedoch nicht verlassen.

Berichte, die vom Versuch Rasputins sprechen, sich zum Abt des Klosters Zugang zu verschaffen, scheinen den Tatsachen näherzukommen. Daran will ihn jedoch ein diensthabender Polizist hindern. »Was hast du hier zu suchen, du Vagabund?«, herrscht der Uniformierte den sibirischen Muschik angesichts seiner wenig Vertrauen einflößenden Erscheinung in verstaubten Kleiderfetzen an. »*Du* willst mit Vater Sergej befreundet sein?!« – Doch noch ehe der Ordnungshüter die dubiose Gestalt überwältigen kann, hat sich Rasputin auch schon geschickt in den Hof des Klosters geflüchtet. Dort fällt er vor einem Pförtner auf die Knie und fleht ihn an, ihm Schutz zu gewähren und ihn zu Bischof Sergej (mit bürgerlichem Namen: Iwan Nikolajewitsch Stargorodskij, später als Patriarch Alexej bekannt) vorzulassen, den er von einem sibirischen Kloster als Mönch kenne. Quasi als Generalprobe für bevorstehende Begegnungen, überschüttet Rasputin den Pförtner mit seiner ansehnlichen geistlichen Rhetorik.

»Der Pförtner begriff, daß ich etwas Heiliges an mir hatte«, erklärt Rasputin später selbstbewußt den Erfolg seiner flehentlichen Bitte, »und so hat er dem Bischof von mir berichtet. Dieser rief mich zu sich, und wir plauderten. Er erzählte mir von Petersburg, führte mich durch die Straßen der Stadt und machte mich mit hochstehenden Personen bekannt – bis zu Väterchen Zar bin ich gekommen …«

Jetzt erst, an der Seite des Bischofs in die Straßen Petersburgs eintauchend, eröffnet sich dem Neuankömmling die kaiserliche Hauptstadt. Laut und geschäftig ist das Treiben im Zentrum, bunt sind die Gestalten, die sich hier tummeln; Kutscher und erste Automobile scheuchen die Fußgänger von den Straßen; Straßenbahnen rasen kreischend vorbei. Elegant gekleidet ist man hier, und wer könnte schon sagen, ob es sich um Staatsbeamte, Kaufleute oder Adelige handelt, die ihre Gesichter unter eleganten Hüten, hochgestellten Krägen oder Umhängen verbergen?

Durch Menschenmengen vorbei an Geschäften, Restaurants und Cafés, an all den Stadthäusern und Banken am Ende des Njewskij-Prospekts: das Winterpalais des Zaren – in überirdische Blaugrün- und Goldtöne gehüllt. Was sonst, wenn nicht dieses Prunkgebäude, könnte Größe, Macht und Reichtum Rußlands besser versinnbildlichen? Katharina die Große hat es vom italienischen Architekten Rastrelli zum baulichen Symbol der Stadt gestalten lassen. Und hier sieht Rasputin den Sitz des Zaren nun vor sich, des »von Gott Gesalbten«, für den einfachen Russen Stellvertreter Gottes auf Erden, den Siebzehnten der dreihundert Jahre alten Dynastie der Romanows.

Viele Eindrücke wirken auf Rasputin ein, als er staunend den Blick über den Newa-Fluß gleiten läßt, der sich von der Palastbrücke aus öffnet und am Ende des vom ebenmäßigen Palais gesäumten Wasserweges bei der Meeresöffnung verliert. Doch eines kommt ihm kaum in den Sinn: daß er einmal dem Zaren selbst begegnen würde.

Der Vermittler, der Rasputin in höchste Kreise bringt, ist Bischof Feofan (Theophanes). Der Bischof Hermogen, später in Saratow wirkend, und der Mönchspriester Iliodor, später Abt in Zarizyn, hatten den angesehenen Priester, Rektor der Petersburger Theologischen Akademie und Hofgeistlichen der Zarenfamilie, auf den sibirischen »Starez« aufmerksam gemacht. Auch er, Feofan, zeigt sich vom biblischen Wissen Rasputins beeindruckt und sieht in ihm die »Personifizierung einer neuen und tiefen Glaubenskraft«. Mit seinen fünfunddreißig Jahren ist der Sibirier noch nicht in jenem würdigen Alter, das zu einem »Starez« gehört, doch es fehlt ihm auch an gewachsener Kenntnis der traditionellen Lehren. Man beschließt, ihn systematisch in der Kirchenlehre und -schrift zu unterweisen, und stellt ihm eine Unterkunft.

Die Großfürstinnen Miliza und Anastasia Nikolajewna, gebürtige Montenegrinerinnen und durch ihre Heirat verwandt mit der Zarenfamilie, befassen sich schon seit Jahren mit religiösen Fragen bis hin zu Mystizismus und Spiritismus. Man munkelt sogar, daß dort in nächtlichen spiritistischen Sitzungen dem Okkultismus gehuldigt und durch Tischerücken angeblich sogar erfolgreich versucht werde, Kontakt mit längst verblichenen Vorfahren herzustellen. Tatsache ist, daß die beiden Damen es gewesen waren, die vor Jahren einen französischen Spiritisten und selbsternannten Seelenarzt nicht nur nach Rußland befördert hatten, sondern sogar an den Zarenhof, wo es ihm gelungen war, das Vertrauen von Zarin Alexandra Fjodorowna zu gewinnen. Diese hatte sich, als sie nach der Geburt von vier Töchtern begreiflicherweise nichts mehr ersehnte als einen Sohn und Thronfolger, nicht nur an »Monsieur Philippes« Kunst zu trösten aufgerichtet. Er gab ihr auch mit seiner (nach der Wahrscheinlichkeitsrechnung nicht allzu riskanten) Prophezeiung, ihr nächstes Kind werde ein Sohn sein, Hoffnung und moralische Kraft.

Die Skandale, die der gelernte Fleischhauer, der in seiner französischen Heimat wegen unerlaubten medizinischen Praktizierens in Abwesenheit verurteilt wurde, in der russischen Hauptstadt verursachte, zwangen den Zaren, den schwierigen Ausländer nach Hause zu schicken. Mit dem Trostpflaster eines russischen Ehrendoktorats in Medizin versehen, trat der Geschmähte seine Heimreise an – nicht ohne die düstere Prophezeiung auszustoßen, daß »ein anderer kommen wird, der sein wird wie ich …« Eine Vorhersage, mit der er zielsicher die große Schwachstelle der Zarin – ihre Leichtgläubigkeit, Mystik und mangelnde Menschenkenntnis – aufs Korn nahm. Die kurze Zeit später erfolgte Geburt des Sohnes und Thronfolgers hat den selbsternannten Propheten wenigstens in den Augen der Zarin rehabilitiert.

Bischof Feofan, der in den Kreisen der Großfürstinnen verkehrt und von seiner asketischen Persönlichkeit her in Rasputin nichts anderes sehen kann als einen Mann, der sich auf der Suche nach Gottes Willen und religiösen Wahrheiten befindet, danach zu leben strebt und dies anderen weitergeben will, stellt ihn den Montenegrinerinnen vor.

Rasputin ist nicht unvorbereitet für eine derartige Begegnung. Seit seiner Ankunft in Petersburg hatte er in kirchlichen Kreisen sein theologisches Wissen vertiefen können, wobei er dank seines hervorragenden Gedächtnisses den Mangel an Lese- und Schreibvermögen bis zu einem gewissen Grad zu kompensieren verstand. Wenn selbst eine moralische Autorität wie Johannes von Kronstadt in Rasputin einen »würdigen Vermittler religiöser Werte« sieht, kann niemand mehr an der »Heiligkeit« des sibirischen »Starez« zweifeln; ein solches Zeugnis aus berufenem Mund öffnet die Türen zu höheren, dem Hofe nahestehenden Kreisen, die zu dieser Zeit erbaulicher Gespräche offenbar besonders bedürfen.

Darüber hinaus ist das ungehobelte Wesen des Muschiks indessen so weit gezähmt, daß er, zumindest wenn er will oder muß, sein Benehmen den Erfordernissen anpassen kann. Das hat eine der ersten von ihm beeindruckten Damen der Petersburger Gesellschaft zuwege gebracht, Olga Lochtina, Frau eines Staatsbeamten, die kirchlichen Kreisen nahesteht und Rasputin unter ihre Fittiche genommen hat. War auch der Versuch, dem sibirischen Bauern Stadtkleidung zu verpassen, fehlgeschlagen, so ist sein nach wie vor in bäuerlichem Stil gehaltenes Äußeres wenigstens gepflegter als zuvor, das bäuerliche Hemd aus feineren Stoffen, der Bart gekämmt. Weigert sich Rasputin auch, Damen die Hand zu küssen, so hält sich sein Benehmen (zunächst) doch innerhalb jener Grenzen, die sein Verbleiben in einem Salon ermöglichen.

Die neununddreißigjährige Miliza ist mit einem jüngeren der zahlreichen Onkel des regierenden Zaren Nikolaus II., Großfürst Pjotr Nikolajewitsch, verheiratet. Ihre um ein Jahr jüngere Schwester Anastasia beabsichtigt, nach ihrer Scheidung von Prinz Lichtenberg den Großfürst Nikolaus Nikolajewitsch zu heiraten – Pjotrs Bruder, der ein Jahrzehnt später im Ersten Weltkrieg den Oberbefehl der russischen Armeen übernehmen sollte. Miliza gilt als sensible und auf theologischem Gebiet besonders gebildete Frau, die so sehr an mystischer Literatur interessiert ist, daß sie zum Studium eines persischen Werkes eigens die nötigen Sprachkenntnisse erworben hat. Sie und ihre Schwester sind für die außergewöhnlich religiöse und mystisch veranlagte Zarin Alexandra zu dieser Zeit die wichtigsten Gesprächspartnerinnen auf diesem Gebiet und Vermittlerinnen geistlicher Inhalte.

Somit ist die erste Begegnung Rasputins mit einer großfürstlichen Familie der Wendepunkt für sein weiteres Leben. Mit seinem unerschöpflichen Bibelwissen gelingt es ihm rasch, die Großfürstinnen zu beeindrucken. Da er nach wie vor spontan und ohne die üblichen Höflichkeitsfloskeln seine Ansichten darlegt, denen er mit seinem Selbstbewußtsein zusätzliches Gewicht zu verleihen versteht, wirkt sein Auftreten um so überzeugender.

Schwieriger ist es, Großfürst Nikolaj Nikolajewitsch für sich zu gewinnen. Ihm werden spiritistische Neigungen nachgesagt, und in seiner Position als Generaladjutant und Kommandeur des Militärbezirks Petersburg wird ihm sogar unterstellt, er unternehme nichts, ohne in der Nacht zuvor sein militärisches Leitbild, Jeanne d'Arc, im Rahmen einer spiritistischen Sitzung zu befragen. Ebenso absurd wie diese Berichte stellen sich jedoch auch die Behauptungen dar, wonach Rasputin die Gunst des Großfürsten dadurch gewonnen habe, daß er seinen von unerklärlichen

Weinkrämpfen geschüttelten Diener geheilt hätte (so Rasputins Tochter Matrjona) – oder (nach anderer Darstellung) den großfürstlichen Hund. In jedem Fall ist der gefürchtete, in seinem Wesen jedoch tief religiöse Großfürst aufgrund der ersten Begegnung dem »Mann Gottes« wohlgesinnt, und er und Anastasia berichten der Zarenfamilie von der Begegnung mit Rasputin, dessen Mentor Feofan auch als Hofgeistlicher der Zarenfamilie wirkt.

2. In der Petersburger Gesellschaft

Gegen Ende des Jahres 1905 wird Rasputin durch die erwähnten Großfürstinnen Miliza und Anastasia der Zarenfamilie vorgestellt. Der Zar erwähnt die Begegnung in seinem Tagebuch:
»1.* November. Dienstag. Kalter, stürmischer Tag. Vom Ufer her fror der Kanal zu einer ebenen Eisfläche. War am Vormittag sehr beschäftigt. (…) Tranken mit Miliza und Stana [Anastasia] Tee. Lernten einen Mann Gottes kennen – Grigorij aus dem Gouvernement Tobolsk …«
Rasputin selbst resümiert später über seine Aufnahme in höchste Gesellschaftskreise:
»… Ich war bei hohen Beamten, Offizieren und Fürsten; es kam dazu, daß ich Familienmitglieder der Romanows sah und sogar bei Väterchen Zar war. Überall braucht man Beruhigung und Liebe, und in der Liebe ist Christus; man kann nicht genug Liebe haben und wird damit zum Vermittler Gottes. Und selbst Fürsten hören aus der Liebe ihre Wahrheit, denn wo Liebe ist, ist keine Lüge.
Dabei ist es nicht so einfach, wie sich das schreibt, zu Hoch-

---

*) Russischer Zeitrechnung – 14.11. nach westlichem Kalender

gestellten zu gelangen. Man muß sehr vorsichtig und gut vorbereitet sein, nur dann gelingt es, daß durch den eigenen Glauben Gott auf sie einwirkt. Sie nehmen dein einfaches Wort als höchste Botschaft auf. Tatsächlich ist in den Palästen und bei Hochgestellten oft weniger von Gott zu spüren als bei manchen Aristokraten, die durch ihre Haltung die Gnade und den Segen Gottes haben. – Wer Gott und dem Zaren dient, hat sich die Gnade verdient ...«

Zunächst zieht der erste Besuch Rasputins am Zarenhof keine weiteren Folgen nach sich. Der Zar hat von seiner Person kaum mehr als Notiz genommen. Für ihn sind »Männer Gottes«, wie man im Rußland dieser Zeit religiöse Wanderpilger und -prediger nennt, nichts Außergewöhnliches, das Land hat ihrer viele. Im Gedächtnis bleiben ihm höchstens deren Prophezeiungen, wie die eines Mönches, der sowohl den Krieg mit Japan als auch die Ermordung seines Onkels, Großfürst Sergej Alexandrowitsch, vorausgesagt hatte. Für die Entscheidungen des Zaren aber haben derartige Voraussagen ohnehin nie eine Rolle gespielt.

Zwei Monate nach der Begegnung mit Rasputin gibt beispielsweise eine weitere Tagebuchnotiz des Zaren Auskunft über den Besuch eines anderen »Gottesmannes«: Er war von weither aus der Putina-Wüste gekommen und hatte ihm eine Ikone mitgebracht, die er aufgrund einer Vision gemalt hatte.

Daß der Herrscher des größten Reiches der Welt Zeit für derartige Besuche findet (laut Notiz hat das Gespräch eineinhalb Stunden gedauert), ist durch nichts anderes als die traditionelle Rolle der orthodoxen Religion und das Bedürfnis des Zaren zu erklären, durch das Gespräch mit einem in tiefer Frömmigkeit – und nicht in nur kirchlichen Würden – wirkenden Mann Harmonie, seelisches Gleichgewicht und Erbauung zu finden.

Gerade in dieser Zeit hat Zar Nikolaus II. moralischen Zuspruch nötig, wie ein Blick auf die Ereignisse ahnen läßt. Das Jahr 1904 hatte ihm seinen bisher größten Schlag beschert. In diesem zehnten Jahr der Regentschaft des sechsunddreißigjährigen Zaren war sein Land in einen Krieg mit Japan geraten. Die Führung des unter der Finanzpolitik Wittes im letzten Jahrzehnt des 19. Jahrhunderts sprunghaft prosperierenden russischen Reiches, dessen konvertierbare Rubelwährung doppelt soviel wert wurde wie der amerikanische Dollar, war in seiner Expansionspolitik im Fernen Osten auf Widerstand gestoßen. In Fortführung der traditionellen Ausweitung Rußlands nach Osten hin hat der aufsehenerregende Bau der neuntausend Kilometer langen Transsibirischen Eisenbahn innerhalb eines Jahrzehnts die Erschließung Sibiriens und des Fernen Ostens mit sich gebracht, den Handelsweg nach China und auch die strategische Kontrolle der Mandschurei gesichert. Port Arthur, Rußlands Handels- und Marinestützpunkt, war ein kaum weniger begehrter Tummelplatz internationaler Aktionäre als die Metropolen Petersburg, Moskau, Kiew, Odessa und andere Städte Rußlands in dieser Zeit.

Korea stand unter russischem Protektorat. Japan fühlte sich in seiner Sicherheit oder zumindest Interessensphäre bedroht. Mit der für sie charakteristischen Überraschungstaktik überfiel die japanische Marine die russische Flotte. Diese wäre in ihrem veralteten Zustand auch ohne Überraschung einem Angriff von seiten der Japaner nicht gewachsen gewesen, die jahrelang unbemerkt ihre Flotte auf den neuesten Stand aufgerüstet hatten.

Die Katastrophe war perfekt, als nach verlustreichen See- und Landschlachten (so die größte vor dem Weltkrieg bei Mukden) zur Rettung der Lage schließlich ein Spezialgeschwader unter Admiral Roschdestwenskij aufbrach. Doch England, mit Rußland zu diesem Zeitpunkt in einer losen »Entente cordiale« verbündet, zeigte sich zur Bestürzung des Zaren den Japanern stärker verbunden und verweigerte der russischen Flotte die Durchfahrt durch den Suezkanal. Da blieb nur der lange Weg um Südafrika. Als die russische Flotte nach einem halben Jahr die Seestraße von Tsushima erreichte, wurde sie von den Japanern unter ihrem Admiral Togo längst erwartet und aufgerieben.

Im Sommer 1905 hatte Rußland gute Friedensbedingungen ausgehandelt. Doch der innere Frieden des Landes war erschüttert. Die Verluste und Demoralisierung der in einem mit nur unzureichenden Mitteln und Strategien geführten Krieg Geschlagenen, wurden von politischen Agitatoren bereits für regierungsfeindliche Propaganda mißbraucht, bevor sie noch ihre Heimkehr angetreten hatten. Jetzt schien die Stunde der Revolutionäre gekommen. Hastig entwarfen sie ein Programm, nach welchem Streiks und Aufstände vor allem in den südlichen (mit der Flotte besonders verbundenen) Hafenstädten und Industriezentren organisiert wurden. Es sollte die zarische Regierung schwächen und – als Fernziel – ihr überhaupt ein Ende bereiten.

Ging diese Rechnung auch nicht auf, wurde das Land doch in den Jahren zwischen 1905 und 1907 durch eine Welle von Unruhen erschüttert, wie es sie zuvor in diesem Ausmaß noch nicht gegeben hatte. Diese von Attentaten gegen Mitglieder der Regierung und deren Repräsentanten in den Gouvernements der Provinz verschärfte Atmosphäre erreichte ihren dramatischen Höhepunkt im Januar 1905. Eine Demonstration in der russischen Hauptstadt wurde in Abwesenheit des Zaren von der Polizei gewaltsam aufgelöst und ging aufgrund der zahlreichen Opfer als »Blutiger Sonntag« in die Geschichte ein.

Im Oktober desselben Jahres erließ der Zar eine Verfassung. Sie gewährte bürgerliche Grundrechte und beschnitt die ihm durch das Vermächtnis seines Vaters und den Krönungseid auferlegte Verantwortung des Zaren als Autokrat, der bisher allein vor Gott Rechenschaft abzulegen hatte.

Im Frühjahr 1906 soll das erste russische Parlament seine Tätigkeit aufnehmen. Doch es dauert noch einige Zeit, bis sich die Unruhen legen und die spannungsgeladene Atmosphäre abkühlt; unterdessen ist die gelassene Haltung des Zaren längst nicht mehr nur Ausdruck äußerster Selbstbeherrschung, sondern auch Zeichen beginnender Resignation.

Zu dieser psychischen Verfassung hatte ein anderer Schicksalsschlag beigetragen, der den Zaren nach kurzer Euphorie über die Geburt des nach vier Töchtern zur Welt gekommenen Sohnes und Thronfolgers traf: Alexej war von Hämophilie befallen. Dieses als »Bluterkrankheit« bekannte Phänomen, von weiblichen Überträgern ererbt – im gegebenen Fall hatte sie Zarin Alexandra von ihrer englischen Großmutter Königin Victoria eingebracht –, bedeutet, daß eine Blutung nicht zum Stillstand kommt. So konnte die kleinste Verletzung, wie sie im Alltag eines Kindes häufig vorkommt, für den Zarjewitsch den Tod durch Verbluten bedeuten.

Diese Erkenntnis mochte für den Zaren vielleicht noch niederschmetternder sein als die Katastrophe des japanischen Krieges, in den er hineingeschlittert war, die beschämende Niederlage und die Enttäuschung über inkompetente politische und militärische Führungskräfte oder über die Haltung Englands.

Ein ohnehin tief religiöser Monarch wie Nikolaus findet in seinem Glauben Trost – im Gebet, bei seinen regelmäßigen Besuchen der Kirche und eben in geistlichen Gesprächen, gleich ob er nun von Zeit zu Zeit einen Geistlichen oder einen Pilger bzw. einen »Starez« wie Rasputin als Vertreter des einfachen russischen Volkes empfängt.

Weit tiefer als der Zar – vielleicht weil viel mystischer veranlagt und außerdem mit den russischen Traditionen weniger vertraut – ist Zarin Alexandra von Rasputin beeindruckt – bestärkt durch die Großfürstinnen Miliza und Anastasia.

Die Annahme liegt nahe, daß die beiden durch Rasputin zumindest auf die Zarin Einfluß gewinnen wollen. Im Dezember 1906 – ein Jahr, nachdem der Zar Rasputin zum erstenmal begegnet war – hält er in seinem Tagebuch fest: »Miliza und Stana zum Essen hier. Erzählten uns den ganzen Abend lang von Grigorij …«

Die beiden Damen genießen nicht nur die Gesellschaft Rasputins, sondern unterstützen ihn in den folgenden Jahren auch finanziell, indem sie ihm mehrere tausend Rubel für den Bau eines zweigeschossigen Hauses in seinem Heimatort Pokrowskoje geben und seiner erkrankten Frau die Behandlung in einem Petersburger Krankenhaus ermöglichen. So sehr sich die eher introvertierte Anastasia von ihrer Schwester, der ehrgeizigen und dominierenden Miliza, unterscheidet – gleich sind sich die beiden religiösen Großfürstinnen in ihrer Faszination von Rasputins »Natürlichkeit«, seiner religiösen Rhetorik (so schwer mitunter auch ihr Inhalt zu verstehen ist), seiner Heilkraft und seiner Gabe, Zukünftiges vorauszusehen.

Die Aufnahme Rasputins in diese Kreise macht ihn zum begehrten Gast in den Salons der Hauptstadt. Längst wohnt er, wenn er von seinen gelegentlichen Reisen nach Pokrowskoje nach Petersburg zurückkommt, nicht mehr im spartanischen Kloster, sondern nimmt einmal diese, dann jene Einladung an und erhält bei Bekannten Quartier.

Das erste Jahr verbringt er im Haus der erwähnten Olga Lochtina. Sie war seine erste Anhängerin und Bewunderin, und wird aufgrund ihrer labilen Persönlichkeit sein erstes Opfer. Seit Rasputin sie mit Hilfe seiner Suggestionskraft und Rhetorik von ihrer Neurasthenie befreit hat, der die

Ärzte jahrelang ohnmächtig gegenübergestanden waren, ist sie ihm völlig hörig. Sie wird seine Geliebte, und im Endergebnis verliert sie völlig ihr psychisches Gleichgewicht, betet ihn förmlich an und nennt ihn »Gott Sabaoth«. Selbst Rasputin wird ihre Unterwürfigkeit zuviel; als »Heiliger« bezeichnet zu werden, widerspricht seinem Selbstverständnis.

»Hör auf, im 20. Jahrhundert einen Gott auf Erden zu suchen!« schildern Hausangestellte Rasputins Versuche, Lochtina zur Räson zu bringen. – »Bleib zu Hause, halt deinen Mund und laß mich in Gottes Namen in Ruhe! – Was für ein Gott soll ich sein?« resümiert Rasputin geradezu ungehalten. »Ich bin ein Sünder ...« – und diese Rolle zieht er derjenigen, die ihm von seinen faszinierten Zuhörerinnen zugeteilt wird, vor. Lochtina, die später völlig den Verstand verliert, wird man im weißen Büßerhemd durch Sibirien pilgern sehen – »auf der Suche nach Gott«, gebrochen von der Macht, die Rasputin in dreierlei Hinsicht über sie gewonnen hatte: als Heiler ihrer ursprünglichen Krankheit, auf religiösem und auf sexuellem Gebiet. In diesem Vermögen, bereichert noch durch seine Intuitionsgabe und die der Prophetie, liegt vermutlich der Schlüssel für Rasputins Erfolg und jene Ausstrahlungskraft, der noch so viele erliegen sollten.

Noch hat Rasputin selbst in diesen ersten Petersburger Jahren seinen persönlichen Kampf zwischen Askese und fleischlichen Gelüsten – oder, wie er es nennt, zwischen dem »Göttlichen« und dem »Dämon« in sich – nicht ausgefochten. Er fühlt sich nach wie vor primär religiösen Idealen verpflichtet, die er anderen predigt. Die Kinder der Familie Sasonow (der Journalist ist nicht zu verwechseln mit dem gleichnamigen Außenminister), nach Lochtina sein Gastgeber, berichten, wie sie ihn stundenlang im Gebet, eher eine Art Meditation, versunken vorfanden. Allmählich jedoch spürt Rasputin, daß er im Kampf um sein asketisches Ideal gegen seine animalische Natur zu unterliegen beginnt – und resigniert. Um so entschiedener nimmt er die Einsicht dieses Scheiterns an, indem er sie vor anderen und vor sich selbst als Konsequenz seiner Weltanschauung darstellt: »Die ›Sünde des Fleisches‹ ist als solche nur von den Menschen erfunden und bezeichnet worden; tatsächlich kann körperliche Liebe doch nicht als Sünde gelten – ist sie es denn bei den Tieren? – sondern nur als äußeres Zeichen der göttlichen Liebe …«

Andererseits widerspricht sich Rasputin – wie in manchen anderen seiner Theorien – wieder selbst, indem er sich als »Sünder« bezeichnet – es sei denn, er denkt dabei an jene Mädchen oder Frauen, die er sich gegen ihren Willen gefügig gemacht hat. Rasputin gibt sich jedenfalls anfangs immer noch Mühe, etwas von dem zu sein, das seinem ursprünglichen mönchischen Ideal entspricht und als das er anderen erscheint. Da er seine rebellische Natur aber nicht mit der asketischen harmonisieren kann, lebt er beide aus. Zumal die orthodoxe Kirche in Rußland zu dieser Zeit in einer Krise steckt und selbst der Klerus in so unkonventionelle Vermittler religiöser Inhalte wie Rasputin Hoffnungen setzt, verlorene Schafe wieder auf den Weg des Glaubens zurückzuholen, ist Rasputins Aufstieg zum »Wandergeistlichen« der Petersburger Gesellschaft vorprogrammiert. Sein persönlicher Erfolg, der wiederum seinen Charakter beeinflussen und seine ursprünglichen Ideale zur Pose reduzieren sollte, wird symptomatisch für die Krise der Kirche und der Gesellschaft dieser Zeit.

3. Heiler, Tröster und Prophet oder
Die Kunst der Verführung

Rasputin wird eingeladen, weil man einfach neugierig ist, einen Propheten kennenzulernen, dem soviel Legende vorauseilt. Dann wieder, weil man erbauliche Gespräche sucht, in seinem Glauben schwankt, oder des Trostes bedarf. Um den Prediger Rasputin scharen sich die Zuhörer – meist Zuhörerinnen – dichtgedrängt am großen Teetisch und willfährig (aus Respekt oder Begeisterung), wenn er seine kräftige Hand um ihre Taille legt oder ihnen einen Kuß direkt auf den Mund drückt.

Für andere wieder ist er letzte Hoffnung, sie von einem unheilbaren Leiden zu befreien. Da Rasputin, in dessen Augen die meisten Krankheiten psychosomatischen Ursprungs sind, in manchen Fällen Erfolg hat, steht seiner Anerkennung als einer, der mit übernatürlichen Begabungen ausgestattet – wenn nicht sogar heilig – ist, nichts mehr im Wege.

Es wäre unzutreffend, Rasputin in dieser Phase ausschließlich Interesse an weiblicher Gesellschaft zu attestieren; er genießt es allgemein, Mittelpunkt zu sein und zu beeindrukken. »Rasputin liebte es, seine Gesprächspartner zu erbauen«, erinnert sich Aron Simanowitsch, der zu seinem Freund und selbsternannten Sekretär wurde, »und er beschränkte sich dabei auf kurze Formeln, die oft schwer zu begreifen waren, doch so vorgetragen, daß sich seine Überzeugung vom Wert seiner Botschaft auf die anderen übertrug.«

»Um«, wie der Mönch Iliodor berichtet, »in kultivierten Kreisen vorzugeben, auf dem Niveau seiner Gastgeber zu sein«, versteht er es, im Zweifelsfall in seiner geistlichen Rhetorik Zuflucht zu nehmen und sich auf für andere unerreichbare Gesprächsebenen zu retten.

Daß er nicht nur Frauen, sondern auch Männer in seinen Bann zieht, zeigt sein Bekanntenkreis, in dem sich Journalisten wie G. P. Sasonow sowie I. A. Hofstätter, A. A. Kohn und dem Hofe Nahestehende wie A. E. Pistolkors, D. N. Loman (Stabsoffizier der Hofverwaltung) und Angehörige des Klerus finden – noch bevor Rasputin durch seinen engeren Kontakt mit der Zarenfamilie Karrieristen und andere Personen anzieht, die sich seinen Einfluß zunutze machen wollen.

Von seinen Begabungen wie jener zu heilen, können Augenzeugenberichte eine Vorstellung vermitteln. Eine seiner Bekannten, Dschanumowa, erzählt:

»Es hat sich etwas Merkwürdiges ereignet, als meine Tochter in Kiew todkrank war. Er [Rasputin] kam zu mir [in Petersburg] und nahm meine Hand. Sein Gesicht veränderte sich völlig – es wurde totenbleich, gelb, wächsern und wie vor Schreck erstarrt. Er verdrehte seine Augen, so daß man nur das Weiße sehen konnte. Dann nahm er meine Hände, ruckartig, und rief mit betäubender Stimme: ›Sie wird nicht sterben, sie wird nicht sterben, sie wird nicht sterben!‹ – Dann ließ er meine Hände los, in sein Gesicht kehrte wieder die natürliche Farbe zurück, und er nahm das Gespräch wieder auf, wo er es abgebrochen hatte, als ob nichts geschehen wäre. Ich wollte noch am gleichen Abend nach Kiew reisen, als ich im letzten Moment ein Telegramm erhielt: ›Alice geht es besser, das Fieber ist gefallen.‹ – Auf meine Bitte hin, den Vorgang zu wiederholen, antwortete Rasputin: ›Das ist nicht von mir gekommen, sondern von oben. Es ist unmöglich, das zu wiederholen.‹ …«

Ob es sich um Zufälle handelt oder nicht, muß dahingestellt bleiben – in jedem Fall wären es ihrer viele. Ob die Neurasthenie der erwähnten Olga Lochtina, das Ekzem eines sibirischen Bauernkindes, die Lähmung des Sohnes von Aron Simanowitsch und viele andere Leiden oder

Krankheiten – Rasputins Anwesenheit bewirkt eine Änderung des Zustandes. Dabei kommen viele zu dem Schluß, daß er dies mittels Hypnose herbeiführt:

»Mein Sohn«, erzählt beispielsweise Simanowitsch, »wurde von einer Krankheit heimgesucht, die als unheilbar gilt. Sein rechter Arm zitterte ständig, und seine ganze rechte Seite war gelähmt. Ich brachte ihn in Rasputins Wohnung und legte ihn dort hin, dann ging ich weg. Nach einer Stunde kam mein Sohn nach Hause – geheilt. Er berichtete, Rasputin hätte sich zu seiner Rechten in einen Fauteuil gesetzt, die Hände auf seine Schultern gelegt, ihm fest in die Augen gesehen und sei plötzlich selbst von einem Schüttelfrost erfaßt worden. Dieser sei allmählich vergangen und Rasputin habe sich beruhigt. Unerwartet sei er aufgesprungen und habe ihn angeschrien: ›Lauf nach Hause!‹ …«

Der junge Fürst Felix Jusupow, ein verwöhnter Dandy – der Reichtum seiner Familie übersteigt selbst den des Zaren –, macht es sich zum Spaß, den stadtbekannten Künsten Rasputins auf die Schliche zu kommen. Er schützt Kopfschmerzen vor und klagt, rasch zu ermüden und arbeitsunfähig zu sein. Seine Behandlung schildert er so:

»Der Starez ließ mich auf den Diwan legen, pflanzte sich vor mir auf und fixierte meine Augen; dabei strich er mir über die Brust, den Hals und den Kopf. Plötzlich fiel er auf die Knie und begann – wie mir schien – zu beten; seine Hände ließ er auf meiner Stirne ruhen. Ich sah sein Gesicht nicht, so tief war sein Kopf gesenkt. Diese Haltung nahm er lange ein – um sich dann brüsk zu erheben und über meinem Kopf Handbewegungen zu machen. Seine hypnotische Kraft war gewaltig; ich spürte förmlich, wie sie mich beschwerte und sich eine Wärmewelle in meinem Körper ausbreitete. Mir war, als sei ich gelähmt. Ich wollte sprechen, aber meine Zunge gehorchte mir nicht, und ich fiel in einen leichten Schlaf. Ich sah nur mehr seine Augen vor mir, von denen ein seltsames phosphoreszierendes Leuchten ausging, das am Ende nur mehr ein leuchtender Kreis war, in welchem seine Augen verschwammen ...«

Auch die später mit Rasputin befaßten Innenminister Chwostow und zuletzt Protopopow bezeugen die hypnotische Kraft Rasputins, die dieser nicht nur auf Wunsch von Hilfesuchenden einsetzen sollte. Der spätere Polizeipräsident Bjeljetzkij behauptet sogar, Rasputin hätte bei einem Professor Unterricht in Hypnose genommen. Rasputins Tochter Matrjona bestreitet das jedoch energisch und behauptet, eines Tages sei ein berühmter Hypnotiseur, der Rasputin besuchen wollte, mit den Worten »Mein lieber Kollege!« gekommen, woraufhin Rasputin ihn sofort hinausgeworfen habe.

Wenn man Matrjona glaubt, muß man Rasputins Wirkung auf seine Willens- und Glaubensstärke zurückführen. Er selbst ist davon überzeugt, daß Gott durch ihn als Medium handelt. Seine Suggestivkraft erzeugt jedoch offenbar ein biologisches Kraftfeld. Matrjona schildert seine »nervöse Kraft« und »Vitalität, die seine Augen ausstrahlen und von seinen besonders langen Händen ausgehen«. Rasputin selbst sagt über sich, von seinem Körper strahle eine Kraft aus, in der sein Talent »begraben« sei.

Wo der Ursprung von Krankheiten und ihren Symptomen psychosomatisch ist, kann eine derartige Suggestionskraft wirksam sein. Die eigene Willensstärke und Überzeugungskraft Rasputins überträgt sich dabei auf den Betroffenen und macht sich sein Denken und Empfinden zu eigen. Die Anwendung der »Kraft, die mir Gott verliehen hat«, erklärt Rasputin, »auf einen körperlich oder seelisch Kranken setzt Güte und Liebe voraus«, was in diesem Fall als allgemeiner Begriff für Zuwendung verstanden werden darf. Erste Bedingung für eine Heilung sei der Glaube des Betroffenen an Gott: »Mit echten Ungläubigen ist es nicht einfach.

Die Ungläubigkeit ist eine Krankheit für sich, doch es gibt kaum jemanden, den man nicht überzeugen könnte – oder man kann ihm gar nicht helfen. Zuerst rufe ich Gott an und ich sage mir, den betreffenden Menschen zu lieben, und versuche zu verstehen, woher sein Leiden kommt. Wenn man ihn nicht lieben kann, hat man keine Chance …«

Die starke Willenskraft, Intuition und bis an (oder über) die Grenzen der Mystik gehende Sensibilität machen Rasputins Begabung der Prophetie aus, mit der er – auch mit Hilfe seiner reichen Lebenserfahrung und seiner emotionalen, weniger rationalen Veranlagung – agiert.

Basil Schulgin berichtet, Rasputin habe sich als Gast im Salon der Baronin Ixkuel aufgehalten und plötzlich aufgeregt gerufen: »Ich muß weggehen … ein Feind kommt … er kommt hierher …« – Im nächsten Augenblick habe es an der Tür geklingelt, und eine Person sei gekommen, die Rasputin gegenüber ablehnend gesinnt gewesen sei.

Und in Kiew habe Rasputin einer Bettlerin Geld gespendet und dabei unvermittelt gesagt: »Die Arme, sie weiß gar nicht, daß in diesem Augenblick ihr Kind stirbt. Sie wird nach Hause kommen und es sehen …« Und auf die erstaunte Frage Schulgins habe Rasputin geantwortet: »Ich kann es bezeugen, das Kind ist tot. Ich habe es gesehen.« – Nachträglich hatte sich auch diese Ahnung bewahrheitet.

Was macht es da schon aus, daß ein Mönch aus Sibirien bei seinem Besuch in der Hauptstadt erstaunt reagiert, als man ihm vom »Mann Gottes« Rasputin berichtet. »Mann Gottes?« schüttelt der Greis den Kopf, »so rein kann er nicht sein, um diesen Namen zu verdienen – nicht nur nach dem zu urteilen, was man von seinen Gewohnheiten, mit Angehörigen des anderen Geschlechts zu baden, aus seinem Heimatort erzählt. In Kasan, ja dort, wo er war, bevor er sich nach Petersburg begab, gab es nicht wenige Skandale, die er sich mit Frauen geleistet hat, und eine Nonne war auch darunter … – Ausgeschlossen«, wehrt der Greis gegenüber Bischof Feofan ab, »das muß jemand anderer sein, anders ist das nicht zu erklären.« – Der hohe Würdenträger runzelt noch nachdenklich die Stirne, denn eigentlich steht es einem Asketen wie Rasputin nicht an, Seidenhemden zu tragen und alleinstehende Frauen aufzusuchen, aber er schüttelt nur den Kopf, als wolle er seine Zweifel damit zerstreuen. Und so schwindet mit dem weiterziehenden Mönch der Schatten, der sich kurz über Rasputins Ruf gelegt hat, so daß dieser sich für die nächste Zeit wieder ungestört im Glanze seines Ruhmes sonnen kann.

Rasputins Aufstieg in Petersburg und der Ruf, der ihn dabei begleitet, ist an seinen ersten Bekanntenkreis gebunden. Das sind jene Verehrer – zumeist weiblichen Geschlechts –, die durch seine Predigtmonologe und Heilkünste an seine Heiligkeit glauben und ihn als übernatürlich Begnadeten mystifizieren. Viele von ihnen waren von einem Schicksalsschlag getroffen worden und haben nun bei Rasputin religiösen Trost gefunden. So zum Beispiel hatte eine Frau E. M. Golowina einen geliebten Menschen verloren und in ihrem Schmerz eine Neurose entwickelt. Hier wirkt Rasputin, wie schon bei Olga Lochtina und anderen seiner späteren Verehrerinnen, die in ihm die letzte Hoffnung für schulmedizinisch nicht behandelbare Krankheitssymptome sehen, auch als »Naturheiler«, vor allem aber als Psychiater.

Außer von seiner hypnotischen Kraft, mit der er auf den Betreffenden einwirkt, macht er von seiner Intuition, seinem natürlichen Menschenverstand und seiner Bauernschläue Gebrauch und geht entsprechend dem Milieu und Charakter der Person vor. Im Endeffekt spielt es dann keine Rolle mehr, ob – je nach Veranlagung der Geheilten – die meist als Wunder empfundene Besserung ihres Zustandes der Kraft von Rasputins Gebet zugeschrieben (und er somit als Heiliger klassifiziert) wird oder seiner Suggestivkraft.

Fest steht: Rasputin ist mit übernatürlichen Gaben ausgestattet.

Doch auch diejenigen, die gar nicht seine Bekanntschaft suchen und ihm zufällig begegnen, läßt Rasputin nicht gleichgültig. Er macht immer Eindruck – positiv oder negativ. Wer ihn zum erstenmal sieht, erkennt ihn sofort, Rasputin braucht gar nicht erst vorgestellt zu werden – seine Bekanntheit eilt ihm voraus:

»Ich habe ihn gleich erkannt, da ich schon durch all die Berichte und Erzählungen eine Vorstellung von ihm hatte«, berichtet eine Petersburgerin, die ihn auf einer Gesellschaft traf. »Er trug ein weißes, besticktes überhängendes Hemd, sein Bart war dunkel, sein Gesicht länglich, die tiefliegenden Augen grau. Sein Blick ging mir durch und durch. Er sieht einen an, als wolle er bis in den Grund der Seele eintauchen, so durchdringend starren einen seine Augen an, und man fühlt sich nicht ganz wohl dabei …«

Rasputin beeindruckt offenbar nur naive, unerfahrene oder labile Frauen. Der Schriftstellerin Nadjeschda A. Teffi (alias Butschinskaja) mißfiel Rasputin sofort: »Er war in einen schwarzen russischen Tuchkaftan gekleidet und stand in hohen Stiefeln da, trat ständig unruhig von einem Bein aufs andere, setzte sich einmal da, dann dorthin, wetzte unruhig herum, stieß seine Nachbarn mit der Schulter an, usw. – Er war ziemlich hochgewachsen, muskulös, wirkte irgendwie streng, sein Bart hing in dünnen Strähnen herunter, und das längliche Gesicht schien in eine noch längere fleischige Nase zu münden.

Der Blick, der einen aus seinen eng beieinanderliegenden, unter triefenden Haarsträhnen glänzenden Augen traf, war stechend; doch er ruhte nicht, sondern irrte unstetig hin und her. Die Augen waren wohl grau, doch sie glänzten so sehr, daß ihre Farbe eindeutig zu bestimmen nicht möglich war. Unruhig waren sie. Wenn er etwas sagte, ließ er sogleich seinen Blick über die Zuhörer schweifen, wie um deren Reaktion zu ergründen – denken sie darüber nach, befriedigen sie seine Worte oder ist man erstaunt?«

Und Rasputins Wirkung auf Männer? Der französische Botschafter am Zarenhof jener Jahre, Maurice Paléologue, traf Rasputin im Haus einer Aristokratin und beschreibt seinen ersten Eindruck von ihm so:

»Dunkles, langes und unfrisiertes Haar, schwarzer Vollbart, hohe Stirne, eine breite, hervortretende Nase, kräftiger Mund. Doch der ganze Gesichtsausdruck ist in den flächsern-bläulichen Augen konzentriert, glänzend und tiefliegend, merkwürdig magisch anziehend. Der Blick ist zugleich durchdringend und schmeichelnd, naiv und listig, direkt und fern. Wenn er beim Sprechen auflebt, laden sich seine Pupillen förmlich magnetisch auf …«

Wladimir D. Bontsch-Brujewitsch ist linksliberaler Historiker, Freund Lenins und später Sekretär im ersten bolschewistischen Regierungskabinett:

»Meine Aufmerksamkeit erregten vor allem seine Augen. Wenn sie einen konzentriert und direkt ansahen, blitzte in ihnen ständig ein phosphoreszierendes Licht auf. Er schien quasi mit seinem Blick den Zuhörern auf den Zahn zu fühlen, und mitunter verlangsamte er seine Redeweise, zog die Worte in die Länge, versprach sich, als dächte er an etwas anderes, und bohrte seinen Blick schließlich unablässig in einem der Anwesenden fest, wie um dort Unterstützung zu finden. Während dieses minutenlangen Anstarrens sprach er so gedehnt weiter, daß seine Rede nahezu abbrach. Dann faßte er sich plötzlich und setzte seine Rede hastig fort. Ich stellte fest, daß gerade dieses unverwandte Anstarren die Anwesenden sehr beeindruckte, besonders die Frauen unter ihnen, die sich unter diesem Blick sehr unbehaglich fühlten, unruhig wurden, dann aber selbst schüchtern begannen, ihn näher zu betrachten oder mit ihm ein Gespräch zu führen versuchten und zumindest weiter etwas von dem zu erhaschen, was er noch zu sagen hatte ...«

In diesen Momentaufnahmen aus der ersten Zeit Rasputins in Petersburg zwischen 1904 und 1907, wenige Jahre vor seinem vierzigsten Lebensjahr, spiegelt sich der Zwiespalt wider, in welchem sich Rasputin selbst befindet, und auch im Eindruck, den er auf andere hinterläßt; tatsächlich vereint er Widersprüchliches und Extreme in sich wie Gut und Böse, Edles und Gemeines, Furchtlosigkeit und Feigheit, Aufrichtigkeit und Lüge, Fleiß und Faulheit, philosophische Gedankentiefe und Primitivität, Bescheidenheit und Unverschämtheit, Vergeistigung und Animalisches, Frömmigkeit und wildeste Ausgelassenheit, Asketentum und Laszivität. Es scheint, als seien die Gegensätze seines Landes in seiner unendlichen Weite und Vielfalt in diesem einen Menschen konzentriert. Und bei jeder neuen Begegnung tritt eine der zahlreichen Eigenschaften Rasputins hervor – je nachdem, welche Rolle man von ihm erwartet. Rasputin bedient sich bald – angesichts der Wirkung, die er auslöst – bewußt seiner Verhaltensweisen. Sobald seine spirituellen Kräfte Erfolg zeitigen, geht er ungeniert auf andere Verhaltensebenen über und schafft den Übergang – glaubhaft motiviert – virtuos. So virtuos, daß den Betroffenen die Kontrolle über sich und die Situation entgleitet, wenn sich der Mechanismus der Abhängigkeit in Gang setzt:

Chionja Bernadskaja hatte ihren untreuen Mann verlassen, der daraufhin Selbstmord beging. Ihre Schuldgefühle treiben sie an den Rand des Wahnsinns. »Ich konnte nicht mehr schlafen«, bekennt sie, »und ich achtete nicht einmal mehr auf mein Aussehen, wenn ich ausging. Nicht einmal in der Kirche fand ich Trost, ich konnte mit diesem Stein auf meiner Seele keine Ruhe finden. Eine Freundin riet mir, mich an einen Mann zu wenden, der nur ein bescheidener Bauer sei, doch über eine unglaubliche Fähigkeit verfüge, zu beruhigen und zu trösten. Ich wollte ihn kennenlernen.

Es läutet. Ein seltsam aussehender Mann wirft hastig seinen Mantel ab und eilt auf mich zu. Indem er seine Hände auf meinen Kopf legt, sagte er: ›Der Herr selbst hatte unter seinen Jüngern einen, der sich erhängte; wie es für ihn gewesen sein mag, so ist es wohl für dich …‹ Dieser Satz ging mir durch und durch, so banal er gewesen sein mag – er war mit so fester und überzeugender Stimme ausgesprochen, daß mein Unglück durch diese Worte wie ausgelöscht schien. Ich wollte ihn wiedersehen und meine zu Eis gefrorene Seele bei ihm heilen, wie ein Vogel seine erkalteten Flügel in der Sonne wärmt …

Er tat mir gut, erklärte mir, daß ich keine Schuld auf mich geladen hätte, und daß er alle meine Sünden auf sich genommen habe. Doch die sich von ihm abwendeten, verlören ihr Heil.

Er verstand es, mich wieder aufzurichten. Ich begann wieder zu leben. Mein christliches Denken kehrte zurück. Ich ließ mich nicht mehr gehen, besuchte auch die Kirche wieder. Allmählich begann ich, von der Idee besessen zu sein, vom Meister geliebt zu werden, während ich mich von ihm selbst keineswegs angezogen fühlte.

Als meine Eltern sahen, wie ich dank Grigorij zum Leben zurückfand, erlaubten sie mir, ihn mit meinem Sohn nach Pokrowskoje zu begleiten. Im Zugabteil befanden sich außer Grigorij auch eine »Schwester« [wie Rasputin seine Anhängerinnen zu nennen pflegt], ich und mein Sohn. Als alle schliefen, kletterte Grigorij von seinem Bett zu meinem herunter und überschüttete mich mit Zärtlichkeiten, Streicheleien, Küssen und Liebesgeflüster. Ich stand völlig unter seiner Macht, und für mich galt nichts anderes, als daß all sein Tun und Handeln, seine Worte und selbst seine Küsse meinem Seelenheil dienten und nur äußeres Zeichen der

Reinheit seiner Liebe seien, die ich zum Zeichen meiner reinen Gedanken geschehen ließ.

Und plötzlich – helfe mir Gott – sagte er, ich solle mich seiner Liebe gegenüber gehenlassen und hingeben, es würde ein Geheimnis bleiben. Er wolle mich wie ein Mann lieben und – Herr, hilf mir, bis zum Ende zu berichten! – er befahl mir, wie eine Frau für ihren Ehemann zu sein und all seinen Begierden nachzugeben. Er gab seiner Unersättlichkeit ungehemmt nach bis zum Ende; ich ertrug das alles und litt dabei schrecklich, betete zu Gott – er weiß, was ich durchgemacht habe. Mich überkam ein schreckliches Gefühl: ich spürte schmerzlich, daß ich in dem, was mir am kostbarsten war, furchtbar erniedrigt worden war. Und dann sah ich wieder, wie demütig sich Grigorij im Gebet zu Füßen warf, und meine düstere Erkenntnis wich neuen Zweifeln, an die ich mich klammerte, bis auch diese schwanden und ich mich beruhigte.

Am nächsten Tag sah ich ihn zur Schwester, wie er seine Anhängerinnen nannte, gehen und bat insgeheim für sie. Doch dann kam er wieder zu mir und erklärte, daß niemand ihn wie ich in den Hoffnungen unterstütze, die er hege, und daß nur ich ihn richtig verstünde. Auf meine mehrmaligen Fragen, ob es nicht möglich sei, die Leidenschaft mit anderen Mitteln zu heilen als so, wie er es tue, verneinte er jedesmal. ›Also sind Sie zum Unterschied von anderen Gottesmännern dazu berufen, uns von der Ursünde zu heilen, zu der unsere Menschheit so sehr verführt ist?‹ fragte ich ihn allen Ernstes. Seine Antwort: ›Deine Definition gefällt mir sehr. Du hast die Wahrheit gesprochen.‹«

Rasputin ist imstande, gutgläubige Frauen wie diese letztlich davon zu überzeugen, daß das »Stillen fleischlichen Verlangens ein schmutzige Gefühle und Sünden reinigender Prozeß« sei, der das letzte Hindernis auf dem Weg zu göttlicher Seligkeit beseitige. Daher findet Chionja auch

»nichts Schlechtes« daran, daß Grigorij mit allen gemeinsam das öffentliche Bad besucht und von der »Schwester«
seinen Körper waschen läßt (nach dem Prinzip, daß
Demütigung als Weg der Selbsterniedrigung zur Annäherung an Gott führe). Es geschieht in Chionjas Augen ebenso aus »heiligen Gründen« wie der gemeinsame Schlaf in
Rasputins Haus, bei dem dieser in Anwesenheit seiner Frau
das Lager einer »Schwester« teilt (was anfangs zu einem
Gerangel um Matratzen und dann zu strafweiser Kürzung
der Bewirtung durch die verständnislose Hausfrau führt).
Während Chionja sich später von ihrem »Meister« abwen-
det, da unbestreitbare Tatsachen die letzten Schleier ihrer
mitunter mühsam aufrechterhaltenen Illusion zerreißen,
und verbittert zu seiner schärfsten Anklägerin wird, bleiben andere seiner Anhängerinnen bis zum Schluß fest in
ihrer Überzeugung, daß Rasputin ein Heiliger sei.
Seine wohl durch die jugendlichen Erlebnisse mit der
Chlysten-Sekte inspirierte Predigt, erst durch das »Abtöten
des Fleischlichen« sei der Weg zum Heil der Seele frei,
bringt manche von selbst zur völligen Hingabe an ihn,
wenn ihr »Dämon« nicht beim ersten Versuch vertrieben ist
und ihrem Seelenheil weiter im Wege steht. Wäre die Erkenntnis, sich selbst zum jenseits der Grenzen der Vernunft
gutgläubigen Mitvollzieher von Rasputins Absurditäten
degradiert zu haben, überhaupt erträglich?
Unter denen, die nicht an Rasputins Worten zweifeln, daß
er selbst mit seinem Körper die Sünden anderer auf sich
nehme und die göttliche Gnade vermittle – denn »mit dem
Absterben des fleischlichen Verlangens« trete »die Seele in
die Ewigkeit ein« –, befindet sich auch Aquilina Laptinskaja. Sie war ihm als Nonne begegnet, sieht in ihm ihren
wahren geistlichen Meister und legt ihren Schleier ab, um
nur mehr als Sekretärin ihrem des Schreibens nahezu un-
kundigen Herrn zu dienen. Ihre teils von ihm diktierten,

teils aus eigener Initiative geführten Aufzeichnungen ermöglichen einen aufschlußreichen Einblick in Rasputins
Alltag, und was ihr davon verborgen bleibt, läßt sich bald
aus den Akten der Geheimpolizei ergänzen, die Rasputin
sowohl beschützen als auch bewachen sollte.

4. Nomen est Omen – Begegnungen mit Rasputin

Mit seiner Autorität steigert sich auch Rasputins Selbstbewußtsein. Beim Annäherungsversuch an Damen der höheren Gesellschaft – das ist ihm bewußt – ist es mit simplen
Rechtfertigungen nicht getan. Zuflucht zu religiösen Argumenten wirkt hier nicht, auch wenn sie noch so überzeugend vorgetragen sind. Wer würde ihm in diesen Kreisen
schon abnehmen, was er glaubhaft einem zögernden Dienstmädchen versichern konnte, daß der bekannte Bischof Hermogen und der Zar selbst über Rasputins körperliche
Liebespraxis als Mittel der Selbstreinigung im Bilde seien?
Oder daß, wie er einem Bauernmädchen in seinem Heimatort weismachte, ihm bei keiner anderen Gelegenheit als dem
Vollziehen des sexuellen Aktes die Vision der Heiligen Dreifaltigkeit selbst zuteil geworden sei? Nein, bei einer gebil-
deten Dame der Gesellschaft, die auch noch (korrekte) Beziehungen zum Klerus unterhält, kann Rasputin nicht so
plump vorgehen. Die betreffende Dame hatte ihn in ihr
Landhaus eingeladen, allerdings nicht, um in Rasputin
etwas anderes als einen Gesprächspartner kennenzulernen.
Religion und Mystizismus sind en vogue in Petersburger
Gesellschaftskreisen. Man lädt dazu Rasputin ein.
Ihrem Bericht zufolge küßte er sie bei der Begrüßung gleich
dreimal direkt auf den Mund, war ihm doch schon oft die
entwaffnende Wirkung seiner Direktheit zugute gekom-

men. Als die nachfolgende Konversation nicht in die (von Rasputin) gewünschte Richtung führt, beginnt er nervös an seinem Bart zu zupfen, um schließlich zu fragen, ob seine Gesprächspartnerin ihm nichts zu sagen, nichts zu bekennen hätte. Die Dame verneint; seine Ratlosigkeit drückt sich darin aus, daß er aufsteht und im Raum unruhig hin und her geht. Plötzlich bleibt er stehen und erklärt rundheraus: »Wissen Sie – ich kann wirklich gut lieben.« Die Angesprochene gibt erst vor, das soeben Vernommene nicht gehört zu haben. Als Rasputin beharrlich wiederholt, was er zu sagen hat, verläßt sie den Raum. Nun versucht er, sie als »religiöse Tochter« zu gewinnen. Das lehnt sie wiederum mit der Begründung ab, er sei kein geweihter Priester und könne ihr keinen Segen erteilen – ein Gesichtspunkt, der bisher offenbar kaum jemandem in den Sinn gekommen war. Selbst Rasputins Beteuerungen, er besitze eine innere Auszeichnung, die weit mehr bedeute als ein äußerlicher Priesterrang, fruchten nichts. Rasputin gibt auf.

Im übrigen sind seine Argumente jedoch vermutlich mehr als nur der Versuch, unerwünschte Avancen zu untermauern. Offensichtlich beeinflußt von den Sektenerlebnissen seiner früheren Jugendjahre hat sich in ihm, selbst wenn er sich nicht zu den Chlysten bekennt, deren Denkweise insofern festgesetzt, als auch für ihn spirituelle Domänen idealerweise nach Überwindung körperlicher Barrieren erreichbar sind oder deren Erreichen dadurch wenigstens begünstigt wird. Denn Rasputin versucht, seine Gesprächspartner zu dominieren, wie es sich für einen Starez gegenüber seinen »Schülern« gehört – und er versucht diese Autorität gegenüber den anderen, zumindest Angehörigen des weiblichen Geschlechts, dadurch zu etablieren, daß er sie sich körperlich unterwirft.

Rasputin, ein Neuling in der städtischen Gesellschaft, wird mit der Zeit von ihr mitgeformt – und korrumpiert. So hat er manche Argumente seiner Bewunderinnen angenommen – Argumente, mit denen sie vor sich, vor Gott und vor Rasputin ihre völlige Hingabe zu rechtfertigen suchten. Rasputin eignet sich ihre Theorien an – von der tugendhaften Liebe, die göttliche Gnade bewirke, von der Liebe, die den Menschen von körperlicher Leidenschaft freimache (für die höhere Gnade). Diese Theorien paßten in sein religiöses Konzept, weil sie ihm seine »Opfer« näherbrachten, über die er sich lustig machte.

Dabei lebt in seinem Innersten noch immer ein Funke Sehnsucht, die Kraft zu einem asketischen Leben zu finden, wie seine oft stundenlangen Meditationen ahnen lassen. Man darf annehmen, daß Rasputin tatsächlich an die ihn seit dem Besuch auf Athos faszinierende Legende glaubt, wonach das Kreuz Christi in einem von Lot gepflanzten Baum sichtbar geworden sei – jenem Lot, der mit seinen eigenen Töchtern gesündigt hatte: »Wenn nicht einmal der Herr sich scheut, selbst solche Sünden emporzuheben! Lot hat sich einer großen Verführung schuldig gemacht, aber er hat bereut. Und Gott hat ihn gegrüßt – das bedeutet, daß selbst ein Satan zu retten ist …«, beteuert Rasputin seinem Bekannten Menschikow. Auch dessen energischste Zurechtweisungen, wonach diese Geschichte in der gesamten Bibel nicht zu finden sei, und die Vermutung, »daß die griechischen Mönche wissen, daß sie den russischen Pilgern alles aufschwatzen können, was ihnen gerade einfällt«, scheinen an Rasputins Überzeugung nicht zu rütteln.

Wie sehr Rasputin bereits in den ersten Petersburger Jahren an Selbstbewußtsein gewonnen hat, berichtet sein Bekannter, Wladimir Bontsch-Brujewitsch. Rasputin betritt den Salon der an Religion interessierten Aristokratenfamilie Ixkuel zum erstenmal:

»Er kam frei und ungezwungen in diesen Salon, in den er noch nie einen Schritt gesetzt hatte, und während er über den Teppich ging, wandte er sich an die Dame des Hauses: ›Nun, mein liebes Mütterchen, hier hat man ja alle Wände wie in einem Museum vollgehängt, dabei könnte man mit einem einzigen Stück fünf hungernde Dörfer ernähren – es ist eine Freude zu sehen, wie man hier lebt, während dort die kleinen Muschiks vor Hunger sterben …‹ Als er anderen Gästen vorgestellt wurde, pflegte er sogleich die Frage zu stellen: ›Verheiratet? – Und dein Mann? Warum bist du allein gekommen? Wenn ihr beisammen wärt, könnte ich sehen, wie es euch geht, wie ihr lebt‹ …«

Selbst bei Gräfin Ignatjewa, Frau eines Beraters noch von Zar Alexander III., benimmt sich Rasputin kraft seiner Autorität ganz ungeniert. Sie hatte allerdings nicht gerade seine Sympathien gewonnen, als sie ihn bei der Begrüßung mit erstaunt erhobenen Augenbrauen maß und ihr »Sehr erfreut« mit geradezu mißbilligender Arroganz hervorbrachte. Als sie dem anwesenden Freund Rasputins, Bischof von Zarizyn, nahelegt, sich dem soeben erfolgten Beschluß des Synods zu beugen und Zarizyn zu verlassen, greift Rasputin ein. Er nähert sich bedrohlich der Ignatjewa, funkelt wütend mit den Augen und brüllt sie an: »Ich sage dir, hör auf! Ich, Grigorij, sage dir, er bleibt in Zarizyn! Kapiert? Du maßt dir zuviel an, dabei bist du höchstens eine ganz passable Frau …«

Der Eindruck, den Rasputin bei seinen Zeitgenossen erweckt, wird immer zwiespältiger, die Meinungen über ihn immer unterschiedlicher. Die überaus mystisch veranlagte Zarin, die seit ihrer ersten Begegnung mit Rasputin Ende 1905 von seiner Religiosität besonders tief beeindruckt ist, möchte, daß ihn auch ihre Freundin und Hofdame Anna Tanejewa kennenlernt.

Anna stellt im Vergleich zu den üblichen, in der Regel alten Adelsfamilien entstammenden Hofdamen eine untypische Begleitung für eine Zarin dar. Von bäuerlichem Typ und rundlichem Äußeren ist sie gutmütig und sehr naiv, tief religiös, angesichts ihres engen Horizontes aber auch leichtgläubig. Sie war als Tochter des ehrgeizigen Beamten der Kaiserlichen Hofkanzlei, Tanejew, Zarin Alexandra Fjodorowna vorgestellt worden. Anfangs wurde sie zum gemeinsamen Musizieren mit der Zarin eingeladen, die wie sie gerne Klavier spielte; mitunter sangen die beiden im Duett – Anna Alt zum Sopran der Zarin (übrigens anfangs auch für Gäste, was der Zar dann jedoch strikt verbot). Ihre Entflammbarkeit für Rasputin war praktisch vorprogrammiert. Sie schildert die erste Begegnung so:

»Miliza Nikolajewna hatte mich eingeladen und mir den Tag genannt, wann Rasputin da sein würde. Ich war sehr aufgeregt, einen solchen Mann kennenzulernen. Miliza Nikolajewna hatte mir schon vorher gesagt: ›Fragen Sie ihn alles, was Sie wollen, er wird ein Gebet sprechen – er kann alles erwirken beim lieben Gott.‹

Rasputin trug einen schlichten, schwarzen sibirischen Kasack. Ich war wie betäubt von seinem durchbohrenden Blick. Bei der Begrüßung küßte er Miliza Nikolajewna, dann wurden wir einander vorgestellt. Er begann mich auszufragen, was ich zu tun hätte, wo ich wohnte usw. Dann fragte ich ihn, da ich verlobt war und meinen Bräutigam noch nicht gut kannte – die Hochzeit aber unmittelbar bevorstand –, ob ich heiraten sollte. Er antwortete, er rate mir zu heiraten, aber diese Ehe werde eine unglückliche sein. – Das Gespräch dauerte nicht länger als zehn Minuten ...«

Kurze Zeit später ist Anna Tanejewa verheiratet mit Wyrubow, doch schon einen Monat später wieder von ihm geschieden. Er hatte sie in Trunkenheit verprügelt, und aufgrund seiner Gewalttätigkeit und seines Mangels an Erfahrung im Umgang mit Frauen kam es gar nicht erst zu einer normalen ehelichen Beziehung. Angesichts der Patronanz von Zarin Alexandra, welche für die ihr nahestehende

Freundin sogar die Hochzeit ausgerichtet hatte, ist das Scheitern dieser Ehe umso peinlicher, die Bereitschaft von Alexandra Fjodorowna, ihre Hofdame danach psychisch zu unterstützen, umso größer. »Die Wyrubowa«, wie sie von jetzt an zeitlebens genannt wird (die Zarin nennt sie »Anja«), wird bald die Rolle der Vermittlerin zwischen Rasputin und der Zarin spielen.

Ein Jahr nach der ersten Begegnung trifft Anna Wyrubowa Rasputin zufällig auf der Straße. »Ich war glücklich, ihn wiederzusehen, und hatte das Bedürfnis, ihn zu besuchen und zu ihm über mein Unglück zu sprechen. Damals wandten sich ja viele Leute in Petersburg vertrauensvoll an ihn und baten ihn, sie geistig zu führen ...«, erinnert sie sich später.

Anna Wyrubowa sollte die stärkste Anhängerin und Verteidigerin Rasputins gegen alle Anfechtungen werden, und bis zu ihrem Tod, Jahrzehnte nach dem seinen, zu ihm stehen. Ihren unerschütterlichen Glauben an seine Heiligkeit untermauert sie mit Beispielen, noch ehe sie Rasputin nach seiner richtigen Prophezeiung über ihre Ehe auch als Heiler selbst erleben wird:

»Ich erzähle einen Fall, der erklärt, was er für ein Gespür hatte – mag jeder es nennen, wie er will. Ich erinnere mich daran, wie in der Kirche ein Mann an ihn herangetreten ist und ihn bat, für ein krankes Familienmitglied zu beten. – ›Nicht mich sollst du darum bitten – bete lieber zur heiligen Xenia!‹ antwortete er ihm. Woraufhin der Mann überrascht ausrief: ›Woher konnten Sie wissen, daß meine Frau Xenia heißt?‹ – Ich könnte Hunderte solcher Beispiele anführen; selbst wenn man sie in dieser oder jener Form erklären kann – weit erstaunlicher noch sind seine Voraussagen für die Zukunft, die eingetroffen sind.«

Rasputin ist im Jahre 1907 achtunddreißig Jahre alt. Je höher er die gesellschaftliche Leiter (deren oberste Sprosse direkt zum Zarenpalast führt) erklimmt, desto kritischer verfolgt und registriert man mit Argusaugen sein Auftreten, sein Äußeres und jede seiner Gesten – als wollte man mit der kritischen Sicht gegenüber einem solchen Emporkömmling die Frage stellen: Was ist Besonderes an ihm? Wie hat er das geschafft? Ist das Ganze nicht ein Irrtum? Dementsprechend kontrastreich die Aussagen über ihn:

A. Senin aus Rasputins Heimatort: »Er geht wie ein ganz gewöhnlicher Sibirier; sein Gesicht ist mager und spitz zulaufend, von einem großen dunkelbraunen, auseinanderfallenden Bart umrahmt, große Nase, grobe Züge, kräftige Backenknochen, tiefliegende grünliche Augen, krankhaft blasser Teint, die braunen Haare rundgeschnitten; Mantel aus Tuch und lackierte, sich nach oben hin verjüngende Stiefel ...«

J. P. Menschikow, sein Bekannter und in mancher Hinsicht bezüglich Rasputin skeptischer Diskussionspartner: »Morbider Gesichtsausdruck mit boshaften Zügen, nervös und unruhig, funkelnde Augen, salbungsvolle Sprechweise, irgendwo angesiedelt zwischen heiligem Mönch und geißelndem Propheten. Ein impulsiv hervorquellender Strom aphoristischer Fragmente oft rätselhaften Charakters ...«

W. N. Kokowzow (Finanz- und späterer Premierminister): »Ich war vom widerlichen Ausdruck seiner in tiefen Höhlen eng beieinanderliegenden Augen abgestoßen, die aus Stahl zu sein schienen. Sie spießten sich in mich hinein, als wollte mich Rasputin zum Tode verurteilen. Vielleicht wollte er mich einfach nur prüfen. Ihm fehlte nur noch die Sträflingsbluse mit dem klassischen Viereck am Rücken, um seinen Eindruck zu komplettieren ...«

E. F. Dschanumowa – erst Bewunderin, dann Kritikerin Rasputins: »Seine Augen setzen sich in seinem Gegenüber fest und durchbohren den Betreffenden bis zum Grund; dabei geht von ihm etwas Beklemmendes aus, das von einem

Besitz ergreift, als hätte es sich materialisiert; zugleich glänzen seine Augen voll Güte – doch immer mit etwas Falschheit und Ambivalenz. Aber wie grausam kann der Blick sein – und erschreckend, wenn er zornig ist …«

Aron Simanowitsch, jüdischer Bekannter Rasputins, der über ihn Einfluß zugunsten jüdischer Kreise ausübte: »Der Blick seiner hellen grauen Augen, unter den Brauen hervorstechend, war magnetisch und entwaffnend, man fühlte sich dabei irgendwie unbehaglich; sein dichtes braunes Haar fiel schwer herunter. Er hatte auf der Stirn eine Beule*, die er sorgfältig unter einigen Strähnen verbarg; daher trug er immer einen Kamm mit sich, mit dem er seine langen, glänzenden, oft eingecremten Haare frisierte. Sein Bart war meist unordentlich. Sein Mund war groß, doch von seinen Zähnen waren kaum mehr als dunkle Stümpfe vorhanden …«

Je berühmter Rasputin, desto ironischer der Ton, in dem man über ihn spricht. Einmal heißt es, sein Gewand strotze vor Flecken, seine Stiefel vor Teer, seine Fingernägel vor Schmutz – dann wieder macht man sich über seine dandyhafte Erscheinung – oder sein Bemühen darum – lustig, die gewichsten Stiefel, die Seidenhemden, den Pelzrock – kurz, über den »Bauern mit dem parfümierten Bart und den manikürten Fingernägeln«.

Es ist schwer zu sagen, wie sich Rasputin in dieser Zeit seines vielfach beneideten oder als suspekt betrachteten Aufstiegs hätte kleiden sollen, um die russische Gesellschaft allseits zufriedenzustellen. Kein Emporkömmling hat es leicht. Das Phänomen, in einer Klassengesellschaft als Angehöriger der untersten Schicht plötzlich in schwindelnden Höhen der sozialen und Machtpyramide zu erscheinen, setzt auch Rasputin zu. Jede Handlung wird a priori zum Objekt der

---

*) Sie stammt aus seinen Jugendjahren, als ihn ein Bauer in flagranti beim Diebstahl erwischte

Kritik, und er tritt von einem Fettnäpfchen ins andere – gleichgültig, ob er sich in Kleidung und Benehmen seiner neuen Umgebung anzupassen versucht oder seiner Herkunft treu bleibt. Das zwiespältige Verhältnis ihm gegenüber von seiten derer, die ihm mit Verehrung und jenen, die ihm mit Verachtung oder Spott begegnen, beschert ihm ein Wechselbad der Gefühle zwischen Liebe und Haß.

Rasputin reagiert darauf gelassen. Kein Wunder: seine Macht ist im Ansteigen begriffen. Er verkehrt in höchsten Kreisen. Indessen haben die Zuwendungen seiner Gönner(innen), Verehrer(innen) – all derer, denen er in irgendeiner Weise geholfen oder ihnen zumindest das Gefühl der Hilfe vermittelt hat – seine materielle Lage gesichert. Es fehlt ihm an nichts. Derart ausgestattet, holt er erst die ältere, dann die jüngere Tochter für den Schulbesuch aus Sibirien in die Hauptstadt (seine Frau versorgt mit dem Sohn weiter den gutgehenden Hof in Pokrowskoje) und eine Haushaltshilfe. Außer den Genannten lebt auch die ihm als »Mann Gottes« ergebene junge Frau, die Ordensschwester Akilina Laptinskaja, bei ihm, die als eine Art Sekretärin fungiert.

Solcherart etabliert, können Angriffe und Spott Rasputin kalt lassen. Er ist stolz auf seine Position. Seinem Stil bleibt er treu, unterstreicht seine Herkunft, indem er weiterhin gegürtete Hemden zu in Stiefeln steckenden Hosen trägt – nur eben aus feinerem Material als dem eines gewöhnlichen Bauern –, als wolle er damit signalisieren: Ich bin ein Bauer und stolz darauf, es als solcher zu Ansehen und Anerkennung in der Stadt gebracht zu haben. Mitunter wechselt er zum Stil der Mönchskleidung – je nach Besuchsperson und der beabsichtigten Wirkung –, damit seine Sendung als »Mann Gottes« untermauernd. Der Großteil von Rasputins weltlicher Kleidung, ob Seiden- oder gestickte Hemden und besondere Gürtel, sind ohnehin Geschenke von Verehrerinnen bzw. Gönnerinnen. Keine Fotografie dieser Jahre zeigt Rasputin in anderer Tracht als einer der beiden erwähnten.

Auch Rasputins Eßgewohnheiten und -geschmack bleiben unverändert bäuerlich. »Er pflegt in der Küche zu essen«, berichtet sein Nachbar, »gemeinsam mit den Hausangestellten sitzt er an der Spitze eines Tisches, zur einen Seite sitzt eine bäuerliche Erscheinung in schwarzem Kleid mit weißem Kopftuch, zur anderen ein kleiner dunkler Mann, wohl sein Sekretär, dann noch eine geistliche Schwester, ferner eine Magd und dann noch ein kleines Mädchen in kurzem braunem Rock. Alle essen die Suppe mit Holzlöffeln aus einer großen Schüssel ...«

»Rasputin«, setzt der »kleine dunkle Mann« – Simanowitsch – fort, »pflegte selten Besteck zu benutzen, sondern statt mit Gabel und Messer lieber mit den Fingern am Teller zu operieren. Am liebsten brach er Brot, tunkte es mit der Hand in die Fischsuppe ein, faßte es wieder heraus und verteilte es unter den Teilnehmern der Tafel. Es war manchmal sehr unappetitlich ...«

Der russische Historiker Amalrik sieht darin einen Brauch, wie er auch in orientalischen Ländern üblich und durchaus gesellschaftsfähig ist; selbst der persische Schah habe als offizieller Gast an einem Bankett von Zar Alexander III. entsprechend seinen Landessitten mit den Fingern ein verlockendes Stück vom Teller seiner Nachbarin (Zarin Maria Fjodorowna) herausgepickt und sich zum Mund geführt.

Obwohl Rasputin von Anhängern Kostbarkeiten wie Kaviar, besonders teure Fische und Obst erhält, gibt es, wie Simanowitsch beschreibt, immer nur Kartoffeln, sauren Kohl und Schwarzbrot, auch dunkles Salzgebäck. Fleisch und Süßigkeiten meidet er und hält sich an Gemüse. Ist er darin seinen Vorsätzen aus der Pilgerzeit treu geblieben – hinsichtlich des Weingenusses ist er das nicht. Dabei bevorzugt er Madeira, trinkt aber auch hin und wieder andere

Rotweine, und mit fortschreitenden Jahren in immer größerer Menge – Wodka meidet er dagegen. Natürliches Wasser oder Kwaß zieht er Mineralwasser vor, doch Tee ist sein Hauptgetränk. Dem Rauchen ist er abgeneigt, und er haßt es, wenn jemand in seiner Anwesenheit raucht.

Sein Anhänger und – wie erwähnt – mitunter auch als »Sekretär« fungierender Freund, Aron Simanowitsch, attestiert Rasputin selbst peinliche Sauberkeit und meint, diejenigen, die ihm ein ungepflegtes Äußeres nachsagten, wollten damit nur eine Analogie zu seinem ihrer Meinung nach »schmutzigen Inneren« schaffen, doch daran sei nichts wahr. Rasputin sei – übrigens ganz im Sinne sibirischer Bräuche – ein begeisterter Saunabesucher gewesen, in Petersburg genauso wie bei sich zu Hause in Pokrowskoje. Simanowitschs Berichten ist allerdings begrenzter Wahrheitsgehalt zuzuschreiben, wie sich an anderen Beispielen zeigt.

In jedem Fall mangelt es Rasputin weder an Kenntnis gesellschaftlicher Regeln, noch an den Möglichkeiten, sich diesen anzupassen. Der Umgang mit so vielen Angehörigen verschiedener Gesellschaftsschichten hat seine Raffinesse geschärft: So läßt er sich beobachten, wie er im Bewußtsein seiner Wirkung als ungehobelter, »unverbildeter« sibirischer Bauer in vornehmen Salons nicht selten ungeniert auftritt und sich in seinem mitunter derben Benehmen auch nicht von der Anwesenheit der oft honorablen Hausherren beirren läßt, während er gegenüber einfacheren Menschen und vor allem den Bauern seines eigenen Wohnortes korrekt erscheint und kein derbes Wort seinem bärtigen Mund entkommt.

Eine Initiative ergreift der umstrittene Sibirier jedoch: er sucht bei der Kaiserlichen Hofkanzlei um Namensänderung an. Der Grund ist klar und mutet wie eine Ironie des Schicksals an: Rasputin – vom russischen Wort »rasput« – »entzweit«, aber auch »gespalten« und »entfesselt, losgelassen« – scheint dem zwischen Heiligkeit und Zügellosigkeit Schwankenden ein schlechtes Etikett zu sein. So will er dem Schicksal, das ihn mit diesem Namen in die Welt gesetzt hat, ein Schnippchen schlagen.

Interessant ist die offizielle Begründung, die Rasputin für sein Ansuchen findet, das er am 15. Dezember 1906 handschriftlich stellt (offensichtlich von einem seiner Helfer geschrieben) und lediglich selbst mit seinem Vornamen unterzeichnet:

»Alleruntertänigstes Ansuchen.

Kaiserliche Hoheit,

wohnhaft im Dorf Pokrowskoje, trage ich den Familiennamen Rasputin, während auch viele andere Bewohner meines Dorfes den gleichen Namen tragen – woher Mißverständnisse entstehen können. Bringe das untertänigst Ihrer Kaiserlichen Hoheit zur Kenntnis und ersuche, mir und meiner Nachkommenschaft zu gewähren, meinen Namen in Rasputin Nowyj umzubenennen.

Der Ihrer Kaiserlichen Hoheit tief ergebene

Grigorij.

Ansuchen des Bauern aus dem Gouvernement Tobolsk, Bezirk Tjumen, Dorf Prokowskoje Grigorij Jefimowitsch Rasputin vom 15. Dezember 1906«

In den Unterlagen der für Ansuchen, die an den Zaren gerichtet sind, zuständigen Hofkanzlei finden sich handschriftliche Notizen, die von der Verlegenheit zeugen, in die Rasputin die kaiserlichen Beamten stürzt: Ist ein Doppelname üblich? Ist er gerechtfertigt? Eilig wird eine Meldebestätigung aus Tobolsk eingeholt, und bei der Gelegenheit auch gleich angefragt, ob gegen Rasputin etwas vorliege. Trotz aller Anschuldigungen, Gerüchte und Verdachtsmomente, die schon seit seinen Jugendjahren an Rasputins Ruf genagt hatten, liegt mangels Beweisen kein Strafregister unter seinem Namen vor.

Дабы повелѣно было имѣть
и моему потомству
именоваться по фамилии
„Распутинъ Новый"

Вашего Императорскаго
Величества вѣрноподанный

Григорій

Прошеніе Крестьянина
Тобольской губерніи
Тюменскаго уѣзда
села Покровскаго
Григорія Ефимовича Распутина

Aus dem Gesuch Rasputins an die Kaiserliche Hofkanzlei um Namensänderung auf »Nowyj« vom 15.12.1906 (nur Rasputins Unterschrift »Grigorij«, Mitte, stammt von seiner Hand). Der genehmigte Name sollte allerdings kaum Verwendung finden.

Am 11. Januar 1907 stellt Kanzleidirektor und Staatssekretär Budberg dann das ersehnte Dokument aus, das dem offenbar dafür zuständigen Finanzminister übermittelt wird:
»Seine Majestät der Kaiser hat nach meinem untertänigsten Bericht betreffend das Ansuchen des Bauern Grigorij Rasputin (…) geruht, dem Ersuchen am 23. Dezember 1906 stattzugeben und ihm allergnädigst zu erlauben [hier ist die Passage »mit seiner Familie« durchgestrichen], sich in Hinkunft Rasputin-Nowyj zu nennen.«
Die Namenserweiterung wird im Akt vom 7. März 1907 im Melderegister von Pokrowskoje registriert – bis auf weiteres sein offizieller Wohnort, an den er etwa zweimal jährlich zurückkehrt.
Das alles ändert nichts daran, daß Rasputin weiter »Rasputin« bleibt – nicht mehr und nicht weniger.

5. Der Aufstieg

Bevor Rasputin um Namensänderung bzw. -erweiterung angesucht hatte, war er zum zweitenmal seit 1905 mit dem Herrscherpaar zusammengetroffen; selbst wenn kein Zusammenhang zwischen dieser Tatsache und der des Ansuchens besteht, so doch sicherlich mit der raschen und positiven Erledigung desselben »auf Allerhöchsten Wunsch«.
Am 18. Juli 1906 hatte der Zar notiert:
»Gestern gingen wir in die Sergejewka[-Kirche] und sahen Grigorij.«
Und am 13. Oktober desselben Jahres heißt es im Tagebuch:
»Grigorij kam um sechs Uhr fünfzehn und brachte eine Ikone des heiligen Simeon Werchoturskij*; er sah auch die Kinder und sprach mit uns bis sieben Uhr fünfzehn …«

---

*) d. h. vom Kloster Werchoturje, das die Reliquien des Heiligen beherbergt

Rasputin am Turafluß bei seinem Heimatdorf Pokrowskoje

(links) Rasputin mit
seinen drei Kindern
(v. li.) Matrjona, Warwara
und Dmitrij

(rechts) Beim Fisch-
fang in Pokrowskoje

(unten) Das zwei-
schossige Haus, das
Rasputin sich als wohl-
habender Mann in
Pokrowskoje errichtete

5 Petersburg, Njewskij Prospekt, um die Jahrhundertwende

6 (links) Rasputins Stadthaus in der Petersburger Gorocho-wajastraße 64; seine Wohnung lag in der 3. Etage

7 (unten links) Rasput in den Jahren seines Petersburger Aufstiegs

8 (unten rechts) Anna Wyrubowa (li.), Hof-dame der Zarin und Mittelsperson für die Kontakte mit Rasputin

9 (rechts) Rasputin im Kreis seiner Petersburg Anhänger; re. hinten Anna Wyrubowa

10 Rasputin als »Mann Gottes«

11 Bischof Hermogen, Rasputins Förderer in der ersten Zeit

12 Erzabt Iliodor, erst Förderer, dann Feind Rasputins

13 Warnawa, aufgrund Rasputins Intervention Bischof von Tobolsk

Bemerkenswert ist die Tatsache, daß dieser eigentliche erste Besuch Rasputins beim Zaren – die erste Begegnung im November 1905 hatte ja nur am Ende eines Gottesdienstes stattgefunden und nur einige Minuten gedauert – durch einen Empfehlungsbrief zustandegekommen war. Er erreichte den Zaren von einem gewissen Medwjed, einem in Petersburg lebenden Priestermönch, der Rasputin zu dieser Zeit beherbergte. Darin wird um die Audienz für den Sibirier Rasputin gebeten, der dem Zaren die erwähnte Ikone überbringen wolle. Wie sich später durch Befragungen herausstellt, hat Medwjed diesen Brief nie geschrieben, und es bleibt die Frage offen, ob – und wenn ja, zu welchem Zweck – Rasputin selbst durch einen anderen des Schreibens Kundigen den Brief schreiben ließ.

Tatsächlich läßt der gläubige Zar, offenbar von der Ikonengabe beeindruckt, Rasputin bei diesem Besuch in die Privaträume kommen, während die Kinder sich gerade anschicken, zu Bett zu gehen. Und da kehrt der Sibirier eine ganz andere Seite hervor als die, die man in der Stadt bereits von ihm kennt. Er spricht zu ihnen von Gott, spielerisch geht er mit ihnen um und erzählt alte russische Märchen – von der Hexe Baba Yaga, von der untreuen Prinzessin, die in eine Ente verwandelt wurde, vom grauen Wolf und vom Bären mit dem Holzbein …

Die Kinder sind begeistert von diesem ungewöhnlichen Besuch – ein Kontrast gegenüber ihrem sonst eher sterilen Alltag mit den immer nur devoten Dienern in eleganten Livreen. Und gerührt verfolgen die Eltern die Szene, die Rasputin wirkungsvoll abschließt, indem er die Kinder segnet.

Doch angesichts der zahlreichen Gerüchte um Rasputin, die nicht nur dem Bild der ihn als gottgesandten »Starez« Verehrenden, sondern auch jenem Eindruck widersprechen, den der Zar und die Zarin gewonnen hatten, ersuchte Nikolaus in einem Brief seinen Innen- und Premierminister Pjotr

A. Stolypin, sich Rasputin anzusehen. Mochte auch Zarin Alexandra tief und vorbehaltlos von diesem Sibirier beeindruckt sein, mochten auch ihre montenegrinischen Freundinnen von seiner Spiritualität schwärmen (siehe die erwähnte Notiz des Zaren vom 9.12.1906: »Miliza und Stana aßen mit uns; den ganzen Abend erzählten sie von Grigorij …«) – das unbestechliche Urteil eines loyalen Vertrauensmannes sollte alle Zweifel ausräumen, die weiteren Besuchen Rasputins im Wege stehen oder den Zaren damit kompromittieren könnten. Der Zar schreibt an Stolypin:
»Pjotr Arkadewitsch,
dieser Tage empfing ich den Bauern aus dem Gouvernement Tobolsk, Grigorij Rasputin, der mir eine Ikone des hl. Simeon von Werchoturje brachte. Er machte auf Ihre Kaiserliche Hoheit [die Zarin] und auf mich einen sehr tiefen Eindruck, so daß unser Gespräch statt fünf Minuten *über eine Stunde** dauerte!
Er reist demnächst in seinen Heimatort zurück. Ich wünsche mir sehr, Sie zu sehen und Ihre kranke** Tochter mit dieser Ikone zu segnen.
Ich hoffe sehr, daß Sie ein paar Minuten finden, ihn noch in dieser Woche zu empfangen.
Er hat folgende Adresse: SPb., 2-te Roschdestwenskaja 4***. Er wohnt beim Priester Jaroslaw Medwjedjew.
Die Frau des ehemaligen Gouverneurs Baljasnyj schrieb Ihrer Kaiserlichen Hoheit [der Zarin] einen Brief, in welchem sie um die Erhöhung der Pension der dreißigjährigen Ehefrau des Muschiks bat. Sie haben eine große Familie und leben in ärmlichen Verhältnissen.
Ihr ergebener Nikolaj   Peterhof, 16. Okt. 1906«

---

*) Im Brief unterstrichen
**) Stolypins Tochter war bei einem Bombenattentat auf seine Villa schwer verletzt worden
***) Zu diesem Zeitpunkt hat Rasputin noch keine eigene Wohnung

Der energische Innen- und Premierminister Pjotr Stolypin stellt in der Zeit, da der Zar den Unruhen nach der Niederlage gegen Japan durch Einführung einer Verfassung und eines Parlaments Einhalt zu gebieten suchte, die Säule einer stabileren Regierungsphase und persönliche Stütze für Nikolaus dar. Aufgrund seiner Einschätzung der innenpolitischen Lage in Rußland, die ohne langfristige evolutionäre Umgestaltung jenen politischen Zündstoff enthält, aus welchem sich Revolutionen entfachen lassen, geht er entschlossen daran, an den Grundlagen einer stabilen sozialen Ordnung zu arbeiten. Harmonisierte wirtschaftliche und soziale Verhältnisse sollen das Terrain für revolutionäre Agitation unfruchtbar machen. Umverteilung von Land, Umsiedlungen, die Bauern erwerbsträchtigen Boden in dünner besiedelten Regionen zuteilen, die Befreiung der Landbevölkerung vom Joch gemeinschaftlichen Bodens und günstige genossenschaftliche Kredite sollen gleichzeitig die Befreiung des zahlenmäßig dominierenden Bauernstandes von Abhängigkeiten und seine Besserstellung mit sich bringen und zugleich die Erschließung und Ausnutzung weiterer bisher brachliegender Gebiete.

Stolypins auch auf anderen Gebieten weitreichendes Reformprogramm – so zum Beispiel sein Kampf um Gleichstellung der diskriminierten jüdischen Bevölkerung, deren regierungsfeindliche Untergrundbewegung von amerikanischen Gesinnungsgenossen finanziell unterstützt wird – ist auf mehr als ein Jahrzehnt ausgelegt und gibt seinem Urheber zur berechtigten Hoffnung Anlaß, »daß dieses Land, wenn es in dieser Phase seiner Entwicklung nicht durch einen Krieg gestört wird, in Zukunft allen Erschütterungen von innen und außen standzuhalten fähig sein wird ...«

Die in Fortsetzung von Wittes Wirtschafts- und Finanzkonzept eingeschlagene Entwicklung, die auch zu allmählicher Beruhigung der von Agitation, Demonstrationen und Attentaten destabilisierten Lage führt, gibt Stolypin recht. Deutsche und französische Wirtschaftsexperten berichten nach ihren Besuchen im Rußland dieser Zeit von der Prosperität, die »Rußland, wenn es sich so weiterentwickelt, bald zur stärksten Macht zumindest in Europa« – oder, wie es in Deutschland heißt, »unbesiegbar« – werden lasse. Kaiser Wilhelm II. erkannte anläßlich einer persönlichen Begegnung mit Nikolaus' neuem Premierminister sofort dessen Persönlichkeit: »Wenn ich einen solchen Mann hätte, würde ich damit ganz Europa besiegen«, äußerte er sich gegenüber dem Zaren.

Innere Ruhe zu dieser Zeit hat auch ihren Preis. Stolypin geht kompromißlos gegen Unruhestifter vor. Anarchisten und Verschwörer, auch Anstifter zu Unruhen und Streiks, werden rigoros bestraft. Er kennt keinen Kompromiß; für ihn rangiert die Aufrechterhaltung von Ruhe und Ordnung vor Mitleid. Seine Standgerichte sollen all jene abschrecken, die immer noch versuchen wollen, bestehende Mißstände für ihre Zwecke auszunützen und daraus politisches Kapital zu schlagen. Erst dann, wenn die Ursachen berechtigter Unzufriedenheit und Kritik an der Regierung behoben sein würden, könne man über eine Lockerung der sicherheitspolizeilichen Maßnahmen nachdenken: »Ihr wollt große Erschütterungen, wir wollen ein starkes Rußland!« ruft er im Parlament seinen Kritikern zu, die ihm bei der Durchsetzung seiner Maßnahmen und Gesetze ihre Unterstützung verweigern. Doch nicht nur in liberalen und linksgerichteten Kreisen stößt der als reaktionär gebrandmarkte Politiker auf Widerstand – auch in konservativen Kreisen erwirbt er sich Gegner, da er sie im Zuge seiner Umstrukturierungen ihrer Privilegien beraubt.

Am 12. August des Jahres 1906, in welchem das erste russische Parlament eröffnet wird und ein über die Stadt und das Gouvernement Petersburg verhängter Ausnahmezustand für die Aufrechterhaltung von Ruhe und Ordnung sorgen soll, explodiert um drei Uhr nachmittags im Eingang des Hauses des Innenministers auf der Aptekarskaja-Insel eine Bombe. Ein junger Wachposten sieht, wie der Kopf seines Kameraden abgerissen wird. Der ist nicht das einzige Opfer: siebenundzwanzig Personen werden getötet, zweiunddreißig schwer, manche davon tödlich verletzt. Der Minister bleibt unversehrt, muß jedoch einen seiner Söhne und seine Tochter als Opfer beklagen; die Beinverletzungen letzterer erweisen sich als irreparabel.

Stolypins unbestechliche und loyale Haltung zwingt ihn zu Offenheit gegenüber seinem Herrscher. Alles, was diesen entweder in seinem politischen Spielraum einschränken oder kompromittieren könnte, versucht er vom Zaren fernzuhalten. Sein erster Eindruck von Rasputin ist nicht so positiv, wie er ihn für Nikolaus gerne empfunden hätte, doch er will diesen nicht verstimmen, solange es nicht durch konkrete Anhaltspunkte erforderlich ist.

»Ich bedaure zutiefst die tiefe Krise der orthodoxen Kirche, derer Ihre Majestät gegenwärtig Zeuge zu sein gezwungen ist«, umschreibt Stolypin kryptisch die Begegnung mit Rasputin. Die in vielen Berichten aufgestellten Behauptungen über diese Begegnung, wonach Stolypin selbst Rasputin holen ließ, damit dieser am Krankenbett seiner verletzten Tochter betet, dürfte eine jener Erfindungen sein, an der die russische Memoirenliteratur so reich ist. Als Ergebnis kann Stolypin vorerst jedenfalls nichts Konkretes gegen Rasputin vorbringen und scheint dem Zaren gegenüber höflich zu verbergen, wie unsympathisch ihm der sibirische Muschik ist. Noch ahnt keiner der beiden, daß sie, Stolypin und Rasputin, einander als erbitterte Gegner bekämpfen werden.

6. Rasputin und die Zarenfamilie

Der entscheidende Augenblick für Rasputins Unanfecht-
barkeit, wenn nicht Unverzichtbarkeit, in den Augen des
Herrscherpaares – vor allem der Zarin – tritt in der Mitte
des Jahres 1907 ein. Olga Alexandrowna, die an sich nüchterne und keineswegs der Hysterie für Rasputin noch seiner Aura der Heiligkeit verfallene Schwester des Zaren,
berichtet darüber aus eigenem Erlebnis:

»Alexej war knapp drei Jahre alt und beim Spielen im Park
von Zarskoje Sjelo gestürzt. Er weinte nicht einmal, sein
Bein zeigte keine größere Wunde, doch der Sturz hatte innere Blutungen in Gang gesetzt, und innerhalb weniger
Stunden litt er unter größten Schmerzen. Die Zarin rief
mich an, und ich kam sofort zu ihr.

Es war die erste Krise von so vielen, die folgen sollten. Das
arme Kind lag da, den kleinen Körper gekrümmt vor
Schmerzen, das Bein schrecklich geschwollen, unter den
Augen dunkle Ränder. Die Ärzte waren hilflos. Sie blickten
erschrockener drein als wir alle zusammen und flüsterten
andauernd miteinander. Es schien, als könne man nichts
mehr tun, und nach Stunden hatten sie die Hoffnung aufgegeben. Es wurde spät, und mir wurde geraten, mich
zurückzuziehen.

Nun sandte Alicky [Zarin Alexandra] eine Nachricht an
Rasputin nach Petersburg. Er kam nach Mitternacht in den
Palast. Am Morgen traute ich meinen Augen nicht: der Kleine war nicht nur am Leben, sondern gesund. Das Fieber
war weg, die Augen waren klar und hell – und keine Spur
mehr von der Schwellung am Bein! Der Schrecken des Vor-
abends schien wie ein unglaublicher Alptraum. Ich erfuhr
von Alicky, daß Rasputin das Kind nicht einmal berührt
hatte, sondern nur am Fußende des Bettes gestanden und
gebetet hatte ...«

Generalmajor Wojejkow, Palastkommandant, bestätigt das »Wunder«, das Rasputin offenbar bewerkstelligt hatte:

»Vom ersten Augenblick an, da Rasputin am Krankenbett des Thronfolgers erschien, trat Besserung in dessen Zustand ein; offenbar genügte es, daß Rasputin einige Gebete gemurmelt und intensiv auf Alexej eingeredet hat …«

Für die mystisch veranlagte Zarin gibt es hier keine Rätsel. In ihren Augen ist ganz klar: Rasputin hat Alexej mit seinen Gebeten geheilt, denn er ist ein heiliger Mann, Vermittler zwischen Gott und der Welt, und seine Gebete werden erhört. Von dieser Ansicht wird Alexandra durch nichts und niemanden mehr abzubringen sein.

Selbst Alexejs Ärzte, die Rasputin glühend hassen, gestehen ein, daß sich Alexejs Zustand nach der Anwesenheit Rasputins dramatisch besserte.

»Ich konnte das nicht nur mehrmals mit eigenen Augen erleben«, berichtet Olga Alexandrowna, »sondern auch die behandelnden Ärzte erkannten das als Wunder an. Professor Fjodorow, der hervorragende Spezialist, der Alexej behandelte, bestätigte mir das mehrmals …«

Die Hofdame E. N. Obolenskaja, durchaus keine Anhängerin Rasputins und wegen ihrer kritischen Haltung ihm gegenüber auch bald vom Hof entfernt, war bei einigen Anfällen Alexejs anwesend und erinnert sich an die Diskussion der Ärzte zum Zeitpunkt einer Krise:

»Sie bekannten, machtlos zu sein, die Hämorrhagie zum Stillstand zu bringen. Da kam Rasputin. Er blieb lediglich einige Augenblicke am Bett des Kranken – und die Blutung hörte auf …«

Dschanumowa berichtet von Rasputins Wirkung auf Distanz. Als sie sich gerade mit ihm in einer Abendgesellschaft befindet, kommt ein Anruf für Rasputin. Er nimmt den Hörer:

»Wie? Aljoscha* schläft nicht? Er hat Ohrenschmerzen? Rufen Sie ihn ans Telefon … – Also was ist das denn, Aljoscha, spielt man um Mitternacht Tag? Du hast Schmerzen? Laß diese Dummheiten. Geh sofort ins Bett. Dir tut das Ohr gar nicht weh. Es tut dir nicht weh, sage ich dir. Hörst du? Schlafe!«
Eine Viertelstunde später läutet wieder das Telefon. Alexej habe keine Schmerzen mehr und schlafe friedlich.
Rasputin selbst erklärt seine Wirkung gar nicht mit seiner persönlichen Begabung, sondern durch sein Gebet. Einen brieflichen Hilferuf der Zarin bei einer anderen Gelegenheit beantwortet er so (wobei er sich derselben simpel vertraulichen Anrede bedient wie im persönlichen Umgang):
»Liebe Mama!
Ich habe Dein Telegramm bekommen. Sei nicht bekümmert, die Barmherzigkeit Gottes gilt nicht den Sündern, sondern den Gebeten. Glaube, und der Zarewitsch wird gerettet. Ich selbst bete unentwegt, aber was bin ich schon zu tun imstande? Niemand außer Gott ist dem Menschen gegeben …«
Ein klassisches Beispiel für die Wirkung Rasputins, die Alexandras grenzenlose Bewunderung für ihn verständlich macht, ist auch eine andere Episode: Alexej wird von starkem Nasenbluten befallen, das für alle von Hämophilie Betroffenen lebensgefährlich ist. Der Zug mit dem Thronfolger wird nach Zarskoje Sjelo zurückbeordert. »Ich sah, wie das Kind äußerst behutsam vom Zug in den Palast transportiert und in sein Zimmer gebracht wurde«, erzählt Anna Wyrubowa. »Das kleine Gesicht war wächsern, in den Nasenlöchern staken Wattebäusche voll Blut. Professor Fjodorow und Doktor Djerewjenko bemühten sich um ihn, aber sie konnten den Blutfluß nicht einmal verringern. Als sie zu einem letzten Mittel greifen wollten, für das sie die Drüse eines Meerschweinchens beschaffen mußten, bat die

---

*) Koseform von Alexej

104

Zarin mich, Rasputin zu rufen. Er kam, ging mit dem Herrscherpaar zu Alexej, segnete den Zarewitsch, sagte den Eltern, es wäre nicht gefährlich, sie sollten sich nicht beunruhigen – drehte sich um und ging. Das Nasenbluten hörte auf. Die Ärzte sagten, das sei ihnen absolut unbegreiflich. Aber es ist eine Tatsache.«

Wie hatte Rasputin das nur zuwege gebracht? Für die Zarin stellt sich diese Frage gar nicht. In ihren Augen ist Rasputin ein Heiliger, der allein kraft seines Gebetes diese medizinischen Wunder zustande bringt – und ein Heiliger, sagt man, kommt ohne Wunder nicht aus. Diese Sicht entspricht der banalen Tatsache, daß jeder das glaubt, was er glauben will (was auch auf das Gegenteil zutrifft). Und Zarin Alexandra ist von ihrer Persönlichkeit und ihrer Denkweise her dafür prädestiniert, sich in die irreale Welt der Mystik und Religion zu flüchten.

Die Zarin ist zu diesem Zeitpunkt im Jahre 1907 erst fünfunddreißig Jahre alt. Doch ihre Haltung und ihre Ansichten sind längst unverrückbar festgelegt, und von einem einmal eingeschlagenen Weg ist sie durch nichts und niemanden abzubringen. Geboren als Prinzessin Alix von Hessen-Darmstadt, Tochter des Großherzogs Ludwig IV. und der englischen Prinzessin Alice, wuchs sie nach dem von Königin Victoria – Großmutter mütterlicherseits – vorgegebenen strengen Hofzeremoniell auf. Früh zeigte sie sich von der protestantischen Religion beeindruckt, als Mädchen schrieb sie statt träumerischer Texte melancholische Gebete in ihre Notizbücher. Queen Victoria hätte sie gerne an der Seite ihres Enkels Eddie als spätere Königin von England und Irland gesehen. Doch Alix gefiel er nicht, und selbst wenn ihr der nach dessen Tod in der Erbfolge nachrückende Georg (später König Georg V.) besser gefallen hätte – es war längst zu spät: sie hatte sich in den russischen Thronfolger Nikolaj Alexandrowitsch verliebt.

Wieviel der jungen Alix Religion bedeutete, zeigt die Tatsache, daß sie allen Ernstes beschloß, dem Thronfolger in einem ausführlichen Brief darzulegen, daß sie ihn aus konfessionellen Gründen nicht heiraten könne, da sie als angehende Zarin ihre Religion zugunsten der Orthodoxie aufgeben müsse. Vorbei die rauschenden Ballnächte in der prachtvollsten Stadt der Welt an der Njewa, vorbei der Flirt mit dem charmanten Thronfolger, der perfekt auch in ihrer Muttersprache parlierte und sie in eine prachtvolle Welt entführte, von der sie sich nicht einmal eine Vorstellung gemacht hatte? Wie wir wissen, nein: letztlich hat Nikolaus gesiegt und es ihr mit viel Überzeugungskraft ermöglicht, ihre Ansicht zu ändern (hatte er doch zuvor bereits seine Eltern nach jahrelanger Weigerung umgestimmt*).

Der einzige Grund, der objektiv gegen eine Verbindung der beiden sprach, blieb unberücksichtigt: Alix war Trägerin der von Queen Victoria ererbten Hämophilie.

Allein in Alix' engerem Familienkreis waren der Krankheit vier männliche Verwandte zum Opfer gefallen. Der Defekt war durch Degenerationserscheinungen – Eheschließungen von Cousins mit Cousinen ersten Grades – entstanden, was nach den Romanowschen Ehegesetzen gar nicht möglich gewesen wäre.

Da diese Erbkrankheit damals längst als solche identifiziert und im englischen Königshaus gehäuft aufgetreten war, hätte keine ihrer Trägerinnen einen Thronfolger heiraten dürfen, wollte sie nicht bewußt das Risiko eines bluterkranken Sohnes einbringen (nur bei männlichen Nachkommen äußert sich die Krankheit in Form eines Defektes der Blutgerinnung). Wenn schon England und Hessen diese Tatsache ignorierten – daß sie dem russischen Hof entging,

---

*) Nikolaus' Eltern wollten keine deutsche Prinzessin als künftige Zarin, außerdem gefiel ihnen Alix ihres scheuen Wesens und uneleganten Auftretens wegen nicht

scheint unverständlich. Spätere Vermutungen in der historischen Literatur, die Ehe sei geschickt von preußischer Seite eingefädelt worden, ja sogar noch von Bismarck geplant, um damit auf natürliche Weise die russische Dynastie zu schwächen, entbehren der Grundlage. Zum ersten war Bismarck zum Zeitpunkt der Verlobung von Alix und Nikolaus 1894 von Kaiser Wilhelm II. bereits entmachtet, und zum zweiten hat der deutsche Kaiser den beiden sich so zögernd Verlobenden zwar zugeredet, ihre Entscheidung jedoch nicht beeinflußt.

Selbst Königin Victoria kann man diesen Vorwurf nicht machen: sie hatte nachweislich alles getan, um Alix von der Verbindung abzubringen, wenn auch aus anderen Erwägungen als jener, die russische Dynastie vor den katastrophalen Folgen ihrer Erbkrankheit zu schützen.

1894 fand die Verlobung des sechsundzwanzigjährigen Zarjewitsch Nikolaus mit der um vier Jahre jüngeren bildhübschen Prinzessin Alix statt – und völlig überraschend schon im selben Jahr die Hochzeit. Zar Alexander III. starb, und sein Thronerbe hatte die Nachfolge als verheirateter Mann anzutreten. Doch weder Nikolaus noch Alexandra waren auf die plötzliche Übernahme der neuen Rolle vorbereitet.

»Für Alexandra war der Einstieg in ihre neue Rolle schwierig«, räumt wieder Großfürst Alexander Michajlowitsch ein. »Ihre Schwiegermutter, die gebürtige Prinzessin Dagmar von Dänemark – nunmehr Zarinmutter Maria Fjodorowna –, hatte zwischen ihrer Verlobung mit dem Noch-Thronfolger Alexander und der Krönung zur Zarin an der Seite von Zar Alexander III. siebzehn Jahre Zeit, sich auf ihre Position vorzubereiten und Russisch zu lernen. Dagegen gelangte Alexandra praktisch über Nacht zu ihrer Würde.

Und kaum hätte eine Dramaturgie einen düstereren Prolog für das Drama der letzten Herrschaft der Romanow-Dynastie inszenieren können als es die Umstände waren, unter denen die junge Prinzessin in ihrer neuen Heimat Einzug hielt. Als Braut am Sterbebett des Zaren, als junge Ehefrau des Thronfolgers wochenlang hinter dem Sarg seines Vaters durch das Land ziehend, nach der Krönung die Katastrophe von Chodynka mit den vielen Todesopfern – und persönlich die Rivalität mit der Zarinmutter, die von ihrem Privileg vor der jungen Zarin Gebrauch machte und Alix den Beginn ihrer Ehe an der Seite des jungen Zaren nicht gerade erleichterte. Gewiß, die junge Deutsche beging Fehler, relativ belanglose an sich, doch schwerwiegend in den Augen des Hofes ...«

Schon die Riten der Konversion zur Orthodoxie hatten Alix, die sich nun Alexandra Fjodorowna nannte, tief beeindruckt. Dann die Rituale des Begräbnisses des Zaren, ihre Hochzeit und eineinhalb Jahre später die Krönung: Nun war sie völlig der Mystik ihrer neuen Welt verfallen. Der Treueid des Zaren in der Krönungszeremonie, in der er »aus Gottes Hand« die Macht erhielt, prägte sich unvergeßlich in Alexandras Gedächtnis ein. Wortwörtlich – so meint sie auch später noch bis an ihr Lebensende – sei dieser Schwur auch zu halten.

Daher war sie es, die – obwohl sich zunächst von Politik fernhaltend – 1905 am heftigsten gegen die Gewährung einer Verfassung und eines Parlaments Widerstand geleistet hat, mußte sie doch darin die Einschränkung der zarischen Autokratie und Verletzung des Krönungseides der von Gottes Gnaden verliehenen Herrschermacht sehen. Unversehrt sollte nicht nur dem Zaren die Macht erhalten bleiben, sondern auch ihrem Sohn.

Großfürst Alexander Michajlowitsch, der dem Zaren unter seinen Verwandten am nächsten stand, erinnert sich an die Stimmung bis zur Geburt des Sohnes:

»Der Zar war ein idealer Ehemann und liebender Vater.

Natürlich wünschte man sich einen Sohn. Prinzessin Alix von Hessen-Darmstadt gebar ihm im Laufe von zehn Jahren vier Töchter. Das machte ihn fertig. Er sah mich fast schon mit Vorwürfen in den Augen an, weil ich in der gleichen Zeit Vater von fünf Söhnen geworden war. So unwahrscheinlich es klingt – aber mein Verhältnis zur Zarin war schon deshalb getrübt, weil ich so viele Söhne hatte und sie keinen einzigen ...«

Als nun schon bald nach der Geburt des Thronfolgers Alexej durch eine Nabelblutung die Erbkrankheit attestiert wurde, war das Herrscherpaar fassungslos. Großfürst Alexander Michajlowitsch, Schwager und engster Vertrauter des Zaren, erinnert sich an die erste Reaktion:

»Als die Blutungen nicht aufhörten, fiel die Zarin in Ohnmacht. Sie brauchte nicht erst die Erkenntnis aus dem Munde der Fachleute zu hören, um zu wissen, daß diese Blutung die furchtbare Hämophilie bedeutet. Ein unschuldiges Kind mußte wegen jener Unvorsichtigkeit leiden, die der russische Hof in der Wahl der Braut an den Tag gelegt hatte. In dieser Nacht alterte der Herrscher um zehn Jahre ...«

Ab der Geburt des Thronfolgers ist das Denken und Handeln der Zarin auf zwei Ziele konzentriert: die Erhaltung des Lebens ihres Sohnes – und die Erhaltung seiner künftigen Macht. Längst hat sie, die immer noch gutaussehende, hochgewachsene Frau mit den dunklen Haaren, blauen Augen und feinen Zügen, sich vom glanzvollen Leben der Hauptstadt nach Zarskoje Sjelo zurückgezogen. Anfangs hatte sie gesundheitliche Gründe vorgeschützt – sie litt seit ihren Jugendjahren an Ischiasanfällen und klagte in den letzten Jahren immer öfter über Herzbeschwerden –, doch für ihre Flucht aus der Öffentlichkeit in die Intimsphäre ihrer Familie dürften auch andere Gründe ausschlaggebend gewesen sein. Mit der Petersburger Gesellschaft, der Aristokratie und selbst den Verwandten wollte sie nichts zu tun haben. In jedem Fall hatte die Anfälligkeit für Schwermut, nervöse Zustände und Beschwerden seit der furchtbaren Erkenntnis der lebensbedrohenden Erbkrankheit des einzigen Sohnes und Thronfolgers noch zugenommen und damit das Bedürfnis, in die tröstende Religion zu flüchten.

Damit beraubt sich die Zarin jedoch auch der Unterstützung jener Kreise, mit denen sich zu umgeben von ihr als Zarin und Landesmutter erwartet worden war. Die Petersburger Aristokratie hatte ihre Schüchternheit, Kühle und mangelnde Leichtigkeit im gesellschaftlichen Umgang mit Ablehnung quittiert. Verwandte der Zarenfamilie hatten sich durch Alexandra brüskiert gefühlt, als diese – päpstlicher als der Papst – die Mißachtung der strengen Romanowschen Heiratsregeln ahndete: so wird ihr die Schuld dafür angelastet, daß der Zar seinen eigenen Cousin Kyrill anläßlich dessen Heirat mit einer geschiedenen Frau (und noch dazu ehemaligen Schwägerin der Zarin) des Landes verwies. Alexandra weigerte sich, diese Familienmitglieder zu empfangen, geschweige denn Ratschläge von ihnen anzunehmen. In den Augen der puritanischen Zarin ist die Petersburger Gesellschaft verkommen (hier denkt sie wie ihre Großmutter Queen Victoria), wobei sie mangels Lebenserfahrung übersehen haben mag, daß es hier nicht unmoralischer als anderswo zugeht, daß man in Rußland nur natürlicher, weniger verlogen und dafür toleranter zu den Dingen des Lebens steht und die Realität lebt und akzeptiert, wie sie ist.

So verschließt Alexandra auch ihren vier Töchtern (die älteste, Olga, ist um 1907 zwölf Jahre alt) in den kommenden Jahren den Zugang zur »verdorbenen« Hauptstadt. Die Kinder wachsen wie in einem Glashaus auf, in abgeschlossener, steriler Atmosphäre, die nur dann Abwechslung erfährt, wenn die Zarenfamilie in der warmen Jahreszeit in ihren Sommerpalast auf die Krim übersiedelt oder auf der weltweit prächtigsten Jacht »Standarte« in die finnischen

Schären segelt. Dann sind alle entspannt, die Mädchen flirten mit zunehmendem Alter mit Offizieren oder Besuchern der Zarenfamilie, und selbst die Zarin gibt sich heiter und gelöst – bis sie ein neuerlicher kleiner Sturz oder Unfall des von einem stämmigen Matrosen auf Schritt und Tritt betreuten Alexej aus der Idylle reißt und an die ständige Bedrohung seines Lebens erinnert. Der Französischlehrer der Großfürstinnen und spätere Hauslehrer des Thronfolgers, Pierre Gilliard, berichtet:

»Die Zarin wußte nur zu gut, daß zu jedem Augenblick die kleinste Unaufmerksamkeit, wie sie nie jemand anderen in Gefahr gebracht hätte, den Tod zur Folge haben konnte. Wenn er [Alexej] zwanzigmal am Tag in ihre Nähe kam, küßte sie ihn jedesmal. Ich begriff, daß sie jedesmal, wenn sie ihn verließ, fürchtete, es wäre zum letztenmal.«

In ihrer selbstgeschaffenen Isolation sucht die Zarin, die auch gutgemeinte Ratschläge erfahrener Aristokratinnen aus der Verwandtschaft des Kaiserhauses schroff zurückweist, hauptsächlich die Gesellschaft ihrer Freundin Anna Wyrubowa. Die einfache, der Zarin grenzenlos (und kritiklos) ergebene junge Frau mit den blauen Augen in ihrem kindlich-rundlichen Gesicht und ihrem naiven Wesen, teilt deren außergewöhnliche Hingabe zur Religion und ihren Hang zur Mystik. Und sie teilt jenen Mangel an Lebenserfahrung, Menschenkenntnis und Wissen über die russischen Traditionen wunderwirkender Gottesmänner ebenso mit ihrer hochgestellten Freundin wie das Fehlen jenes Allgemeinwissens, das sie ein Phänomen wie Rasputin im Umfeld der gerade modernen Versuche und Diskussionen über Hypnose, Spiritismus, Parapsychologie und Psychoanalyse usw. hätten sehen lassen, die zu dieser Zeit in Europa wie auch in Rußland betrieben und zum Diskussionsstoff in den Salons werden. Und sie teilt die vorbehaltlose, unerschütterliche Verehrung für Rasputin.

Rasputin beweist großes Geschick im Umgang mit den Kindern, er gewinnt ihr Vertrauen, ja schließlich ihre Begeisterung, denn außer frommen Reden über Gott ist er auch imstande, Ruhe und Wärme auszustrahlen. Olga, die Schwester des Zaren, vermittelt diesen Eindruck:

»Die vier kleinen Mädchen und Alexej waren bereits in ihren Betten, alle in weißen Pyjamas, und blickten gebannt auf ihn, der in der Mitte des Zimmers stand. Als ich ihn sah, spürte ich, daß er Wärme ausstrahlte. Die Kinder schienen ihn zu mögen. Alexej begann, einen Hasen zu spielen und hin und her zu hüpfen. Rasputin fing ihn ein, nahm ihn an der Hand und führte ihn ruhig zu seinem Bett. Dort stand er dann eine Weile mit gesenktem Kopf. Er betete. Und Alexej betete mit ihm. Es ist schwer zu beschreiben – aber ich war in diesem Augenblick von Rasputins Lauterkeit überzeugt.«

Ungeachtet dieses Eindrucks, den vor allem die Eltern Alexejs von Rasputin gewinnen mußten, die ihn sich gar nicht anders vorstellen können als in dieser seiner harmlosen Einfachheit, rührend liebevoll am Bettrand des kleinen Thronfolgers sitzend und beruhigende Worte murmelnd, fügt die nüchterne Großfürstin Olga Alexandrowna hinzu:

»… Ansonsten kann ich nicht sagen, daß ich ihn mochte, wie es Alicky gehofft hatte. Ich fand ihn eher primitiv, seine Stimme rauh, und seine biblischen Zitate beeindruckten mich nicht – ich wußte genug über russische Bauern, die meist ganze Kapitel der Bibel auswendig kannten …«

Die Schwester des Zaren kennt ihn allerdings auch von einer anderen Seite: Als er ihr zum erstenmal im Haus der Wyrubowa gegenübersitzt, überschüttet er sie – unter dem üblichen durchbohrenden Blick – mit Fragen wie: »Bist du verheiratet? Bist du glücklich? Warum hast du keine Kinder? Warum ist dein Mann nicht hier?«, wobei er ungeniert unter dem Tisch nach Olgas Fuß zu angeln versucht.

Die Zarenkinder sehen Rasputin verständlicherweise anders und legen bald ihre ehrfurchtsvolle Scheu ab. Ihre Vorstellung von Rasputin entspricht ganz jener der Zarin, die ihn für heilig hält. Alexej spielt gern mit dem Sonderling, der sich so erfrischend von den Hofangestellten und ihrem respektvollen Umgang mit den Kindern unterscheidet, und klettert ihm auf den Rücken – um sich anschließend dafür zu entschuldigen: »... Verzeih' mir, ich weiß, du bist ein Heiliger, aber wir spielen ja nur ...« – Später vertrauen ihm die Mädchen ihre Sorgen an und all die Dinge, die sie den Eltern lieber verschweigen, inklusive Liebeskummer. Ihre Briefe an Rasputin lassen das ahnen:

»Mein lieber, teurer, geliebter Freund«, beginnt ein Schreiben der vierzehnjährigen Zarentochter Olga; die älteste Großfürstin mit den kastanienbraunen Haaren besticht durch ihren klaren Blick, ihre Offenheit und gilt als intelligentestes der Kinder. Sie wird die einzige sein, die Jahre später ihrer Mutter zu widersprechen wagt.

Doch noch ist er auch für sie ein frommer, weiser Mann, der für alle Sorgen und Probleme Verständnis hat:

»Livadia, 28. November 1909.

... Es tut mir so leid, Dich schon so lange nicht zu sehen. Ich möchte Dich so oft sehen und denke an Dich. Wo wirst Du zu Weihnachten sein? Bitte schreibe mir, ich bekomme so gerne Briefe von Dir. Wie geht es Deiner Frau und Deinen Kindern? – Erinnerst du Dich, was du mir wegen Nikolaj[*] gesagt hast, ich sollte es nicht forcieren – aber wenn Du wirklich wüßtest, wie schwer das ist, wenn ich ihn sehe, denn dann ist es schrecklich. Verzeih' mir bitte, ich weiß, daß das bestimmt nicht sehr gut ist, mein lieber Freund. – Gebe Gott, daß Mama in diesem Winter nicht kränkeln

---

[*] Es handelt sich um einen jungen Offizier, in den Olga verliebt ist; Rasputin erteilte ihr Ratschläge

wird, denn dann ist es ganz schwer und traurig. – Wie froh bin ich, von Zeit zu Zeit Vater Feofan* zu sehen. Einmal traf ich ihn auch in der neuen Kirche in Jalta. Unsere kleine Kapelle hier ist sehr lieb. – Auf Wiedersehen, teurer, geliebter Freund. Ich muß zum Tee. Bete für Deine treue und Dich sehr liebende Olga«

Ein Jahr später, Olga ist fünfzehn, heißt es:

»Mein unschätzbarer Freund, ich denke oft an Dich und Deine Besuche bei uns, bei denen Du zu uns über Gott sprichst. Du fehlst mir sehr und ich habe niemanden, dem ich meinen Kummer anvertrauen kann – und es gibt soviel davon, soviel … Und daran leide ich so sehr: Nikolaj macht mich verrückt. Wenn ich in die Sophienkathedrale gehe und ihn sehe, könnte ich die Wände hinaufklettern, ich zittere am ganzen Körper. Ich liebe ihn. Ich bin bereit, mich ihm an den Hals zu werfen. Du hast mir geraten, vorsichtig zu sein. Aber wie kann ich es sein, wenn ich unfähig bin, mich zu beherrschen? – Wir gehen oft zu Anja**. Jedesmal hoffe ich, Dich dort anzutreffen, mein unschätzbarer Freund. Wenn ich Dich nur bald bei ihr wiedersehen könnte und Dich wegen Nikolaj um Rat fragen könnte. Bete für mich und segne mich. Ich küsse Deine Hand.***
Deine Dich liebende   Olga«

Ihre Schwester Tatjana, das schönste der Mädchen, ebenfalls braunhaarig, groß und stolz, zurückhaltend und weniger spontan als Olga, willensstark und dominierend, ist zum Zeitpunkt des folgenden Briefes an Rasputin zwölf Jahre alt:

»Lieber und treuer Freund. Wann kommst Du denn wieder

---

*) Hofgeistlicher der Zarenfamilie
**) Anna Wyrubowa
***) Russischer Brauch gegenüber Geistlichen; Rasputin ist zwar nicht geweihter Priester, tritt jedoch so auf

hierher? Wirst Du lange in Pokrowskoje bleiben? Wie geht es Deinen Kindern? Wie geht es Matrjoscha*? Wenn wir bei Anja sind, denken wir immer an Euch alle. Wie gerne kämen wir nach Pokrowskoje! Wann wird das endlich sein? Organisiere das doch so schnell wie möglich; Du kannst ja alles, Gott liebt Dich ja so sehr. Und – wie Du sagst – Gott ist so gut, so lieb und wird alles tun, worum Du ihn bittest. Komm' uns doch bald besuchen. Ohne Dich ist es traurig, traurig. Und Mama ist krank ohne Dich. Und uns tut es so weh, Mama krank zu sehen. Wenn Du nur wüßtest, wie schwer es ist, Mamas Krankheit auszuhalten. Aber Du weißt es ja ohnehin, denn Du weißt alles. Ich küsse Dich, mit ganzer Kraft, mein sehr teurer Freund. Ich küsse Deine heiligen Hände. Auf Wiedersehen. Für immer Deine Tatjana.«

Die drittälteste Tochter Maria, geboren 1899, ein wenig pausbäckiger als die anderen Mädchen, gesund und kräftig, mit hellbraunen Haaren und großen grauen Augen, bescheiden, herzlich, gutmütig, ein wenig bequem und weniger ehrgeizig als die älteren Zarentöchter, schreibt mit zehn Jahren:

»Teurer, guter und unvergeßlicher Freund. Wie sehne ich mich nach Dir. Wie traurig ist es ohne Dich. Du wirst es nicht glauben – ich sehe Dich fast jede Nacht im Traum. Am Morgen, sobald ich aufwache, hole ich das Evangelium, das Du mir geschenkt hast, unterm Kopfkissen hervor und küsse es. Ich bin so schlimm, aber ich möchte brav sein (…) Unvergeßlicher Freund, bete, daß ich immer brav bin. Ich küsse Dich. Ich küsse Deine himmlischen Hände. Auf ewig, Deine Maria«

Anastasia, die burschikose, komödiantische jüngste der Großfürstinnen, schreibt mit knapp acht Jahren den folgenden Brief:

---

*) Zärtliche Abwandlung von »Matrjona« (Tochter Rasputins, fast gleichen Alters wie Tatjana)

»Mein lieber Freund. Wann sehen wir uns endlich wieder? Anja sagte mir, Du kommst bald zurück. Da werde ich sehr froh sein, ich habe es gern, wenn Du uns von Gott sprichst. Mir scheint, Gott ist so gut. Bete zu ihm, Mama zu helfen. Ich sehe Dich oft im Traum vor mir. Und Du, siehst Du mich auch im Traum? Wann kommst Du? Wann nimmst Du uns wieder alle in ein Zimmer, um zu uns von Gott zu sprechen? Ich versuche, brav zu sein, wie Du mir gesagt hast. Auf Wiedersehen. Ich küsse Dich. Segne mich. Gestern war ich mit meinem kleinen Bruder böse, aber dann haben wir wieder Frieden geschlossen. Deine Dich liebende

Anastasia«

Zu diesem Zeitpunkt kann Alexej noch kaum mehr als seine Initiale »A« unter die Briefe seiner Schwestern malen, wenn die Gemeinschaftspost an Rasputin abgeht. Wie sehr die Kinder nicht nur aus ihrem direkten Eindruck von Rasputin schöpfen, sondern darin auch von ihrer Mutter geleitet werden, zeigt ein Brief der Zarin selbst an Rasputin aus dem Jahre 1907:

»Mein unvergeßlicher Freund und Meister, Retter und Ratgeber, wie sehr Deine Abwesenheit schmerzt! Meine Seele findet keinen Frieden, und ich bin nur entspannt, wenn Du, mein Meister, an meiner Seite sitzt, wenn ich Deine Hände küsse und meinen Kopf an Deine heilige Schulter lehnen kann. Oh, wie sehr ich mich dann erleichtert fühle, und ich habe nur einen Wunsch: in die Ewigkeit zu entschlafen an Deiner Schulter und in Deinen Armen! Oh, welche Freude, nichts anderes als Deine Gegenwart an meiner Seite zu wissen. Wo bist Du? Wohin bist Du entflogen? Und ich, die so sehr leidet und deren Herz so schwer ist, ich bitte Dich nur um eines, mein Meister, Anja nicht zu sagen, wie sehr ich ohne Dich leide. Anja ist gut, sie ist liebenswürdig, sie liebt mich, aber enthülle ihr nicht meinen Schmerz. Wirst Du bald wieder an meiner Seite sein? Komm bald. Ich warte und leide ohne Dich. Ich erbitte Deinen Segen und küsse Deine heiligen Hände.

Die Dich in alle Ewigkeit liebende M[ama].«

Die schicksalhafte Bindung der Zarin an Rasputin, der mit seiner Kunst, Beruhigung und religiöse Vergeistigung auszustrahlen, bereits von ihrem haltsuchenden Gemüt Besitz ergriffen hat, war mit seiner Wirkung am Krankenbett Alexejs endgültig besiegelt.

Daß Rasputin dabei – wie der zitierte Brief Alexandras suggerieren mag – mehr als seelischer Tröster dieser Frau gewesen sein könnte, ist aufgrund ihrer ebenso integren wie naiven Persönlichkeit genauso unrealistisch wie angesichts ihrer Beziehung zu Zar Nikolaus, mit dem sie bis in die späten Jahre eine tiefe und erfüllte Liebe verbindet. Was nicht ausschließt, daß die Zarin, unbewußt von Rasputin dominiert und ihm auch ohne sexuelle Hingabe bis zum Grad der Willenlosigkeit verfallen, zum Instrument werden sollte.

In dieser im Grunde harmlosen Beziehung zwischen der Zarin und dem Muschik liegt der Kern der Macht Rasputins über die Zarin mit all ihren Konsequenzen und damit der Zerstörung einer Dynastie.

Rasputin ist für Alexandra der gläubige Christ, der stets ein Gebet auf den Lippen trägt, alle anderen Menschen liebt und sich selbstlos um sie kümmert. Er ist der tröstende Gesprächspartner in der Gestalt des frommen Hirten. Er ist der Heilende mit dem Attribut eines Heiligen, der Alexej dem Tod entreißen konnte und auch ihre Migräne wegzuzaubern vermag. Er ist in ihren Augen der einzige, der ihr und dem Herrscher über Rußland mit der Stimme des einfachen Volkes die Wahrheit sagt, das – wie sie meint –, hinter dem Zaren steht, im Gegensatz zur »aufmüpfigen Intelligenzia« und »intriganten Aristokratie«. Vor allem: Aus Rasputin spricht Gott selbst, unter seinem Schutz fühlt sie sich sicher.

Und was bedeutet Rasputin dem Zaren? So tief religiös Nikolaus II. auch ist, die morbide Religiosität und Neigung zur Mystik seiner Frau Alexandra teilt er nicht. Bei den ersten, auf ständiges Betreiben der montenegrinischen Großfürstinnen zustandegekommenen Besuchen hat der ungewöhnliche Gast am Zarenhof durch seine schlichte Frömmigkeit bestochen. Seine Art, mit den Kindern umzugehen, hat ihm, wie erwähnt, weiteres Vertrauen eingebracht. Sein – wenn auch niemals belegter – Heilerfolg hat ihn schließlich unverzichtbar gemacht. Und seine geistlichen Gespräche sind auch für den Zaren erbaulich und moralisch stärkend; seine Verehrung bleibt jedoch in Grenzen, gar nicht zu sprechen von einer Mystifizierung Rasputins, wie sie Alexandra betreibt.

Auch der Zar ist von dem ersten Jahrzehnt seiner 1894 mit sechsundzwanzig Jahren übernommenen Regentschaft moralisch angeschlagen. Sein anfänglicher Weg, den er strikt im Einklang mit dem Vermächtnis seines Vaters, Alexander III., beschritten hatte, schien in eine Sackgasse zu münden: die Zeit der uneingeschränkten Autokratie ist vorbei. Oder – um mit den Worten eines der fähigsten Finanzminister und Staatsmänner Rußlands überhaupt, Sergej Witte, zu sprechen – »in Rußland kann nur eine wirklich starke Persönlichkeit Autokrat sein«.

Und die ist Nikolaus II. nicht. Nachdem er ein Wunder an Prosperität im Bereich der industriellen und wirtschaftlichen Entwicklung zustandegebracht hatte, rang der dennoch ungeliebte Witte dem Zaren angesichts der Unruhen nach der Niederlage gegen Japan eine Verfassung ab. Die Welle der Demonstrationen ging jedoch noch lange über das Land, und der Zar begann allmählich jenen Fatalismus auszustrahlen, der von mancher Seite bereits als Apathie ausgelegt wurde. Hatte doch Nikolaus, der sein Amt von Beginn an als Bürde und die Macht als unermeßliche Last empfand, schon immer geäußert: »Ich bin am Tage des lange leidenden Hiob geboren ...«, als wolle er damit bereits angesichts düsterer Vorahnungen resignieren.

Da kam nach vier Töchtern – einmalig in der von Söhnen dominierten Geschichte der Dynastie – endlich der Sohn zur Welt, befallen von der unheilbaren Erbkrankheit, wie sich bald zeigen sollte.

»Der Zar alterte über Nacht um zehn Jahre«, erinnert sich Großfürst Alexander Michajlowitsch, der »Sandro« genannte Lieblingsfreund und Schwager von Nikolaus. »Er konnte den Gedanken nicht ertragen, daß die Ärzte seinen Sohn zum Tode oder zu einem Leben als Invaliden verurteilten.

›Eure Majestät sollten wissen‹, hieß es, ›daß der Zarjewitsch niemals ganz gesund werden kann. Anfälle von Hämophilie werden immer wieder von Zeit zu Zeit vorkommen. Es ist lebenswichtig, die strengsten Sicherheitsvorkehrungen zu treffen, ihn vor Hinfallen, Schnitt- und Kratzwunden u. a. zu schützen, denn so harmlos das an sich ist, so tödlich kann das für einen Hämophilen sein.‹

So wurde ein stämmiger Matrose als Leibwächter für Alexej bestimmt, der über dessen Sicherheit zu wachen und ihn zu tragen hatte, wenn der Zarjewitsch für längere Zeit unterwegs war.

Für seine kaiserlichen Eltern verlor das Leben seinen Sinn. Wir fürchteten uns, in ihrer Anwesenheit zu lachen. Wenn wir die Majestäten in deren Palast besuchten, benahmen wir uns, als wären wir in einem Haus, wo soeben jemand verstorben war. Der Kaiser versuchte, Trost in seiner ungeheuren Arbeit zu finden, doch die Kaiserin war nicht bereit, sich in ihr Schicksal zu ergeben. Sie sprach ständig von der Unwissenheit der Ärzte und brachte unverhohlen zum Ausdruck, daß sie Scharlatane bevorzuge. Sie wandte sich in ihrem ganzen Denken der Religion zu, und ihr Glaube nahm hysterischen Charakter an ...«

Ob Rasputin ans Krankenlager Alexejs eilt oder zu einem Gespräch mit dem Herrscherpaar, er betritt ihre Räume stets durch einen Seiteneingang. Protokollmäßig werden seine Besuche nicht registriert und sollten am besten von niemandem bemerkt werden. Für Nikolaus ist es ganz und gar ungewöhnlich, eine Person vom Stande Rasputins zu empfangen, der – anders als etwa die Mönche, die aus einem Kloster von weit her kommen, oder die Geistlichen, die dem Zarenhof nahestehen – keinerlei Priesterwürde bekleidet, sondern ein einfacher Bauer ist. Rasputin ist seit zweihundertfünfzig Jahren der erste Muschik am Zarenhof.

Dabei wurde der Zar liebend gerne aus den Zwängen seiner Etikette ausbrechen. Seine einfache und jedem Imponiergehaben ferne Persönlichkeit kommt schon in seiner Kleidung zum Ausdruck, mit der er sich von seinen selbstbewußten Vorgängern unterscheidet. Weder von der Größe der Statur, noch von der Entschlossenheit des Blicks hat der Zar von seinen Vorgängern wie Alexander III., Alexander II., Nikolaus I. oder Alexander I., die mit prächtigen Uniformen ihre imposante Erscheinung unterstrichen, etwas geerbt.

Mittelgroß, mit blassem Gesicht und sanften blauen Augen, trägt Nikolaus II. seine Bescheidenheit schon durch die einfache Soldatenuniform zur Schau, die Schulterstücke lediglich vom Rang eines Oberst, wie er ihm noch von seinem Vater verliehen worden war. Vermutlich wäre Nikolaus, dessen schönste Zeit des Lebens die der militärischen Ausbildung war, auch lieber Soldat gewesen als Zar, dessen Amt ihm eine Bürde ist. Selbst die Hofangestellten beneidet er darum, wie er einmal einem Adjutanten anvertraut, bunte Socken tragen zu dürfen. Würde doch allein der Versuch, die eintönig schwarzen gegen andere zu tauschen, für einen Zaren einen Instanzenweg mit unüberwindlichen protokollarischen Hürden darstellen, und das letzte Glied in der damit befaßten Kette würde vermutlich dem Ansinnen die Zustimmung verweigern.

Wenn schon die scheinbar simpelsten Dinge der Welt für eine Person im Range eines Zaren so kompliziert waren, so galt das erst recht für wichtige ungeschriebene »Gesetze« am Zarenhof, von denen sich der Zar hinsichtlich Rasputin selbst einen Dispens erlaubt.

Wenn Zar und Zarin den solcherart hereingeschmuggelten Muschik empfangen, tauschen sie die dreimaligen russischen Begrüßungsküsse aus (küssen allerdings nicht seine Hände, wie es normalerweise selbst für einen Zaren gegenüber einem geweihten Geistlichen üblich ist). Sie nennen ihn einfach »Grigorij«, dieser wiederum seine hohen Gastgeber noch einfacher »Papa« und »Mama«, analog dazu, daß das einfache Volk vom »Vater Zar« oder »Väterchen Zar« zu sprechen pflegt. Mit der gleichen Raffinesse, mit der Rasputin sich durchaus in Salons bis zu einem gewissen Grad zu benehmen weiß, behält er im Hinblick auf die Wirkung, die sein Verhalten auf seine hohen Freunde ausübt, sein naives bis tölpelhaftes Wesen bei. Nikolaus und Alexandra nehmen es hin und interpretieren es als ungekünstelte Einfachheit; so dulden sie die vertrauliche Anrede und akzeptieren, daß Rasputin sie mit der größten Selbstverständlichkeit duzt – eine Vertraulichkeit, wie sie weder höchsten Hofbeamten, ja nicht einmal den Verwandten des Zaren zusteht.

Der Gast erzählt von Sibirien, von den Bedürfnissen der Bauern und seinen Pilgerreisen. Das Herrscherpaar spricht über die Gesundheit des Thronfolgers und andere Sorgen, die es gerade bewegen. Wenn Rasputin sie nach einer Stunde wieder verläßt, der Zar sich an seinen schweren Mahagonischreibtisch in sein grünes Arbeitszimmer begibt, die Zarin sich auf ihr Kanapee in ihrem lila Boudoir mit der weißen Täfelung zurückzieht, sind beide leichten Gemütes und zuversichtlicher Stimmung. Die bestätigenden Reden, die ihr Selbstbewußtsein stärken und sie von der Richtigkeit ihres Handelns überzeugen, die tröstenden Worte und den von Gott herunterbeschworenen Segen, den sie durch Rasputin empfangen haben (oder empfangen zu haben glauben) – all das tut seine Wirkung.

Im primitiven Benehmen und der sonderbaren Sprechweise Rasputins, seinen oft unzusammenhängenden und in sich abgebrochenen Repliken sieht die Zarin nur ein Element der Spontaneität und Authentizität seiner Aussage. »Es sind die reinen Seelen, die Gottes Stimme hören«, meint die Zarin im Hinblick auf die offensichtliche Simplizität ihres Freundes. Und in Rasputin meint sie dieser »reinen Seele« zu begegnen, durch die sich die Gnade Gottes manifestiere. Hatten nicht schon die Montenegrinerinnen, die ihn lange kannten, ehe sie ihn an den Zarenhof brachten, Alexandra erklärt:

»Er ist ein erstaunlicher Mensch. Ein Heiliger. Er heilt alle Krankheiten. Ein einfacher sibirischer Muschik – aber du weißt ja, Alix, daß Gott niemals die Gabe Wunder zu wirken Kindern der Zivilisation schenkt ...«

»Nach den eigenen Worten der Zarin«, berichtet der spätere Innenminister Protopopow, »war es Rasputin, der sie an Gott zu glauben und beten gelehrt und zur Demut geführt hat, er gab ihr die Ruhe zurück und beendete ihre Schlaflosigkeit ...«

»Sie äußerte die größte Ehrerbietung ihm gegenüber«, ergänzt die Hofdame Lili Dehn, »und er blieb die Jahre hindurch gleich und änderte sein Verhalten gegenüber den Herrschern nie ...«

Daß auch Nikolaus Rasputin zumindest in der ersten Zeit sein Vertrauen schenkt, mag nicht nur an dessen Überzeugungskraft liegen, sondern auch am Mangel gewisser Lebenserfahrungen des jungen Zaren. Auch er war in einer

122

relativ isolierten Familiengemeinschaft aufgewachsen; seine Lehrer waren ein alter General und ein reaktionärer Jurist – neben den ausländischen Sprachlehrern, denen der sprachbegabte Schüler ein perfektes Oxford-Englisch, für einen Russen ungewöhnlich akzentfreies Französisch und hervorragendes Deutsch verdankte. In seiner Militärausbildung blühte er auf und war in diesen Kreisen auch besonders beliebt. In der Gesellschaft bestach er durch seinen Charme und sein Klavierspiel.

Doch sein Horizont wurde nicht in jenem Maße erweitert, wie es die Aufgaben eines Zaren von Rußland vor allem zu diesem Zeitpunkt erfordert hätten. Wäre er wenigstens als junger Mann allmählich mit Fragen der Staatsführung vertraut gemacht worden, hätte ihn die plötzliche Übernahme seiner Regentschaft nicht so unvorbereitet getroffen. Aber sein Vater, Alexander III., sah noch lange kein Ende seiner Regierungszeit, und was seine Gespräche im Familienkreis betraf, verhängte er über Themen betreffend Politik und Staatsgeschäfte quasi ein Tabu – schon um sich davon zu entspannen und sich lieber über die Streiche seiner Kinder zu amüsieren.

Seinen Mangel an Erfahrung hat der junge Nikolaus schon als Dreiundzwanzigjähriger beklagt. Als er nach Abschluß seiner Ausbildung und Militärzeit auf Weltreise geschickt wurde, äußerte er gegenüber seinem jungen ihm am nächsten stehenden Onkel, Alexander Michajlowitsch, resignierend: »Meine Reise ist sinnlos; Paläste und Generäle sind auf der ganzen Welt gleich, und das ist das einzige, was ich zu sehen bekomme. Ich könnte mit dem gleichen Ergebnis zu Hause bleiben.«

Als sein Vater mit erst neunundvierzig Jahren starb, brach Nikolaus im Bewußtsein der nun auf seinen jungen Schultern ruhenden Last zusammen. Und viele Landsleute waren der Meinung, daß Rußland mit Zar Alexander jene eiserne Säule verloren hatte, die es vor einem Absturz zu retten imstande war.

Derselbe Verwandte und Freund von Nikolaus II. faßt den tragischen Unterschied zwischen ihm und seinem Vater zusammen:

»Der junge Zar verbrachte die ersten zehn Jahre seiner Regentschaft hinter dem riesigen Schreibtisch in seinem Arbeitszimmer und folgte zähneknirschend den Anweisungen seiner Onkel. Er fürchtete nichts mehr, als mit ihnen allein zu sein.

In Anwesenheit Außenstehender galten seine Ansichten für die Onkel zwar als Befehle, sobald diese jedoch mit ihrem Neffen von Angesicht zu Angesicht allein waren, ließen sie ihn den Altersunterschied spüren. Der junge Zar pflegte tief zu seufzen, wenn ihm bei der Morgenbesprechung die Hofbeamten den Besuch eines seiner Onkel ankündigten: immer forderten sie etwas von ihm. Nikolaj Nikolajewitsch sah sich als Militärführer. Alexej Alexandrowitsch wollte zur See befehligen. Sergej Alexandrowitsch hätte am liebsten das Moskauer Generalgouvernement in ein Stammgut umfunktioniert gesehen. Wladimir Alexandrowitsch wollte sich als Förderer der Künste profilieren. Alle hatten ihre Lieblinge unter den Generälen, die zu befördern waren, ihre Ballerinen, die ihre ›Saison russe‹ in Paris veranstalten wollten.

Um sechs Uhr abends war der junge Zar erdrückt. Resignierend warf er einen Blick auf das Bild seines Vaters, von dem er nichts lieber geerbt hätte als die Gabe, mit der Sprache dieses gefürchteten Herrn über Rußland sprechen zu können. Alexander III. fürchteten alle wie das Feuer. ›Hört auf, Zar zu spielen‹, herrschte er seine Brüder und Cousins an, die etwas von ihm wollten, was er für ungerechtfertigt oder unvernünftig hielt. Nikolaus war dazu nicht imstande. Er kapitulierte vor seinen Onkeln. Wenn ich mit ihm über die Reorganisation der Flotte sprach, der Onkel Alexej vorstand, zuckte er nur die Achseln: ›Ich weiß, daß ihm das nicht passen wird. Ich sage dir schon jetzt, daß er das nicht akzeptiert.‹ – ›In diesem Fall mußt du ihn eben dazu zwingen, Niki. Das ist deine Pflicht gegenüber Rußland.‹ – ›Aber was soll ich mit ihm tun?‹ – ›Aber du bist doch der Zar, Niki. Du kannst so vorgehen, wie es für die Verteidigung unserer Staatsinteressen nötig ist.‹ – ›Das stimmt zwar, aber ich kenne Onkel Alexej. Er wird außer sich sein. Im ganzen Palast wird sein Brüllen zu hören sein.‹ – ›Um so besser. Dann hast du einen idealen Vorwand, ihn in den Ruhestand zu versetzen.‹ – ›Wie kann ich denn Onkel Aljoscha feuern? Den Lieblingsonkel meines Vaters?!‹ – Und damit waren unsere Gespräche zu Ende …«

Alexander Michajlowitsch mag recht haben: Am 14. Mai 1905 wurde die veraltete russische Flotte bei Tsushima geschlagen. Zumindest hinsichtlich seiner familiären Rücksichtnahme zieht der Zar daraus keine Konsequenz. Und ebenso machtlos wird er später der Beharrlichkeit seiner Frau im Hinblick auf Rasputin gegenüberstehen.

»Seine größten Fehler waren seine guten Eigenschaften«, resümiert »Sandro« abschließend, »denn er verfügte über alle Qualitäten, die für einen normalen Bürger nur denkbar und kostbar sind – für einen Monarchen jedoch fatal. Als gewöhnlicher Sterblicher hätte er ein harmonisches Leben geführt, respektiert und geliebt von allen, und einen idealen Familienvater abgegeben. Doch seine Schuld bestand darin, daß das Schicksal seine guten Eigenschaften in tödliche Instrumente der Zerstörung verwandelte.

Er konnte nie begreifen, daß der Herrscher eines Landes in sich alle rein menschlichen Gefühle unterdrücken muß. Nach den ersten Niederlagen, wie die Katastrophe in Japan und andere Erschütterungen, verlor er seinen Glauben und den Sinn an seiner Aufgabe: er wurde apathisch. Das einzige Lebensziel blieb nur mehr, seinen Sohn am Leben zu erhalten ...«

7. Das Geheimnis Rasputins:
Hypnotiseur, Komödiant, Schamane

Das Geheimnis von Rasputins Wirkung, mit der er nicht nur auf Frauen Einfluß auszuüben und sogar den Zaren zu manipulieren oder zumindest in den ersten Jahren die Doppelbödigkeit seiner Persönlichkcit vor ihm zu verbergen vermochte, scheint ebenso wie seine Heilerfolge auf den ersten Blick unerklärlich.

»Da gibt es nichts Mysteriöses in seiner angeblichen Fähigkeit, die Leiden des Zarjewitsch zu lindern«, faßt der einschlägige Forscher Georgij Katkow zusammen und erinnert sich daran, daß Rasputin etwa beim Thronfolger – wenn überhaupt – nur Symptome, aber nicht die Krankheit besiegt hat, ihn jedenfalls nicht von seiner Erbkrankheit befreien konnte.

»Keine Hypnose könnte freilich die Zusammensetzung seines Blutes ändern und dessen Gerinnung zum Normalzustand beeinflussen«, räumt er ein, »doch es ist bekannt, daß hypnotischer Einfluß das vasomotorische System beeinflussen und die Kontraktion der Gefäße verändern kann – analog der Wirkung von Adrenalin und ähnlichen Mitteln. Doch der Zarin erschien alles als Wunder ...«

Der Effekt von Hypnose auf Schmerzzustände und sogar den Fluß des Blutes in den Adern ist durch moderne medizinische Experimente jedoch zweifelsfrei belegt.

Ärzte bestätigen zwar nicht uneingeschränkt die Wirkung von Hypnose auf die Blutungen eines Hämophilen, sie gestehen jedoch zu, daß deren gekonnte Anwendung dazu beitragen kann, den Blutfluß in Grenzen zu halten. Der britische Genetiker J. B. S. Haldane meint, Hypnose oder eine ähnliche Methode könne Kontraktionen der kleinen Arterien bewirken. Letztere unterliegen nämlich den Reaktionen des autonomen Nervensystems und können vom persönlichen Willen des Patienten nicht kontrolliert werden, ihre Kontraktion kann jedoch bei einem im Zustand der Hypnose befindlichen Körper provoziert werden.

Andere medizinische Untersuchungen der Hämatologie weisen auf die Wechselwirkung zwischen geistiger und körperlicher Verfassung, zwischen emotionalem und gesundheitlichem Zustand hin. Danach ist erwiesen, daß Blutungen von Hämophilen durch emotionalen Streß verstärkt oder sogar spontan ausgelöst werden können. Ärger, Angst, Wut oder auch nur peinliche Berührtheit verursachen ein Ansteigen des Blutstroms in den kleinsten Blutgefäßen, den Kapillaren. Ein Übermaß an Emotion kann die Stärke und Widerstandskraft dieser Kapillaren bis zur Brüchigkeit hin beeinträchtigen, zumal bei gesteigerter Frequenz ein verstärkter Blutstrom zu bewältigen ist.

Umgekehrt wird angenommen, daß die Verringerung des emotionalen Drucks positiven Effekt auf Blutungen zeigt. Die Blutgefäße eines ruhigen Patienten weisen geringeren Blutstrom und stärkere Gefäßwände auf. Jahrelange Untersuchungen in jüngster Vergangenheit am Jefferson Hospital in Philadelphia haben ergeben, daß durch Hypnose von ihrer Angst befreite Zahnpatienten im Gegensatz zu anderen kaum bluteten.

Unter diesem Aspekt kann die Macht Rasputins über Alexej neben der durch Hypnose verursachten in seiner beruhigenden Wirkung gelegen haben. Seine Wandlungsfähigkeit läßt ihn einmal den liebevollen, Märchen erzählenden Beschützer sein, der das Gefühl von Geborgenheit und Sicherheit vermittelt, dann wieder den mit strenger Stimme Befehlenden, dessen Anordnungen sich niemand entziehen kann. Keine verschreckten Ärzte, keine besorgten Eltern sind imstande, ein solches Maß an Selbstsicherheit und Stärke in einem so kritischen Moment wie dem eines Bluteranfalls auszustrahlen, wie es Rasputin auf Alexej zu übertragen versteht.

Psychologen* sehen Rasputins Erfolg jedoch auch in dem Phänomen begründet, daß jemand, der eine Maske trägt, sich auch selbst mit dieser Maske identifiziert und dadurch im der Maske entsprechenden Verhalten um so überzeugender wirkt. Was die »hypnotische« Wirkung Rasputins betrifft, ist Forel der Ansicht, daß es nicht der Einschläferung des »Patienten« bedarf, um diese Wirkung zu erzielen. Daß Rasputin Unterricht bei einem Professor für Hypnose genommen hat, behauptet der Polizeipräsident S. P. Beljetzkij:

»Als ich Chef der Polizeiabteilung war, hatte ich unter anderem den Personenkreis um Rasputin zu beobachten, und so fielen mir Briefe eines Petersburger Hypnotiseurs an seine Herzensdame in Samara in die Hände. Darin war von den großen Hoffnungen die Rede, die der Genannte aus materiellen oder anderen Erwägungen in Rasputin setze angesichts dessen starker Willenskraft und der Gabe, diese in sich zu konzentrieren. Als ich den Hypnotiseur mit meinem Wissen über seine Tätigkeit und seine Kontakte mit Spekulanten konfrontierte, verließ er erschrocken die Hauptstadt.«

Wenn Rasputins Geheimnis also in seinem Vermögen liegt, hypnotische Wirkung auszuüben, verfügt er laut Berichten von Augenzeugen durchaus über die nötigen Voraussetzungen. Nicht nur der erwähnte Polizeipräsident Bjeljetzkij bescheinigt ihm starken Willen, und nicht nur J. Dschanu-

---

*) z. B. August Forel in: »Hypnotismus und suggestive Psychotherapie«, Stuttgart 1907

128

mowa, die ihm mehrmals bei Gesellschaften begegnet war, konnte nach eigenen Angaben »seinem Blick nicht standhalten«. Durch seinen bohrenden Blick und meist auch eine Berührung, sei es zu Beginn beim Geben der Hand oder später durch Auflegen der Hand auf die Schulter des Gesprächspartners, berichten beide, übertrage Rasputin seinen Willen auf den anderen – bis zu dessen Unfähigkeit, sich ihm zu entziehen: »… Ich war müde und wollte weg, aber ich konnte nicht, und weiß selbst nicht, warum – es war so, als ob mein Wille gelähmt wäre«, erzählt Dschanumowa.

Daß Rasputin nicht nur bei weiblichen Wesen einen solchen Eindruck hinterläßt, zeigt die Aussage von Innenminister A. N. Chwostow: »Rasputin war zweifellos einer der stärksten Hypnotiseure, denen ich je begegnet bin! Wenn ich ihn sah, spürte ich seinen erdrückenden Einfluß – dabei gelang es sonst niemals einem Hypnotiseur, auf mich einzuwirken. Ganz klar – Rasputin besaß eine große hypnotische Kraft …«

Dem Herrscherpaar steht der Gedanke an eine solch bewußte Willensmanipulation durch den schlichten, religiösen Gesprächspartner, den sie in Rasputin sehen, freilich fern. In ihren Augen spricht der »Wille Gottes« (und »die Stimme des Volkes«) aus ihm – und eben diese Annahme gibt Rasputin vor allem der Zarin durch seine Suggestivkraft selbst ein, meinen Skeptiker und Kritiker Rasputins.

Dieses schwer vorstellbare Phänomen wird vom einschlägigen Forscher August Forel untermauert:

»Derjenige, der einer solchen Einwirkung unterworfen wird, hat gar nicht den Eindruck, daß es der Wille des Hypnotisierenden ist, sondern sein eigener, der ihm ein Verhalten oder die Tendenz zu dem diktiert, was dem Hypnotisierten sehr erstrebenswert oder zumindest nötig oder für sich unausweichlich scheint. Das Gefühl, das bei dieser Unterwerfung unter diesen Einfluß entsteht, ist vor allem bei

Frauen von Empfindungen der Befriedigung begleitet, wie es nicht selten auch bei passivem Erleben sexueller Liebe der Fall ist«, heißt es in der Studie »Die sexuelle Frage«.*

So wird die Bereitschaft der Zarin und vieler weiblicher Angehöriger höherer Gesellschaftsschichten erklärt, Rasputin so bedingungslos und sklavisch ergeben zu sein, auch wenn dabei nicht (oder höchstens unbewußt) die physische Unterwerfung eingeschlossen ist. »Zusammenfassend darf man zum Verständnis der Tatsache, daß ein grober Muschik wie Rasputin sich Damen der höheren Gesellschaft gefügig machen konnte, nicht vergessen«, meint W. M. Bechtjerjew**, »daß außer gewöhnlicher Hypnose auch noch eine ›sexuelle‹ Hypnose existiert, die Rasputin offenbar in hohem Maß beherrscht.«

Dabei schläfert Rasputin seine »Opfer« normalerweise nicht ein: »Das ist auch nicht nötig«, versichert wieder Forel in »Der Hypnotismus und die suggestive Psychotherapie«, »denn für die Suggestion spielt der Schlaf- oder Wachzustand keine Rolle.« – »Denn jeder verfügt über die Kraft, zu hypnotisieren und zu suggerieren«, ergänzt der Arzt G. Sticker, »der die Kraft oder die Unverfrorenheit besitzt, zu imponieren, zu befehlen oder sich jemanden gefügig zu machen – vor allem jedoch derjenige, der unbewußt und doch unbeirrbar an seine Berufung dazu glaubt, anderen etwas vorzugeben, und zugleich über die Gabe verfügt, die Willensschwäche eines anderen und dessen Unterwerfbarkeit rasch zu erfassen und sich das fremde ›Ich‹ erfahren zunutze zu machen.« Sein Resümee: »Der Glaube an die Übermacht des fremden Willens trägt zum Vorgang der Hypnose bei, und der Erfolg hängt von der Raffinesse des Hypnotiseurs ab.«

---

*) München 1905
**) russischer Psychoanalytiker zu Lebzeiten Rasputins

Nicht nur, denn Psychologen sind sich darüber einig, daß auch das Äußere, »die erwähnte Maske«, dabei keine geringe Bedeutung einnimmt. Die Rolle der Aufmachung im weitesten Sinn als integrierender Bestandteil der Suggestion wird schon bei Theaterforschern hervorgehoben. Sie ist nicht nur integrierender Bestandteil der Wirkung auf den Betrachter, sondern auch der Identifikation des Rollenträgers selbst. Der Theaterwissenschafter N. N. Jewreinow spannt in seiner diesbezüglichen, auf Rasputin angewandten Analyse einen Bogen von den Magiern früherer Jahrhunderte bis zu den Schauspielern eines Theaters. Nie wäre, glaubt man Jewreinow, der Magier Mesmer ohne seinen obligaten violetten Umhang, in welchem er mit seinem Zauberstab hereinschwebte, ausgekommen und hätte seine magnetische Wirkung entfaltet, denn allein schon sein Erscheinungsbild verzauberte. Im 18. Jahrhundert sprach erstmals Charles Batteux vom »Erlebnis« in diesem Zusammenhang, und definierte das Spiel eines Schauspielers als »eine Art Suggestion«.

Zweifellos gelten die erwähnten Beobachtungen der Hypnose ohne Versetzen in Trance und »Markierung« durch das äußere Erscheinungsbild ebenso auch für Rasputin wie die Tatsache, daß er sich – bewußt oder unbewußt – der Attribute eines Schauspielers bedient. Das jedenfalls wollen diejenigen in ihm sehen, die sein frommes Gehaben für eine Maske und Rasputin für einen schauspielernden Scharlatan halten.

Polizeipräsident Bjeljetzkij zum Beispiel meint später:

»Zu dem Zeitpunkt, als Rasputin schon nicht mehr der Mönch sein wollte, der er ursprünglich zu werden vorhatte, sondern sich auf Wanderprediger und Narr in Christo trimmte, was ihm charakterlich näher war, erschien er, sobald er nun einmal in das Milieu der Gesellschaft Petersburgs geraten war und dort seine Lebensgrundlage gefun-

den hatte, als ›Prophet‹ und leidenschaftlicher Vertreter
eines Typs ganz im Stil der Volkstradition: einmal als Un-
gebildeter und dann wieder als großer Rhetoriker, als
Heuchler und Fanatiker, als Heiliger und als Sünder, als As-
ket und als Schürzenjäger – immer, ohne sich um den Spott
und die Kritik der Dorfbewohner in seiner Heimat zu kümmern – und in jedem Augenblick war er Schauspieler.

Dabei wurde er nicht von ideellen Motiven geleitet, sondern ging im jeweiligen Fall nach persönlichen Interessen
und den Anregungen der Wyrubowa vor. Kraft seiner Cha-
raktereigenschaften kaschierte er seine inneren Beweg-
gründe. Indem er Gesichtsausdruck und Stimme veränderte, verwandelte sich Rasputin einmal in den geradlinigen,
offenherzigen, materiell desinteressierten Menschen, der
denen, die etwas Gutes tun wollten, entgegenkam, sodaß er
selbst ihm Nahestehende zwang, ihre Meinung über ihn zu
revidieren und ihm ihre Karten zu öffnen.

Da er aber in Wirklichkeit verschlossen, mißtrauisch und
unaufrichtig war, konnte er in Gesicht und Stimme die
Maske des Einfaltspinsels tragen, und damit diejenigen, die
ihn gar nicht kannten, täuschen und zu willigen Werk-
zeugen für seinen Einfluß in höchsten Kreisen machen,
denen er wiederum weiszumachen verstand, daß seine
Absichten und Handlungen ausschließlich ihren Interessen
dienten und er dabei nicht einmal an sich und seine Familie dächte.

Bei seinem Doppelspiel begriff er nicht nur den szenischen
Wert der Aufmachung als ›Prophetenmuschik‹ (seine ge-
stickten Hemden waren gewöhnlich cremefarben, blau
oder himbeerfarben, die Stiefel von besonders weichem Leder, die Gürtel trugen Quasten), sondern auch den Wert der
besonderen, einen Propheten auszeichnenden ›göttlichen‹
Redeweise …«

»Es wäre auch ausgeschlossen«, ergänzt der Historiker M. N.

Pokrowskij, »daß ein ›Gottesmann‹ nicht imstande ist, allseits verständlich zu sprechen oder – in seinem Fall – wie ihm der Schnabel gewachsen ist, auf bäuerliche Art. Doch das wäre sowohl für ihn als auch für seine Anhänger ein Bruch mit dem Ritual gewesen. Und nur wenn die Prosaik des Lebens den wahren Rasputin einholte, so etwa, als sein Sohn während des Krieges trotz aller Intervention eingezogen wurde, da fiel sein Stil zur gewöhnlichen menschlichen Redeweise ab.«

Wenn Rasputin betrunken ist, führt er oft schlüpfrige Reden, die so gar nicht seiner höheren Berufung entsprechen, wie sich Augenzeugen erinnern. Wenn er jedoch auf sich Bedacht nehmen muß, um jemandem »keinen falschen Eindruck« zu geben, enthält er sich vorsorglich des Weines.

»Bei unseren ersten Begegnungen«, berichtet Bjeljetzkij, »war Rasputin zurückhaltend mit Wein und versuchte, mit uns erbauliche Gespräche im Geist seiner ›Gedanken‹* zu führen; damit machte aber Komissarow** kurzen Prozeß und trieb ihm diese ›Göttlichkeit‹ erst einmal aus. Das imponierte Rasputin. Seitdem wurden die Gespräche freundschaftlich, man duzte sich, Rasputin legte die Maske ab, lud uns gutgelaunt ein und nahm uns gewöhnlich zu den Zigeunern mit.«

Rasputin als Hypnotiseur, als Scharlatan, als Schauspieler. Aber wer steckt dann hinter dieser Maske?

Rasputin identifiziert sich – analog dem dramatischen Prinzip – mit der Figur der Maske, die er trägt. Sie wird selbst zum Mittel seiner eigenen Autosuggestion, und er wird auch für sich zu jener Person, die er spielt. Die Rolle des ›Heiligen‹, des ›Gottesmannes‹, durchdringt Rasputin so vollständig, daß er aus diesem Bewußtsein heraus auch die

---

*) Niederschrift von Rasputins religiösen, predigthaften Formeln
**) Bjeljetzkijs Mitarbeiter im Polizeidepartment, Agent Rasputins

Freiheiten, die Unbeschränktheit für sich in Anspruch nimmt, die dem Träger seiner Maske zustünde – wäre er real. Für ihn gilt das ungeschriebene Gesetz: »Der wahre Prediger ist frei und an Gesetze nicht gebunden.« Das Phänomen erklärt das Doppelbewußtsein Rasputins, seine im Grunde gespaltene Persönlichkeit. Denn er läßt sich damit das Ausleben seiner mit der Askese, die er zur Schau trägt, unvereinbaren animalischen Seite offen.

So erklären medizinische Forscher, Psychiater und Parapsychologen auch die Verfassung, in die Rasputin mitunter verfiel, wenn er einen Kranken zu heilen versuchte. Nach Augenzeugenberichten war er nach dem Stadium der Konzentration (wobei er zu beten pflegte) völlig erschöpft, schweißtriefend und der Ohnmacht nahe. Das berichtet Dschanumowa bezüglich Rasputins Besuch am Krankenbett ihrer Nichte ebenso wie seine eigene Tochter, wonach Rasputin aufgrund eines Telefongesprächs aus Petersburg in seinem Haus in Pokrowskoje um die Rettung des blutenden Thronfolgers betete. Psychiater sehen in diesem Phänomen des »hysterisch-epileptischen Anfalls« das erwähnte Doppelbewußtsein, in welchem der Rollenträger – ähnlich einem Schauspieler – mit der Maske der einen Identität verschmilzt und sie auslebt. Das Erscheinungsbild ist jedoch nicht mit dem psychisch Kranker gleichzusetzen.

Die Identifikation mit der Maske des Heiligen aufgrund fanatischer Autosuggestion setzt jedoch Rasputins echte, tiefempfundene Religiosität voraus. Wie sich das andererseits mit Rasputins sexueller Zügellosigkeit verträgt, will wiederum die Psychoanalyse erklären und beruft sich dabei auf Berichte Geistlicher der Gegenwart bis zurück zu den Schriften alter Väter, wonach das religiöse Erlebnis von einem körperlichen begleitet sei – wie noch heute bei Stammesritualen, bei denen die Beteiligten in einen Erregungszustand verfallen. Schon vor Freuds »Totem und Tabu«

über archaische Kulturen und ihre Religionen wird die Verbindung sexuellen Erlebnisses mit religiösem bestätigt und als Sublimation des ersten durch letzteres analysiert. R. Krafft-Ebing: »Der religiöse und der sexuelle Affektzustand weisen am Höhepunkt ihrer Entfaltung Übereinstimmung der Erregung in qualitativer und quantitativer Hinsicht auf und können daher in entsprechender Form kommunizieren …«

Damit könnte sich auch der Kreis der von Rasputin im Umgang mit Frauen mitunter hergestellten Verbindung von Erotik mit Religion schließen, pflegt er doch dabei auf den »göttlichen Ursprung« ersterer zu verweisen und sie als »von oben verordnetes« Phänomen darzustellen. In verschlüsselter Form hat Rasputin diesen Standpunkt auch in seiner Lebensbeschreibung »Schitjo« zum Ausdruck gebracht: Hier spricht er von der »heilenden Bedeutung« seiner »Berührungen«. So kann Rasputins von der Chlysten-Sekte inspirierte Weltanschauung – selbst wenn sie ihm nur als Rechtfertigung dient – innerhalb archaischer Traditionen gesehen werden.

»Solche Menschen«, resümiert der Forscher A. Forel, »haben immer wieder auf die Schicksale von Völkern eingewirkt, was hauptsächlich durch den hypnotischen Effekt der Vorstellungen auf sexueller und gleichzeitig religiöser Basis erklärt werden kann. (…) Das Selbstbewußtsein, der Glaube an die eigene Mission und Unfehlbarkeit und das Gehaben des Propheten imponiert der Masse, die sich bereitwillig seinem Willen unterwirft. In diesem Wahn spielt auch latente Erotik eine Rolle, die jedoch hinter der religiösen Ekstase verborgen bleibt. Sie wird den Betroffenen auch gar nicht bewußt, da sie von der Reinheit dessen, was um sie vorgeht, überzeugt sind, und überzeugt ist meist auch der sie solcherart manipulierende Psychopath selbst.«

So definiert der Forscher die Beschaffenheit von Rasputins

religiöser Einstellung durch das sexuelle Element, das ihr innewohnt. Rasputin scheint sich insofern in dieses Muster zu fügen, als er im Umgang mit jenen Frauen, mit denen er seine religiösen Rituale vollzieht, das Gehaben eines so beschriebenen Typus an den Tag legt: er erniedrigt den Kreis der Anhängerinnen, indem er sich von ihnen (nicht nur) seine Füße waschen läßt, sie schlägt und insgesamt Dominanz über sie ausübt, »wie ein Gott über seine Jünger«. Das weist Rasputin in den Parallelen zu Auffassung und Praktiken der Chlysten-Sekte zwar als Gläubigen aus, jedoch im Sinne einer parareligiösen Wahnvorstellung – auch wenn er selbst sich nicht den Chlysten zugehörig fühlt oder dies nur leugnet.

Zur Erklärung von Rasputins Heilerfolgen – die allerdings meist Symptome, nicht jedoch organische Krankheiten betreffen – mag auch der Kommentar der Gerichtsmedizin beitragen, der sich gewöhnlich auf nachweisbare Erfahrungswerte zu stützen pflegt: danach kann Hypnose nicht nur den Fluß in den Blutgefäßen beeinflussen, sondern auch das Verhalten der weißen Blutkörperchen selbst. Internisten fügen hier hinzu, daß Hypnose oder auch nur Suggestion überdies die »Psychoimmunologie« eines Patienten aktivieren kann – womit Ärzte im übrigen auch die medizinisch unlogischen »Spontanheilungen« in Wallfahrtsorten erklären.

Jedoch außer den medizinisch faßbaren Vorgängen und dem psychologisch erklärlichen Phänomen der Hypnose spielt etwas anderes eine Rolle, das das Geheimnis Rasputins einer Lösung nahebringt – der Schamanismus. In diesem Licht wird mit einemmal alles klar. Auch hier scheint Rasputin sich nicht ganz in die Tradition einfügen zu wollen (schon weil der Begriff des Schamanismus verschwommen ist), doch ohne ihn ist Rasputins Wirken undenk- und unerklärbar.

Das geht allein schon aus der allgemeinen Definition des Schamanismus hervor:

»Es handelt sich um ein religiöses Phänomen, um den Schamanen konzentriert – eine ekstatische Figur, der die Kraft zu heilen und mit der anderen Welt in Kontakt zu treten zugesprochen wird. Das Wort leitet sich vom tunguso-mandschurischen Wort ›shaman‹ ab, was wörtlich ›der, der weiß‹ bedeutet. Es wird primär auf die religiösen Systeme der nordasiatischen Völker angewandt und auf Phänomene, die bei den Ural-, Altaj- und paläo-asiatischen Völkern angetroffen werden. (…)

Es gibt neun Charakteristika für diese Form des Schamanismus. Sie decken die klassischen schamanistischen Vorstellungen ab über das Universum, das Leben, den Geist und die Seele, die soziale Rolle, Persönlichkeit und Funktion des Schamanen und die speziellen Merkmale, die ihn für seine Rolle auszeichnen, die Symbolik der Objekte, die spezielle Kleidung und die Handlungen (darunter Tanz) …«*

Allein schon durch die Herkunft des Begriffs ist auch die Lokalisierung des Phänomens in Rasputins Heimat geklärt: Das Wort Schamane aus dem Evenkischen »shaman« war durch Reiseberichte aus Sibirien und Zentralasien bekannt geworden. Die Evenken oder Tungusen sind ein Volk von Rentierhaltern, Jägern und Fischern, gehören der tungusisch-mandschurischen Sprachgruppe an und sind in Ost- und Zentralsibirien angesiedelt. Dort nimmt das Schamanentum eine beherrschende Stellung in ihrem religiösen Leben ein. Auch mongolische und turksprachige Völker kennen den Begriff und somit dieses Phänomen. Bei den südsibirischen Turk-Völkern heißt es »kam« oder »xam«; auch die Samojeden, Eskimos und Indianergruppen kennen das Ritual, benennen es jedoch anders. Möglicherweise geht

---

*) Encyclopedia Britannica, Vol. IX., 1983

das Wort »shaman« vom Wort »wissen« vor seiner Anwendung im tungusischen Bereich auf das Pali-Wort »samana« für Bettelmönch (über das chinesische »sha-men« ins Tungusische gelangt) zurück, was nicht nur die Verbindung mit dem späteren sibirischen mittellosen Wanderprediger – Rasputin war das in seinen Jugendjahren – herstellen könnte, sondern auch mit möglicherweise älteren Ursprüngen der Figur des Schamanen vom buddhistischen und lamaistischen Glaubensbereich, der bis in das zentralasiatische Gebiet eingewirkt haben könnte.

Einschlägige Forscher legen sich dabei noch mehr fest, wobei sie dem Phänomen Schamanismus entweder von seiner Entstehung her oder vom Gebiet seiner Ausbreitung her auf die Spur zu kommen versuchen. Dabei wird mitunter auch ein ursächlicher Zusammenhang zwischen Gebiet und Verbreitung hergestellt: So sei »der Schamanismus, hier als eine Art Ekstatismus erklärt, nur in den nördlichen Gegenden der Erde verbreitet«, meint der dänische Forscher Ohlmarks, »da das kalte Klima, die extremen Lebensbedingungen, Einsamkeit, Dunkelheit und das Fehlen vitaminreicher Nahrung die Entstehung ekstatischer Zustände begünstigten«.

Religionshistorische, ethnische, soziologische und psychologische Eingrenzungen helfen den Forschern weiter, den Schamanismus auf einen geographischen Bereich festzulegen. Der naturbedingte Zusammenhang scheint auch auf die Praktiken in Sibirien einleuchtend. So sehen verschiedene Forscher den Schamanismus vor allem bei sibirischen Völkern entstanden.

Voraussetzung für Schamanismus ist nach allgemeiner Ansicht der Geisterglaube – ähnlich, wie Rasputin selbst in seinen Aufzeichnungen über seine ersten Pilgerjahre die beseelte Natur dargestellt hat.

Vom kulturhistorischen Standpunkt ist bemerkenswert,

138

daß alle Schamanismusforscher das Phänomen in Gebieten »frühen Jägertums, also in Sibirien, Nordamerika … usw.« lokalisieren, was mit dem Weltbild und den Bräuchen der alten Hirtenvölker in Zusammenhang gebracht wird.

Den Darstellungen des Schamanismus ist gemeinsam, daß sie den Schamanen als Mittler zwischen höchsten Wesen und den Menschen betrachten. Da diese auch in der Unterwelt beheimatet sein können (für die der »schwarze« Schamane zuständig ist), wird der mit den Himmelswesen kommunizierende »weiße« Schamane auch »Himmelsdiener« genannt. Das hat nichts mit dem klassischen Gott-Teufel-Bild zu tun: Es geht vielmehr auf die zum Beispiel am Bajkalsee lebenden mongolischen Burjaten oder die Altaj-Türken, zu denen die Vorstellungen aus südlichen, agrarisch-mutterrechtlichen Kulturkreisen vordrangen, zurück.

Was den Heilvorgang bei den Schamanen betrifft, heben Forscher wie der Deutsche Lommel den Unterschied zu den etwa in Afrika wirkenden »Medizinmännern« hervor. Gemeinsam ist den Beschreibungen heilender Schamanen, daß diese in einem selbst herbeigeführten Trancezustand handeln. Somit wird dieser Vorgang als »psychische Technik« klassifiziert. Sozialpsychologisch wird sie als »psychische Beruhigung und Sicherheit in der Stammesgemeinschaft« betrachtet, und der Schamane selbst als »Regulator der Kollektivseele«. Als »typisch für den Schamanen« sieht Lommel »… die Selbstheilung aus einer Psychose durch diese Aktivität und die heilende Handlung im Trancezustand …« an.

Warum diese Form des Schamanismus sich gerade aus den Vorstellungen des Jägertums entwickelt hat, wird durch die Eigentümlichkeiten des nordeurasischen Schamanismus erklärt: Für die geistige Welt der dort ansässigen Jägerstämme sei die Auffassung der Dualität von Körper und Seele in Tier und Mensch typisch. Tatsächlich liefert Rasputin in seinen frühen Aufzeichnungen über die Eindrücke während seiner Pilgerjahre Ansätze zu diesem Denken, das allerdings in seinem Bewußtsein zu einem pantheistischen Weltbild verschwimmt.

Schamanismus ist in den Augen des rumänischen Religionsforschers Mircea Eliade ein »in der menschlichen Verfassung begründetes Urphänomen«, dessen Entstehung er, religiös motiviert, in Zentral- und Nordasien ansiedelt und als »Heimweh nach dem Paradies« begründet. In diesem Sinn ist die Ekstase eine urtümlichere, religiösere Stufe in der Entwicklung der Religionen als deren spätere konkrete Vorstellungswelt mit Göttern.

Ist Schamanentum nun auch eine Religion oder nicht? Diese Frage wird in den meisten Fällen negativ beantwortet. Dabei wird der Schamanismus nur als religiöses Phänomen gesehen, das sich allerdings mit unterschiedlichen Glaubensvorstellungen vereinbaren lasse, selbst aber nicht als Glaubenskonfession aufzufassen sei. Dem widerspricht der deutsche Ethnologe Findeisen, der das Schamanentum durchaus als Religion wertet, wenn auch als »spiritistische«, obwohl beispielsweise bei den sibirischen Völkern das religiöse Leben davon beherrscht wird.

Dem kann jedoch entgegengehalten werden, daß der Schamanismus keine systematisierte Lehre oder ein klar definiertes System religiöser Vorstellungen aufweist. In jedem Fall wird damit das Schamanentum von der Betrachtung als krankhafte Erscheinung ausgeschlossen, seine geistige und schöpferische Leistung aufgewertet und seine Wurzel als Phänomen der Lebens- und Vorstellungswelt in die Kultur der jägerischen Völker Sibiriens eingebettet.

Von einem Schamanen, der diesen Begriff verdient, wird erwartet, daß er über »besonders gute Gesamtkonstitution, hohe Intelligenz und künstlerische Fähigkeiten« verfügt.

140

Die psychophysischen Ausnahmezustände* gehen nach Ansicht der Forscher auf Besessenwerden durch Geister zurück, das als »erlebnismäßiger Kern des Schamanismus anzusehen ist«.

Als wichtige Voraussetzung für das Wirken des Schamanen »in seelischen Regionen« gilt außer dem Vorhandensein seiner »schöpferischen und okkulten Fähigkeiten« seine »seelische Potenz«. Diese ortet der deutsche Forscher Findeisen in metaphysischen Regionen: »Diese Potenz ist mithin nicht aus der Natur ableitbar, sondern stellt den zeit- und raumlosen geistig-schöpferischen Wesenskern des Menschen dar und dürfte deshalb als eine Unterkraft (vielleicht eine Art Spaltpersönlichkeit?) des das All durchwandelnden göttlichen Geistes selbst anzusehen sein.«

Alle in bezug auf Rasputin aufschlußreichen Darstellungsversuche des Schamanismus haben gemeinsam, daß sie die Ekstase als sein wichtigstes Element – wenn auch nicht als einziges typisches – betrachten. Sie tritt in verschiedenen religiösen Bereichen in unterschiedlicher Form auf und hat verschiedene psychologische Wurzeln. Der Ekstaseforscher Schröder deckt dabei die Polarität zwischen der menschlichen Seele und dem Gegenpol des »außerseelischen, transzendenten Gegenüber« auf, zwischen der seiner Meinung nach eine »Seinswandlung« stattfindet. Zum innerseelischen Geschehen kommen, als Begleiterscheinungen sozusagen, die körperlichen Reaktionen darauf. Die Bedingung des Forschers für das Vorhandensein einer Ekstase gilt auch für Rasputins Trancezustände bei Heilversuchen: erstens ein »seelisches Erlebnis«, und zweitens eine »sinnenfällige Äußerung des Leibes«.

Die gegenwärtigen Forscher erkennen das Schamanentum, unabhängig von religiösen Aspekten, als Ritual an, das

---

*) Man denke an Rasputins Erschöpfungszustände oder Ohnmachtsanfälle bei Heilversuchen

eine besondere, aus der durchschnittlichen Gesellschaft herausragende Leistung voraussetzt. Der Schamane muß über besondere psychologische Erfahrung, gute Pflanzenkenntnis und über suggestive Fähigkeiten verfügen. Damit steht der Schamane außerhalb der Vorstellungen über ihn als Geisteskranken, vagabundierenden Taschenspieler oder Magier, und wird als geistiger und/oder religiöser Führer einer jeweiligen Gemeinschaft, für die er eine Autorität darstellt, respektiert. Seine Aufgaben – und es gibt noch in der Gegenwart Schamanen, die sie zu erfüllen scheinen – bestehen in Krankenheilung, dem Geleiten von Seelen ins Totenreich, der Abwehr böser Geister oder Dämonen und der Weissagung der Zukunft, um nur einige zu nennen, die je nach Kulturkreis und seiner gesellschaftlichen Bedeutung und Zuständigkeit variieren.

Wenn man Rasputins Wirken und dessen scheinbar unerklärliches Geheimnis vor dem Hintergrund seines Kulturkreises im Rahmen der Schamanentradition betrachtet, ist der Zugang zu seiner mystischen Persönlichkeit geöffnet, das »Geheimnis« seiner Heilerfolge enträtselt.

»Es gibt keine Wunder – alles ist Naturgesetz«, läßt der große Dichter Stefan Zweig die Figur des Wunderheilers in seinem Werk »Das Wunder in Amerika« sagen – »nur die Laien sprechen von Wundern, weil sie die Kräfte des Geistes nicht kennen …«

8. Prediger und Erotomane

1908. Rasputin führt sein Leben in der Hauptstadt als Prediger, Seelentröster und Heiler von Krankheiten oder zumindest deren Symptomen fort, aufgewertet durch seinen Zugang zur Zarenfamilie – mißtrauisch bis besorgt beobachtet von loyalen Beamten des Hofes. Es sind die weniger starken Persönlichkeiten, die er zu beeindrucken und von seiner »Heiligkeit« zu überzeugen versteht, und selten findet er männliche Anhänger. Kaum hat sich ein Kreis um ihn versammelt, setzt er zum Monolog an:

»Das Heil ist in Gott. Man kann keinen Schritt ohne Gott tun. Doch man sieht Gott nur, wenn es um einen herum nichts anderes gibt. Teufel und Sünde existieren, weil Gott hinter allem verborgen bleibt und man ihn nicht sehen kann. Das Zimmer, in dem man sich befindet, die Angelegenheiten, mit denen man sich beschäftigt, die Freunde – alle verbergen Gott vor einem, denn man lebt und denkt nicht in seinem Sinn.

Was muß man tun, um Gott zu sehen? – Nach dem Gottesdienst beten und weggehen aus der Stadt ins Freie. Gehen, bis Petersburg nicht mehr zu sehen ist und nur mehr der offene Horizont vor einem liegt. Dann stehenbleiben und über sich selbst nachdenken, wie unbedeutend und hilflos man ist, und man wird die Hauptstadt zu einem Ameisenhaufen schrumpfen sehen, in dem es nur Ameisen gibt. Was wird dann aus dem eigenen Stolz, Reichtum und der Macht? Man fühlt sich nur mehr erbärmlich und nutzlos.

In diesem Augenblick muß man aufblicken, und man wird Gott sehen und mit dem ganzen Herzen spüren, daß der Herr und Gott der einzige Vater ist, daß deine Seele nur Gottvater braucht und du dich nur vor ihm beugst. Er allein wird dich unterstützen und dir helfen. Dann wirst du echte Freude empfinden, und das ist der erste Schritt zu Gott.

Du brauchst nicht weiter wegzugehen, du kannst zurückkehren in deine Welt und dich an dem erfreuen, was du mit dir gebracht hast.

Das Königreich des Himmels wird dein sein. Finde Gott und lebe mit ihm, und an jedem Sonn- oder Feiertag, wenn dir danach ist, verlasse deine Arbeit, und statt dich zu amüsieren oder ins Theater zu gehen, geh' in die Felder zu Gott ...«

Mag Rasputin noch so fromm predigen, das Laster läßt ihn nicht los. Immer stärker bricht seine mit der üblichen Askese eines »Starez«, als der er auftritt, unvereinbare animalische Seite durch, gegen die anzukämpfen er nun gar nicht mehr versucht. Gelingt es ihm auch zunehmend, dank seines Ansehens unter denen, die an seine wahre geistliche Mission glauben, Frauen höherer Gesellschaftsschichten unter seine Kontrolle zu bringen, tobt er dennoch weiterhin unersättlich und ungeniert seine Triebe mit Hilfe Prostituierter aus. »Was ich will, kann ich auch«, lautet Rasputins unbekümmerte Abwandlung seiner Überzeugung, tun zu können, was ihm paßt. Bestärkt wird er freilich durch die Tatsache, daß seine hohen Freunde so sehr an seine religiöse Seite glauben, daß sie ihn gegen jede Anschuldigung verteidigen und vor den Folgen jeglichen Fehlverhaltens schützen würden, da sie ihm ein solches niemals zutrauen. »Ohne Sünde kann es keine Reue geben«, stellt Rasputin die Verbindung zwischen seinen sexuellen Handlungen und religiösen Grundsätzen her, um letzte Zweifel zögernder Gespielinnen zu zerstreuen, »doch die Reue, die Gott als höchste Stufe religiöser Demut gefällt, setzt voraus, zuerst gesündigt zu haben ...«

»Er umgab sich oft mit mehreren Bewunderinnen zugleich«, erinnert sich Rasputins anfangs loyale Schreibhilfe, »und mit allen schlief er auch – und zwar ganz ungezwungen und natürlich. Er streichelte sie erst und nahm sie dann hinüber in sein Arbeitszimmer, wo er den Rest erledigte. Ich konnte seine Kommentare hören, religiöse Reden mitten in seinen Ausschweifungen, während er seinen Bewunderinnen Anweisungen gab, was sie zu tun hatten. Dabei versuchte er, ihnen ihre Zweifel zu nehmen: ›Glaubst du, ich erniedrige dich? Ich erniedrige dich nicht, sondern ich reinige dich. Wenn du mit mir schläfst, kommt die Gnade Gottes über dich …‹ Er schaffte es, den Frauen einzureden, daß sie durch ihren Orgasmus gereinigt würden und Gottes Gnade empfingen …« Unter »reinigen« versteht Rasputin in seiner erotischen Mystik das »Freiwerden von den bösen fleischlichen Gelüsten« – und ob ehrlich empfunden oder geschickt gespielt, stellt er damit die gleiche Verbindung zwischen Sex und Religion her wie die Sekte der Chlysten, die, wie erwähnt, sexuelle Handlungen schon an den Beginn ihrer religiösen oder spirituellen Rituale setzen. Kein Wunder, daß sich allmählich Berichte und Gerüchte über Rasputins Treiben ausbreiten, das er sorgfältig vor seinen hohen Freunden am Zarenhof und deren Mittelsperson, Anna Wyrubowa, zu verbergen versteht. Stets sorgfältig (im schlichten bäuerlichen Stil oder mönchsartig) gekleidet, gekämmt, parfümiert und mit Pomade in Haar und Bart, weiß er nicht zuletzt dank seiner außergewöhnlichen Konstitution selbst Spuren der anstrengendsten durchzechten Nächte zu kaschieren, aber intuitiv hegt der Zar Zweifel. Der Sicherheitschef des Palastes, General Dedjulin, beantwortet illusionslos die Frage des Zaren nach dessen Eindruck von Rasputin: »Er ist ein begabter Bauer, unehrlich, intelligent und mit Suggestionskräften ausgestattet, die er auszuschöpfen versteht …« – Daß der Zar eben diesen Kräften ausgesetzt und ihnen bereits als Opfer erlegen ist, zeigt seine Reaktion darauf – da er sich die Wahrheit nicht vorstellen kann – unvereinbar mit jenem Mann, den ihm Rasputin so perfekt vorspielt: »Rasputin ist nur ein guter, religiöser, einfältiger Russe. Nach Gesprächen mit ihm fühle ich mich immer befreit von meinen Sorgen und Zweifeln und in Frieden mit mir selbst …«

Die Zarin braucht sich gar nicht erst das Urteil anderer über ihren Beschützer Rasputin anzuhören. Was nicht in ihr eigenes Bild paßt, disqualifiziert sie als böswillige Verleumdung ab. Sie geht in ihrer militanten Unbeugsamkeit gegenüber jeder Art von Informationen noch weiter: Von jetzt ab teilt sie ihre Umgebung in jene, die »uns gegenüber loyal sind, das heißt auch loyal zu unserem Freund«, und jene, die es nicht sind.

Rasputins Privatleben zu überwachen, entspringt eher der loyalen Haltung des Innenministers als der bloßen Feindschaft gegenüber Rasputin. Den Zaren aufgrund der zu erwartenden Ergebnisse von diesem sein Regime kompromittierenden Mann zu befreien, ist das Ziel der nun eingeleiteten Untersuchungen. Zwar handelt es sich bei Rasputin um eine kein öffentliches Amt bekleidende Privatperson, und die Berichte stellen keine Grundlage für ein Sicherheitsrisiko fest, so sind jedoch die ersten Informationsquellen nicht gerade überzeugend in bezug auf Rasputins Heiligkeit.

Der Zar soll das Ergebnis ungläubig zur Kenntnis genommen haben. Da er Stolypin jedoch vertraut, wendet er nichts gegen die Abschiebung Rasputins in dessen Heimatort ein. Die unter der Ägide des Polizeipräsidenten vorbereitete Aktion, Rasputin auf dem Weg nach Hause verhaften zu lassen, scheitert offensichtlich aufgrund einer Indiskretion: dem Zug aus Zarskoje Sjelo entschlüpft der schlaue Bauer in eine andere Richtung und entgeht somit den Beamten, die ihn geradewegs in einen anderen Zug Richtung Pokrowskoje setzen wollten. Tagelang bewachen sie nicht nur sein Haus, sondern auch das Stadtpalais seiner Petersburger Protektorin, Großfürstin Miliza. Erst als in Petersburg das Telegramm eintrifft, Rasputin befinde sich in Pokrowskoje, atmet man erleichtert auf – und vergißt darüber das Scheitern der Aktion. Hat der Zar selbst seinen Schützling entkommen lassen? »Lassen Sie es sein«, beschwichtigt er seinen Minister, als er ihm die Sache vorträgt.

Doch Rasputin kann sich nicht lange der Ruhe, die er bei

seinen heimatlichen Besuchen genießt, erfreuen. Er hat nicht mit der Feindseligkeit gerechnet, die sich im Laufe der Zeit aufgestaut hatte. Die meisten Dorfbewohner stehen Rasputin noch mehr oder minder gleichgültig gegenüber. Sein Gehabe wird eher belächelt, an seine Wunder glauben nur wenige, vor allem die Älteren schütteln eher den Kopf über ihn, der den Mönch spielt und sich ständig mit Frauen umgibt; sein eigener Vater gibt auf Fragen zu verstehen, wie wenig er von Rasputin hält, »denn er hat in seinem Leben nichts gelernt und ist auch zu nichts nutze …«. Wenn Rasputin seinen eigenen Vater tätlich angreift, droht dieser, »der ganzen Welt zu erzählen, daß du nichts anderes tust als Dunjas* runde Formen zu begrapschen! …« Die meisten Pokrowsker unterhalten gutnachbarliche Beziehungen mit Rasputin, auch wenn sie nicht ganz begreifen können, wie Rasputin in kurzer Zeit so reich geworden ist. Sie erkennen an, daß er es in der Hauptstadt »zu etwas gebracht« hat, was ihm sichtbaren Wohlstand beschert hat. Hat ihnen seine Antwort auf ihre diesbezügliche Frage »… Lest das Evangelium, und der Rest kommt von selbst!« auch keine Erleuchtung gebracht, denn niemandem von ihnen hat eifrige Lektüre des Evangeliums ähnliche Ergebnisse beschert, imponiert er ihnen doch. Immerhin hat Rasputin mit den Spenden der Zarin und Großfürstin Miliza auch seiner Gemeinde helfen können: die neuerstrahlende Kirche und eine Schule zeugen von seiner neuen Macht.

Das kann die örtlichen Priester jedoch nicht versöhnen: schon lange ist ihnen ein Dorn im Auge, daß Rasputin unter Vorgabe religiöser Erkenntnisse einen Lebensstil führt, der die Regeln und das Ansehen der orthodoxen Kirche untergräbt. Da er seinen Anhängerinnen seine Grundsätze

---

*) Eine der Bediensteten Rasputins

auch als Lehren weitergibt, sieht man in ihm den Vertreter der seinen Praktiken entsprechenden Chlysten-Sekte und somit Prediger einer Irrlehre. Neben seinen im wahrsten Sinne des Wortes unorthodoxen Alleingängen religiöser Auslegungen zieht Rasputin auch mit seiner ungenierten Kritik gegen die Geistlichen seiner Kirche Verbitterung auf sich: »Die Gnade Gottes verläßt die unwürdigen Priester und kommt über die Menschen einfachen Geistes«, pflegt er unverblümt zu sagen, und meint dabei beim vom Glück der Gnade Heimgesuchten sich selbst. Sind nicht auch die Gebetsversammlungen in seinem Haus höchst suspekt? – Als Rasputin auch noch mit dem goldenen Kreuz um den Hals – Attribut eines kirchlich geweihten Priesters – auftaucht, ist die Toleranz des Klerus am Ende.

Popen der Dorfkirche verbieten Rasputin (vergeblich), mit dem Priesterkreuz in der Kirche aufzutauchen; sie begeben sich in sein Haus, um Mitbewohner und die bei ihm logierenden Gäste zu befragen. Rasputins Sohn, in seinem Mangel an Lern- und Arbeitsfreude zugunsten der Trunksucht seinem Vater nachgeraten, gibt unumwunden zu, sein Vater besuche regelmäßig mit mehreren Frauen das Dampfbad, begehe dort »Sünden«, und schon mehrmals hätte seine Mutter eine der »schönen Damen« mit einer Axt davongejagt. Die Priester erstatten bei ihrem übergeordneten Bischof der Kreisstadt Tobolsk Bericht. Dieser ordnet eine Untersuchung gegen Rasputin an.

9. Der Untersuchungsakt: Rasputin – ein Sektenführer?

Aufgrund der von Tobolsk angeordneten Untersuchung von Rasputins Lebensweise in Pokrowskoje, begibt sich einer der örtlichen Popen, Gluchowskij, gemeinsam mit zwei anderen Geistlichen und einem Polizeikommissar in

Rasputins Haus. Erst wollen sie wissen, was er mit den aus Petersburg mitgekommenen Frauen in der Sauna getan hat. Rasputin: »Ich bin ja nur im Eingang geblieben ...«
»Grigorij hatte große Angst«, schildert später Chionja Berladskaja, die ihn auch nach Pokrowskoje begleitet hatte. »Er hatte eine furchtbare Miene. Alle seine Freunde, die gerade zu Gast waren, machten günstige Aussagen, aber er fürchtete sich besonders wegen der Sache in der Sauna und rechnete schon mit dem Gefängnis. Ich war erstaunt, wie er bei all seinen Gaben solche Angst hatte, für den Herrn ins Gefängnis zu gehen ...« Für sie steht Rasputins Lauterkeit außer Zweifel.

Außer den um Rasputin versammelten »Brüdern« und »Schwestern« werden auch die aus der Hauptstadt angereisten Anhängerinnen befragt. Sie erklären, Rasputin hätte ihnen den Zugang zu einer »neuen Welt« geöffnet und sie in den »heiligen Geheimnissen« unterwiesen – ohne diese Angaben allerdings näher zu erläutern.

Aus der Untersuchung und den Befragungen entsteht ein umfangreicher Akt.

»Tobolsker Geistliche Kanzlei.
Betrifft Beschuldigung des Bauern aus der Gemeinde Pokrowskoje, Bezirk Tjumen, Grigorij Jefimowitsch Rasputin-Nowyj, 42 J.*,
über Verbreitung von Irrlehren ähnlich jenen der Chlysten-Sekte und über Heranziehen einer Gemeinschaft von Anhängern seiner Irrlehre.
Genehmigt am 5. Mai 1908, Bischof Antonij.   7. Mai 1908.
Folgende Umstände wurden festgestellt:
Aufgrund eines Erlasses der Kanzlei Nr. 11.176 vom 1. September 1907 wurde eine vorläufige Erkundung und Untersuchung gemäß des Vorschlages Nr. 4952 Seiner Eminenz angeordnet im Hinblick darauf, daß: nach gesammelten und überprüften Infor-

---

*) Tatsächlich ist Rasputin 1908 erst 39 Jahre alt

mationen durch den örtlichen Dorfpopen hat der genannte Bauer in seinen Jahren in den Betrieben des Permer Gouvernements Bekanntschaft mit der häretischen Lehre der Chlysten und ihren Vertretern gemacht; später hat er bei seinem Aufenthalt in Petersburg einen Kreis von Anhängerinnen um sich gesammelt, die ihm bei seinen Heimreisen in die Gemeinde Pokrowskoje mehrmals gefolgt sind und längere Zeit hindurch in seinem Haus gewohnt haben.

Die Briefe von vier Anhängerinnen – nämlich Ch. Berladskaja, E. Silvers, Olga Lochtina und S. L. Manschtet – sprechen von einer besonderen Lehre Rasputins, von durch ihn erlangten Heilungen, von seiner Preisgabe irgendwelcher heiliger Geheimnisse, von Rasputins Hinweisen auf eine besondere Kirche der Orthodoxie, vom Bestreben der Anhängerinnen Rasputins, ›sich mit Gottes Gnade zu vereinigen‹, ›mit den heiligen Geheimnissen zu vereinigen‹, ›in der Seele das Auferstehungsfest zu feiern‹, ›Gott in sich einzuschließen‹ und über Rasputin selbst als ›Träger des Dämons der Liebe‹.

Bei ihm wohnen schon seit fünf Jahren immer wieder völlig fremde Frauen, deren es früher acht waren, jetzt vier oder fünf; sie kleideten sich in schwarze Gewänder, trugen weiße Kopftücher, begleiteten Rasputin immer in die Kirche, behandelten ihn mit größtem Respekt und nannten ihn ›Vater Grigorij‹; ebenso verhielten sich seine Petersburger* Verehrerinnen, die Rasputin an der Hand führten und die er vor aller Augen immer wieder umarmte, küßte und streichelte.

Im oberen Geschoß von Rasputins großem neuen Haus fanden spätabends besondere Gebetssitzungen mit seinen Anhängerinnen und vier Anhängern – letztere Verwandte Rasputins – statt; bei diesen Versammlungen zog er einen mönchsartigen schwarzen Überwurf mit einem Goldkreuz an, und alle sangen Lieder aus unbekannten handgeschriebenen Handbüchern und einigen

---

*) Tatsächlich handelt es sich bei allen Anhängern um Rasputins Bekannte aus Petersburg

gedruckten Büchern, zum Beispiel aus dem Buch ›Die Botschaft von Sion‹ und anderen.

Diese Versammlungen endeten oft spät und nach Gerüchten im Bad seines früheren Hauses*, wo er verwerfliche Sünden beging.

Unter den Bewohnern der Gemeinde Pokrowskoje herrscht die Vermutung, Rasputin lehre Chlystentum; es wird erzählt, vor fünf Jahren hätte eine junge Nonne, die bei ihm wohnte und bis dahin bei kräftiger Gesundheit gewesen sei, plötzlich rasch ihr junges Aussehen verloren, sei ausgezehrt gewesen und schließlich gestorben; einige Leute berichteten seiner Eminenz, daß sie selbst Fotokarten gesehen hätten, auf denen Rasputin mit zwei Nonnen in Jekaterinburg abgebildet gewesen sei, die über ihn eine Schleife mit der Aufschrift gehalten hätten: ›Sucher des Berges Jerusalem‹ oder etwas in der Art.

Die Anhängerinnen und Anhänger des der Irrlehre im Sinne des Chlystentums beschuldigten, und jetzt durch einen Erlaß des Hl. Synods nicht mehr zum Lesen des Gottesdienstes berechtigten, nach Valaam verbannten Popen Jakob Warwarin, besuchen auf dem Weg ihrer Pilgerreise zum Abalaker Kloster auch das Haus Rasputins, nehmen dort an seinen nächtlichen Versammlungen teil und an den Gesängen aus den Sektenbüchern.

Der Pope Alexander Jurjewskij hält in seinem Bericht fest, er sei Rasputin in der Kirche begegnet: Er und Rasputin hätten das Gespräch dann im Haus von Frau Korowina fortgesetzt, wo Rasputin begonnen hätte, mit seinen hohen Freunden und Bekannten in der Hauptstadt zu prahlen, darüber, daß selbst der Zar ihn zu sich kommen ließe und ihm ohne Ansuchen** den Beinamen ›Nowyj‹ gestattet hätte und die Hofdame der Zarin, Tanejewa***, ihn liebe. Seine Bekanntschaft mit hochgestellten Persönlichkeiten erkläre er damit, daß ›ihre Seele Nahrung sucht, und in mir ist viel Liebe‹.

---

*) Rasputin wohnt bereits in seinem neuen Haus, benutzt aber den unterirdischen Raum des alten für seine »Gottesdienste«
**) Tatsächlich suchte Rasputin darum an, wie berichtet
***) Mädchenname von Anna Wyrubowa

Der Name in seinem Paß ist tatsächlich auf Rasputin-Nowyj ausgestellt.

(...) Auf Vater Alexander macht Rasputin den Eindruck eines merkwürdigen Menschen, wenn nicht Sektierers, doch zumindest einen ›an der Grenze zum Dämonischen‹.

Nachdem Vater Jurjewskij Rasputin und Frau Korowina verlassen hat, berichtet diese, daß Rasputin ihr seine Hand auf die Schulter legte und sich beklagte, daß ihn alle im Dorf für einen Sektierer hielten, dabei sei er nur von Liebe für alle Menschen erfüllt (...).

Bei der Durchsuchung des Hauses, in dem die Familie Rasputin-Nowyi wohnt, wurde festgestellt:

1. Alle Räume sind mit Ikonen und Bildern religiösen Inhalts vollgehängt [es folgt deren detaillierte Beschreibung]. Auf Wänden und Tischen finden sich zahlreiche Fotografien. Auf einigen ist Rasputin-Nowyj mit den Großfürstinnen und anderen hochgestellten und geistlichen Personen abgebildet. Es gibt auch einige Fotos, die ihn mit seinen Wandergefährten zeigen (wie zum Beispiel auf dem diesem Akt beigelegten).

2. Im Haus Rasputins traf der Untersuchende Gäste an: S. W. Lochtina, Ch. M. Berladskaja mit Sohn, Jekaterina D. und Jeljena D. Sokolowa, A. N. Laptinskaja, und von den Dienstboten: Jekaterina und Ewdokija Petscherkina.

3. In der oberen Etage ist die Einrichtung städtisch, in der unteren bäuerlich. Verdächtiges wurde nicht gefunden. [Dem Protokoll sind drei Briefe und drei Telegramme beigelegt; der Inhalt der meisten Schreiben, von denen einige von Anna Wyrubowa stammen, beinhalten meist Bitten an Rasputin, für eine Genesung zu beten u. a.; es folgen im Protokoll der Inhalt der Schreiben und die Namen ihrer Absender.]

Zur Einvernahme erschienen:

Der Pope der Gemeinde Pokrowskoje, Pjotr Ostroumow. Den genannten Rasputin kennt er seit 1897, und zwar sowohl den Beschuldigten als seine Familie. Er verrichtet das Amt des Gottes-

dienstes und der Beichte. Rasputin verfügt über einen mittleren Hof und führt ihn selbst, in den letzten Jahren während seiner Abwesenheit seine Familie allein mit den im Haus lebenden drei bis vier Mägden. Jährlich pilgert er barfuß zu Klöstern, seit 1905 reist er für längere Aufenthalte nach Kasan, Petersburg und in andere Städte zu verschiedenen Personen. (…)

Von einer seiner Reisen im Oktober 1906 kehrte er mit Frau O. Lochtina und der Frau des Petersburger Popen Medwjed heim, die er durch seine Wunderheilungen und Prophezeiungen tief beeindruckt hatte. 1907 besuchten ihn dieselbe Lochtina sowie Berladskaja und Silwers. Es besuchen ihn auch Bauern, öfter auch Verwandte wie etwa Nikolaj Rasputin, Ilja Arsjenow, Nikolaj Raspopow, die Familie Kotratschkowa und andere. Der Zeuge hörte im Haus Rasputins geistliche Gesänge. (…)

Mit seinen Besucherinnen geht Rasputin sehr ungezwungen um. Seine Familie ist jedoch beispielhaft, hält die Fastenzeiten ein, besucht die Kirche; er selbst genießt unter den Einwohnern keinen guten Ruf, er soll seinen Glauben verraten haben; man beschuldigt ihn auch, fremde Frauen in seinem Haus unterzubringen und sich ihnen gegenüber zügellos zu benehmen. Was den Tod der jungen Anhängerin betrifft, ein Bauernmädchen aus Dubrowna, so heißt es, sie sei an Lungenentzündung gestorben, nachdem sie auf Befehl Rasputins mitten im Winter barfuß gelaufen sei.

Vater Fjodor Tschemagin, Pope derselben Kirche. Bekannt mit Rasputin seit 1905. Dieser habe ständig drei bis vier Mägde bei sich. Im Gottesdienst singen Rasputin und seine Verwandten immer laut das ›Öffne meinen Mund‹ und ›Lobet den Namen des Herrn‹. Früher hat er Auslegungen der Hl. Schrift gelehrt, aber jetzt unterrichtet er verschiedene Sittenlehren. Berichtete ihm von seinen hohen geistlichen Bekannten in Petersburg, Kasan und anderen Städten [es folgen die Namen]; von einer dieser Reisen brachte er 1905 Olga Lochtina und Frau Medwjed mit; sie erklärten, sie seien gekommen, um zu sehen, wie Rasputin lebt und lehrt. Der Zeuge kam zufällig zum Beschuldigten und sah, wie dieser naß aus dem Bad kam und hinter ihm die Frauen, ebenfalls in nassem Zustand. Der Beschuldigte gab im folgenden Gespräch zu, daß er die Schwächen hätte, Frauen küssen und liebkosen zu müssen, bekannte, daß er mit ihnen gemeinsam im Bad war; bei Rasputin waren auch Ch. M. Berladskaja, S. Manschtet, E. Silwers und andere Frauen.

Sein Umgang mit ihnen war sehr vertraulich; er nahm sie um die Mitte, nannte sie ›Chionja‹, ›Elja‹, ›Sinotschka‹; in religiöser Hinsicht ist Rasputin sonst beispielhaft, spendet für die Kirche usw. (…)

Zeuge unter Eid, der Psalmensänger der Pokrowsker Kirche, Pjotr Bykow, gab an: Rasputin besucht regelmäßig mit seiner Familie die Kirche. Dabei fällt seine ungewöhnliche Art zu beten auf – er gestikuliert dabei heftig herum, schneidet Grimassen, wirft sich vor jeder Ikone auf die Knie usw. Im Gespräch berichtet er von seinen Begegnungen mit den Großfürstinnen und anderen hochgestellten Personen (…)

Prosfornja Jewdokija Kornjejewa, 28 Jahre: Vor sechs Jahren kam sie auf dem Weg nach Kiew zu Besuch zu ihm. Sie blieb eine Nacht im Haus von Grigorij Jefimowitsch, es war im Sommer. Letzterer kam vom Pflügen und überredete die Zeugin, sich das Haus zeigen zu lassen. Dabei wollte er sie küssen und betonte, es handle sich um geistliche Küsse wie Apostel Paul die heilige Thekla geküßt hätte. Die Zeugin lehnte ab, weil es ihr unanständig vorkam; abends führte er sie dann in seinen unterirdischen Betraum, und als sie von dort herauskamen, packte Rasputin die Zeugin am Kopf und küßte sie, wobei er ihr versicherte, daß daran nichts Sündhaftes sei, da ihm einmal während des Verkehrs mit einer Frau die Dreifaltigkeit in hellem Licht erschienen sei; er sagte noch, bei ihm fänden Versammlungen statt, bei denen Außenstehende nicht zugelassen seien.

Ohne Eid sagte die Aristokratin Olga Lochtina, 45 J., aus: Sie lernte Grigorij Jefimowitsch vor drei Jahren durch ihren

Geistlichen, Archimandrit [Oberabt] Feofan [Theophanes] kennen, der ihr Rasputin-Nowyj als Mann Gottes empfahl; sie fühlte sich besonders durch seine Lebensweise im Sinne Gottes angezogen, seine immerwährenden Gebete, seine geistlichen Gesänge, seine Lesungen des Evangeliums mit Interpretationen im streng orthodoxen Geist. Grigorij Jefimowitsch lehre die vollkommene Liebe, Einfachheit und Reinheit des Gewissens. In Petersburg besuche er täglich den Gottesdienst, seine Anhängerinnen suche er nur auf, wenn sie ihn einladen.

Die Witwe des Leutnants der Ingenieurschule, Chionja Berladskaja, 29 Jahre:

Sie lernte Grigorij Jefimowitsch ›als außergewöhnlichen Mann‹ im Herbst 1906 durch eine ihr bekannte Generalswitwe kennen. Die Zeugin befand sich damals in abnormaler Verfassung, in die sie wegen des Selbstmordes ihres Mannes und die damit verbundenen Schuldgefühle verfallen war. Rasputin beruhigte sie, indem er darauf verwies, daß selbst Judas nicht verdammt worden sei. Die Zeugin verstand das so, daß sie im Grund weniger schuldig sei und Christus sie sicher nicht verdammt hätte. (...)

Die Kaufmannstöchter Jekaterina und Jelena Sokolowa, 25 und 23 Jahre: Beide lernten Grigorij Jefimowitsch in der Petersburger Geistlichen Akademie kennen, wo ihn der Bräutigam der zweiten Zeugin als Mann Gottes vorstellte. Sie kamen nach Pokrowskoje, um bei G. J. ›richtig leben zu lernen‹ und verbrachten die Zeit mit Beten, Singen und Zuhören, wie er ihnen das Evangelium erklärte und sie die ›vollkommene Liebe‹ lehrte.

Die barmherzige Schwester Akilina Lapschinskaja, Bauernmädchen, 29 Jahre:

Mit G. J. wurde sie bei O. W. Lochtina vor vier Monaten bekannt. Er beeindruckte sie durch seine Einfachheit, Güte und Liebe gegenüber den Menschen, wie sie die Zeugin noch nie bei einem anderen Menschen gesehen hat, und durch seine Lebensweisheit. Sein ungezwungener und zärtlicher Umgang mit Frauen, die er kennt, ist in ihren Augen ganz natürlich und sei in größeren

Städten in der Intelligenzia üblich, und bei ihm nichts anderes als der Ausdruck brüderlicher Liebe (...)

Nikolaj Rasputin (Bruder) und *Ilja Arsenjew* (Schwager von G. J. Rasputin): besuchen ihn von Zeit zu Zeit, singen mit ihm Gebete (...) im alten Haus hatte er eine Gebetskatakombe unter dem Pferdestall, im neuen nichts dergleichen (...)

Jewdokija und *Jekaterina Petschorkina*, 31 und 21 Jahre, Verwandte: Sie leben bei G. J. als Arbeitskräfte, er verköstigt sie und gibt ihnen manchmal etwas Geld [wie den Mägden, die bei ihm wohnen und arbeiten]. Er ist zu ihnen immer gut (...)

Jefimij Rasputin (Vater von G. Rasputin): meint, daß sein Sohn oft weggehl, um zu Gott zu beten [pilgern], in den vergangenen zwei Jahren brachte er oft Gäste mit. Sie sitzen meist zu Hause, beten und singen (...) männliche Arbeitskräfte gibt es keine, sie fürchten Schlägereien (...)

Paraskjewa Rasputina (Ehefrau von G. J.):

›Grigorij reist in ganz Rußland umher, um zu Gott zu beten, manchmal auch gerufen von hohen Persönlichkeiten. Andere Versammlungen als die bereits erwähnten zum Gebet hat es im Haus nie gegeben. Die Mädchen Petschorkin leben bei uns an Kindes statt ...‹

Der Beschuldigte, Grigorij Rasputin-Nowyj, erklärt:

1. ›Zu heiligen Stätten zu pilgern begann ich vor fünfzehn Jahren. Habe auch selbst Pilger aufgenommen. Ständig leben bei mir zwei Mädchen für die Arbeit um Brot und kleine Gaben (...) Männliche Arbeitskräfte nehme ich nicht, da ich selten zu Hause bin und Unannehmlichkeiten durch Männer befürchte. Wenn meine Verwandten zu den Versammlungen in Christus kommen – Nikolaj Rasputin, Arsenow, Raspopow u. a., singen wir Gebete wie „Öffne meinen Mund" und Gesänge über den Berg Athos, „Es schläft Sion" und andere. Wir lesen das Evangelium und erklären es nach bestem Wissen ...‹

Nach seinen weiteren Angaben verbringt der Beschuldigte die meiste Zeit derzeit auf Reisen zu Klöstern und Bekannten und zu seelentröstenden Gesprächen. Seine Freunde besuchen ihn oft und es kommen auch Damen, die im Dorf Pokrowskoje zu Gast weilen, um die Liebe Gottes zu erfahren und die Gebete und Gesänge zu hören. Die ihm näher bekannten begrüßt er mit Küssen auf die Wange aus echter Liebe. Er nennt sie mit Kosenamen nach dem Beispiel seiner Eltern. Mit fremden Frauen küßt er sich nicht, schon gar nicht gewaltsam, und er hat niemals jemandem von seiner Vision der Hl. Dreifaltigkeit erzählt. Er reist nur, weil man ihn überall ruft.

Fleisch ißt er seit fünfzehn Jahren nicht mehr, ebenso läßt er von Tabak und Wein seit zehn Jahren. Ein Betrunkener habe einen schlechten Charakter.

2. Bei Gegenüberstellung mit Jewdokija Kornejewa hinsichtlich ihrer Aussage über Rasputins gewaltsame Zärtlichkeiten und seiner Vision der Hl. Dreifaltigkeit blieb die Zeugin bei ihrer Aussage; der Beschuldigte bestritt diese, zum einen ganz, zum anderen teilweise mit Hinweis auf Gedächtnislücken.

3. Am Schluß fügte Rasputin hinzu, daß er die Beschuldigung des Chlystentums als unwahr ansieht. Entgegen anderen Aussagen behauptete Vater* Tschemagin, daß er, der Beschuldigte, vor den Frauen das Bad betreten habe, im Vorbad liegengeblieben und dann vor der Ankunft der Frauen weggegangen sei.

Das unterschrieb Rasputin, wie auch, daß er gegenständlichen Akt zur Kenntnis genommen hat.

Die Schlußfolgerung des Inspektors des Tobolsker Geistlichen Seminars, D. M. Berjeskin, aufgrund des Untersuchungsberichts lautet wie folgt:

Beim sorgfältigen Studium des Untersuchungsmaterials (...) muß man zum Ergebnis kommen, daß wir es mit Personen zu tun haben, die sich zu einer besonderen Gruppe mit eigentümlichen religiösen und moralischen Lebensgewohnheiten zusammengefunden haben, wie sie sich von den orthodoxen unterscheiden. (...)

---

*) Geistlicher

Aus den Aussagen geht ferner hervor, daß Rasputin kein untadeliger Mensch ist und auch nicht wahrhaft religiös, denn er verrät die Grundsätze der orthodoxen Lehre. Er hält einerseits Gebetsversammlungen ab, die allen zugänglich sind, und solche, die nur bestimmten Personen zugänglich sind.

Der Mittelpunkt dieser sonderbaren Gesellschaft ist Rasputin selbst, er ist offenbar ihr Oberhaupt und Führer. Nach Angaben außenstehender Beobachter handelt es sich bei ihm um eine ›sonderbare Person‹, die ›nicht ganz normal‹ sei und ›die Rolle eines falschen Religionspilgers genieße‹, und die ›wenn schon kein Sektierer, so doch jemand an der Grenze des Dämonischen‹ sei, bei der nur ›exaltierte Damen der verdorbenen Gesellschaft kleben bleiben wie Fliegen am Honig‹ …

Bei diesen Versammlungen spricht Rasputin offenbar zu seinen Gästen und Anhängern von einer ›besonderen Kirche‹, lehrt sie ›gewisse heilige Geheimnisse‹ als ›Ergebnis der Vereinigung‹, mit der ›das Fleisch angesichts der religiösen Gefühle stirbt‹, ›Osterfreuden gehen in der Seele vor sich‹, und selbst wer früher nicht gespürt habe, daß es Christus gebe, beginne nun zu begreifen, daß ›Christus in ihm‹ sei …«

Der Bericht kommt zu dem Schluß, daß einige Elemente von Rasputins Verhalten und grundsätzlichen Aussagen durchaus im Sinne der Chlysten-Sekte zu interpretieren seien: sein Führungsanspruch, seine Liebespredigt, seine Sprache von »schwarzen und weißen Elementen« im Menschen, seine Vereinigungsrituale mit den Teilnehmern der Gebetsrunden, sein Abschwören von Fleischspeisen, Wein und Tabak und seine Lehre vom Primat des Heiligen Geistes – alles einige der Gebote des Irrlehrers Danil Filippowitsch.

Auch das Äußere Rasputins, »sein Benehmen, sein ausgezehrtes, blasses Gesicht mit den tief in den Backenknochen liegenden Augen und dem flammenden Blick, seine abgehackten Bewegungen, seine hastigen Verbeugungen, sein freches Wesen, seine Grimassen beim Beten«, entsprechen in den Augen der kirchlichen Prüfungsinstanz dem typischen Bild eines Chlysten.

Es wird bemängelt, daß die Untersuchung »zu formell« und »zu oberflächlich« durchgeführt worden sei: so ist zum Beispiel die Anspielung auf den »Raum von Sion« bei der Chlysten-Sekte immer auf einen von außen nicht einsehbaren Raum bezogen, der unterirdisch angelegt ist. Dieser Parallele sind die Mitglieder der Kommission nicht nachgegangen.

Außerdem: Eine genauere Beschreibung der symbolischen Bilder in Rasputins Haus hätte ebenfalls über viele Rätsel Aufschluß gegeben; bestimmte Motive – so etwa das »allessehende Auge« und die kreisförmige Anordnung von drei Engeln – sind eindeutig bei den Chlysten verbreitet. Auch andere Ikonen können mit bevorzugten Sujets der Chlysten verglichen werden.

Der Bericht kritisiert weiter, daß nicht einmal die bei Rasputins Hausandacht benutzten Gebetbücher registriert wurden. Die Chlysten verwenden bevorzugt bestimmte Schriften und verweilen hier wiederum bei bestimmten Passagen, zum Beispiel Matthäus II, 4, Johannes XI, 23 usw. Die Kontaktpflege mit Würdenträgern der offiziellen orthodoxen Kirche sei ebenfalls typisch für Anhänger einer Sekte, da sie als Alibi oder Ablenkung von der eigenen Tätigkeit gehandhabt werde.

Auch die Ablehnung des Sakramentes der Ehe zugunsten außerehelicher Beziehungen unter dem Titel »religiöse Ehe«, »Vereinigung / Liebe in Christus« sei eines der erklärten Prinzipien der Chlysten-Sekte.

Ergebnis: Der Verdacht der Zugehörigkeit Rasputins zur Chlysten-Sekte sei naheliegend, jedoch nicht erwiesen, da nicht ausreichend belegt. Es wird eine genauere Untersuchung empfohlen, die von einem der Chlysten-Sekte besser kundigen Geistlichen betreut werden soll, als dies in der ersten Etappe der Fall war. Statuten der Geistl. Kanzlei Nr. 7, 23, 24, 162, Zusatz zu 136.

Abschließend wird noch auf die Genehmigung der Untersuchungsspesen von sechsundvierzig Rubel sechzig Kopeken hingewiesen.

Für den neutralen, nicht vom Standpunkt der Orthodoxie ausgehenden Beobachter ergeben sich zwar Parallelen zur Chlysten-Sekte, aber auch Einwände gegen eine strikte Zuordnung Rasputins zu dieser. So lehnt Rasputin keineswegs wie die Angehörigen dieser Sekte die orthodoxe Kirche ab, sondern respektiert den Großteil ihrer Dogmen und Riten; seine Einstellung zur Religion ist allerdings unkonventionell und seine Gottesvorstellung panchristlich. Der Einfluß der Sekte ist zwar zweifellos vorhanden, so etwa in der Verbindung von Sex und Religion oder in der Führungsrolle, die sich Rasputin selbst zuweist, aber im strengen Sinn ist Rasputin kein Chlyst, wie der Inspektor des Geistlichen Seminars in Tobolsk, Berjeskin, und Bischof Antonij meinen. Schließlich entspricht es auch nicht Rasputins Charakter, sich einer festgefügten Ordnung zu unterwerfen und ihren Regeln zu folgen. Am ehesten hat sich Rasputin aus den traditionellen orthodoxen Dogmen und den Dogmen der Sekte sein eigenes Glaubensgebäude gebaut.

Der Leiter der Petersburger Polizeiabteilung, Beljetzkij, ist dagegen überzeugt, daß Rasputin im Sinne der Sekte agierte, obwohl dies aus dem ihm aus Tobolsk zugegangenen Bericht nicht zweifelsfrei erwiesen ist: »Es gelang nicht, das nachzuweisen, weil Rasputin extrem vorsichtig war und keinen der Dorfbewohner in seine Versammlungen einbezog. Ich mußte ohne Wissen der Untersuchungskommission einen Agenten im Haus gegenüber einmieten und ihn langsam in den Kreis Rasputins einschleusen. Aus den Berichten dieses Agenten war für mich die Neigung Rasputins zum Chlystentum offensichtlich, allerdings in einer eigenen Form der Auffassung von ihren Prinzipien, wie sie seinen persönlichen Neigungen entsprach.

Als ich Rasputin dann später persönlich kennenlernte, hat sich dieser Eindruck bestätigt; Rasputin erkannte keine der Autoritäten jener Kirche an, der er sich zumindest nach außen zugehörig fühlte, ließ sich auch nicht in Diskussionen über ihre Reformierung ein und begegnete ihren Würdenträgern mit Verachtung. (...) In seiner individuellen Auslegung der Sünde war er der Meinung, der Mensch überwinde durch das Bewußtwerden der Sünde jene Schwächen, gegen die er ankämpfe, und vollziehe dadurch die Wandlung seiner Seele, indem er sie von seinen Sünden reinwasche ...«

Innenminister Chwostow ist überzeugt von Rasputins Zugehörigkeit zur Sekte – schon angesichts der Tatsache, daß er sich »Mann Gottes« oder »Gottesmann« nennt und nennen läßt. Weiters sieht er Rasputins Neigung zum Tanz, der bei orthodoxen Geistlichen oder Mönchen, wie Rasputin es zu sein vorgibt, als weltlich verbannt ist; Rasputin tanzt allein oder mit anderen, und das meist nach Absingen eines geistlichen Liedes.

Auch die Gebetsekstase Rasputins in Augenblicken, da er seinen krankhaften erotischen Bedürfnissen nachgibt, spricht für seine Neigung zur genannten Sekte. Und da ist noch Rasputins Neigung – in den früheren Jahren zumindest –, anderen »den bösen Dämon auszutreiben«. Nach Ansicht der Chlysten ist der Körper, »das Fleisch«, Sitz der Sünde, und »wenn es jemandem gelingt, diesen bösen Geist auszutreiben, bebt und zittert der Betreffende am ganzen Körper«. Auch über Prophetie teilt Rasputin mit der Chlysten-Sekte die Ansicht, daß sie sich am besten dem einfachen, ungebildeten Menschen erschließe, da dieser eher als die geweihten Würdenträger vom Heiligen Geist erleuchtet sei ...

Und ob sich Rasputin seine Argumente vom Gedankengut dieser Sekte ausgeliehen und sie sich seiner Überzeugung zu eigen gemacht hat oder diese Idee nur überzeugend vertritt, wenn er ihrer als Argument für seine Verführungskünste bedarf – in jedem Fall ist es kein Wunder, wenn man ihn diesem Sektenkreis zurechnet.

Die Schlußfolgerung des Bischofs von Tobolsk, Antonij, dringt nach Petersburg. Doch was soll man mit einem ehrlich bemühten Geistlichen tun, wenn er durch seine Enthüllungen Schatten auf einen bei Hof glänzenden Günstling wirft? Dasselbe, was bis in die Gegenwart mit mißratenen Politkarrieristen geschieht: zunächst läßt man die aufgrund der ersten Ergebnisse geforderten Nachfolgeuntersuchungen einstellen und dann den Fall »einschlafen«.

Bischof Antonij wird vor die Alternative gestellt, sich entweder in den Ruhestand zu begeben oder sich als Bischof nach Twer versetzen zu lassen. Der Geistliche versteht zwar die Welt nicht mehr, entscheidet sich dann aber für die zweite Alternative.

10. Mythos und Macht

Das war jedoch nur das Vorspiel zu jener Entwicklung in den Jahren zwischen 1909 und 1914, in deren Verlauf Rasputin zu immer mehr Kritik Anlaß gibt – und dieser durch Ausschaltung seiner Kritiker immer stärker wird.

Immerhin konnte es sich der bei Hof bereits mit Argusaugen beobachtete Muschik erlauben, sich beim Zaren über Ministerpräsident Stolypin zu beschweren. Woraufhin ihn der Zar beruhigte: »Er jagt dich ein bißchen, aber er wird es schon wieder sein lassen ...« Ob Nikolaus tatsächlich hinzufügte, was vielfach kolportiert wird, »... aber was kann dir schon passieren, wenn wir an deiner Seite stehen?« oder nicht – Tatsache ist, daß Stolypin kurze Zeit später, 1909, gegen seinen Willen einen seiner Erzfeinde, Generalmajor P. G. Kurlow, als Stellvertreter in seinem Ressort des Innenministeriums und als Polizeichef erhält.

So hat Stolypin, der den Zaren davor bewahren wollte, durch Rasputins zweifelhaften Ruf diskreditiert zu werden, die erste Niederlage gegen den mächtigen Sibirier erlitten.

Hatte Rasputin zeitlebens und erst recht seit seinem Auftauchen in Petersburg den Kontakt mit höheren Vertretern der Kirche gesucht und gepflegt, droht ihm nun gerade dieser Kreis zum Verhängnis zu werden: es sind zuallererst die orthodoxen Würdenträger, die sich von Rasputin, den sie zu Beginn gefördert, empfohlen, in die höhere Gesellschaft eingeführt und ihm so in der Hauptstadt zum Aufstieg verholfen haben, enttäuscht abwenden.

Doch vorläufig versichert sich Rasputin des Beistandes seiner geistlichen Freunde und tritt für sie ein, wenn sie ihn brauchen. Iliodor war einer der ersten gewesen, mit dem sich Rasputin in Petersburg angefreundet hatte, als er noch Student der Petersburger Geistlichen Akademie war. Der um elf Jahre jüngere gebürtige Donkosake mit bürgerlichem Namen Sergej Michajlowitsch Trufanow trat nach Abschluß des Seminars in den Orden ein und wurde nach Umwegen über Jaroslawl und Potschajew Bischof in Zarizyn – Handels- und Industriezentrum des wohlhabenden südlichen Gouvernements Saratow. Dort gelang es ihm rasch, sich Anerkennung und Ruhm zu verschaffen. Dank seiner rhetorischen Fähigkeiten, mit denen er in seinen aufrüttelnden Predigten zu fesseln verstand, sammelte er so viel Geld, daß er der Stadt ein Kloster bauen konnte.

Doch seine Begabung nützt Iliodor auch demagogisch aus. Im Sinne seiner extrem konservativen politischen Einstellung beginnt er, der die Bewegung »Union des russischen Volkes« (dessen Mitglied auch Rasputin anfangs war) ins

Leben gerufen hat, gegen »revolutionäre Umtriebe« zu wettern. Er beschuldigt allerdings auch ehrenwerte Leute, die nur nicht bereit waren, seinem Verband beizutreten oder ihn zu unterstützen. In der Folge beleidigt er im Rahmen seiner glühenden Sonntagsreden direkt Angehörige des Bürgertums und der Aristokratie der Stadt und läßt seine Angriffe in der Behauptung gipfeln, daß selbst ihr Gouverneur, Graf Tatischtschew (dessen Vorfahren sich schon seit Zarin Katharina verdient gemacht haben), nichts anderes sei als ein »Tatar ohne Turban«.

Für einen Russen in Diensten des Zaren ist das eine doppelte Beleidigung: Auf die Tataren war man spätestens seit ihrem Einfall in Rußland und ihrer jahrhundertelangen Fremdherrschaft schlecht zu sprechen (die beiderseitige geringe Wertschätzung blieb auch nach Begraben des Kriegsbeils erhalten), und Tatarentum ist gleichbedeutend mit moslemischer Konfession, was für einen Russen dem Verrat an seiner »Rechtgläubigkeit« gleichkommt.

Das ist dem Gouverneur zuviel, und er erstattet Beschwerde beim Zaren, Iliodor müßte gehen. Wieder keine dankbare Aufgabe für den Zaren: einerseits ist ihm die im Grunde gute Absicht des loyalen Dieners der Kirche für die Monarchie klar, andererseits kann diese aber durch die Methoden Iliodors nur kompromittiert werden. Daher wird eine – gemessen am skandalösen Verhalten Iliodors – relativ milde Strafe beschlossen: Versetzung nach Minsk.

Iliodor hat jedoch nicht vor, sich dieser Verfügung des Heiligen Synods, des obersten (dem Zaren unterstellten) Gremiums der orthodoxen Kirche, zu beugen. Er sucht Hilfe bei Bischof Feofan in Petersburg – und bei Rasputin. Rasputin ist angesichts der anwachsenden Zahl seiner Feinde nicht daran interessiert, Personen, die an seine Autorität glauben, zu verlieren – und damit ihren Beistand.

Rasputin verspricht, seinen alten Freund Iliodor vor der

Versetzung zu bewahren, wenn Iliodor »Ruhe gebe«. Der reuige Freund wird von der Zarin – offenbar in Vertretung des Zaren – empfangen. Er selbst schildert diese von Rasputin eingefädelte Begegnung so:

»Zu groß, zu emotionell, mit all ihrem Mienenspiel und ihren Gesten machte sie alles andere als den Eindruck einer russischen Zarin auf mich. Sie ließ sofort einen Hagel von rasch und kurz aufeinanderfolgenden Fragen auf mich herunterprasseln:

›Vater Grigorij sendet Sie, nicht wahr? Sie bringen mir aufgrund seiner Bitte eine schriftliche Zusicherung, unsere Regierung nicht mehr anzugreifen, nicht wahr? – Also. Achten Sie darauf, das Vertrauen von Vater Grigorij [sic!] nicht Lügen zu strafen, von unserem Vater, unserem Retter, unserem Führer, dem großen Heiligen unserer Zeit …‹«

Ob Iliodor der Zarin diese Worte nur nachträglich in den Mund gelegt hat, um die hohe Beschützerin Rasputins lächerlich zu machen, als er mit diesem bereits bitter verfeindet ist, bleibt ungewiß. Immerhin warnt sie nicht etwa davor, das Vertrauen des Zaren zu enttäuschen, sondern das Rasputins …

Der Zar läßt einen Abgesandten namens Mandryka zur Information über die Lage in Iliodors Kloster nach Zarizyn senden. Doch Rasputin hat ein warnendes Telegramm dorthin gesandt, in welchem er Mandrykas Besuch ankündigte. Daß Iliodor in Zarizyn bleiben kann (und Gouverneur Tatischtschew versetzt wird), mag für den Betroffenen erfreulich sein – für die oberste Kirchenbehörde ist es das nicht. Daß ein nicht einmal zum Priester geweihter »Pseudogeistlicher« ihre vom Zaren bereits approbierte Entscheidung rückgängig machen konnte, wirkt schockierend auf den ehrwürdigen Synod. Und das ist es auch für die Öffentlichkeit, der langsam über die Macht Rasputins an allerhöchster Stelle die Augen aufgehen.

Im Herbst 1909 besucht Rasputin Bischof Iliodor in Zarizyn und dann den schon etwas älteren, honorigen Bischof Hermogen in Saratow, mit dem er neuerlich nach Zarizyn fährt. Im Rahmen einer Messe bereitet Iliodor seinem Retter einen großen Auftritt. Er weist auf dessen Rolle als »Wohltäter« hin und läßt die Gläubigen Rasputin buchstäblich huldigen.

Rasputin genießt diesen Auftritt sichtlich. Noch nie hat er vor einer so großen Menschenmenge gesprochen. Er nützt die Gelegenheit auf seine Weise, um seinen Mythos zu festigen. Er verteilt Geschenke – vom Taschentuch bis zum Silberring – und erklärt, jedes hätte eine prophetische Bedeutung für den Empfänger. So zum Beispiel werde das Taschentuch Tränen bringen, der Ring eine Eheschließung, Zucker sollte ein süßes Leben verheißen, eine Ikone, daß die Beschenkte – vor allem Frauen liegen ihm zu Füßen – den Schleier nehmen und Nonne werden würde. Die Menge ist begeistert: Rasputin, der Prophet, hat gesprochen.

Am nächsten Tag folgen unzählige Menschen Rasputin bis zum Bahnhof. Er predigt – bereits auf der Plattform seines Waggons – mit wirkungsvollen Worten. Iliodor möchte auch etwas sagen, aber Rasputin bringt ihn mit einer großen Geste zum Schweigen – um am Ende seinem verhinderten Gastgeber großzügig das Wort zu erteilen: »Ich bitte Sie, fahren Sie nur fort …«

Dabei hatte Iliodor, der zuvor auch bei Rasputin in Pokrowskoje weilte, vom örtlichen Geistlichen wenig Schmeichelhaftes über Rasputin erfahren: »Ein Lump und Wüstling, der irgendwelche verblödeten Petersburgerinnen anschleppt und völlig nackt in die Sauna bringt, bis sie seine Frau mit der Rute vertreibt …« Aber er hält sich seinen mächtigen Freund wohlgesonnen.

Iliodor gegenüber hatte Rasputin nicht mit Prahlereien betreffend seine Beziehungen zur Zarenfamilie gespart: quasi als Beweis hatte er ihm Briefe der Zarin und ihrer Töchter an ihn gezeigt. Irgendwie gelangten diese Briefe in Iliodors Besitz. Nach einer Version soll sie Iliodor gestohlen haben, nach einer anderen soll Rasputin Iliodor angeboten haben, sich als Souvenir einige davon auszusuchen und zu behalten. Ob Iliodor schon wußte, daß sie ihm als Corpus delicti dienen würden?

Anfang des neuen Jahres 1910 – Rasputin vollendet sein einundvierzigstes Lebensjahr – brauen sich über seinem Ruhm düstere Wolken zusammen. Bischof Feofan, Rektor der Geistlichen Akademie und als Beichtvater der Zarenfamilie deren Hausgeistlicher – und seinerzeit wichtigster Mentor Rasputins –, kann seinen Gewissenskonflikt nicht länger mit sich austragen. Nicht nur von Gerüchten über die Doppelmoral des selbsternannten Gottesmannes Rasputins aufgescheucht, auch aufgrund zahlreicher Beichtgeständnisse von durch Rasputin mißbrauchten Mädchen und Frauen meint Feofan, sein Schweigen zumindest gegenüber seinem höchsten Landesherrn brechen zu müssen. »Bescheiden, schweigsam, immer mit gesenktem Blick gehend, dem Anblick von Frauen ausweichend, schüchtern wie ein junges Mädchen«, beschreibt Iliodor den Asketen. Als dieser von Chionia Berladskaja ihr (an früherer Stelle zitiertes) »Bekenntnis« hört, ruft er Rasputin zu einer Aussprache zu sich.

Rasputin, mit der Aussage über seine Verführungsmethoden und die bekannte Theorie über die Verbindung von sexuellem mit religiösem Erlebnis konfrontiert, wird von panischer Furcht erfaßt, daß all das nun der Zarin zu Ohren kommen könnte – der Zarin, nicht dem Zaren. Offenbar sieht Rasputin in Alexandra Fjodorowna sehr wohl den Schlüssel zu seiner Position bei Hof und zu seiner Macht, denn zum Unterschied vom Zaren ist ihr Vertrauen in Rasputin grenzenlos und durch keine rationale Kraft zu erschüttern.

Ob auf Feofans Andeutungen hin oder durch Anraten des Zaren, sendet die Zarin ihre Hofdame und Freundin Anna Wyrubowa mit Begleitpersonen nach Pokrowskoje, damit sich diese an Ort und Stelle ein Bild über Rasputin machen können. »Man hätte wohl jemanden Erfahreneren und Intelligenteren als mich für diese Mission aussuchen müssen«, kommentiert später Wyrubowa in entwaffnender Ehrlichkeit ihre Rolle – wohl im Bewußtsein, daß sie nicht neutral urteilen kann, denn sie glaubt längst vorbehaltlos an Rasputin. Man führt die Damen am Ufer des Flusses spazieren, zeigt ihnen die idyllische Tätigkeit der Fischer, läßt sie in Rasputins Haus Psalmen singen und beherbergt sie auch dort.

»Die Bauern stehen Rasputin gleichgültig gegenüber, die Geistlichkeit eher feindselig«, ist alles, was Wyrubowa berichten kann.

Rasputin versäumt nicht, Feofan während dessen Rekonvaleszenzaufenthaltes nach einer Tuberkuloseerkrankung auf der Krim ein Genesungstelegramm zu senden. Vergeblich. Der Geistliche hat bereits beschlossen, seinem Gewissenskonflikt ein Ende zu bereiten und vor den Zaren zu treten. Er sucht um eine Audienz an.

Sie wird ihm im Frühjahr 1910 gewährt. Doch wieder ist es nicht der Zar, der Feofan empfängt, sondern die Zarin. Hat der Zar damit das Problem Rasputin auf sie abgewälzt? Hätte er sich dessen, wäre er allein, bereits entledigen können? Oder will er nicht mit etwas konfrontiert werden, gegen das er sich machtlos fühlt? Die Zarin empfängt den respektablen Geistlichen nicht allein, sondern im Beisein von Frau Wyrubowa. Diese berichtet darüber in ihrem Tagebuch:

»Vater Feofan kam zu Mama* und sagte zu ihr:

---

*) So nennt – wie Rasputin – auch Wyrubowa die Zarin, analog zu »Vater« oder »Väterchen Zar« oder »Papa«

›Der Herr hat dich*, Zarin, mit großem Geist und reinem Herzen gesegnet, deshalb bin ich gekommen, um dir zu sagen: Sage dich von Starez Grigorij los, denn er ist nicht ein Mann Gottes, sondern des Teufels!‹

Mama antwortete, wobei sie ihm die Tür wies:

›Gehen Sie, und meine Augen werden Sie nicht wiedersehen!‹ – Er wollte noch etwas sagen, aber Mama kam ihm zuvor: ›Gehen Sie, oder ich vergesse, daß Sie mein Priester gewesen sind. Und ich möchte das nicht vergessen!‹ – Und er ging.

Einen Jäger weniger«, schließt Wyrubowa ihre Darstellung der Szene.

»Ich habe über eine Stunde mit ihr gesprochen«, berichtet Feofan später, »und versucht, ihr die geistlichen Abwege Rasputins aufzuweisen. Die Kaiserin zeigte sich beunruhigt, versuchte, Einwände zu machen und sie durch biblische Zitate zu untermauern, doch es war offenkundig, daß sie dabei etwas Vorgegebenes sagte, das ihr wahrscheinlich von Rasputin selbst eingegeben worden war ...« Demnach hatte es die Zarin offenbar für angebracht befunden, Rasputin zuvor von diesem Treffen zu informieren und ihn um seinen Rat zu fragen.

Und doch findet Rasputin die Zarin, so unerschütterlich sie auch zu ihrem Seelenfreund hält, verunsichert vor. Noch einmal versucht der schlaue Sibirier ein für allemal die Gefahr, die er in der Person Feofans wittert, zu bannen. Treuherzig telegrafiert er an ihn:

»Wenn ich Dich beleidigt habe, bete für mich und gib' mir Deine Vergebung. Vergessen wir unsere schlechten Begegnungen, wollen wir unsere guten Erinnerungen bewahren und beten. Selbst der Teufel ist nicht so groß in seiner Sünde wie das Erbarmen Gottes. Gib' mir die Absolution und

---

*) Als Hauspriester und Beichtvater darf er die Zarin duzen

segne mich im Namen unserer alten Gedankengemeinsam-
keit …«

Feofan antwortet nicht.

Im April desselben Jahres 1910 erklärt Rasputin Iliodor:
»Feofan hat jetzt genug denunziert. Seine Interventionen
beim Zaren werden ihm schlecht bekommen. Es ist aus für
ihn. Für immer. Er hat mich vor der Zarin in den Schmutz
gezogen. Nun ist kein Platz mehr für ihn in Petersburg.«

Im Herbst findet sich Feofan als Bischof von Taurien und
Simferopol auf der Krim wieder. Doch sogar von dort muß
er – zumindest vorübergehend – weichen, als zwei Jahre
später die Zarenfamilie zum Sommerurlaub auf der Krim
weilt: er wird kurzerhand nach Astrachan versetzt, und erst
als sich gesundheitliche Komplikationen ergeben, weil er
das Klima nicht verträgt, darf er ein Jahr später seinen Bischofssitz in Poltawa und Perejaslaw aufschlagen. In dieser
Sackgasse endet seine Karriere. Ein weiterer Feind Rasputins ist ausgeschaltet.

11. Die Reise ins Heilige Land

Im Jahre 1910 setzt eine konzentrierte öffentliche Kampagne gegen Rasputin ein, als sammelten sich seine Gegner
zum gemeinsamen Kampf. Wer sind die Feinde des sibirischen »Emporkömmlings«?

Sie finden sich in verschiedenen Lagern, unter Geistlichen
der orthodoxen Kirche (hinsichtlich ihrer Haltung gegenüber Rasputin noch gespalten): Rasputin, ein Häretiker und
Sektierer, verrate die Lehren der Kirche und schade durch
sein ausschweifendes Leben ihrem Ansehen – denn er gebe
vor, ein Mann Gottes zu sein.

Die Aristokratie befürchtet Schaden im Ansehen des Zaren

durch seinen Umgang mit Rasputin und in der Folge Schaden für das monarchische Prinzip überhaupt.

Dieselben Bedenken hegen konservative Abgeordnete im Parlament, die eine politische Einflußnahme Rasputins befürchten.

Linksgerichtete und progressive Kreise wiederum ergreifen angesichts der in Karikaturen und Glossen längst lächerlich gemachten Regierung die Gelegenheit, mit erhobenem Zeigefinger auf die herrschenden Zustände hinzuweisen. Ein Beispiel dafür ist die publizistische Tätigkeit des Journalisten Kolyschko, der aufgrund seiner bekannten regierungsfeindlichen Haltung später in der Gehaltsliste des deutschen Außenamtes geführt werden sollte: mit dem Geld unterhält er später, während des Krieges mit Deutschland, einen Verlag, in welchem prorevolutionäre Propagandaartikel erscheinen. Aufsehen erregt bereits der Titel einer Glosse: »Djelo Obmanowych« – »Die Sache der Verblendeten« (ein Wortspiel von »Romanow« mit »Obmanow«).

Im März 1910 setzt die Pressekampagne voll ein. In der konservativen Zeitung »Moskowskie Wjedomosti« (»Moskauer Nachrichten«) und der progressiven (oder zumindest liberalen) Petersburger »Rjetsch« (»Das Wort«, Presseorgan der Konstitutionellen Demokraten) erscheint eine Serie über den »perversen Starez«, seinen Lebenswandel, seine »Schwestern«, seine »Opfer«, seine »Doktrin, das Nachgeben fleischlicher Gelüste stelle keine Sünde dar, sondern eröffne im Gegenteil den Weg zur religiösen Ekstase«, die Rasputin »daher am besten nackt in Gesellschaft nackter Frauen« erreiche. Dazu werden seine Kontakte mit besonders konservativen Vertretern der Kirche und mit »dynastischen Kreisen« erwähnt. Womit sich der Pfeil der Angriffe über Rasputin hinweg gegen die »dynastischen Kreise« richtet.

Nicht unoriginell ist die etwa in der Mitte der Serie en passant fallen gelassene Feststellung in der Zeitung »Rjetsch«, daß auf die »immerhin seit über zwei Wochen laufenden Berichte noch keinerlei Dementis von Rasputins Interessenkreisen wie etwa des Synods oder der konservativen Presse« eingelangt seien. Eine Woche später erhält die Zeitung das Urgierte. »Nowoje Wrjema« (»Neue Zeit«, konservativ) reagiert – allerdings anders als erwartet:

»Die Verteidigung christlicher Werte und des Christentums ist eine fromme Sache, aber man muß sich fragen, in wessen Namen ausgerechnet ein jüdisches Medium einen derartigen Kreuzzug antritt ...« Im übrigen handle es sich hauptsächlich um eine Attacke gegen den politischen Feind (der Dynastie).

Aus der linksgerichteten Ecke kommt ebenfalls eine Reaktion auf die große Anti-Rasputin-Serie. In der Zeitung »Russkoje Slowo« (»Das russische Wort«) schreibt das Journalistenduo Kolyschkin-Roslawljew unter dem Pseudonym »Bajan« (was soviel wie »Rhapsodensänger« bedeutet):

»Nie hat das russische Leben so viel Material für die Oktobristen-Parasiten hergegeben wie jetzt. Nie hat der Beamte es so nötig gehabt wie jetzt. Und seht nur, wie man sich schon daran gewöhnt hat. Die Zeitungen sind voll von Enthüllungen über einen gewissen Grigorij Rasputin, der offenbar nicht nur die höhere Gesellschaft narrt, sondern auch die ›Sphären‹.

Über diesen Starez sind Wundergeschichten im Umlauf. Ein Hundertstel davon wäre für einen Normalsterblichen ausreichend für die Todesstrafe. (...) Skandale, Betrug, Betrogene etc. (...) Man ist betroffen. Dann denkt man: Wie gut, daß bei uns so strenge Sitten herrschen – doch den [höheren] ›Sphären‹ schaut man nicht auf die Finger.

Und da fragt man sich: Wieso erst jetzt, warum nicht schon längst? Woher sind plötzlich all die geheimen Papiere in die Redaktionen gelangt? Wäre ich Sherlock Holmes, würde ich mich bis an den Grund des Rasputinschen Skandals durch-graben. Doch es ist ganz klar, daß alle diese Rasputins, Ili-odors – und wie sie alle heißen – nichts anderes als Mario-netten sind in irgendwelchen Händen. Und daß man sie be-nutzt, wie man sie gerade braucht. (...) Und deshalb ist es auch so schwer, Rasputin zu entfernen ...«

Iliodor läßt die Angriffe gegen seinen Noch-Freund eben-falls nicht unbeantwortet. Auf die Attacken durch den reli-gionsphilosophischen Publizisten Michail Nowosjelow rea-gierend läßt er in Petersburg eine Erklärung etwa folgen-den Wortlauts veröffentlichen:

»Der begnadete Starez Grigorij weist alle Anzeichen auf, von Gott ausersehen zu sein: durch dessen Gnade ver-mochte er sein Fleisch zu besiegen, Wunder zu vollbringen, in die Zukunft zu schauen, Dämonen auszutreiben, und sein Geist steht mit der göttlichen Gnade in Verbindung ...«

Sein Freund und ursprünglich auch Förderer Rasputins in Petersburg, Bischof Hermogen, ist jedoch vorsichtig gewor-den: »Vor drei Jahren machte er [Rasputin] mir den Ein-druck einer besonderen religiösen Tiefe; in letzter Zeit je-doch häufen sich Berichte über sein Fehlverhalten. Die Kir-chengeschichte lehrt, daß Menschen ein sehr hohes spiritu-elles Niveau erreichen können und dann moralisch ver-kommen ...«

Rasputin ist alarmiert. Solche Worte aus dem Mund einer moralischen Autorität könnten ihm schlecht bekommen. Er nimmt mit der ihm eigenen Schlauheit erst einmal zum Ver-such Zuflucht, sich von höherer Stelle rehabilitieren zu las-sen:

»Segnen Sie mich, verehrter Meister, und verzeihen Sie mir!« fleht er den Petersburger Metropoliten Antonij in einem Brief an. »Ich möchte Sie sehen und aus Ihrem Mund erbauliche Worte hören, die mich nach den vielen Gerüch-ten aufrichten. Ich habe nicht gefehlt, ich habe nur gegeben.

Ich bin nicht Mitglied einer Sekte, sondern Sohn der Kirche. Alles kommt nur daher, daß ich hohe Kreise frequentiere, daher mein Leid. Ich bin machtlos gegen die Zeitungen ...« Rasputins Methode zieht nicht. Der Metropolit gewährt ihm keine Audienz.

Wie widersprüchlich auch unter Zeitgenossen das Bild von Rasputin ist, zeigt die Tatsache, daß etwa zum Versuch, das Theaterstück »Anathema« von Leonid Andrejew 1909 zu verbieten (wozu die kirchliche Zensur bei religiös bedenklich erscheinenden Werken die Möglichkeit hat), einerseits kolportiert wird, das Verbot sei von Rasputin betrieben worden – und andererseits, er sei es gewesen, der das Verbot zu verhindern suchte. (In diesem Stück ist der Teufel die Hauptfigur, die Existenz Gottes wird bestritten, das Böse wird als Triebfeder für alles Handeln dargestellt.)

Wyrubowa gibt mit ihrer Darstellung der Vorgänge zugleich eine Vorstellung von Rasputins Methoden:

»Was für ein Tiefschlag – man will sich in Fragen der Kunst einmischen und die Aufführung von Anathema verbieten. Man beschuldigt Bischof Hermogen, sich für das Verbot zu engagieren. ›Gut so!‹ antwortete der Starez Rasputin erheitert, als ich ihm davon berichtete. – ›Soll man nur ihn verfluchen!*

Anatema ist ein Teufelswerk! Das können wir nicht brauchen – das wird die Leute nur aufrühren. Sie sollen wissen, daß nur Grigorij es mit dem Satan aufnimmt! Aber das ist ja Theaterkunst. Heute ist es der Teufel, morgen ist es der Heiland. Schande!‹

Und dann sagte der Starez noch, das Verbot solle nicht vom Zaren ausgehen, sondern von der Kirche – genauer vom Bischof: in dem Sinne, daß die Machthaber es ja gerne zu-

---

*) Offenbar unterstützt Rasputin das so viel Entrüstung hervorrufende Verbot, um Hermogen damit zu schaden

ließen, aber die Kirche es nicht erlaube. Und Gutschkow*, der hinter dem Verbot steht, ist ohnehin sein Feind**, und der soll mit dem Bischof den Schaden haben ...«

Die Presseartikel bleiben dem Zarenhof nicht verborgen. Das Kindermädchen Maria Wischnjakowa war zwar mit ihren Berichten von der Reise nach Pokrowskoje, auf der sie die Wyrubowa begleiten mußte, über die Beziehung Rasputins zu Frauen und seine Versuche, auch Wischnjakowa zu belästigen, bei der Zarin auf Ungläubigkeit gestoßen. Dennoch versucht sie nun, Alexandra mit den Zeitungsberichten über deren »Freund« zu konfrontieren. Auf ihrer Seite steht auch die aus der berühmten Dichterfamilie Tjutschew stammende Erzieherin Sofija Tjutschewa. Ihr war schon immer ein Dorn im Auge, daß Rasputin jederzeit auch das Schlafzimmer der vier Großfürstinnen betreten konnte, selbst wenn diese (um 1910 fünfzehn, dreizehn, elf und neun Jahre alt) bereits ausgekleidet waren.

Gemeinsam treten die beiden Hofangestellten vor die Zarin. »Die Kaiserin«, berichtet Tjutschewa später enttäuscht, »erklärte, wir dürften solchen Verleumdungen keinen Glauben schenken – sie kämen nur von dunklen Kräften her, und sie verbot uns unter Androhung unserer Entlassung, mit dem Kaiser darüber zu sprechen.

Doch ich beschloß, es zu riskieren, und berichtete ihm alles. – ›Also glauben auch Sie nicht an die Heiligkeit von Grigorij Jefimowitsch?‹ fragte der Kaiser ...«

Die Zarin »beurlaubt« Wischnjakowa auf zwei Monate und stellt sie danach unter der Zusicherung, das Tabu-Thema zu meiden, wieder ein. Die unbeugsame Tjutschewa verliert jedoch ihre Position – »weil sie Rasputin unreine Gedanken unterstellte«. Immerhin zieht der Zar eine Konsequenz dar-

---

*) Dumapräsident
**) Rasputin opponiert auch gegen das Parlament, da dessen Abgeordnete ihm gegenüber sehr kritisch eingestellt sind

aus: Rasputin darf nun überhaupt nicht mehr den Palast betreten, man trifft ihn bei Anna Wyrubowa.

Doch die Berichte und Diskussionen machen auch nicht an Rußlands Grenzen halt. Das muß die Zarin selbst erfahren, als sie für zwei Monate in ihrer deutschen Heimat weilt. Dreimal wird sie in dieser Zeit von Anna Wyrubowa besucht. Die Zarin spürt die Mißachtung, die ihrer Vertrauten entgegengebracht wird. Erst muß diese bei ihrem Vater Tanejew in Hamburg wohnen, während die Zarin in Friedberg kurt, dann bei Baron Fredericks, Hofminister des Zaren. Schließlich wird die nicht standesgemäße und durch ihre Vermittlertätigkeit für Rasputin umstrittene Hofdame auf Wunsch der Zarin von deren Bruder, Großherzog von Hessen und bei Rhein, und seiner Frau zum Sommersitz Schloß Wolfsgarten eingeladen (für drei Tage, Wyrubowa bleibt allerdings eine ganze Woche lang). Die Schwester der Zarin, Prinzessin Irene von Preußen, zeigt sich unverhohlen reserviert gegenüber Anna Wyrubowa.

Wie denken nun die Petersburger über Rasputin?

Anna Bogdanowitsch, Frau des Generals Bogdanowitsch, ist nicht nur durch ihren Mann über die Vorgänge bei Hof gut informiert, sondern auch durch ihren großen dem Hof nahestehenden Bekanntenkreis. Im Jahre 1910 notiert sie, wie so oft offenbar unter dem frischen Eindruck der Berichte des Hofkammerdieners Radzig, in ihr Tagebuch:

»3. Juni. Kammerdiener Radzig war da. Es heißt, alle können die Zarin nicht leiden. Sie ist offenbar sehr ungehalten, daß Rasputin weg ist, und grollt weiterhin allen, die ihr direkt ins Gesicht sagen (bzw. gesagt haben), daß er ein Gauner ist. Deshalb hat sie auch die Tjutschewa und Wischnjakowa auf zwei Monate beurlaubt. Beide haben gegen Rasputin aufbegehrt, daß er nicht die Zimmer der Kinder betreten soll. An Tjutschewas Stelle ist jetzt temporär die Wyrubowa eingesetzt! Die armen Kinder! (...)

8. Dezember. Interessantes Gespräch zwischen Jewgenij Wasiljewitsch [ihr Gatte] und Radzig. Letzterer sagte über die Zarin, sie sei kalt, unzugänglich, wenn sie aber jemanden gewinnen will, kann sie das. Mehr denn je steht sie Wyrubowa nahe, der sie alles weiterträgt, was ihr der Zar erzählt, und der Zar berichtet ihr ja ständig alles. Die Wyrubowa verachten bei Hof alle, doch niemand wagt, etwas gegen sie zu sagen.

Sie ist ständig bei der Zarin: morgens von elf bis eins, dann von zwei bis fünf und jeden Abend bis halb zwölf. Früher hat sie sich bei Ankunft des Zaren zurückgezogen, doch jetzt bleibt sie auch dann. Um halb zwölf arbeitet der Zar weiter, und die Wyrubowa geht zur Zarin ins Schlafzimmer. Was für eine traurige, peinliche Vorstellung!

Nach Radzigs Berichten ist die Zarin gar nicht so krank wie sie tut. Sie ist psychisch krank, kann aber normal denken. Sie liegt zum Beispiel halbtot da – und springt plötzlich auf, um sich im nächsten Augenblick wieder im Bett zu wälzen. Die Wyrubowa unterhält eine herzliche Korrespondenz mit diesem ausschweifenden Rasputin, von der Zarin nimmt sie immer viel Geld für ihn. Radzig erinnert sich noch daran, wie böse ihm der Zar vor ein paar Tagen war, als dieser ihn fragte, wer gerade bei der Zarin sei, und er ungeniert antwortete: ›Frau Wyrubowa und dieser schmutzige Muschik.‹ Daraufhin hätte ihn der Zar angefahren: ›Wie können Sie von einem so tiefreligiösen Menschen so sprechen?‹ – Doch Radzig hätte rundheraus geantwortet, er sei ein Gauner. Der Zar nahm ihm das übel und berichtete es der Zarin, seitdem ist man ihm böse. (…)

13. Januar 1911. Heute war wieder Radzig da. Er ist ziemlich niedergeschlagen. Dieser Muschik Rasputin ist schon wieder in Petersburg, zwar kommt er nicht mehr in den Palast, aber zur Wyrubowa nach Zarskoje [Sjelo], und die Zarin geht oft hinüber. Über die Wyrubowa schimpft man

weiter hinter dem Rücken, aber ins Gesicht sind alle ehrerbietig – inklusive Dedjulin*. Denn alle diese Herren haben nur vor einem Angst: ihren warmen Platz zu verlieren – aber um Rußland sorgt sich kaum einer, Hauptsache ihnen geht es gut.

Im Theater bei der Vorstellung von Boris Godunow eine patriotische Demonstration: die Hymne wurde kniend gesungen …«

Anfang 1911 ist es wieder einmal soweit: Wie schon mehrmals zuvor setzt sich Stolypin für die endgültige Entfernung Rasputins ein. Wieder wird er deshalb beim Zaren vorstellig und legt ihm seine Sorge um den bereits beträchtlichen Prestigeverlust des Herrscherhauses und seiner Regierung dar. War es diesesmal, daß ihm Nikolaus den folgenden, oft kolportierten Satz – offenbar Ausdruck seiner Resignation – zur Antwort gab? Er würde zumindest seine Passivität erklären: »Besser zehn Rasputins als ein hysterischer Anfall der Zarin …«

Daß Zarin Alexandra die wichtigste Beschützerin des umstrittenen Sibiriers ist, steht außer Zweifel und wird auch durch die erwiesene Tatsache untermauert, daß sich Rasputin, wenn es kritisch für ihn wird, als erstes zu ihr begibt oder seinen Freunden gegenüber die Befürchtung äußert, daß »davon nur nicht die Zarin« erfahren solle. Er weiß, daß letztlich nur sie eisern an ihm festhält, denn für sie ist der Muschik nun einmal derjenige, der ihren Sohn aus gesundheitlicher Gefahr retten kann.

Der Palastkommandant Dedjulin beschreibt die Wirkung Rasputins auf den Zaren und die Zarin so: »… Rasputin übte – anders als bei den meisten Männern – durchaus Wirkung auf den Herrscher aus. Dieser sah in ihm auch einen ›Mann Gottes‹, aber er war nicht sofort davon überzeugt

---

*) Generalmajor Wladimir Alexandrowitsch Dedjulin ist Stabschef des Gendarmeriekorps und Palastkommandant

und auch nie so vollkommen von ihm eingenommen wie Alexandra.

Allerdings brachte der Herrscher seiner teuren Alix [wie er sie auch nach ihrer Namensänderung immer noch in seinen Briefen ansprach] in allem, was persönliche und familiäre Angelegenheiten betraf, völliges Vertrauen entgegen. Vielleicht bestand der Hauptfehler von Zar Nikolaus II. darin, daß er seine Frau zu sehr liebte und sich zu sehr auf diese schwache Säule stützte ...«

Dedjulin zitiert den Zaren, der ihm in einem schweren Augenblick anvertraut habe: »Rasputin ist ein guter, einfacher, religiöser Russe; wenn ich in Augenblicken des Zweifels und der inneren Unruhe mit ihm spreche, wird mir in der Seele leichter und ruhiger zumute ...«

Diese Meinung mag einer der Gründe für Nikolaus' Nachgiebigkeit gegenüber Rasputin sein – und für die Kunst Rasputins sprechen, mit dem Zaren umzugehen. Daß sich nicht nur die Zarin, sondern auch der Zar zu diesem Zeitpunkt nicht vorstellen konnte, an den Schauergeschichten über ihren ›Freund‹ sei etwas dran, versteht sich von selbst. Dennoch ist ihm der Lärm um Rasputin äußerst unangenehm.

Offenbar gab es bereits Versuche des Zaren, seine Frau davon zu überzeugen, angesichts der öffentlichen Diskussionen besser auf Rasputin zu verzichten. Doch für Alexandra gehört Rasputin zur »Privatsphäre«, in die sich einzumischen sie niemandem gestattet. »Wer nicht begreift oder begreifen will, wer Rasputin wirklich ist und was er uns bedeutet«, wird von ihr gemieden. Im Leben gehe es, meint sie, »ohnehin nur darum, die Gnade Gottes zu erwirken – die Sympathie und das Wohlgefallen der Sterblichen sind unwichtig ...«, weist Alexandra alle Anfechtungen zurück – ohne zu bedenken, daß der Zar und die Zarin nun einmal öffentliche Persönlichkeiten sind und ihr Eindruck auf die Bevölkerung durchaus eine Rolle spielt.

Auch hier ist Alexandras Logik von ihrem Hang zum Mystischen bestimmt: »Die Leute haben kein Recht, über den Zaren zu urteilen – schon gar nicht über seine Handlungen zu richten. Er ist ein Gottgesalbter und steht über jeder öffentlichen Meinung!«

In ihrer Überzeugung von der Heiligkeit Rasputins läßt sich die Zarin nicht einmal von ihrer Schwester, Großfürstin Elisabeth, beirren, die anläßlich der Pressekampagne gegen Rasputin eigens aus Moskau angereist ist, um die Zarin »vor weiteren Irrtümern zu bewahren und ihr die Augen zu öffnen«. Immerhin ist sie als Ordensgeistliche, die sie nach der Ermordung ihres Mannes geworden war, berufener als Alexandra, über religiöse Belange zu urteilen, und sie hat sich dabei mehr Realitätssinn bewahrt als ihre jüngere Schwester. Doch auch ihr, auf die – wie es heißt – die Zarin ohnehin eifersüchtig ist, da sie durch ihr gewinnendes Wesen und vor allem durch ihre unermüdliche karitative Tätigkeit beliebter und angesehener ist als Alexandra selbst, erklärt diese unbeirrt: »Der Schmutz wird immer auf die Reinen geworfen (...) – es sind die üblichen Verleumdungen gegen diejenigen, die wie Heilige leben ...«

Außer Stolypin tritt auch Dumapräsident Rodsjanko, ab März 1911 Vorsitzender der III. Staatsduma, vor den Zaren. »Haben Sie Beweise, daß Rasputin Sektierer ist?« fragt ihn dieser ungläubig. Noch öfter sollte die Rückfrage »Haben Sie Beweise?« die stereotype Reaktion des Zaren auf die immer wiederkehrenden Vorträge von seiten besorgter Beamter über diverse Missetaten, die Rasputin zugeschrieben werden, charakterisieren. War das ehrlich gemeint, oder war es nur Ausdruck tatsächlicher Machtlosigkeit des Zaren gegenüber der Zarin? Es wird sein Geheimnis bleiben. Und doch führen die gleichlautenden Vorsprachen beim

Zaren von denselben, aber auch von wechselnden Personen im Laufe der Jahre zu verschiedenen Ergebnissen: einmal wird Rasputin vom Zaren nach Hause geschickt, nach einem bis zum Herzanfall führenden Nervenzusammenbruch der Zarin aber wieder zurückgeholt; ein andermal gibt der Zar zwar grünes Licht für Rasputins Festnahme, scheint ihn dann aber doch vor seinem Schicksal bewahren zu wollen; dann wieder weist er alle Verdachtsmomente zurück und fordert konkretere Beweise. Einen der sorgfältig erstellten Untersuchungsberichte soll er vor den Augen des Vortragenden in den Kamin geworfen haben; schließlich ist aus den Erinnerungen seiner Minister bekannt, daß der Zar einmal ausdrücklich zugestimmt hat, Rasputin per Order eines Ministers (also nicht im eigenen Auftrag) aus der Hauptstadt verbannen zu lassen, um dann seiner Frau auf ihre bitteren Vorwürfe hin zu entgegnen, er könne doch nicht den Beschluß eines Ministers rückgängig machen.

Doch diesmal, im Frühjahr 1911, ist alles anders – schließlich ist der Zar von den aufgewühlten Wogen betroffener als die Zarin. Erst schlägt er Stolypin eine direkte Konfrontation mit Rasputin vor. Von dieser soll der Minister gegenüber Rodsjanko folgendes berichtet haben:

»Rasputin rollte, den Blick auf mich gerichtet, seine Augen, murmelte unzusammenhängende Zitate der Heiligen Schrift, die er mit merkwürdigen Gesten begleitete; ich spürte eine unüberwindliche Abscheu in mir hochkommen. Dieser Mann hatte eine gewaltige magnetische Kraft, mit der er eine starke psychische Wirkung erzeugte, die mich zutiefst abstieß. Ich beherrschte mich und erklärte ihm, daß ich mit den Dokumenten sein Schicksal in meiner Hand hätte, denn aufgrund der gesammelten Evidenz könne ihm der Prozeß gemacht werden. Ich schlug ihm vor, von sich aus nach Pokrowskoje zurückzukehren und sich nicht mehr in Petersburg blicken zu lassen …«

Das daraufhin verfaßte unschuldige Telegramm Rasputins an Stolypin klingt beinahe zynisch:

»Lieber Herr! Ich bitte Dich, sag' mir und frage die Majestäten unseres Landes, was ich Böses getan habe, sie sollen es bezeugen – denn ihre Intelligenz ist viel größer als die eines jeden anderen, und sie empfangen, wen sie wollen – und wenn sie den Rat einer Köchin anhören ...«

Daß Rasputin – zumindest vorübergehend – die Stadt verlassen muß, steht außer Zweifel. Der konfliktscheue Zar sucht eine geeignete Lösung: Rasputin geht auf Pilgerreise ins Heilige Land. »Zur Einkehr«, wie es heißt, »zur Reue«, spotten die anderen, »um den (Heiligen-)Schein« zu wahren, hört man, damit »endlich Ruhe einkehrt, weil er außer Sichtweite ist«.

Und damit dürften sie recht haben. Tatsächlich hatte Rasputin schon zwei Jahre zuvor geistlich-religiösen Zielen abgeschworen. Die Berichte des Polizeipräsidenten Bjeljetzkij, der eine freundschaftliche Beziehung (zwecks Kontrolle) zu ihm aufbaute, legen bei der Entsendung Rasputins ins Heilige Land umsichtige Lenkung nahe. Einige Zeit später wird nämlich – nach neuen Skandalgeschichten – eine weitere Pilgerreise, direkt vom Innenminister über den Polizeipräsidenten, eingefädelt. Es wird auch ein Mönch bezahlt, der Rasputin begleiten soll; Rasputin selbst erhält einen ansehnlichen Geldbetrag »für die Reisespesen« im voraus. Er gesteht, daß er wenig Lust verspüre, auf Pilgerreise zu gehen, willigt aber ein, nimmt das Geld – und überlegt es sich im letzten Augenblick. Später gibt er Bjeljetzkij als Begründung an, er habe mitspielen wollen, um festzustellen, wozu das Ganze inszeniert worden sei. Nach Berichten von Rasputins Tochter Maria war es ein durch kursierende Fotos, die Rasputin mit nackten Frauen zeigten, ausgelöster Skandal, der dazu führte, daß man rasch eine Pilgerreise arrangierte.

Der Weg führt Rasputin zunächst nach Kiew, wo er im Höhlenkloster Station macht. Von dieser Reise existieren Aufzeichnungen Rasputins in schriftlicher Form, die er offenbar diktiert hat. Sie stellen die einzige zusammenhängende Schrift dar, die er hinterlassen hat. Ihr Titel: »Kurze Beschreibung der Reise zu den Heiligen Stätten und die davon inspirierten Reflexionen über religiöse Fragen«. Unter dieser Bezeichnung sollte das Reisetagebuch Jahre später in prunkvoller Aufmachung gedruckt erscheinen – wobei Verlag und Druckerei ungenannt bleiben. War das alles inszeniert worden, um den umstrittenen »Starez« in geläuterter Form erstrahlen zu lassen?

»Ich kam in die Heilige Lawra«*, beginnt das Manuskript, »aus Piter**, und hier erscheint mir die Welt Piters als Welt der Eitelkeit: In der Lawra leuchtet nur das Licht der Stille. Wenn du die Muttergottes anbetest und der Gesang erklingt ›Zu deiner Güte nehmen wir Zuflucht‹, bleibt dir das Herz stehen, und du denkst an das Vergängliche, dem du seit deiner Jugend dienst – da kommst du in die Höhlen und siehst nur Einfachheit, kein Gold, kein Silber. Alles atmet nur Stille. Hier wird dir die Vergänglichkeit des Lebens bewußt (…)«
In Odessa schifft sich Rasputin für die Überfahrt über das Schwarze Meer ein:
»… Sobald man Odessa verlassen hat, findet die Seele mit der Stille über dem Schwarzen Meer Ruhe; man kann sehen, wie kleine Wellen wie Gold glitzern. Das wirkt alles auf die Seele und zeigt, wie teuer Gott die menschliche Seele ist (…) Ohne jede Mühe beruhigt das Meer (…) Wenn sich die Sonne erhebt, vergißt man alles Irdische vor Freude (…) Hier läßt sich keine Sünde verheimlichen, wie man sie an Land verbergen kann …

---

*) Kiewer Höhlenkloster, wo 180 Heilige und 680 Köpfe von Asketen begraben sind
**) Alter Name im Volksmund für Petersburg

Konstantinopel: Was kann ich mit meinem kleinen menschlichen Verstand über die große, wunderbare Sophien-Kathedrale sagen, die erste der ganzen Welt! Wie eine Wolke am Horizont ist diese Kirche. Wie sehr muß der Herr uns wegen unseres Stolzes zürnen, daß wir dieses Heiligtum den Türken überlassen haben (…) Schön sind die Ufer und die Hügel der Stadt (…)

Eine Säule von tausend Pud* ist aus Rom hierher nach Konstantinopel gebracht worden, ein wahres Wunder (…) Wir sind auch nach Metalina gefahren; eine kleine Stadt, in der Apostel Paulus gepredigt und in den dreißig Märtyrern das Feuer des Glaubens entfacht hat (…) Je weiter man hier reist, desto mehr wirkt die Landschaft beruhigend auf die Seele (…)

Ich habe viele Leute kennengelernt, besonders in der dritten Klasse** gibt es viele wahre Christen, viele Bulgaren (…) Man kann die Erfüllung des Wortes Gottes erwarten: Es wird eine einheitliche, rechtgläubige Kirche geben, und äußere Unterschiede der Gläubigen werden keine Rolle mehr spielen …

In Smyrna gibt es einige schöne Kirchen. Eine von ihnen steht an jener Stelle, wo die Samariterin mit Jakob über den Retter gesprochen und ihm den Glauben eingegeben hat (…) In Smyrna gibt es einen Berg, auf dem noch der Zirkus erhalten ist, wo die Schüler des Johannes und viele andere gefoltert wurden. Wo gibt es nur keine Märtyrer für Christus! (…) Ein großartiger Weg, sich selbst anzuhalten, den Idealen der Apostel nachzueifern – und wenn es nur darin besteht, Wahrheit zu säen …

Nicht weit liegt die Insel Hios, wo Isidor unter dem Herrscher Ödipus im 3. Jahrhundert gequält wurde. Alle Plätze sind geheiligt (…)

Mittelmeer, Zypern. Hier hat Gott Lazarus aufgeweckt, doch das Schiff legt hier nicht an (…) Tripolis (…) Beirut ist über dem Meer gelegen, ganz in Grün getaucht – Gott, was für ein Lebens-

---

*) 1 Pud = 16,38 kg
**) Kategorie der Schiffskabinen

quell! Hier hat Georgij Pobjedonosjez [der Siegreiche] die Schlange besiegt (...) Kaipha: Wo Prophet Ilja gelebt hat; wo er gebetet hat, in der Höhle am Fuß des Berges, ist jetzt ein griechisches Kloster. Hier hat Ilja seine Wunder vollbracht; ich habe den strengen Blick auf seinen Ikonen gesehen zu uns Sündern, er macht mich schaudern (...)

An diesen Küsten ist der Glauben der Apostel entfacht worden. Jetzt sind alle Geistlichen gebildet, doch sie haben nicht mehr die Armut im Geiste. Die Leute folgen ihnen in Massen. Doch der Geistliche heute will nur sein Kreuz bekommen; würde er dagegen seine Armut bewahren, würde ihm auch eine schlechte Soutane genügen, und die Menge würde auch einer schlechten Soutane folgen. Ehre dem einfachen Mönch!*

Von hier kann man die Reise nach Nazareth antreten.

Das Tal von Jaffa ist von ungewöhnlicher Schönheit. Auf der Welt gibt es nichts Derartiges. Hier ist Überfluß von jenen Früchten der Erde, von denen in der Kirche die Rede ist! Ich bin überzeugt, daß dem, der leidet oder der irdisches Gut verloren hat, Gott mit der Fülle seiner Gaben hilft (...) Die Reise ist zu Ende, und ich bin in der Heiligen Stadt Jerusalem angekommen.

(...) Haben beim Übergang von den Wellen zum irdischen Reich der Stille eine Andacht gebetet. Meine Eindrücke und Freude festzuhalten ist die Feder nicht imstande!

Hier hat der Herr gelitten! Man sucht Gott und sieht, daß die Menschen so aussehen wie damals (...) Und dann der große Augenblick, da man zum Grab Christi kommt! Hier spürt man die Liebe, mit der er die Welt geliebt hat (...)

[Nach den Eindrücken und Anspielungen auf Geistliche zu Hause nun solche auf Politiker:]

Und hier hat Herodes Unschuldige töten lassen (...) Wie perfide der Neid ist! Das ist der wahre Grund all der Massaker (...) Die

---

*) Diese Passage ist offenbar eine Anspielung auf die Angriffe des etablierten Klerus gegen ihn

Intrige regiert hinter der Krone, und die Wahrheit wartet wie eine Pflanze, bis ein Sonnenstrahl sie erhellt (…)«

In Bethlehem, der Geburtsstätte Christi, werden in Rasputin neben den biblischen Reminiszenzen offenbar wieder Erinnerungen an den eigenen Alltag wach.

»Wenn man die Krippe des Erlösers sieht, vergißt man den Kummer über alle Intrigen …«

Reisenotizen, Eindrücke und Assoziationen, Anspielungen und versteckte Bosheiten neben philosophischen Reflexionen und moralischen Dogmen – alles ein wenig im Stil der russischen Bylinen (Sagen) vermittelt, und nie ohne belehrenden Zeigefinger, etwa nicht das Verdienst im Willen zu suchen, sondern in der Geduld. Dafür der Trost: Sünde kann zum Heil Gottes führen, wenn man die Liebe Gottes (und zu Gott) bewahrt (siehe Lot – »wie wurde er von Gott gekrönt!«). Über die Kirche: »Eines Tages wird die orthodoxe Kirche im Namen der Liebe alle anderen in sich vereinigen …« Über Klöster: »Sie sind nicht für das Volk, sondern nur für den Staat, es sollte aber umgekehrt sein …« – Und schließlich die Aufforderung an andere, zu pilgern, da sie dabei die Religion, die Heimat und den Zaren lieben lernten.

Am Ende des dicken Notizheftes resümiert Rasputin:
»Diese Quelle schöpft nicht aus tiefer Weisheit. Der Herr nährt sie mit seiner Wahrheit – möge sie auch schlecht sein, aber es ist die Wahrheit.   Grigorij«

12. Das Ende der Feinde

Im Mai 1911 kommt Rasputin zurück. Er hat das Osterfest im Heiligen Land verbracht (mit dem zuvor gefeierten der Katholiken, die er »von Herzen bedauert«, weil sie seiner

Ansicht nach »nicht so freudig« feierten wie die orthodoxen Christen). Indessen ergibt sich eine weitere, seine Position in Petersburg festigende Entwicklung: der Oberprokuror des Hl. Synods, S. M. Lukjanow, Anhänger von Rasputins Kritiker Stolypin, wird durch einen Freund Rasputins, W. K. Sabler, ersetzt.

Wyrubowa erinnert sich, warum Lukjanow Rasputin im Weg war: »Lukjanow wollte Iliodor verjagen. Der Starez meint, man muß so tun, als ob das Volk hinter Iliodor stünde. Deshalb muß Lukjanow weg, er ist ohnehin nur ein Schwanz Stolypins und sympathisiert mit allen Herren der Duma. – Und wen soll man an seine Stelle setzen?, fragt Mama (die Zarin). – Sabler, kommt es vom Starez wie aus der Pistole geschossen. – Er ist brav und loyal. Weich wie Wachs! Ein bißchen Wärme – und er biegt sich. Und ein treuer Diener des Zaren, und fromm ist er auch …«

Dieses Gespräch wird durch Iliodors Berichte untermauert, der angibt, Rasputin habe ihm erzählt, daß Sabler ihn, Rasputin, auf den Knien um Intervention angefleht habe. Glaubhaft ist auch Rasputins Gegnerschaft zu Stolypin und zu Abgeordneten der Duma, weil diese ihn durchschauen und deshalb seine gefährlichsten Feinde sind. Da Rasputin die Vorbehalte der Zarin gegen das Parlament kennt, das die autokratische Macht beschneidet, nutzt er geschickt ihre feindselige Haltung aus, indem er sie in dieser Ansicht bestärkt und bei jeder Gelegenheit gegen die Duma opponiert.

Mit Lukjanows Abgang zeichnet sich ein weiterer Machtverlust Stolypins ab.

Die Streitfrage um Rasputin ist nicht der Grund für die Distanz zwischen dem Zaren und einem seiner loyalsten und fähigsten Minister. Stolypin will sowohl durch seine Reformen in Richtung Demokratisierung und Stärkung der Selbstverwaltungsinstitutionen als auch durch die Emanzipation benachteiligter Minderheiten wie der Juden die Verhältnisse stabilisieren und somit revolutionären Bewegungen den Wind aus den Segeln nehmen. Doch dem Zaren (und vor allem der Zarin) ist Stolypin allmählich zu liberal. Auch die Autonomiepläne für Polen und Finnland sind ihm unheimlich; langsam entzieht er ihm, dem er noch vor kurzem den Rücktritt verweigert hat, das Vertrauen. Als sein Gesetzesvorschlag (zur Stärkung der militärischen Schlagkraft) im Parlament blockiert wird, reicht Stolypin erneut seinen Rücktritt ein; diesmal will es sich der Zar »überlegen …«

Kurz darauf wird ein großer Festakt in Kiew vorbereitet. Das Denkmal des Reformzaren (Bauernbefreiers) Alexander II., des von Anarchisten ermordeten Großvaters von Nikolaus, dessen Werk Stolypin fortzusetzen versucht, soll Anfang September enthüllt werden. Die Sicherheitsvorkehrungen für den Besuch des Zaren und seiner Suite mit Stolypin laufen auf Hochtouren.

Für die Sicherheitspolizei gilt Alarmstufe eins. Die Hauptstadt der Ukraine, mit ihren latent vorhandenen Ressentiments gegenüber der russischen Hauptstadt, ist Zentrum Oppositioneller und ihrer Untergrundbewegungen. Der stellvertretende Innenminister P. G. Kurlow war mit dem Chef der Palastwache, A. I. Spiridowitsch, bereits vor der Zarenfamilie eingetroffen, um für Sicherheitsvorkehrungen zu sorgen. Darüber vergißt man die zu diesem Zeitpunkt am meisten gefährdete Person des Innenministers und Ministerpräsidenten Stolypin selbst – der seinem eigenen Stellvertreter Kurlow ohnehin ein Dorn im Auge ist. Hat Stolypin sich nicht nur in revolutionären Kreisen durch sein hartes Vorgehen gegen Anarchisten verhaßt gemacht und dadurch, daß er durch sein Reformprogramm ihrer Bewegung den Boden entzieht, ist er auch reaktionären und konservativen Kreisen, dem Adel wie dem Beamtentum, ein

Dorn im Auge, da er sie ihrer Privilegien beraubt, um auf ihre Kosten den Mittelstand zu stärken.

Als die Herrscher eintreffen und sich ihr Zug mit Begleitung durch die Stadt bewegt, ist auch Rasputin in der Menge, die die Straßen säumt. »Die Zarin sah mich und gab mir mit ihrem Kopfnicken ein Zeichen, das ich mit meiner segnenden Hand beantwortete«, berichtet er später, »doch als der Wagen mit Stolypin auftauchte, erzitterte ich am ganzen Körper. Ich sah den Tod über ihm, den Tod ...«

Über die Tage der Feiern hat Rasputin enthusiastische Aufzeichnungen gemacht. Sie beginnen so: »In welche Freude ist die Stadt Kiew getaucht! Gott, wie groß ist Vater Zar! Das ganze einfache Volk ist auf den Beinen, aber auch die Aristokratie und selbst die Ungläubigen. Ihre Herzen sind voll der Liebe zur Heimat. Der Besuch des Herrschers erneuert Rußland. Die Menge wälzt sich durch die Stadt, weil der von Gott Gesalbte [Zar] kommt ...«

Sieben Blätter füllen Rasputins schwärmerische Ausführungen, über deren Sinn man nur rätseln kann. Sollen sie seine hohen Beschützer von seiner Loyalität und der Echtheit seiner religiösen Gefühle überzeugen? Der Text ist eine einzige Schwärmerei von den Feierlichkeiten, Gottesdiensten, Feuerwerken und allem, was in Anwesenheit der Zarenfamilie abläuft – bis auf das dramatische Ereignis, das nun folgen sollte. Es betrifft Rasputins schärfsten Gegner.

Kurz vor den geplanten Feierlichkeiten anläßlich der Enthüllung des Denkmals für Alexander II., deren Abschluß die Galavorstellung der Glinka-Oper »Ein Leben für den Zaren«* bilden sollte, erscheint im Büro der Ochrana, der Sicherheitsbehörde, ein Mann. Er ist kein Unbekannter, hatte er doch Jahre zuvor als Polizeispitzel in revolutionären Kreisen Dienst versehen (für beide Seiten, wie sich später

---

*) In sowjetischer Ära in »Iwan Susanin« umbenannt

herausstellen sollte). Ein Mann und eine Frau, habe er zufällig erfahren, würden demnächst nach Kiew kommen, um auf Stolypin ein Attentat zu verüben. Am Tag der Opernvorstellung – dem 1. September – meldet er, die beiden seien bereits eingetroffen und würden im Theater sein. Er könne sie dort identifizieren.

Die Sicherheitsregeln, wonach ein »externer« Informant beschattet und perlustriert wird, wenn er sich dem Bereich eines gefährdeten Personenkreises nähern darf, bleiben – nicht zuletzt aufgrund der Rivalitäten zwischen Polizei- und Sicherheitsorganen – unbeachtet. Es wird auch versäumt, dafür zu sorgen, daß der Informant wie vereinbart sofort nach dem ersten Akt der Vorstellung das Theater verläßt.

So können die Ereignisse ihren Lauf nehmen. Als der Vorhang sich zur Pause senkt, verläßt der Zar mit den ihn begleitenden Töchtern Olga und Tatjana seine Loge, um im Salon Tee zu trinken. Das Parterre hat sich nahezu geleert. Vorne haben sich gerade Stolypin – dessen Bewacher in Verletzung seiner Dienstpflicht den Minister für eine Rauchpause verlassen hatte –, Hofminister Baron Fredericks und General Suchomlinow erhoben, als sich ihnen von hinten langsam ein eleganter junger Mann – der Informant – nähert. Gezielt gibt er auf Stolypin drei Schüsse ab.

»Plötzlich hörten wir ein dumpfes Knallen aus dem Zuschauerraum«, beschreibt der Zar Tage später in einem Brief an seine Mutter diesen Augenblick, » – als ob etwas Schweres gefallen wäre. Ich dachte, jemandem auf dem Balkon wäre sein Fernglas ins Parterre hinuntergefallen – jemand anderem auf den Kopf – und ich kehrte in meine Loge zurück. Rechts von meiner Loge sah ich, wie sich ein paar Offiziere um jemanden bemühten. Damen schrien auf – und plötzlich sah ich am anderen Ende Stolypin ...«

Das Parkett füllt sich mit hastig hereinstürzenden Uniformierten. Einer eilt zum Orchestergraben und zischt: »Rasch, rasch, die Zarenhymne spielen ...«

»Ich bin verletzt«, murmelte Stolypin, und Spiridowitsch berichtet später weiter: »Er faßte sich an die Brust, taumelte, streifte mit mechanischer Geste seinen Gehrock ab und legte ihn auf die Brüstung vor sich, warf einen Blick auf das Blut und sank in den Fauteuil zurück. Langsam, mit Mühe, wandte er sich um – in Richtung Zarenloge, wobei er kaum hörbar › ...glücklich, für den Zaren zu sterben‹ flüsterte. Und formte, noch ehe sein Blick die Loge erreicht hatte, mit seiner rechten Hand in ihre Richtung ein Kreuz.«

In diesem Augenblick hatte der Zar seine Loge betreten und den Verwundeten erblickt. »Er wandte sich langsam mir zu und hob seine Hand zu einem Segenszeichen«, schrieb er später darüber, »erst da sah ich sein blasses Gesicht, das mich ansah, und das Blut, das über seine Weste und seine Hand rann. Neben unserem Gang erhob sich Lärm. Es waren Leute, die den Mörder lynchen wollten; ich bedauerte beinahe, daß die Polizei das verhinderte ...«

Als Stolypin den Blick des Zaren sieht, bedeutet er ihm mit einer Geste, sich zu entfernen – als wolle er ihn in Sicherheit wissen oder ihm den Anblick seines Todes ersparen –, bevor er sein Bewußtsein verliert.

Der Attentäter hatte sich erst ruhigen Schrittes zum Ausgang begeben, ehe er zu laufen begann. Doch es gab kein Entkommen für ihn. Dmitrij Bogrow entstammt dem jüdischen revolutionären Milieu und gesteht bald, er habe es nie auf den Zaren abgesehen gehabt, sondern nur auf Stolypin. Denn dieser habe der Revolution entgegengewirkt, und außerdem hätte ein Zarenmord nur Pogrome zur Folge. Dabei scheint es offenbar unerheblich, daß es gerade Stolypin gewesen war, der sich beim Zaren gegen Pogrome, für die Aufhebung diskriminierender Gesetze gegen die jüdische Bevölkerung und für die Beendigung des Ausnahmezustandes in Gebieten mit konspirativen Zentren eingesetzt hatte – und dabei auf den Widerstand des Zaren gestoßen war. Eine Woche später wird Bogrow gehängt.

Mit dem Tod Stolypins und der Verbannung Feofans ist Rasputins Kampf gegen seine mächtigsten Gegner noch nicht ausgefochten. Wie sehr die Zarin zu seiner wichtigsten Beschützerin wird und dabei immer mehr in personelle Belange eingreift, bis sie auch auf politische Einfluß ausübt, zeigt die Begegnung zwischen ihr und Stolypins Nachfolger. Schon kurz nach dem Attentat bestimmt der Zar Finanzminister W. N. Kokowzow zum neuen Vorsitzenden des Ministerrates bzw. Ministerpräsidenten. Er wird aus diesem Anlaß im Sommerpalast des Zaren in Livadia auf der Krim zu Orientierungsgesprächen empfangen, wo die Zarenfamilie nach ihrem Aufenthalt in Kiew Urlaubstage verbringt.

Der Politiker erinnert sich später daran, daß er nach seinen Unterredungen mit dem Zaren auch von der Zarin empfangen wurde. Diese machte aus ihrer Abneigung gegen Stolypin – ausschließlich wegen seiner kritischen Haltung gegenüber Rasputin – ungeachtet seiner Verdienste und der Umstände seines Todes kein Hehl und scheute sich nicht, Kokowzow zu verstehen zu geben, was sie von ihm erwartet:

»Ein Teil dieses Gespräches ist mir in Erinnerung geblieben, da sich dabei die eigentümliche, mystische Natur dieser Frau entfaltete, die eine so außerordentliche Rolle in der Geschichte Rußlands spielen sollte. Sie sagte: ›Es fällt mir auf, daß Sie Vergleiche zwischen sich und Stolypin ziehen. Sie scheinen seinem Andenken zuviel Ehre zu erweisen und seinen Leistungen und seiner Persönlichkeit zuviel Bedeutung beizumessen …‹

– ›Aber er hat doch nicht nur für den Zaren gewirkt, sondern er ist auch für ihn gestorben‹, wandte ich erstaunt ein.

›Glauben Sie mir‹, fuhr die Herrscherin unbeirrt fort, ›man braucht diejenigen nicht zu bedauern, die nicht mehr am Leben sind. Ich bin sicher, jeder tut nur seine Pflicht und erfüllt sein Schicksal, und wenn man stirbt, so heißt das, daß seine Rolle zu Ende ist und sich sein Schicksal erfüllt hat. Das Leben nimmt ständig neue Formen an, und Sie sollten nicht versuchen, blind das Werk Ihres Vorgängers fortzusetzen. Bleiben Sie Sie selbst; kümmern Sie sich nicht um Unterstützung der politischen Parteien; sie bedeuten in Rußland so wenig. Finden Sie Unterstützung im Vertrauen des Zaren – Gott der Herr wird Ihnen helfen. Ich bin sicher, Stolypin ist gestorben, um Ihnen Platz zu machen, und das ist alles zum Wohle Rußlands ...‹«

Doch auch Kokowzow, der die leise warnende Anspielung verstanden hat, sich nicht das Vertrauen des Zaren durch »unloyales Verhalten« (gegenüber dem umstrittenen »Freund« des Herrscherpaares) zu verscherzen, wird es nicht möglich sein, Rasputin aus dem politischen Alltag fernzuhalten. Denn der Sibirier, kaum zurück in der Hauptstadt, sorgt wieder für Schlagzeilen in den Medien und hochgehende Wogen in der öffentlichen Meinung.

Anlaß dazu ist ein Skandal zwischen Rasputin und den Bischöfen Hermogen und Iliodor, die Rasputin gegenüber allmählich ähnlich kritischer werden – wie zuvor bereits Bischof Feofan, dessen Geschick bereits bekannt ist. Hatten die beiden Geistlichen wie Feofan in der ersten Zeit den Neuankömmling aus Sibirien in der Hauptstadt herumgereicht, beginnen sie – erst Bischof Hermogen – sich von ihm allmählich zu distanzieren. Wird ihnen zunächst von mancher Seite unterstellt, eifersüchtig auf jenen einflußreichen, nicht einmal kirchlich geweihten »Hauspopen« zu sein, so lösen schließlich sachliche Meinungsverschiedenheiten das Zerwürfnis zwischen den drei Männern aus.

Eines davon betrifft das Projekt, weibliche Diakonissinnen* in die Dienste der Kirche zuzulassen. Rasputin torpediert diese Idee mit dem Argument »die Bischöfe wollen das nur haben, um in ihren Residenzen Bordelle einzurichten« und zieht sich mit dieser Bemerkung nicht nur die Entrüstung seiner beiden Freunde zu.

Rasputins Widerstand gegen die Zulassung weiblicher Diakonissinnen ist ein doppelter Schachzug, der allmählich durchblicken läßt, daß es ihm nicht um Sachfragen geht, sondern um die Schwächung seiner Kritiker – eine Motivation, von der er sich im Laufe der Zeit bedenkenlos auch in politischen Belangen leiten läßt.

Es war nämlich die Schwester der Zarin, die in Moskau lebende Großfürstin Elisabeth, die den Antrag für Diakonissinnen gestellt hatte. Sie war nach der Ermordung ihres Mannes in einen Orden eingetreten und ist dort aktiv für karitative Aufgaben tätig, hat Krankenhäuser, Kinderpflegeheime und Schwesternschulen eingerichtet. Durch ihre Tätigkeit und ihr gewinnendes Wesen – abgesehen von ihrer Schönheit – ist sie angesehener und beliebter als die Zarin, was zu Rivalität von seiten Alexandras beigetragen hat.

Das schlimmste: sie ist Kritikerin Rasputins und hat vergeblich ihre Schwester vor ihm zu warnen versucht.

Rasputin nutzt geschickt das gestörte Verhältnis der Zarin zu ihrer Schwester aus, um sie gegen deren Pläne einzuschwören. Im Ergebnis gelingt es ihm, Hermogen und Elisabeth einen Schlag zu versetzen.

Doch auch in anderen Fragen und Projekten der Bischöfe scheiden sich die Geister, und Rasputin behindert alle Pläne, statt sie zu unterstützen. Es genügt, daß er der Zarin

---

*) Das ist bisher in der orthodoxen Kirche nicht üblich gewesen, da das Diakonat eine Vorstufe des Priestertums ist und gemäß dem Alten Testament nur von Männern bekleidet wird

davon abrät, über den Synod die Zustimmung zu geben. Die Einigkeit des Triumvirats zerbricht.

Es bedarf nur mehr eines Anlasses, um die Differenzen eskalieren zu lassen. Ob Iliodor, dem mit Rasputin enger befreundeten Geistlichen, erst nach und nach jene Geschichten über Rasputins Privatleben zugetragen werden, die Hermogen bereits kennt, oder ob ihm durch einen besonderen Vorfall plötzlich die Augen aufgehen, ist nicht bekannt. Jedenfalls befinden sich Iliodor und Hermogen im Dezember dieses Jahres 1911 in der Hauptstadt, als Rasputin durch seinen Lebenswandel neuerlich von sich hören macht: angeblich hat er in einer Kirche eine Nonne zu vergewaltigen versucht.

Iliodor bittet Rasputin in die Residenz, in der sich Hermogen aufhält, und in der er einige Freunde als Helfer und Zeugen versammelt hat. Sie alle sind aufgebracht über Rasputin und empört, daß dieser unter der Vorgabe, frommer Vertreter Gottes zu sein, die orthodoxe Kirche beschmutze und kompromittiere.

Kaum ist Rasputin eingetreten, ruft einer der Männer: »Da bist du ja! Gottloser! Wieviele Frauen fehlen dir noch?! Wieviele Nonnen hast du geschändet! Du treibst es sogar mit der Frau des Zaren!« – und versucht, Rasputin an den Genitalien zu packen (Iliodor berichtet später, man habe vorgehabt, Rasputin bei dieser Gelegenheit zu kastrieren).

Rasputin ist zu Tode erschrocken, seine Lippen zittern. Schließlich faßt er sich: »Nein! Der Gottlose bist du! Du bist gottlos!«

Nun schaltet sich Hermogen ein und befiehlt Rasputin gebieterisch, sich das Sündenregister anzuhören, das Iliodor für diese Stunde der Abrechnung vorbereitet hat. »Als ich am Ende war mit meinen Aufzählungen, wie Grigorij den Dämon des Fleisches auszutreiben pflegte«, erzählt Iliodor später, »schrie Hermogen ihn an:

›Sprich, Sohn des Teufels, hat Vater Iliodor die Wahrheit über dich gesagt oder nicht?‹

›Alles ist wahr, alles ist wahr‹, kam es mit erstickter Stimme.

›Gestehe, welche Macht leitet dich?‹ bohrte Hermogen weiter.

›Die Macht des Satans!‹ antwortete Rasputin schon gefaßter …«

Jetzt packt Hermogen Rasputins Kopf mit der Linken und holt mit der Rechten, die ein Kreuz hält, aus. Mit der Wucht seiner Wut läßt er es auf Rasputin niedersausen. Dazu dröhnen Mark und Bein durchdringend seine beschwörenden Worte:

»Du böser Geist! Im Namen Gottes verbiete ich dir, jemals wieder das weibliche Geschlecht anzurühren! Ich verbiete dir, den Palast des Zaren jemals wieder zu betreten und mit der Zarin in Kontakt zu treten. Unsere heilige Kirche ist durch ihre Gebete, durch ihre Segnungen und ihre geistigen Gaben stets die Wiege des heiligen Schatzes der Nation gewesen – des Zaren und Selbstherrschers. Und du warst es, du Schlange, die dieses Heiligtum zerschlagen und zerbrochen hat!«

Am Ende dieser sich wie ein Bannfluch ausnehmenden Rede stößt Hermogen Rasputin in die angrenzende Kapelle hinüber. Iliodor und Rodionow folgen den beiden. Die anderen Zeugen der Szene bleiben wie gelähmt zurück.

Hier erhebt Hermogen noch einmal seine furchterregende Stimme:

»Erhebe deine Hand! Auf die Knie! Sprich nach:

Ich schwöre hier bei den heiligen Reliquien, die Schwelle der kaiserlichen Paläste nicht zu betreten, außer dazu vorher von Bischof Hermogen und Abt Iliodor gesegnet worden zu sein!«

Rasputin ist entsetzt. Blaß, zitternd und kraftlos tut er, was Hermogen ihm befiehlt. Endlich läßt man ihn laufen.

Schwer vorstellbar, daß Rasputin die Sache auf sich hätte beruhen lassen. Doch er handelt überlegt. Erst versucht er, die Gefahr auszuschalten, daß Hermogen – noch in Amt und Würden – der Zarin sein vor Zeugen (wiewohl unter Druck) abgelegtes Geständnis übermitteln kann. Er läßt über seine angesehene Freundin Golowina (Schwägerin der Wyrubowa) Iliodor um Vermittlung bei Hermogen bitten, daß er den reuigen Delinquenten empfangen möge. Der Bischof willigt schließlich ein, will aber nicht mehr von Angesicht zu Angesicht mit Rasputin sprechen. Der Besucher versenkt sich nach der Begrüßung in die Rückenansicht des Geistlichen, bevor er plötzlich aus der wortlosen Zusammenkunft flieht.

Es ist nicht zu vermeiden, daß die Zeitungen in diversen Variationen über den Vorfall berichten. Doch Rasputin hat vorgesorgt. Während Hermogen und Iliodor in Interviews beklagen, daß man an höherer Stelle sogar an eine Priesterweihe für Rasputin gedacht habe (was allerdings gar nicht den Intentionen Rasputins entsprach), obwohl er »eine solche Null« sei, daß er »nicht einmal über die erste Litanei ›In Frieden beten wir zum Herrn‹ hinausgekommen« sei, und daß man endlich begreifen müsse, mit wem man es zu tun habe – war der solcherart Verurteilte längst bei der Zarin.

Sie ist vom Überfall auf Rasputin empört. Zur Wyrubowa äußert Rasputin nach seinem Gespräch triumphierend: »Seine Eminenz (Hermogen) wird schon sehen, was es ihn kostet, seine Berichte auszustreuen ...«

Der Synod, die oberste Kirchenbehörde, wird vom Zaren (auf Betreiben der Zarin) angewiesen, Hermogen und Iliodor zu verbannen. Ein Ansuchen Hermogens auf Audienz wird abgelehnt, am 3. Januar 1912 erhält er die Verfügung zugestellt: dem Bischof wird ein Bischofssitz in der Diözese von Grodno zugewiesen und ein Aufenthaltsverbot für Petersburg erteilt; Iliodor wird der Rang des Abtes aberkannt, er muß sich in das Floritschewkloster im Kreis Wladimir zurückziehen. Doch beide weigern sich vorerst, sich dem Urteil zu beugen, und werden von zahlreichen Sympathiekundgebungen unterstützt.

Da auch sein Ansuchen, den Stichtag der Abreise aus Petersburg »krankheitshalber« verschieben zu können, abgelehnt wird, telegrafiert Hermogen verzweifelt an den Zaren: er habe sein ganzes Leben lang der Kirche und dem Thron gedient, »und nun, in meinem Alter, verjagst Du mich mit Schimpf und Schande wie einen Banditen aus der Hauptstadt. Ich bin bereit zu gehen – egal wohin, aber gewähre mir zuvor eine Audienz, in der ich Dir ein Geheimnis eröffnen kann.«

Davon will der Zar jedoch nichts wissen. Auch die Zarin erhält ein Telegramm. Sie beantwortet es mit einem Satz: »Man muß den Behörden gehorchen, die von Gott eingesetzt sind.« – »Typisch Grischka [Grigorij]«, kommentiert Hermogen.

Der Beschluß des Synods, den Bann über die beiden Geistlichen auszusprechen, war dessen Oberprokuror, Sabler, offenbar gegen seinen Willen aufgezwungen worden: er hatte sich zunächst für eine Milderung der Strafmaßnahmen eingesetzt. Resigniert muß er feststellen, »daß die Sympathien des Herrschers auf seiten Rasputins sind, der nach Ansicht des Zaren ›in eine Falle gelockt und wie von Banditen im Wald überfallen worden ist‹ …«

Journalisten gegenüber zeigt sich Sabler ebenfalls vorsichtig distanziert gegenüber Rasputin. Auf die Behauptungen Iliodors und Hermogens angesprochen, wonach der Synod erwäge, Rasputin in den Priesterstand zu erheben, reagiert er mit entschiedener Zurückweisung.

Und als Hauptvorwurf, der offiziell als Grund für Hermogens Bestrafung durch die oberste Kirchenbehörde verbreitet wird, heißt es, Hermogen sei nicht bereit, sich dem Verbot der von ihm beantragten Zulassung von Diakonissinnen zu beugen. Gleichzeitig ist der Zar bemüht, dem Gerede dadurch ein Ende zu bereiten, daß er Hermogen einen Termin für die Abreise aus der Hauptstadt stellt.

Der Lärm, den die Affäre auslöst, wird durch die Medien nicht nur in der Hauptstadt diskutiert, sondern in das Land getragen und breitet sich auch noch über dessen Grenzen aus. Das muß die Zarin zur Kenntnis nehmen, als sie von ihrem Cousin Kaiser Wilhelm – nicht gerade ein Freund der Zarenfamilie – einen Brief erhält:

»Ich glaube an Deinen kritischen Verstand und Deinen Stolz. Dennoch gelangen diese schrecklichen Nachrichten über Deine und Nikis Begeisterung für diesen ›Starez‹ zu mir. Für mich ist das vollkommen unverständlich. Wir sind Gesalbte von Gottes Gnaden, und unsere Handlungen müssen vor Gott ebenso rein und jenseits jeglicher Kritik sein wie alles, was die Menschen von uns erfahren. Doch diese Eure Neigung stellt Euch auf eine Ebene mit dem Pöbel. Seid auf der Hut. Denkt daran, daß die Würde der Zaren ein Pfand ihrer Macht ist …«

Im folgenden geht er auf die ausländischen Presseberichte betreffend Iliodor ein. Dessen Auftreten gegen Rasputin werde als Aufstand der Kirche gegen die Staatsmacht betrachtet. Das Schlimmste daran sei, kommentiert Wilhelm, daß das Herrscherpaar »nicht eine beschwichtigende, sondern noch aufheizende Rolle« spiele. »Der Name der Zarin wird in einem Atemzug mit dem irgendeines suspekten Emporkömmlings genannt! Das ist unmöglich!«

»Dieser Brief hat Mama wie ein Blitz getroffen«, berichtet Wyrubowa. ›Wie kann er es wagen, sich in unser Leben einzumischen – dazu hat niemand das Recht!‹, tobte sie. Sie war fest davon überzeugt, daß Wilhelm dieser Brief von seinem Bruder Heinrich [mit Alexandras Schwester Irene verheiratet] eingegeben worden war. – ›Wer hat ihm das

Recht gegeben? Wie konnten sie das wagen! Und dieser Iliodor – Verräter, Judas! Der Starez hatte sich um ihn gekümmert wie um einen Lieblingsbruder – und jetzt ist er sein Verräter …‹«

Mit dem Engagement für die Geistlichen wächst eine Front gegen Rasputin.

Neben Persönlichkeiten des politischen und gesellschaftlichen Lebens setzt sich auch ein gewisser Badmajew für die beiden vom Kirchenbann getroffenen Geistlichen ein. Sie haben nicht nur Unterstützung, sondern auch Unterschlupf bei dieser ebenso mysteriösen wie schillernden Person gefunden.

Der stets in langem Seidenkaftan und weichen Lederstiefeln auftretende Pjotr Alexandrowitsch Badmajew, der ursprünglich Shamsaran hieß, gilt als geheimnisumwitterte Figur dieser Zeit. Angeblich kann er nicht nur verborgene Krankheiten heilen, sondern auch das Geheimnis der ewigen Jugend lüften. Er wird sowohl der Clique um Rasputin zugerechnet (was nicht ausschließt, daß von deren Angehörigen behauptet wird, die beiden Männer hätten einander nie gesehen) – als auch über die Wyrubowa zur Umgebung des Zaren.

Tatsache ist, daß der aus Ostsibirien stammende Burjate in Petersburg studierte, mit dem Beistand des späteren Zaren, Alexander III., zur Orthodoxie konvertierte und von diesem schließlich als politischer Berater für Ostasienfragen herangezogen wurde.

Seine Analysen waren vielversprechend: 1893 – also wenige Jahre vor dem russisch-japanischen Krieg – sah er das Ende der Mandschudynastie voraus, doch seine Prognose, daß damit für Rußland der Weg für eine friedliche Annexion von China, Tibet und der Mongolei offenstünde, war falsch. Was machte das schon aus – hatte er doch bereits für politische Propaganda unter den Burjaten und wirtschaftli-

Дорогой Петр ~~Александровичъ~~!

Чуть волосы на себѣ не рву. Въ суматохѣ не вложилъ въ конвертъ Николаю копіи писемъ. Вотъ досада то! Посылаю теперь, но не знаю, дойдутъ ли?

Письма — самая точная копія съ оригиналовъ, даже со всѣми ошибками.

Тревожусь, не пострадаетъ ли отъ этой моей оплошности дѣло? Слишкомъ торопили, пугали обѣщали и прочими страхами. Отъ этого все и произошло.

Прошу Васъ сердечно написать мнѣ подробное письмо, какъ награда дѣла. Любящій Васъ – іером. Иліодоръ

1912. / II, 23.

Brief des auf Rasputins Veranlassung verbannten Erzabtes Iliodor an Badmajew zur Intervention beim Zaren

che sowie politische Kontaktaufnahme mit der mongolisch-chinesischen Elite zwei Millionen Rubel erhalten.

Badmajew tröstete sich über den politischen Mißerfolg mit einträglichen Geschäften – etwa Eisenbahnkonzessionen – hinweg und begann sich in der russischen Hauptstadt auf die Vorzüge seiner Herkunft zu besinnen. Er unterrichtete Mongolisch an der Petersburger Universität und stellte sein Wissen um tibetische Heilkräuter und -methoden zur Verfügung. Als suspekt gilt er dadurch, daß er seine Therapien stets mit Einflußnahme und Intrigen zu verknüpfen weiß. Aus dem Tagebuch der Wyrubowa geht hervor, daß Badmajew mitunter auch bei Erkrankungen in der Zarenfamilie seine Pulver zu mischen pflegte.

Daß Badmajew es sich bei seiner Intervention mit niemandem verscherzen will, ergibt sich aus der diplomatischen Formulierung seines Schreibens an den Zaren. Über Rasputin spricht er allerdings nicht mehr vertraulich als »Grigorij Jefimowitsch«, sondern als »Herr Nowyj«. Sein Schreiben spiegelt die Stimmung in der Hauptstadt wider:

»Man hat sich an mich mit der Bitte gewandt, zu einem ruhigen Abgang von Bischof Hermogen beizutragen. (…) Die Zeitungen sind über Herrn Nowyj hergefallen. Sie drucken den Kommentar von Herrn Nowyj und wollen von mir die Standpunkte von Bischof Hermogen und Erzabt Iliodor drucken. Ich bat sie, vor deren Abreise über Herrn Nowyj zu schweigen. Ich erklärte ihnen, wenn der Herrscher die Wahrheit wissen wird, wird er selbst alle Fragen klären, die alle beschäftigen.

(…) Es hat eine allgemeine schädliche Polemik eingesetzt. Ist Ihnen, verehrter Herrscher, wirklich jene Episode bekannt, die sich zwischen Herrn Nowyj und Bischof Hermogen, Erzabt Iliodor und zwei Zeugen abgespielt hat? Bischof Hermogen und Erzabt Iliodor sind Glaubensfanatiker, die dem Zaren tief ergeben sind und es für nötig erachtet haben, Herrn Nowyj zu überreden, den Zarenhof nicht mehr zu besuchen.

Ihrer Meinung nach entbehrt Herr Nowyj, wie offenbar allgemein bekannt ist, wahrhaftiger Heiligkeit und erregt die Gemüter der gläubigen Untertanen, die nicht verstehen, warum er freien Zugang zu Ihrer Majestät hat.

Nach den Worten des Bischofs Hermogen und des Abtes Iliodor sowie der Zeugen hat er vor einem Gottesbild geschworen, nicht mehr den Zarenhof zu betreten. Die beiden (Hermogen und Iliodor) sind überzeugt, daß sie deshalb verbannt werden, weil sie Herrn Nowyj gezwungen haben, vor dem Gottesbild diesen Schwur zu leisten, und daß Herr Nowyj Ihrer Majestät anderes berichtet hat, um den Kaiserlichen Zorn gegen sie zu erregen.

Da an mich ständig Personen aller Gesellschaftsschichten, des Klerus, Politiker, Vertreter der Staatsduma herantreten, finde ich als außenstehender Beobachter, daß es möglich sein muß, die Angelegenheit einfach und ruhig und ohne Aufwühlen der Gemüter zu erledigen.

Verzeihen Sie, teurer Herrscher, daß ich Sie mit dem Brief belästige, aber ich fand es nötig, Ihnen davon zu berichten ...«

Ebenso schreibt Badmajew an Wladimir Alexandrowitsch Dedjulin, Palastkommandant, auf den Zaren Einfluß zu nehmen, nicht Gewalt anwenden zu lassen bei der Ausweisung Hermogens und ihm zu gestatten, auch bei Iliodor – »obwohl der Fall etwas schwieriger ist« – zu einer »humanen und würdigen Lösung« beitragen zu können, »obwohl es von der Staatsräson her wichtig ist, beiden Personen Gehorsam abzuverlangen ...«

Dedjulin antwortet: »Ich habe heute mit meinem Meister (dem Zaren) in herzlicher Form zugunsten Ihres Anliegens gesprochen und danke Ihnen für Ihre Dienste im Fall Hermogen, der in der Tat grenzenlos dem Zar und der Kirche ergeben ist und sich dabei zu einem wahren Revolutionär entwickelt hat, (...) doch was Iliodor betrifft, bin ich durch Ihr Schreiben nicht überzeugt und glaube weder an seine Heiligkeit noch an seine Ergebenheit dem Zaren und dem Wohle Rußlands. Er ist ein Fanatiker, der ohne Skandale und öffentliches Interesse nicht leben kann. Er wird niemals nützlich, sondern nur schädlich sein ...«

Badmajew veranlaßt Iliodor, ein aufklärendes Schreiben an den Zaren zu richten, das er diesem mit Dedjulins Brief zukommen lassen will. Doch die Ereignisse nehmen bereits einen anderen Lauf. Noch Ende Januar 1912 reisen die beiden prominenten Feinde Rasputins aus der Hauptstadt ab. Rasputin hat über seine größten Gegner gesiegt.

13. Phönix aus der Asche

Auch nach Hermogens Abreise sind die Wogen der Entrüstung über Rasputin noch nicht geglättet. Der bekannte Publizist M. N. Nowosjelow schreibt in der »Golos Moskwy« (»Stimme Moskaus«) unter dem Titel »Der Aufschrei eines einfachen Orthodoxen«:

»›Quousque tandem abutere patientia nostra?‹* Diese Worte der Empörung entströmen der Brust des orthodoxen Russen angesichts des listigen Intriganten, der als Heiliger die Heiligen der Kirche kompromittiert, des verächtlichen Verbrechers von Seele und Körper – ich nenne Grigorij Rasputin. Wie lange noch sieht der Heilige Synod nun schon seit Jahren der kriminellen Tragikomödie, die ein Abenteurer vor ihren Augen spielt, stumm und tatenlos zu? ...«

---

* »Wie lange willst du unsere Geduld noch mißbrauchen?« (Cicero, Rede gegen Catilina)

Der Zar ist über den Sturm im Petersburger Blätterwald so ungehalten, daß er – eines der Grundrechte vergessend, das er selbst mit der Verfassung 1905 zugestanden hat, nämlich die Pressefreiheit – Justiz- und Innenminister zu sich zitiert und ihnen auferlegt, »mit diesen Skandalen Schluß zu machen«.

Die Minister sind ratlos. Der Innenminister entschließt sich, die führenden Chefredakteure persönlich zu bitten, in ihrer Berichterstattung persönliche Bezüge zu Zar, Zarin und Rasputin auszusparen. Während ihm das teilweise gelingt, unterstützt von der Drohung des Justizministers, Verstöße gegen die »Intimsphäre« der Dynastie mit Bußgeld zu belegen, wird durch diesen Eingriff in das verfassungsmäßige Grundrecht die Duma auf den Plan gerufen. Ein besseres Argument hätte die Regierung den Nichtkonservativen im Parlament für ihre Angriffe nicht liefern können: eine dringliche Anfrage will vom Innenminister wissen, was er unternommen habe, um das Gesetz – die Verfassung – zu wahren. Der Fall Rasputin ist wieder einmal zum Politikum geworden.

Rasputin hält in diesen turbulenten Zeiten bedeutungsvolle Anspielungen in seinem Notizheft fest, das als »Tagebuch« berühmt wird. Er bezeichnet das Heft (ein gewöhnliches Schulheft mit einem lehrreichen Puschkinzitat auf dem Deckblatt) selbst in seiner Überschrift als »Dnjewnik«, also Tagebuch; es handelt sich jedoch lediglich um zusammenhanglose Notizen. Es ist selbst für Russen schwer zu entziffern, nicht nur der ungewöhnlichen Formung der Buchstaben wegen, sondern auch wegen der erfundenen Schreibweise der Worte, die nur stückweise miteinander verbunden sind – denn Rasputin schreibt nach dem Gehör, und auch Satzzeichen sind ihm fremd. Doch selbst nach Entziffern bleiben die Notizen rätselhaft und lassen sich nur anhand des zeitlichen Hintergrundes deuten:

девникъ
братья мои имей‐
теверу въ iсуса
христа нашего
такъ *как* нцари
призовоть кседе
слугъ искожуть
имъ вы буте при
меромъ апостала
якова невзирая
намще иноазнатнось
абудите ~~~~~~~
смотреть делаево
становите ево ~~вычше~~

»Djewik« (richtig: »Dnjewnik«) – »Tagebuch« Rasputins: ein Heft mit zusammenhanglosen Aufzeichnungen, Gedanken und Kommentaren Rasputins 1910–1912: »Meine Brüder ... sind in Jesus Christus ... denn die Zaren rufen die Diener zu sich und sagen ihnen: seid Beispiel nach Apostel Jakob trotz allem, was kommt ...«

»... Selig der Mensch«, heißt es nach anfänglichen Formeln zum Lob Gottes, »der Angriffe hinnimmt dafür, daß er die Wahrheit aufzeigt, und der leidet für alles Gute, das er tut, und den Rat, den er gibt; von oben leuchtet das Licht über alle Intrigen und leuchtet mit dem Verstand; ohne Verstand kann man dem Zaren nicht dienen – dort braucht man Klugheit wie eine klare Sonne; verdirbt man etwa damit nicht und schadet dem Land – ist das nicht eine Sünde; sieh zu, daß du nicht die ganze Sache verdirbst; er ist zum Papa gelaufen – und wenn schon, eine verstimmte Saite verdirbt noch nicht alles (...) die Stimme des einfachen Menschen und das Gericht Gottes erfüllen sich; sie dringt schnell in das einfache Volk ebenso wie in die Gedanken der Hochgestellten und gibt die unfehlbare Wahrheit preis. Jeder einfache Mensch ist weiser als Salomon, man kann ihn sehr einfach an den Taten schätzen (...) Für die Alte war es nicht geschickt, ihren Enkel zu rufen, denn sie hat eine böse Zunge; man will denen, die von anderswo kommen, ein Weltgericht machen – was tun, daß nicht die einfache Seele verurteilt wird ...

Wie unsere ganze Welt weiß, hat unser Batjuschka Zar einen feinen philosophischen Verstand, und das Gefühl der Vernunft erfaßt in einem Augenblick das gesamte Leben Rußlands; die Güte in seinen Augen umgibt alle und alles, und er ist bereit, sein Leben zu geben, nicht nur als Zar, in seinen Augen brennt Liebe und Sanftmut und die Hoffnung, daß man ihn liebt und seine Feinde ihm verzeihen, ihm dem von Gott Gesalbten (...)

Jeder kennt seine Mühe und Arbeit, alle wissen, daß ihm nicht gegeben ist, sich auszuruhen, sondern sich ständig zu beraten, und seine Entschlüsse sind allen bekannt durch unsere Kaiserin Alexandra Fjodorowna, die von schwacher Gesundheit ist; Matuschka Zariza beschäftigt sich nur mit ihren Töchtern und der Erziehung ihres Sohnes, des Thronfolgers Alexej Nikolajewitsch – und der Beweis der Erziehung: wie in ihm die Liebe zur Heimat wie eine Sonne brennt – und die Liebe ist gegenseitig, sie wissen nicht, warum sie ihn so sehr lieben, er ist gesegnet (...) – Die *große Fürstin (Großfürstin) Olga Nikolajewna hat geradezu kaiserliche Augen und Güte und einen starken Verstand und kann (könnte) ohne Schwierigkeiten ein Land regieren ...«*

Zarin Alexandra tröstet sich über die Zeit der »Intrigen« gegen den, wie sie meint, unschuldig verfolgten Heiligen mit der Lektüre von Rasputins Aussagen, die sie nach jeder Begegnung mit ihm in ein mittlerweile schon umfangreiches Heft einträgt. Über jeder Seite ist ein Kreuz gezeichnet, wie es normalerweise in Korrespondenzen Geistlicher üblich ist. Das Deckblatt enthält Rasputins eigene, offensichtlich in bemühter Schönschrift und Leserlichkeit verfaßte »Widmung«:

»Hier ist meine Ruhe, des Ruhms, die Quelle in allem ist das Licht – Geschenk meiner ernsten Mama   Grigorij Februar, Am Morgen 1911«

Wie die Zarin hinter jedem Wort Rasputins Tiefsinniges und eine sich eben nicht gleich offenbarende Weisheit vermutet, mißt sie offenbar auch jedem dahingesprochenen Satz ihres geistigen Führers Bedeutung bei (und hält ihn fein säuberlich in ihrem Tagebuch fest):

»Lernen, dann wird man ein echter Lehrer. Lehre niemals, lerne nur selbst (...) Selbst ich, der schon lange lebt und alles durchgemacht hat, werde nicht sagen, daß der Herr seine Prüfung schon abgeschlossen hat, und das Leben zwingt mich weiter zu lernen. Und mit Liebe nehme ich die Lehre des Lebens an ...«

Wie aus den Aufzeichnungen ersichtlich, hat Rasputin nicht versäumt, die Zarin gegen die Aristokratie einzunehmen:

»Die verdammten Aristokraten haben noch kein wahres Licht gesehen; sie glauben, weil sie etwas besitzen, sind sie schon etwas und können immer recht haben; man soll ihnen sagen: Wisse die Wahrheit und gehe nicht gegen einen Christen und das rechtgläubige Volk vor (...)

Wenn Irdisches das seelische Gleichgewicht stört, wird dadurch die himmlische Sicht gefestigt. Hier ist trübes Wetter, dann Sonne ... Doch Freunde bedeuten mehr als Sonne; die Sonne wärmt, aber Freunde können – auch wenn man sich nicht sieht – nahe sein, nahe dem Thron ...«

Offenbar will Rasputin die Zarin damit seines steten Gedenkens versichern.

Die Idee, sich um nichts und niemandes Meinung zu kümmern außer um Gott, stammt offenbar auch von Rasputin: »Lieben Sie nur Gott. Sie haben kein anderes Ideal als Gott und Ihre Heiligkeit [gemeint ist die Weihe durch die Salbung bei der Krönung]. Trösten Sie sich mit nichts anderem als mit der Kirche und der Natur ...«

»Die Liebe ist das Ideal engelhafter Reinheit, und wir sind alle Brüder und Schwestern in Christo. Man soll nicht wählen, denn es sind alle Männer und Frauen gleich, und die Liebe soll sie gleichmachen, die Liebe rettet alle (...) Böses und alle Wunden heilen den, der mit Liebe gerettet wird. Das kommt nicht in einem Jahr, sondern erfordert viele Jahre idealer Liebe.«

Der loyale Ministerpräsident Kokowzow ist äußerst besorgt. Er hat nie Verständnis für die Bereitschaft der Zarin gehabt, wegen Rasputin den Ruf der Dynastie aufs Spiel zu setzen.

Noch weniger hält er von der Haltung der Zarin, »nicht die Unterstützung der anderen zu suchen«: Nicht nur, weil er sich mit der realitätsfernen Vorstellung, sich Isolation leisten zu können, nicht identifizieren kann, sondern auch weil er weiß, daß die Zarin damit gegen das Parlament opponieren will: in ihren Augen bedeutet schon dessen Existenz eine Machteinbuße für die Autokratie, die sie (so) uneingeschränkt (wie möglich) für ihren Sohn erhalten will.

Dies nicht zuletzt unter dem Eindruck von Rasputins Eingebung: er versäumt keine Gelegenheit, ihr die »Schädlich-

Здѣсь мои
покои славы
источникъ
восвѣтѣ
свѣтъ
подарокъ
моеи сердечнои
мамѣ
григорiи
февраля 7тре
1911

Aus dem Notizbuch der Zarin 1911–1915, in das sie Rasputins religiöse Belehrungen eintrug.
Auf dem Deckblatt (links) Rasputins Widmung:
»Hier ist meine Ruhe des Ruhms, Quelle allen Lichts – Geschenk meiner ernsten Mama   Grigorij«

+

[handschriftlicher russischer Text]

+

Мартъ 1915 г.
Петроградъ.

+

[handschriftlicher russischer Text] —

+   1915 г.

Hier die Eintragungen der Zarin: »… man muß lernen, um ein echter Lehrer zu werden. Lehre nie, lerne nur selbst.«
»Wenn man Talent hat, aber nicht demütig ist, wird man ein Kind des Teufels, und das Talent vergräbt sich in die Erde und Gott sagt: Gott hat dich
nicht beschützt – weiche von mir ins ewige Feuer …«

keit« der Duma zu suggerieren – dort weiß er seine erbittertsten und kompetentesten Feinde.

Und nun tritt ein, was Kokowzow so gerne vermieden hätte: mit dem »traurigen Fall« – wie er die Affäre Rasputin umschreibt – befaßt zu werden. Er ist längst einer Meinung mit Oktobristenführer und Ex-Dumapräsident Gutschkow und dem neuen Dumapräsidenten Rodsjanko, daß Rasputin Petersburg verlassen sollte.

Kokowzows Ersuchen um Audienz beim Zaren wird nicht gleich erfüllt. Er wendet sich an dessen Mutter. Die Zarinwitwe Maria Fjodorowna leidet am meisten unter den Skandalen und der Eigensinnigkeit des jungen Herrscherpaars; sie sieht den Schaden für die Dynastie, am persönlichen Ansehen und an der Autorität ihres Sohnes am klarsten.

»Meine unglückliche Schwiegertochter«, seufzt die Zarinmutter, »begreift nicht, daß sie die Dynastie und sich selbst umbringt. Sie glaubt zutiefst an die Heiligkeit eines Emporkömmlings und wir sind alle machtlos, das Unglück abzuwenden …«

Nach dem Gespräch mit Kokowzow verspricht sie, mit ihrem Sohn Nikolaus zu sprechen. Ihr Einfluß auf ihn zeigt immer noch Wirkung: der Zar läßt Kokowzow bitten, selbst mit Rasputin zusammenzutreffen.

Zugleich erhält der Premierminister ein unerwartetes Telegramm. Es kommt von Rasputin, und er ersucht darin um einen Termin.

Kokowzow zögert – Rasputins Ersuchen um eine Audienz abzuschlagen könnte ihm schlecht bekommen. Er zieht bei dem Treffen jedoch seinen Schwiegersohn Walerij N. Mamontow, Mitglied des Senats, bei, der mit Rasputin bereits bekannt ist. Die Begegnung bestätigt Kokowzow eindrucksvoll jenes Bild, das er bereits von ihm hat – ebenso wie den Hang Rasputins zum Komödianten:

»Als R.[asputin] mein Arbeitszimmer betrat und sich in den Stuhl setzte, verblüffte mich der abstoßende Ausdruck seiner Augen. Tief in den Augenhöhlen sitzend, eng zueinanderliegend, klein, stahlgrau, waren sie durchdringend auf mich gerichtet, und lange wandte sie R. nicht von mir ab – offenbar wollte er auf mich eine hypnotische Wirkung ausüben oder er studierte mich einfach nur, da er mich zum erstenmal sah. Dann ließ sein Blick plötzlich von mir ab, er drehte seinen Kopf um und starrte nach oben auf den Plafond, wobei er seinen Blick über sämtliche Karniesen gleiten ließ – um plötzlich den Kopf zu senken und den Boden anzustarren. Während der ganzen Zeit schwieg er. Mir schien, daß wir uns bereits eine Ewigkeit in dieser sinnlosen Situation befanden, und ich wandte mich schließlich an R.:
›Bitte sehr, Sie wollten mich sehen, was wollten Sie mir sagen? So können wir ja bis zum Morgen dasitzen.‹
Meine Worte schienen keinerlei Eindruck zu machen. R. murmelte mit einem dümmlichen, auf Halbidioten getrimmten Lächeln:
›Nur so, ich habe nichts vor, ich schaue nur, wie hoch das Zimmer ist‹, und verfiel – mit nach oben auf die Decke gerichtetem Blick – in neuerliches Schweigen. Aus dieser ermüdenden Lage befreite mich Mamontow, der gerade kam. Er tauschte mit Rasputin zum Gruß Küsse aus und fragte ihn gleich, ob es wahr sei, daß er – R. – vorhabe, nach Hause zurückzukehren. Anstatt Mamontow zu antworten, richtete R. wieder seinen bohrenden Blick aus durchdringenden, kalten Augen auf mich und sagte wie mechanisch:
›Warum soll ich wegfahren? Läßt man mich hier nicht leben und verleumdet man mich nur? …‹ –
Ich warf ein: ›Ja, Sie tun wirklich gut daran, wenn Sie fahren; ob man Sie nun verleumdet oder die Wahrheit sagt – Sie müssen begreifen, daß hier nicht Ihr Platz ist, daß Sie dem Herrscher schaden, wenn Sie bei Hof auftauchen, be-

sonders wenn Sie über Ihre Nähe zum Zarenhof sprechen und damit alle mögliche Nahrung für die unwahrscheinlichsten Erfindungen und Schlüsse liefern.‹

– ›Wem ich was sage, ist einerlei – alle verleumden mich, alle denken sich was aus, wozu gehe ich in den Palast – warum rufen sie mich denn!‹ Rasputin wurde fast zornig. Doch Mamontow beruhigte ihn gleich mit seiner ruhigen, sanften Stimme: ›Nun, Sünden hin oder her, Grigorij Jefimowitsch, du erzählst doch selbst immer wieder Dinge, die du besser nicht sagen solltest, und darum geht es ja auch nicht, sondern darum, daß du Minister auswechselst, daß du Leute empfängst, die sich nicht scheuen, um alles Mögliche zu dir zu kommen mit der Bitte, für sie an wen auch immer zu schreiben.

Denk selbst gut darüber nach und sag' mir aus gutem Gewissen, wozu alle möglichen Generäle und hohe Beamte zu dir kommen – vielleicht nicht deshalb, weil du für sie intervenierst? Und geben dir die Leute vielleicht umsonst Geschenke, lassen dir Speis und Trank zukommen? Und wozu ein Geheimnis daraus machen – du hast mir doch selbst gesagt, daß du Sabler zum Ober-Prokuror des Synods gemacht hast.

Da hast du die Antwort auf deine Frage. Es wird böse enden, wenn du dich nicht vom Hof fernhältst, und zwar nicht für dich, sondern für den Zaren, über den sich zur Zeit jeder den Mund zerreißt, dem die Zunge nicht angebunden ist.‹

Rasputin saß die ganze Zeit hindurch, während Mamontow redete, mit geschlossenen Augen da, ohne sie zu öffnen, mit gesenktem Kopf – und schwieg beharrlich. Auch wir schwiegen, und uns schien dieses Schweigen endlos und zermürbend.

Man reichte den Tee. Rasputin nahm eine Handvoll Kekse, warf sie in das Teeglas und richtete wieder den Blick seiner Luchsaugen auf mich.

Mir reichten diese Versuche, mich zu hypnotisieren, und ich sagte ihm einfach: ›Vergeblich starren Sie mich so an, Ihre Augen haben keinerlei Wirkung auf mich, reden Sie lieber und antworten Sie, ob Walerij Nikolajewitsch [Mamontow] nicht recht hat mit dem, was er zu Ihnen gesagt hat!‹

Rasputin grinste dumm, rückte auf dem Stuhl umher, wandte sich von uns beiden ab und sagte: ›Nun gut, ich fahre, nur sollen sie mich nicht mehr zurückrufen, wenn ich schon so schädlich bin, daß der Zar durch mich Schaden erleidet.‹

Ich versuchte, das Gespräch auf ein anderes Thema zu bringen. So fragte ich Rasputin über die Lebensmittelversorgung im Gouvernement Tobolsk – in diesem Jahr gab es eine Mißernte. Da lebte er auf, gab vernünftige und sogar kluge Antworten – doch es genügte, daß ich lediglich ›nun, so spricht es sich schon besser – so kann man über alles reden‹ sagte, daß er wieder erstarrte, den Kopf hängen ließ oder hinaufglotzte und irgendwelche unzusammenhängenden Worte wie ›schon gut, ich bin schlecht, ich fahre, sollen sie nur ohne mich fertigwerden …‹ murmelte.

Lange schwieg er mich wieder an, dann sprang er auf und sagte: ›Nun, wir haben uns kennengelernt, auf Wiedersehen …‹ – und ging. Meine Frau kam herein und fragte mich über meinen Eindruck. Ich sagte ihr dasselbe wie einige Tage später dem Herrscher:

Daß meiner Meinung nach Rasputin ein typischer sibirischer Vagabund ist, klug, der sich selbst auf Einfaltspinsel und Narren dressiert hat und seine Rolle nach einem eingelernten Rezept spielt. Er selbst glaubt natürlich nicht an seine Maskerade, aber er hat sich scharf eingeprägte Verhaltensmuster angeeignet, mit denen er jene zum Narren hält, die an seine ganze Wunderkraft glauben, aber auch jene, die ihm ihre Ehrerbietung erweisen, weil sie tatsächlich nur über ihn einen Nutzen erlangen können, der ihnen anders verschlossen bleibt ...«

Am nächsten Tag erfährt Kokowzow von Mamontow, daß Rasputin sich bereits in Zarskoje Sjelo über ihn beschwert hat und behauptet, Kokowzow hätte von ihm verlangt, abzufahren.

Kurz darauf erstattet der Premier dem Zaren Bericht – schon um seine Version der Begegnung zu übermitteln. Bei seinen Befürchtungen, daß aufgrund Rasputins Prahlereien mit seinen hochgestellten Freunden viele die Dienste Rasputins für Interventionen in Anspruch nehmen »könnten«, wie er vorsichtig formuliert, blickt der Zar beharrlich schweigend zur Seite, schließlich zum Fenster hinaus – immer untrügliches Anzeichen dafür, daß ihm das Gespräch unangenehm ist. Doch am Ende dankt er seinem Premier doch für das offene Wort und wendet ein, daß er, der Zar, »diesen Muschik kaum wirklich kenne«.

Angeblich hat Kokowzow Rasputin dafür, daß dieser endgültig Petersburg verließe, zweihunderttausend Rubel geboten und ebenso angeblich hat Rasputin dieses Angebot entschieden zurückgewiesen. In jedem Fall ist für Rasputin die Macht ohnehin unbezahlbar, und über finanzielle Probleme braucht er angesichts der Honorare für seine Heilungen und Hilfsdienste (Interventionen) als auch der großzügigen Spenden und Zuwendungen von seiten seiner Anhänger(innen) nicht zu klagen. Er hatte – wenn auch mehr um den (allen böswilligen Gerüchten zum Trotz) lauteren Schein zu wahren als aus echter Bescheidenheit – bisher von der Zarin jede Entlohnung zurückgewiesen, die sie ihm nach seinen Auftritten am Krankenbett des Zarjewitsch angeboten hatte. Untertänigst ließ er lediglich zu, daß sie seine Jahresmiete für die Petersburger Wohnung übernahm.

Rasputin bestätigt am nächsten Tag tatsächlich Mamontow

gegenüber, daß er bereit sei, wegzufahren. Der Zar fragt Kokowzow bei nächster Gelegenheit (anläßlich eines Bankets im Winterpalais für den zu Gast weilenden König von Montenegro) nochmals nach seinem Eindruck vom Treffen mit Rasputin. Der Premierminister beschreibt ihn ohne Umschweife: »... ein intelligenter Vagabund, der es verstanden hat, sich den klassischen Stil und das Benehmen eines Simplizissimus und Narren in Christo zueigen zu machen ...«

Noch am Abend desselben Tages teilt Mamontow Kokowzow mit, daß Rasputin bereits über dessen Kommentar informiert ist. Es hat offenbar genügt, daß der Zar darüber seiner Frau berichtet hat.

Die Notizen der eifrigen Tagebuchverfasserin Bogdanowitsch spiegeln – wenn auch subjektiv und emotional – die Stimmung der Petersburger Gesellschaft wider, die Rasputin keine Ruhe läßt:

»18. Februar 1912. Schreibe deprimiert. Eine schmachvollere Zeit gab es für uns noch nie. Derzeit regiert nicht der Zar Rußland, sondern der Emporkömmling Rasputin, der lautstark von sich gibt, daß er nicht nur für die Zarin unentbehrlich sei, sondern noch mehr für den Zaren. Ist das nicht grauenhaft? Und zeigt auch noch einen Brief der Zarin an ihn herum, in welchem sie schreibt, daß sie nur dann ruhig ist, wenn sie sich an seine Schultern lehnen kann. Ist das nicht eine Schande?

Das Ganze berichtete heute Schelking, der einen ganzen Abend mit Rasputin bei Mme. Golowina verbrachte, wo auch viele andere Leute da waren; alle Frauen interessierten sich nur für Grischka. Als Schelking eintrat, kam Grischka auf ihn zu und erklärte ihm, er möge die Männer lieber als die Frauen. Er machte auf Schelking den Eindruck eines raffinierten Komödianten. Er beklagte, daß die Presse über ihn herfiele und daß er bereit sei, wegzugehen, aber

›die Seinen‹ bräuchten ihn hier. Unter den ›Seinen‹ versteht er selbstredend die Zarenfamilie.

Zur Zeit ist jede Achtung vor dem Zaren dahin. Dabei ist es die Zarin, die ihn glauben macht, daß nur durch die Gebete Rasputins der Zar und der Thronfolger am Leben erhalten werden. Und er wagt auch noch, zu behaupten, daß er mehr vom Zaren benötigt würde als von der Zarin! Was für eine Unverschämtheit! (…) Traurig und widerwärtig, was sich derzeit tut …«

Indessen wirft sich auch der 1911 neugewählte Präsident der Duma, Michail Wladimirowitsch Rodsjanko, an der Rasputin-Front in die Schlacht. Er will mit anderen Dumamitgliedern aufgrund unbestreitbarer Beweise Druck auf den Zaren ausüben, Rasputin ein für allemal wegzuschicken. Auch das wird in der Gesellschaft (mit Hoffnung und Erleichterung) registriert, wie Frau Bogdanowitsch notiert:

»20. Februar 1912. Gestern erzählte Solotarjew, daß in der Duma deren Vorsitzender Rodsjanko mit anderen einen Brief betreffend Rasputin vorbereitet. Heute hat Rimskij-Korsakow [Mitglied des Reichsrates] berichtet, er hätte Rasputin getroffen; dieser hätte versucht, ihn zu hypnotisieren. Doch Korsakows fester Blick tat seine Wirkung: Rasputins Augen begannen zu kreisen, und er spielte den Verrückten. – Jetzt heißt es, Rodsjanko schreibt mit Kokowzow dem Zaren einen Bericht (…) Am Hof tut man Rasputin schön, sogar Dedjulin, da er um seine Position bangt …

22. Februar 1912. (…) Die Anfrage der Duma [an die Regierung] betreffend Rasputin soll gleichsam eine Beruhigung sein: man sucht alle Mittel auszuschöpfen, dieses Ekel unschädlich zu machen bei der Zarin. Doch dieser Mann ist allmächtig. (…) Diese Frau [Alexandra] liebt weder den Zaren, noch Rußland, noch ihre Familie und stürzt alle ins Verderben …

218

Die Gerüchte um eine intime Beziehung zwischen der Zarin und Rasputin, die die Gemüter erregen, sind unzutreffend, doch die letzte Schlußfolgerung wird sich am Ende – wenn auch nicht aus schuldhaftem, sondern aus unklugem Verhalten der Zarin – nicht von der Hand weisen lassen ...«

Rasputin hat tatsächlich die Hauptstadt verlassen. Doch schon nach drei Wochen ist er wieder da. Hat er denn versprochen, nie mehr wiederzukommen? Seine Rückkehr bleibt nicht verborgen. Bogdanowitsch:

»14. März 1912. Heute waren viele Leute bei uns. Das Thema ist weiterhin Rasputin, der wieder nach Petersburg gekommen und gleich nach Zarskoje Sjelo gefahren ist. Unvorstellbar, welchen Umgang die Zarin pflegt und daß sie diesen Chlysten duldet! Auch Sabler war da. Irgendwie ist er anders. Sagt nichts mehr gegen Rasputin ...«

Sabler war im Jahr zuvor als neuer Oberprokuror des Hl. Synods eingesetzt worden, wobei ihm Rasputins Protektion nachgesagt wird (Rasputin selbst behauptet später, von Sabler »bekniet« worden zu sein). Tatsächlich ging es Rasputin, der der Zarin Sabler als »frommen Mann« empfohlen hatte, weniger um die Protektion Sablers als um die Entfernung von dessen Vorgänger, doch er hofft, auch auf den neuen Prokuror Einfluß auszuüben, ein Zeichen seiner Macht auch in Fragen der Bestellung kirchlicher Fragen und Ämter zu setzen – und vor allem die Gegnerschaft der obersten Kirchenbehörde gegen sich auszuschalten. Sabler selbst ist zwar kein Anhänger Rasputins und hatte sich für eine Milderung der Strafmaßnahmen gegen die durch Rasputins Intervention verfolgten Geistlichen eingesetzt, wagt aber nun keinen Widerstand mehr gegen Rasputin und hält mit seiner Kritik zurück.

Nun tritt der erwähnte neue Dumapräsident in Erscheinung. Er meint (wie manche vor ihm), wenn er erst einmal dem Zaren die Augen öffne und seine Argumente mit Beweisen belegen würde, werde sich die nötige Konsequenz von selbst ergeben.

Michail Wladimirowitsch Rodsjanko, 1911 als Ersatz für Gutschkow zum Präsidenten des Parlaments gewählt, ist schon durch seine Erscheinung eine markante Figur jener Zeit. Aufgrund seiner körperlichen Größe und Korpulenz »Samowar« und in Kombination mit seiner dröhnenden Stimme »Trommler« genannt, lächelt der Politiker über sich selbst, »der Größte und Dickste von ganz Rußland« zu sein. Kritiker meinen, er mache sich wichtig (Witte: »... aber seine imposante Baßstimme gibt wenigstens einen guten Präsidenten ab ...«), andere bescheinigen ihm jedoch gutmütiges Naturell; unbestritten ist jedenfalls seine Loyalität zum Herrscherhaus, und die wird weniger an seinen Worten als vielmehr an seinen Taten zu messen sein.

Aus dieser Haltung heraus entschließt sich Rodsjanko zu einer Initiative. Gestärkt durch den Vertrauensvorschuß seiner Wahl zum neuen Parlamentspräsidenten, ist er gewillt, dem Zaren seine Bereitschaft zu zeigen, ihn »retten« zu wollen.

Außer mit den üblichen kompromittierenden Berichten über Rasputins Lebenswandel ist Rodsjanko mit jenen Briefen der Zarin und ihrer Töchter an Rasputin ausgestattet, die gerade für neue Aufregung sorgen. Sie waren seinerzeit in die Hände Iliodors gelangt und von diesem nun Rache suchenden Verbannten dem Innenminister zugespielt worden. Sie kursieren in nicht immer detailgetreuen Abschriften in der Hauptstadt.

Der Brief der Zarin, emotional und mystisch-religiös, gibt jenen, die an eine körperliche Beziehung Alexandras mit Rasputin glauben, neue Nahrung:

»Mein geliebter und unvergeßlicher Lehrer«, heißt es da, »mein Retter! Ich bin so deprimiert ohne Dich. Meine Seele ist nur ruhig, wenn Du in meiner Nähe bist (...) Nur wenn ich meinen Kopf an Deiner Schulter ruhen lassen kann, fühle ich mich gut und möchte für immer einschlafen (...) Ich bitte Dich um Deinen heiligen Segen und küsse Deine gesegneten Hände.

Deine Dich ewig liebende Mama.«

Niemand, der die Zarin nicht näher kennt, kann sich vorstellen, daß man einem Mann einen solchen Brief schreibt, wenn er nicht der Geliebte ist. Denn daß Alexandra nicht nur eine integre, ihren Mann unendlich liebende und geradezu biedere Ehefrau ist, können die Menschen ebensowenig ahnen wie den Grad der Mystik und der jeden Realitätssinn sprengenden Religiosität, die in krankhaftem Ausmaß von ihr Besitz ergriffen haben.

Vor der Audienz betet Rodsjanko zur Madonna von Kasan.

»Sprechen Sie«, erteilt ihm Nikolaus bei jener Audienz das Wort – als wüßte der Zar nicht ohnehin, was ihn erwartet.

Rodsjanko packt aus, was er zusammengetragen hat: beginnend bei der Tatsache, daß Rasputins Anwesenheit bei Hof einen größeren Schaden für die Dynastie – ja, die Monarchie als solche überhaupt – anrichte als jede revolutionäre Propaganda oder Aktion.

Rodsjanko listet Details über Rasputins unmoralisches Verhalten auf. Er untermauert die allgemeine Annahme, daß Rasputin Sektierer der Chlysten sei. Er zeigt ihm den Brief der Zarin (nach einer anderen Darstellung will es Innenminister Makarow gewesen sein, der dem Zaren den Brief überbrachte):

»Der Zar wurde blaß, öffnete mit zitternder Hand den Umschlag und sagte, als er die Schrift der Zarin erkannte:

›Ja, das ist keine Fälschung ...‹ Dann öffnete er eine Lade und warf den Brief sichtlich verärgert hinein.« – Nikolaus braucht niemand etwas über seine Frau zu berichten, aber das macht die Tatsache nicht erträglicher, daß ihre Briefe zu öffentlichen Verdächtigungen und Skandalen Anlaß geben. Schließlich dankt Nikolaus, bleich und vielleicht gerade im Bewußtsein, letztlich machtlos zu sein, deprimiert seinem Besucher und dessen »Erfüllung der Pflicht als loyaler Untertan« und gesteht ein, daß ihm einiges am soeben gehörten Bericht nicht bekannt gewesen sei. Abschließend beauftragt der Zar Rodsjanko, weitere Berichte – unter Einbeziehung eines bereits beim Synod vorliegenden, geheimgehaltenen – zusammenzustellen.

Es hat schon fast den Anschein, als wäre die Kampagne erfolgreich. Rodsjanko erhält vom Synod die geheimen Unterlagen, die Rasputin schwer belasten. Doch bereits einen Tag später kommt der Stellvertreter des Oberprokurors des Synods, Damanskij (ein Protegé Rasputins), und verlangt die Papiere zurück. Auf Rodsjankos Weigerung, sie vor Abschluß seines Berichtes herauszugeben, hört er, das Verlangen komme »von höchster Stelle«. Das sei nicht möglich, entgegnet Rodsjanko, denn Seine Majestät der Zar habe ihn selbst zur gegenständlichen Arbeit beauftragt.

Nun kommt es heraus: Die Zarin ließ, kaum war ihr von der Untersuchung zu Ohren gekommen, die Dokumente zurückfordern, um die Untersuchung gegen Rasputin zum Abbruch zu bringen. Rodsjanko bleibt jedoch unbeeindruckt: auch die Zarin, erklärt er unbeirrt, sei ein Untertan des Zaren und habe sich dessen Anordnungen zu fügen. Als die Zarin davon erfährt, reagiert sie aufgebracht. »Sie erleidet einen hysterischen Anfall und verlangt, daß Rodsjanko und Gutschkow gehängt werden«, wird aus der Umgebung des Zarenhofes berichtet. Selbst wenn das übertrieben sein mag, dürfte Alexandra das Scheitern ihrer Intervention kaum mit Gelassenheit hingenommen haben.

Der Bericht wird fertiggestellt. Doch Rodsjanko erhält keinen Termin mehr für eine Audienz. Fehlt dem Zaren dazu der Mut, mit erdrückenden Argumenten zu einer Handlung veranlaßt zu werden, zu deren Ausführung ihm die Hände gebunden sind?

Rodsjanko beschließt, den Bericht per Post dem Zaren zukommen zu lassen: er sendet ihn nach Livadia, wohin sich die Zarenfamilie zu Beginn der großen Fastenzeit begeben hat.

Detail am Rande: Im letzten Augenblick hatte sich Rasputin mit Hilfe der Wyrubowa in den Zug der Zarenfamilie schmuggeln lassen. Als der Zar davon erfuhr, ließ er bei der nächsten Bahnstation anhalten und Rasputin aus dem Zug entfernen; ein Geheimagent begleitete Rasputin angeblich direkt nach Pokrowskoje.

Während in Petersburg eine Budgetdebatte im Parlament abgehalten wird und Gutschkow als Redner die Gelegenheit ergreift, auf die aktuellen Ereignisse hinzuweisen (»Wir erleben ein Drama, in dessen Mittelpunkt eine tragikomische Figur – kommend aus einer anderen Welt oder letztes Produkt eines Jahrhunderts der Unwissenheit – steht, die Instrument einer Clique geworden ist …«), erreicht Rodsjankos Bericht den Zaren in Livadia. Es sind gerade zwei Besucher anwesend, die später von Nikolaus' Reaktion berichten. Einer davon ist Außenminister Sasonow, der andere ein zu Gast weilender Angehöriger der Familie, Großherzog Ernst Ludwig von Hessen und bei Rhein, Bruder der Zarin. Ernst Ludwigs Kommentar: Der Zar sei ein Engel, aber er wisse nicht, wie man mit Alix umgeht …

Rodsjanko erhält übrigens niemals eine Antwort auf seinen Bericht, und er erfährt auch nicht, ob der Zar ihn überhaupt gelesen hat. Zu diesem Zeitpunkt ist der Zar bereits von den Skandalberichten zermürbt. Einerseits gestalten sich die Angriffe auf Rasputin zunehmend zu Attacken auf den Zaren selbst, was zu einer Kluft zwischen ihm und der Duma führt. Darüber hinaus bleibt dem Zaren nichts anderes übrig, als zumindest nach außen hin seine Frau zu verteidigen, da er gegen ihre Unbeirrbarkeit ohnehin machtlos ist. Andererseits scheint Nikolaus immer noch zu glauben, daß es sich bei den Schauergeschichten über Rasputin um Übertreibungen harmloser Vorkommnisse und um Intrigen handelt. Gerade das Gerücht über ein Verhältnis der Zarin mit Rasputin, das durch den publik gewordenen, da in Kopien kursierenden Brief der Zarin an Rasputin neue Nahrung (oder für viele Bestätigung) erhalten hat, vermittelt dem Zaren die Gewißheit, daß auch alle anderen Diffamierungen erlogen sind. Das geht jedenfalls aus den Berichten seiner Umgebung hervor, die wiederum in den Notizen der Bogdanowitsch festgehalten sind:

»... Radzig hat den Eindruck, daß der Zar nicht glaubt, daß alles wirklich so schlimm ist, und meint, daß man vor ihm dicker aufträgt; er glaubt auch nicht, daß die ›Rasputinsche Episode‹ alle Gesellschaftsschichten erreicht hat. Betreffend Radzigs Reaktionen auf den (neuesten) Rasputin-Skandal meinte der Zar, Radzigs Nerven seien schon überspannt (...) Radzig beobachtet, daß der Zar sich sehr verändert hätte in letzter Zeit, er sei sehr zerstreut geworden, beginne alles zu vergessen, was früher niemals der Fall gewesen war, und unter den Leuten gäre es – man ginge düsteren Tagen entgegen ...«

Die Zarin war angesichts der Veröffentlichung und Verbreitung eines ihrer Briefe erstmals über Rasputin ungehalten. Sie verlangt Aufklärung. Kein Problem für den schlauen Sibirier. Er telegrafiert:

»Liebste Mama! Was für ein Hund, dieser Iliodor! Ein Dieb! Stiehlt Briefe! Schweinerei! Muß sie aus einem Schrank geklaut haben. Der will sich Pope nennen – und dient dabei dem Teufel. Denke daran. Er hat lange Zähne, der Dieb. Grigorij.«

Die »langen Zähne« sollten aus sicherem Versteck noch manche Geschichten über Rasputin auftischen, und ange-

224

sichts der Ähnlichkeit mit tatsächlichen Vorkommnissen wird niemand mehr wissen, wieviel daran wahr ist.

Wenige Tage nach obigen Tagebuchnotizen hält deren gutinformierte Verfasserin eine alarmierende Meldung fest: »20. März 1912. Nachrichten von Tichomirow betreffend Rasputin: er ist doch nach Jalta gefahren. Der Gipfel der Frechheit!«

Die Nachricht erweist sich als richtig. Selbst in der Umgebung des Zaren ist man davon überrascht. Nachforschungen ergeben, daß Rasputin offenbar auf eigenmächtige Anordnung der Zarin hin von Anna Wyrubowa in den Zug geschmuggelt wurde (aus dem man ihn dann unterwegs entfernte) – und in einem anderen Zug nachreisen durfte.

Wie konnte Alexandra angesichts der erdrückenden öffentlichen Meinung zu diesem Zeitpunkt sich und den Zaren einer weiteren Kompromittierung aussetzen? Dafür gibt es eine Erklärung: aus Angst vor einem Attentat auf Rasputin. Kurz vor der Abreise der Zarenfamilie, der übrigens die älteste Tochter Olga fernblieb, da sie die Haltung ihrer Mutter in bezug auf den »Starez« nicht teilte und sich mit ihr überwarf, hatte Wyrubowa einen anonymen Brief erhalten: »Sehr geehrte Anna Alexandrowna! Ich kenne Sie und Sie kennen mich auch. Daher schreibe ich Ihnen: Sie sollen wissen, daß es demnächst zwei Tote geben wird – Rasputin und Sie selbst. Sie werden beide aus dem Weg geräumt, um die Dynastie nicht weiter zu gefährden. Wenn Rußland bis jetzt eine verrückt gewordene Zarin ertragen hat, so wird es sie gemeinsam mit einem verkommenen Muschik nicht weiter dulden. Ihnen schreibt ein Mensch, der dem Thron ergeben ist. Und noch etwas: zu mir drangen Gerüchte, daß Sie gedenken, ins Kloster zu gehen. Wenn Sie das nur tun! Wie gut wäre das – nicht nur für Sie, sondern auch für diejenigen, die ›nicht zum Töten neigen‹ – es müßte sein, um Rußland zu retten. Denken Sie über all das nach, Anna Alexandrowna!«

»Wie seltsam, über die Idee, in ein Kloster zu gehen, habe ich tatsächlich erst kürzlich gescherzt«, wundert sich die Angesprochene in ihren Aufzeichnungen und rekapituliert, wer diese Bemerkung gehört haben mag. Eine ihrer Bekannten steht monarchistischen Kreisen in der Duma nahe ... – »Aber dabei geht es mir nicht um mich, sondern den uns allen so teuren Starez. Wem soll ich das sagen? Kurlow? Auch ihm traue ich nicht.* Ochrana? Wenn auch die eigenen Leute Stolypin umbringen konnten – aber es geht nicht um mich«, resümiert sie abschließend, »und ohne den Starez bin ich nichts. Aber nach ihm kommt womöglich Mama dran ...«

Daß die Zarin als erste von diesem Brief erfuhr, versteht sich von selbst. Daß Alexandra Rasputin daraufhin in den schwerbewachten Zug des Zaren – dem außerdem zur Tarnung immer ein völlig identischer voran- oder hinterherfährt – setzen ließ, war nur eine weitere Konsequenz – allerdings eine eigenmächtige. Daß Rasputin aber, vom Zaren zwischen Petersburg und Moskau abgeschüttelt, nicht gleich nach Pokrowskoje fuhr, ist wiederum auf Intervention der Zarin zurückzuführen. So darf der Verfolgte zwar der Zarenfamilie auf die Krim folgen – in einem »gewöhnlichen« Zug allerdings –, muß dort jedoch in einem Hotel absteigen, wird nicht in den Palast eingeladen und muß von dort aus seine Reise nach Pokrowskoje antreten.

Nachdem das Ganze ohne Wissen des Zaren initiiert worden war, waren auch seine Minister und Sicherheitskräfte nicht auf den »blinden« Passagier vorbereitet. Das führt spätestens dann zu Mißstimmung, als sie von Rasputins Ankunft in Jalta (drei Tage nach jener der Zarenfamilie) aus der Zeitung erfahren. Da dem Zaren die Anwesenheit des Mannes äußerst ungelegen kommt, läßt er Rasputin zwar

---

*) Er wird für mitverantwortlich an der Ermordung Stolypins gehalten, dessen Stellvertreter er war

vor dessen tatsächlicher Weiterreise nach Pokrowskoje ein paar Tage in Jalta im Hotel Rossija – weit vom Palast entfernt – verweilen, der Hoteldirektor wird jedoch angewiesen, Rasputins Namen aus der Gästeliste zu streichen.

Der Innenminister, der am gleichen Tag in Jalta ankommt, muß erfahren, daß auch der Gouverneur der Stadt offiziell nichts von Rasputins Anwesenheit wissen durfte, da der Polizeichef strenge Order vom Hof hatte, niemandem mitzuteilen, daß Rasputin dem kaiserlichen Zug gefolgt war. Man erwog sogar, die Zeitung, die Rasputins Anwesenheit als erste gemeldet hatte, wegen falscher Information zu klagen.

Indessen ist Rasputin auch in Jalta keineswegs sicher. Der Bürgermeister von Jalta, der stolze Georgier Generalmajor der Suite Iwan Antonowitsch Dumbadse, erhält Andeutungen aus konservativen Kreisen, wonach »viele Russen hoffen, daß unser teurer, unverwechselbarer Iwan Antonowitsch den schmutzigen Abenteurer endlich im Schwarzen Meer versenken wird«.

Der »unverwechselbare« imposante Bürgermeister Dumbadse ist allgemein für seine Unerschrockenheit bekannt. Vielen ist noch in Erinnerung, wie fünf Jahre zuvor eine Bombe direkt vor seinen Füßen landete. Er vergeudete keine Mühe mit der Suche nach Schuldigen, sondern ließ einfach das ganze Haus, aus dem die Bombe geworfen worden war, niederbrennen. Eine solche Entschlossenheit erwarten die Kritiker Rasputins, die durch diesen die Dynastie und den Ruf Rußlands gefährdet sehen, auch jetzt von ihm.

Der gegenüber der Dynastie loyal gesinnte Beamte ist an sich bereit, diesem allgemeinen Wunsch Folge zu leisten, wagt aber nicht, allein die Initiative zu ergreifen. Er wendet sich mit einem »vertraulichen, verschlüsselten« Telegramm an den Chef der Sicherheitspolizei mit der Bitte um Genehmigung, »Rasputin auf der Fähre zwischen Sewastopol und Jalta wegzuräumen«.

Der Polizeichef wiederum will die Entscheidung nicht allein verantworten und zeigt das »vertrauliche« Telegramm dem Innenminister. Dieser erklärt kryptisch: »Das ist meine Angelegenheit!« – und es geschieht gar nichts. Der Mord war aus seiner Sicht ohnehin »nur nebulös« geplant: Rasputin sollte zu einem Kliff gelockt, ausgeraubt und ins Wasser geworfen werden, um nachträglich einen Raubüberfall vorzutäuschen. Dumbadse wartet noch auf das offizielle grüne Licht zur Ausführung der Tat, als Rasputin bereits nach Pokrowskoje unterwegs ist.

Rasputin folgt nun ein Schatten, der zugleich sein Beschützer und Bewacher ist. Der Premierminister hat seinen Polizeichef Beljetzkij einen Agenten abstellen lassen; er soll Rasputin beobachten und dafür Sorge tragen, daß er Pokrowskoje nicht verläßt.

In Petersburg gehen Scherzgedichte um, die die bisher kursierenden Zeitungskarikaturen über Rasputin (mit Zar und Zarin auf den Knien) um eine Variante bereichern:

> »I Kokowzow, nasch premjer,
> s primenenjem strogich mer
> dal sowjet prekrasnyj Grische
> byt ponische, byt potische,
> da k tomu dobawil on –
> schtob ostawil swetskich schon,
> da skoreje ubiralsa …«

> »Und Kokowzow, unser Premier,
> zeigt sich strenge, bitte sehr,
> gibt Grischa den guten Rat:
> leiser treten, in der Tat,
> und fügt dem auch noch hinzu
> laß die Damen doch in Ruh,
> sieh nur, daß du von hier wegkommst …«

14. Im Visier der Geheimpolizei

Wie die Petersburger Gesellschaft hofft auch Bogdanowitsch, daß Rasputin aus der (Petersburger) Welt geschafft
ist. Am 23. März 1912 heißt es in ihrem Tagebuch:
»Wenn das nur alles auch wahr wäre, daß Rasputin nun
wirklich nach Sibirien abgefahren und ihm verboten ist, Pokrowskoje zu verlassen. Ministerpräsident Kokowzow hat
Ende Februar Bericht erstattet. Diesem Bericht schloß sich
[Hofminister] Fredericks an. Zum selben Anlaß gab Rodsjanko eine Erklärung in der Duma ab. In Kreisen der Duma mißt man Rasputin eine immer größere Rolle bei.
Man spricht vom ›Generalstab von Grigorij Jefimowitsch in
Petersburg‹: Wyrubowa, die Familie Tanejew [Wyrubowas
Vater Tanejew hatte sie an den Zarenhof gebracht], Pistolkors, Golowina, Sasonowa [die Frau des Journalisten, nicht
des namensgleichen Außenministers], [Oberprokuror] Sabler, [sein Stellvertreter] Damanskij, Witte war erst auf der
Liste, wurde aber ausgestrichen, dann noch Bischof Warnawa und alle Personen, die mit den Genannten in Kontakt
stehen.
Wird er lange wegbleiben? Irgendwie traut man dem nicht.
Wie gut das wäre! Das hieße endlich, daß der Zar doch
noch ein Machtwort sprechen kann, daß er diese Macht
auch gegenüber der Zarin ausübt und dieser ganzen Frau-
engesellschaft, die um Rasputin betet, ihm die Hände und
Füße küßt und von ihm den ›heiligen Geist‹ empfängt …«
In Pokrowskoje wird Rasputin unter Beobachtung gehalten. Die Ergebnisse werden in den bereits vorhandenen Un-
tersuchungsakt eingetragen. Im Dorf gestalten sich die Beobachtungen schwieriger, und die Ergebnisse müssen täglich mühsam vom Postamt des nächsten Ortes aufgegeben
werden, da sich Rasputin mit dem Postmeister von Pokrowskoje angefreundet hat und eine Überwachung seiner

Post sowie die Weiterleitung von Nachrichten ihn betreffend nicht gewährleistet ist. Außerdem wollen es sich zu diesem Zeitpunkt weder Geistliche noch andere Mitglieder der Gemeinde mit ihrem zwiespältigen Mitbürger verscherzen, da sie ihm für die Renovierung der Dorfkirche Dank schulden, die auf seine Initiative hin von der Zarin finanziert wurde.

Der Agent, auch dem Gerücht der Sektenzugehörigkeit Rasputins auf der Spur, berichtet:

»In großem Umfang verbreitet Rasputin nicht nur in der Umgebung von Pokrowskoje, sondern dem ganzen Bezirk Tobolsk und darüber hinaus drei Druckbroschüren, die sein Bild tragen (...) Nach Angaben des Dorfpopen zur Person Rasputin arbeitet Grigorij Jefimowitsch in der Landwirtschaft mit und hat stets an den Riten der großen Fastenzeit teilgenommen; seine Beichte war allerdings mehr von formalem als inhaltlichem Charakter. In seinem Haus wohnt eine nahe der Unzurechnungsfähigkeit befindliche Frau namens Olga Lochtina, die ihn ›Gott‹ nennt.

Im Mai fuhr er mit dem Dampfer ›Lastotschka‹ zur Einkehr in das Abalaker Kloster. Im Juni weilten in seinem Haus Frau Sinaida Manschtet mit ihrer Tochter, die Krankenschwester Akilina Laptinskaja [Rasputins Sekretärin], und am 20. Juni kam noch der Bischof von Tobolsk, Warnawa, mit einem Dampfer aus Tjumen an. Sobald Rasputin und seine Familie seiner ansichtig wurden, stimmten sie den Pfingstpsalm an. Dann gingen sie mit dem Bischof und seinem Mönch durch den Ort und besuchten ›Brüder‹ Rasputins: Nikolaj, Nikola, Ilja, Alexander und ein paar Geschäftsleute des Dorfes sowie den Amtsschreiber und den Postmeister ...«

Warnawa ist ein alter Freund Rasputins noch aus den frühen Pilgerjahren. Die Freundschaft hat sich über all die Jahre von Rasputins Aufstieg in der Hauptstadt nicht nur gehalten, sondern vertieft: als ein Bischofssitz vakant wird, beeilt sich Rasputin, der Zarin (für das Synod) Warnawa als würdigsten Anwärter auf diesen Posten zu empfehlen; dabei vergißt er zu erwähnen, daß Warnawa lediglich als (frommer) Gärtner in jenem Kloster tätig war, wo ihm – nach Rasputins Schilderung – die innere Erleuchtung gekommen sei.

Seine eindrucksvollen Berichte über den frommen Mann zeigen Wirkung bei der Zarin, und sie gibt – über den Zaren – die aus Rasputins »berufenem Mund« kommende Empfehlung an den Entscheidungsträger, das Synod, weiter. Dort ist man erstaunt über die höchste Weisung; nach einigen Drohtelegrammen Rasputins beugt man sich. Warnawa wird Bischof im fernen Sibirien.

Aktenkundig ist auch das Innere des neuen Hauses Rasputins: zweigeschossig, auf der einen Seite mit Blick auf den Fluß Tobol, ist es nur in der ersten Etage bäuerlich gehalten, in der zweiten ähnelt es einer Stadtwohnung. Das geräumige Haus bietet immerhin Platz für Rasputins Familie (bestehend aus Ehefrau, Vater, Sohn und zwei Töchtern) sowie zwei bis vier Mägde (zwei halten sich ebenso wie die ältere Tochter auch in Petersburg bei Rasputin auf), Pilger, Olga Lochtina, den Mönch Dmitrij Petschorkin und seine Schwester Jewdokija sowie Sinaida Manschtet und Akilina Laptinskaja, die gerade zu Gast sind.

Das zweite Geschoß enthüllt Rasputins materielles Wohlergehen. Die Etage ist im Stil einer Stadtwohnung der höheren Mittelschicht ausgestattet. Die tapezierten Wände sind voll der Ikonen, Gemälde und Fotografien, darunter zahlreiche der Zarenfamilie. Auf weichen Teppichen geht man durch die Räume, die von Lustern mit Kerosinlampen erhellt werden. Schwere Samtvorhänge umrahmen die Fenster, die den Blick auf die Flußlandschaft freigeben; ein Fresko auf dem Plafond zeigt Szenen aus der Heiligen

Schrift, das Tafelbild im Speisezimmer »Das Jüngste Gericht«.

Diese Wohnung entspricht dem Lebensstandard Rasputins: Wenn er in Petersburg Freunde aus dem Klerus oder reiche Kaufleute trifft, ist er im Winter in einen Fuchspelzmantel mit Biberpelzmütze gehüllt, im Sommer mit einem Stadtmantel bekleidet und schwingt dazu einen Spazierstock ...

Der Polizeiakt, der über Rasputin schon 1911 angelegt wurde, wird durch das ganze Jahr 1912 bis Anfang 1913 fortgeführt. Das zusammenfassende Protokoll, dem die handschriftlichen Notizen der jeweiligen Beschatter beigelegt sind, ist aufschlußreich im Hinblick darauf, ob sich Rasputin durch all die Angriffe auf seinen Lebenswandel und dessen Widerspruch zu seiner Frömmigkeit beeindrucken ließ oder die Vorwürfe ad absurdum führt. Zugleich erfährt man aus erster Quelle, wie Rasputin wirklich das Jahr 1912 verbrachte:

»... Bei seiner ersten Rückreise nach Petersburg Anfang 1912 wohnte Rasputin-Nowyj im Haus Kirotschnaja Nr. 2, Wohnung Nr. 30, die dem Herausgeber der Zeitung ›Economist Rußlands‹, Georgij Petrowitsch Sasonow, 54 J., und seiner Frau Maria Alexandrowa, 43 J., gehört. Mit letzterer unterhält Rasputin offensichtlich eine Liebesbeziehung, da bei der Beobachtung gemeinsame Besuche Rasputins und Maria Sasonowas in einem Familienbad am 23. und 30. Januar 1912 festgestellt wurden.

Weiters wurden durch die Beschattung die fast täglichen Besuche Rasputins der im Haus Nr. 6 der Simnaja Kanawka wohnhaften Witwe des Wirklichen Staatsrates Ljubow Walerianowna Golowina, 50 J., und ihrer Töchter Olga, 34 J., und Maria, 25 J., festgestellt. Zu den Golowins kam Rasputin gewöhnlich am Morgen und blieb bei ihnen zwei bis drei Stunden. In dieser Zeit versammelten sich bei den Golowins gewöhnlich auch die oben erwähnte Maria Sasonowa, die Frau des Geheimrats und Chef der Kai-

serlichen Kanzlei Nadjeschda Illarionowna Tanejewa, 48 J.*, Frau des Lyzeumssekretärs Sinaida Leonidowna Manschtet, 37 J., und die Frau des Kapitäns zweiter Klasse Julija Alexandrowna Djen, 35 J.

Nicht selten trafen die genannten Personen mit Rasputin auch in der Auferstehungskirche am Jekaterinenkanal zusammen, wo sie einer Messe beiwohnten, nach der sie sich zu den Golowins begaben.

Außer der erwähnten Kirche besuchte Rasputin mit seinen Verehrerinnen auch andere Gotteshäuser und Kapellen, in denen er Gottesdiensten beiwohnte, Ikonen küßte usw.

Den ganzen Tag pflegte Rasputin in Gesellschaft der genannten Frauen zu verbringen. Seine Fahrten durch die Stadt unternahm er entweder in der Kutsche der Golowins oder in einem Motortaxi, das seine Anhängerinnen mieteten, oder seltener auch in Droschken; auf der Straße war er immer in Begleitung einer der erwähnten Frauen zu sehen, vorwiegend mit Maria Golowina oder mit Sasonowa.

Allein ließ sich Rasputin auf der Straße selten blicken, und wenn das der Fall war, dann begab er sich gewöhnlich zum Njewskij oder anderen Straßen, wo sich Prostituierte befinden, blieb bei ihnen stehen, nahm eine von ihnen und ging mit ihr in ein Hotel oder in ein Bad.

Bei der ersten Rückreise nach Petersburg Anfang 1912 wurden bei der Beschattung sechs solcher Fälle beobachtet, von denen der folgende besonders charakteristisch ist:

Am 4. Februar (1912) fuhr Rasputin direkt von den Prostituierten Botwinkina und Koslowa, Swjetschnoj-Gasse Nr. 11, in deren Gesellschaft er eine Stunde 20 Minuten verbrachte, zu den Golowins. Nach zwei Stunden ging er von dort weg und begab sich zum Njewskij Prospekt, wo er wieder eine Prostituierte nahm und mit ihr in ein Bad auf der Bolschaja Konjuschennaja ging.

---

*) Mutter der Anna Wyrubowa

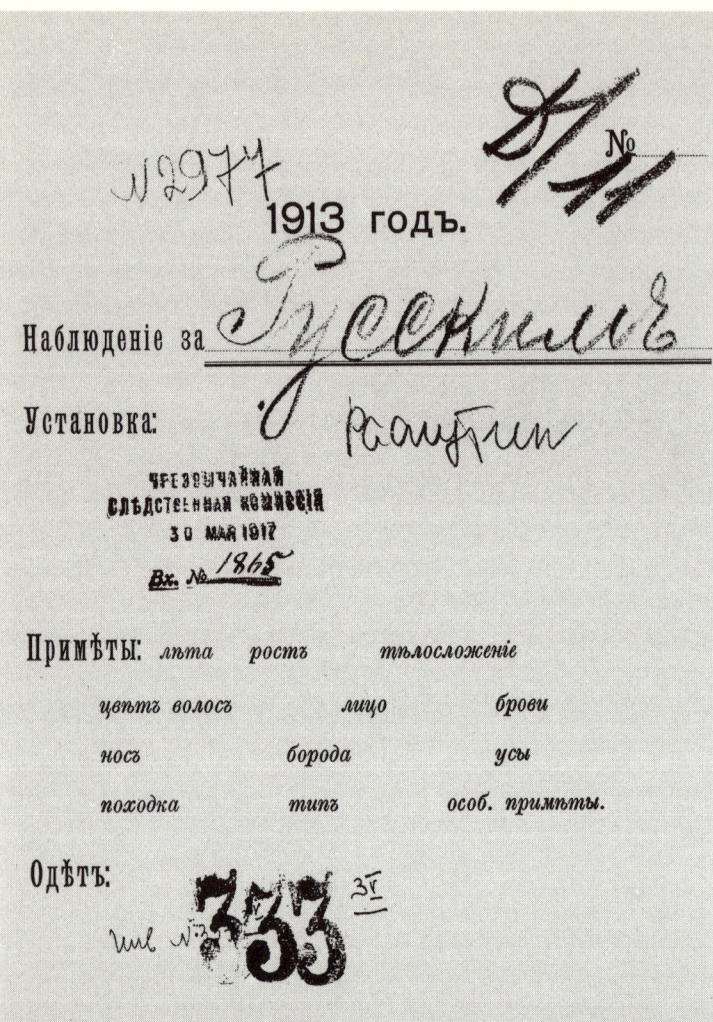

Deckblatt des Beschattungsaktes der Geheimpolizei 1912–1913 über Rasputin, der hier unter dem Decknamen »Russkij« (»der Russe«) geführt wird

По дѣлу „Русскаго"

„Русскій" 2го сего декабря заходилъ во дворъ дома № 31 по Лиговской улицѣ, откуда скоро вышелъ.

Во дворѣ названнаго дома помѣщается молочная ферма и перевозка мебели; въ виду чего и надо полагать, что „Русскій" заходилъ лишь зa естественнымъ

Aus den Aufzeichnungen »Zum Akt Russkij«: »Am 2. Februar ging er in den Hof der Ligowskajastraße 31, von dort ging er bald weg. (…) Am 4.2. fuhr R. von den Prostituierten Botarinkina und Koslowa (…), in deren Gesellschaft er eine Stunde verbrachte, zu den Golowins. Nach zwei Stunden nahm er (…) am Njewskij P. wieder eine Prostituierte und …«

235

Am 6. Februar fuhr Rasputin direkt von Sinaida Manschtet, bei der er eineinhalb Stunden blieb, zum Njewskij Pr., wo er die Prostituierte Petrowa nahm und mit ihr ins Bad auf der Mojka Nr. 36 ging.

Bei der zweiten und dritten Rückkehr Rasputins nach Petersburg vom 2. Juni bis 9. August sowie vom 19. bis 23. September 1912* wurden bei seiner Beobachtung nur Besuche bei Sinaida Manschtet und Maria Sasonowa festgestellt – seine anderen Anhängerinnen weilten zu diesem Zeitpunkt nicht in Petersburg – sowie zwei Fälle von Treffen mit Prostituierten.

Am 15. November 1912 kam Rasputin zum viertenmal in diesem Jahr nach Petersburg und quartierte sich beim Hauslehrer Iwan Iwanow Sejman in der Nikolajewskaja Ulica Nr. 70 ein. Wie schon bei den vorhergehenden Aufenthalten verbrachte Rasputin die ganze Zeit in der Gesellschaft der Sasonowa, der Golowins, der Manschtet, der Tanejewa und der Djen. Ab dem 28. November begann Rasputin fast täglich die Wohnung des Titularrates Kammerjunkers des Allerhöchsten Hofes, Alexander Erikowitsch von Pistolkors, 27 J., und dessen Frau Alexandra Alexandrowna, 25 J., auf der Ulica Glinka Nr. 6 aufzusuchen.

Zugleich mit Rasputin besuchten auch fast täglich Frau Manschtet sowie auch andere Verehrerinnen Rasputins die Wohnung von Pistolkors. Mehrmals kam in diese Wohnung zum Zeitpunkt der Besuche Rasputins auch die in Zarskoje Sjelo wohnhafte geschiedene Frau eines Leutnants, Anna Alexandrowna Wyrubowa, 29 J.

Zu dieser Zeit tauchte in der Gesellschaft Rasputins und seiner Verehrerinnen auch eine neue interessante Person auf – die Frau des Wirklichen Staatsrats und Direktors des Kasaner Verkehrsministeriums, Olga Wladimirowa Lochtina, 50 J., auf – offensichtlich eine religiös-sektantische Psychopathin, die sich selbst

---

*) entgegen dem über ihn verhängten Verbot, Pokrowskoje zu verlassen und in die Hauptstadt zurückzukehren – offenbar wurde er nicht festgenommen, um den Erfolg der Beschattung nicht zu gefährden

›Gottesgebärerin‹ nennt. Auffallend ist das Gewand der Lochtina – eine rote Kapuze und ein weißes Kleid mit Bändern aus roten Schnüren. Wenn sie sich auf der Straße zeigte, oft mit Rasputin, versuchte Lochtina nicht einmal, ihre originelle Aufmachung zu verbergen und ließ ungeachtet der winterlichen Jahreszeit ihr Obergewand geöffnet.*

Doch auch wenn Rasputin den Großteil seiner Zeit in Gesellschaft der hochgestellten Verehrerinnen verbrachte, brach er seine Besuche von Prostituierten nicht ab. Besonders charakteristisch sind untenstehende Fälle, die durch äußere Beschattung registriert wurden:

Am 21. November besuchte Maria Sasonowa mit einer nicht-identifizierten Dame und einem Fräulein Rasputin und blieb zwei Stunden lang bei ihm. Danach kam Rasputin mit Sasonowa heraus und verabschiedete sich bald von ihr; in der Stoljarnyj-Gasse nahm er eine Prostituierte und ging mit ihr in die Kasnat-schejsaka-Straße Nr. 9/11. Von dort kam er bald wieder heraus, und auf dem Sjennaja Platz nahm er wieder eine Prostituierte; mit letzterer blieb er im Hotel ›Birscha‹ (›Börse‹) fünfundvierzig Minuten. – Wie sich später herausstellte, hat Rasputin, als er zur ersten Prostituierten kam, ihr zwei Flaschen Bier gekauft, selbst nicht getrunken, sie anschließend ersucht, sich auszuziehen, ihren Körper betrachtet, zwei Rubel gezahlt und ist gegangen.

Am 22. November spazierte Rasputin durch verschiedene Straßen, blieb bei Frauen – offenbar mit unsittlichen Angeboten – stehen, woraufhin die Frauen mit Drohungen reagierten und einige ihn sogar bespuckten.

Am 3. Dezember besuchte Rasputin mit Ljubow** und Maria Golowina für drei Stunden vierzig Minuten die Redaktion der religiösen Zeitungen ›Kolokol‹ (›Die Glocke‹) und ›Golos istiny‹

---

*) dazu ist eine Information über die Sekte der Chlysten beigelegt, aus der Gemeinsamkeiten zwischen den Bräuchen dieser Sekte und dem Verhalten Rasputins und seiner Verehrerinnen abgeleitet werden können
**) weiblicher Vorname

(›*Stimme der Wahrheit*‹). *Von dort fuhr er mit Maria Golowina zur Fontanka, verabschiedete sich dort, ging für zehn Minuten in die möblierten Zimmer des Hotels ›Riga‹, nahm dann auf dem Njewskij Prospekt eine Prostituierte und ging mit ihr in das Hotel auf der Powarskij-Gasse.*

Es verdienen noch Besuche Rasputins in Wein- und Lebensmittelläden erwähnt zu werden. Anfangs ging er noch selten dorthin, doch ab November und Dezember häufig.*

Charakteristisch ist folgende Episode: Am 28. November besuchte Rasputin mit Sasonowa einige Wein- und Lebensmittelläden, wo er Wein und Delikatessen kaufte. Danach traf er an der Ecke Kusnjetschnyjgasse/Nikolajewskajastraße zwei Nonnen, unterhielt sich mit ihnen über irgend etwas und kehrte dann, nachdem er in einer Bäckerei war, nach Hause zurück.

Bald darauf kamen zum Haus, in dem Rasputin wohnte, die beiden erwähnten Nonnen und begannen den Pförtner zu fragen, wer in der Wohnung Nr. 4 wohne und aussehe wie ein Pope oder Mönch. Der Pförtner nannte den Namen Rasputin und fragte seinerseits, wozu sie das wissen wollten. Die Nonnen erklärten, Rasputin habe sie zu sich zum Tee eingeladen. Daraufhin sagte ihnen der Pförtner: ›Dann geht nur, tut euch keinen Zwang an, zu ihm kommen sehr viele Damen …‹ – woraufhin die beiden kurz zögerten und dann weggingen, ohne Rasputin zu besuchen.

Während Rasputin in der ersten Zeit in Petersburg bei Begegnungen mit Prostituierten noch eine gewisse Vorsicht an den Tag legte (er blickte sich um und ging bevorzugt durch unbelebte Gassen), so betrieb er im Januar (1913) seine Treffen vollkommen offen und scheute sich auch nicht, sich in volltrunkenem Zustand auf der Straße zu zeigen und in Richtung einer orthodoxen Kirche spöttische Gesten zu machen.

Am 9. Januar kam er nach Petersburg und blieb im Haus Nr. 70

---

*) Rasputin begann erst im Jahre 1912 regelmäßig zu trinken

auf der Nikolajewskaja ulica, wohin bald Frau Sasonowa kam. Abends wollte er mit ihr ein Familienbad aufsuchen, doch es erwies sich als geschlossen, woraufhin er sich von ihr trennte, am Sagorodnyj Prospekt eine Prostituierte nahm und mit ihr in eine Wohnung auf der Jamskaja ulica Nr. 14 ging und dort dreißig Minuten blieb.

Am 10. Januar verließ Rasputin das Haus um sechs Uhr abends im betrunkenen Zustand, ging in die Iwanowskaja Straße 24, wo er in der Wohnung Nr. 1 nach einer Prostituierten fragte, doch es war keine zu Hause. Danach ging er ins Haus Nr. 14 der Jamskaja ulica zu der Prostituierten, bei der er am Vorabend war, und nach einer Stunde und 40 Minuten kehrte er nach Hause zurück.

Am 12. Januar (1913) ging Rasputin, nachdem er die Wohnung von Pistolkors besucht und von dort Maria Golowina nach Hause gebracht hatte, zum Njewskij Prospekt, wo er eine Prostituierte nahm und sich mit ihr in ein Hotel in der Tolmasowgasse Nr. 2 begab.

Am 13. Januar verließ Rasputin sein Haus gemeinsam mit Frau Sasonowa, verabschiedete sich bald darauf von ihr und ging zum Nikolajewskij Bahnhof, wo er zehn Minuten lang herumging und sich Frauen ansah. Dann ging er in der Snamenskaja ulica in ein Buffet, verließ es bald darauf wieder, blieb im Vorhof der Snamenije-Kirche stehen und verrichtete dort seine Notdurft. Dann ging er zum Suworow Prospekt Nr. 14 in ein Hotel, wohin ihm bald darauf aus dem Restaurant eine Prostituierte gebracht wurde. Nach einer halben Stunde kam er wieder heraus, besuchte für zwei Stunden und fünfzehn Minuten Frau Sasonow und kehrte nach Hause zurück.

Am 19. Januar fuhr Rasputin aus Petersburg nach Moskau. Außer den Personen, die in gegenständlicher Information enthalten sind, verdient die durch Beschattung konstatierte Beziehung Rasputins zum Bischof der Olonezker Diözese, Warnawa, Erwähnung, ferner zum Stellvertreter des Oberprokurors des Hl. Synods, dem Geheimen Staatsrat Pjotr Stepanowitsch Daman-

skij*, *weiters zum Herausgeber der Zeitung ›Graschdanin‹, dann Fürst Meschtscherskij**, zum Wirklichen Staatsrat Kammerherr des Höchsten Hofes Nikolaj Fjodorowitsch Burdukow u. a. (die Liste der bei der Beschattung Rasputins ermittelten Kontaktpersonen liegt hier bei) …«*

Wie aus den wenigen Agentenaufzeichnungen aus der Zeit, in der sich Rasputin in Pokrowskoje aufhielt, hervorgeht, ist sowohl Rasputin mit einem Decknamen versehen – er wird als »Russkij« (»der Russe«) geführt – als auch der Kreis der Personen, in deren Gesellschaft er sich am häufigsten aufhält: Frau Sasonowa heißt »Worona« (»Krähe«), Frau Manschtet »Golubka« (»Täubchen«) usw.

Aus den sorgfältig datierten Aufzeichnungen ist ersichtlich, daß sich Rasputin während seiner »Verbannung« mehrmals in Petersburg aufgehalten hat. Daß Rasputin sich regelmäßig mit Wein versorgt, ist an seiner Lebensweise neu, hatte er doch immerhin seinen vor mehr als einem Jahrzehnt zuvor gefaßten Vorsatz, keinen Alkohol mehr zu trinken, bisher eingehalten. Von diesem Jahr – 1912 – an ergibt er sich dem Alkoholgenuß ebenso exzessiv wie seinen anderen Neigungen, die der Agentenbericht preisgibt:

4. August. (…) Zum drittenmal ging er um elf Uhr dreißig aus dem Haus mit zwei unbekannten Frauen, die auf einer Droschke

---

*) Wie erwähnt, hatte Rasputin die Bestellung Sablers zum Oberprokuror des Synods betrieben und stand auch mit dessen Stellvertreter in freundschaftlichem Kontakt, da er ihm Information und Kontrolle ermöglichte
**) Tatsächlich nur Graf W. P. Meschtscherskij, spielte schon unter Zar Alexander III. gekonnt den devoten Diener der Krone und verschaffte sich durch promonarchistische, meist reaktionäre Publikationen Vertrauen, Gunst und schließlich Subventionen für seinen Zeitungsverlag; er versuchte sich auch dem jungen Zaren Nikolaus als politischer Berater zu nähern; er verkehrte seinerseits jedoch mit zweifelhaften Personen; sein engster Freund, Kolyschko, später als von den Deutschen bezahlter revolutionärer Agent entlarvt, verkaufte die zwischen Meschtscherskij und Nikolaus entstandene Korrespondenz an einen deutschen Händler

ohne Beschattung wegfuhren, da ›Russkij‹ zurückblieb und den Wegfahrenden so lange nachsah, bis sie nicht mehr zu sehen waren; dann ging er zur Roschdestwenskaja Straße, trat an mehrere Prostituierte heran, begab sich dann mit einer von ihnen in das Hotel am Suworowskij Prospekt Nr. 2, kam nach einer halben Stunde heraus und ging allein nach Hause ...«

Der Bericht, der – wie ersichtlich – das ganze Jahr 1912 hindurch bis Anfang 1913 geführt wurde, zeigt, daß sich Rasputin nach einigen Kurzbesuchen zu Jahresende wieder ganz in Petersburg eingerichtet hat. Dazu hat ein besonderes Ereignis beigetragen.

15. Das Comeback

Im Herbst hat sich die Zarenfamilie nach den großartigen Feierlichkeiten des hundertsten Jahrestages der Schlacht von Borodino bei Moskau (wo 1812 die Armee Napoleons angehalten wurde) auf die traditionelle Jagd nach Bjelowjesch und von dort auf den kaiserlichen Jagdsitz nach Spala begeben. Schon in Bjelowjesch hatte sich der achtjährige Alexej am Bein verletzt, als er im Bad spielte und sich bei einem Sprung in die Wanne das Knie anschlug. Kurze Zeit später verlor er das Bewußtsein aufgrund der starken inneren Blutung, die eingesetzt hatte.

Doktor Botkin gelingt es, die Blutungen zum Stillstand zu bringen. Alexej geht es besser. Die Familie bricht nach Spala auf. Doch auf der holprigen Straße kommt ein Rückfall. Die gefürchteten inneren Blutungen setzen von neuem ein, das linke Bein schwillt an, die Temperatur steigt, die Schmerzensschreie des kleinen Thronfolgers weichen kraftlosem Wimmern und Stöhnen. Es ist der 2. Oktober 1912. Die Zarenfamilie unterhält weiter die illustren Gäste, als sei nichts besonderes vorgefallen. Die Kinder inszenieren eine Komödie, die sie zur Aufführung bringen, auch wenn ihnen mitunter die Stimme versagt. Der Zar ist trotz seines freundlichen Lächelns unansprechbar für seinen mitgekommenen Premierminister. Wenn die Zarin rasch vom Krankenbett ihres Sohnes hereinhuscht, um – als wäre alles in Ordnung – mit versuchtem Lächeln der Unterhaltung für die Gäste beizuwohnen, verrät ihre Blässe die Sorge und Übermüdung von der Nachtwache, die Augen sind gerötet und können ihren Gemütszustand nicht verbergen.

Diskret versucht man, nicht zu bemerken, daß ihr Tränen in den Augen stehen: kann sie als Mutter vergessen, was ihr krankes Kind soeben gesagt hat? Alexej glaubt erstmals selbst, daß er nicht überleben wird: »Wenn ich sterbe, müßt ihr mich bei blauem Himmel und Sonnenschein begraben, und im Hof möchte ich ein Denkmal …«

Zunächst versucht man, den Schein der Harmlosigkeit zu wahren: Niemand darf erfahren, was los ist – bisher wurde noch nie die (von der Zarin ererbte) Hämophilie des Thronfolgers zugegeben. Selbst der Hauslehrer Gilliärd erfährt bei dieser Gelegenheit zum erstenmal vom Schicksal des Thronfolgers.

Außer Botkin und Fjodorow werden nun auch der Chirurg Ostrowskij und der Kinderarzt Rauchfuß aus der Hauptstadt herbeigeholt. Nachdem sie das Kind untersucht haben, lassen sie wenig Hoffnung. Sie können nicht helfen.

Am 10. Oktober erhält Alexej die Sterbesakramente. Erstmals wird ein Bulletin über die Erkrankung des Thronfolgers herausgegeben – eine vorsichtige Vorbereitung der Öffentlichkeit auf den Tod des Zarjewitsch.

»Die Kaiserin wiederholte immer wieder, daß sie nicht glauben könne, daß Gott sie im Stich gelassen hat. Sie bat mich, Rasputin zu telegrafieren …«, erzählt Anna Wyrubowa. Es ist der 11. Oktober.

11⁰⁰ Октября 1912⁰⁰

Наслѣдникъ Цесаревичъ

сегодня находился въ комнатѣ

у Ея Величества было,

нездоровилось!

температ. утр. 37-2

Вечеромъ 38

играли в карты Машка

и разныя разсказы

про 1812ᵍ

температура воздуха 10ᵐ

утромъ 5

Germann и А. Деревенко

Aufzeichnungen des Betreuers des kranken Thronfolgers Alexej nach dessen bisher schwerster Erkrankung um 1912: »… Temperatur: morgens 37.2, abends 38; spielten Karten und Dame, erzählte über 1812 …«

»Wir saßen gerade beim Mittagessen«, berichtet Maria Rasputina, die zu diesem Zeitpunkt bei ihrem Vater in Pokrowskoje weilte, »als das Telegramm kam. Papa las es, verließ sofort den Tisch und kniete vor der Ikone der Gottesmutter von Kasan nieder, innig ins Gebet versenkt.

Mama bedeutete uns, ganz still zu sein und auch nur das leiseste Geräusch zu vermeiden, das ihn ablenken könnte. Sie gab Dunja zu verstehen, nicht abzuräumen. So blieben wir wie gefrorene Statuen auf unseren Plätzen sitzen, während Papa betete, bleich, von Anstrengung gezeichnet, mit Schweißperlen auf der Stirn. Endlich bekreuzigte er sich.

Er erhob sich vom Altar und ließ sofort das folgende Telegramm an die Zarin senden: ›Hab keine Angst. Gott hat Deine Tränen gesehen und Deine Gebete gehört. Dein Sohn wird leben …‹«

Als das Telegramm am 12. Oktober Spala erreicht, ist die Temperatur gefallen, der Schmerz zurückgegangen, Alexej in einen tiefen Schlaf gesunken.

»Am nächsten Morgen herrschte viel Betriebsamkeit in den Räumen der Kaiserin und des Thronfolgers«, erinnert sich der Chef der Hofkanzlei, Masolow, »denn die Kaiserin hatte ein Telegramm von Rasputin erhalten, das besagte, daß sich der Zustand des Prinzen bessern und bald auch seine Schmerzen aufhören würden. Um vierzehn Uhr kamen die Ärzte neuerlich zu mir und teilten mir mit, daß die Blutungen aufgehört hätten …«

Für die Zarin hat niemand anderer als Rasputin aus der Ferne dieses Wunder vollbracht. Der Sohn und Thronfolger ist dem Leben zurückgegeben.

Und mit ihm Rasputin der Hauptstadt Petersburg. Damit sind die Weichen für sein weiteres Schicksal gestellt – und das Schicksal Rußlands.

III. VergÖttert und Verflucht

1. Vergöttert

Mit dem »Wunder von Spala« – der wundersamen Rettung Alexejs vor dem Verbluten – ist der Bann über Rasputin aufgehoben. Seine Tochter beschreibt die erwähnte Szene, als Rasputin in Pokrowskoje den Anruf der Hofdame der Zarin erhielt. Wie immer, wenn er mit der Bitte um eine Heilung angerufen worden sei, habe er sich vor die Ikone der Gottesmutter gekniet und sei danach in einen Schwächezustand verfallen. Zuvor bat er sie, sich still zu verhalten und ihn nicht zu unterbrechen; sie durfte jedoch im Raum bleiben und sein Gebet hören:

»... ›Heile Deinen Sohn Alexej, wenn es Dein Wille ist. Verleih ihm meine Kraft, Gott, auf daß sie seiner Genesung diene ...‹ – Vater sah so sonderbar aus – so krank, daß mich Furcht ergriff. (...) Schließlich versagte ihm die Stimme, und er mußte einhalten.

Sein Gesicht, das weiß war wie ein Laken, war von Anstrengung entstellt, sein Atem ging stoßweise. Der Schweiß rann ihm von der Stirn über die Wangen. Seine gläsernen Augen blickten leer. Er stürzte rücklings auf den Boden, das linke Bein angezogen. Es schien, als wehrte er sich gegen einen Todeskampf. Ich glaubte, daß er sterben würde, zwang mich aber, den Raum zu verlassen. Dann brachte ich meinem Vater Tee. Er war noch immer bewußtlos. Ich kniete an seiner Seite nieder und betete.

245

Nach einer Ewigkeit schlug er die Augen auf und lächelte. Gierig trank er den erkalteten Tee. Nach wenigen Augenblicken war er wieder ganz zu sich gekommen. Er weigerte sich jedoch, über das Vorgefallene zu sprechen und sagte nur: ›Gott hat die Genesung gewährt.‹

Zwei Jahre darauf sah ich ihn wieder aus einem tiefen Schlaf erwachen, der dem Tode glich und ihn fast das Leben gekostet hätte. Aber auch diesmal gelang es mir nicht, das Geheimnis zu ergründen. Badmajew, der tibetanische Kräutersammler und Wunderdoktor, erklärte mir, daß die Lamas seiner Heimat dadurch Heilungen vollbrächten, daß sie die Krankheit des Patienten in ihren eigenen Körper aufnähmen. Ihre starke Konstitution würde mit dem Übel fertig, was dem Leidenden ermöglichte, wieder gesund zu werden. Badmajew behauptete, daß Vater sich dieser Methode bediente …«

Bei allem Respekt vor dem Vater qualifiziert selbst die Tochter Rasputins die Verehrung der Zarin und ihrer Freundin Anna Wyrubowa, die im »Starez« die personifizierte Wiedergeburt von Jesus Christus sahen, als »albernen Aberglauben« und läßt dabei sogar der Schwester der Zarin, Großfürstin Elisabeth, Gerechtigkeit widerfahren, obwohl diese erbitterte Kritikerin Rasputins ist: »Ebenso tief religiös wie ihre Schwester blieb sie dennoch auf dem Boden der Realität. Die bekanntere Elisabeth war bei der Bevölkerung beliebter. Bestrickend liebenswürdig, elegant und kultiviert haßte sie Vaters unverblümte Sprechweise und seine ›groben‹ Umgangsformen. Sie kritisierte ihn ständig, bis Zarin Alexandra ihr das Haus verbot …«

Daß diese Kritik andere Ursachen hat als die erwähnten, weiß Maria vielleicht nicht einmal. So kann sie auch nicht verstehen, daß ihr Vater, »der doch allen selbstlos hilft«, allein durch seine »Hilfen«, sofern diese Interventionen betreffen, unabsehbaren Schaden anrichtet und er darüberhinaus auch andere Seiten und einen Lebenswandel sein eigen nennt, die angesichts Rasputins Nähe zur Zarenfamilie in den Augen besorgter Angehöriger der Familie oder der Regierung schwerer wiegen als seine Künste. Denn daß das Leben des Thronfolgers allein von Rasputin abhängt, glaubt nur die Zarin und nicht einmal der Zar, der jedoch davor zurückschreckt, Rasputin konsequent vom Hof fernzuhalten.

Die größten Feinde sieht Maria in Großfürstin Maria Pawlowna, Ehefrau von Großfürst Wladimir Alexandrowitsch (dessen Sohn Kyrill in der Anwärterschaft auf den Thron nach dem Zarjewitsch an nächster Stelle steht, da der Bruder des Zaren, Großfürst Michail Alexandrowitsch seinen Anspruch durch eine morganatische Ehe* verloren hat). Somit ist in der kritischen Haltung gegenüber der Zarin von diesem Familienzweig her auch Eifersucht zu vermuten; dies wird auch der Schwiegermutter der Zarin, Zarinmutter Maria, nachgesagt. Es kann jedoch nicht für die angesehenste und reichste Dame der russischen Gesellschaft gelten, Fürstin Jusupowa, deren Sohn Felix mit einer Nichte des Zaren verheiratet ist. Ihnen allen stehen Rasputins Wunderkünste ferner als die Diskreditierung der Dynastie durch sein Nahverhältnis zum Hof.

Doch niemand kann Rasputin schaden: er hat sich für das Herrscherpaar unentbehrlich gemacht, seine Position ist stärker als je zuvor. Die Hofdame Wyrubowa hat ihm eine große Stadtwohnung besorgt. Stolz kann er in den neuen Wohnsitz im dritten Stock der Gorochowajastraße 64 einziehen, wo er über fünf Zimmer und zwei Eingänge ver-

---

*) mit einer zweifach geschiedenen Frau, was einem Großfürsten nicht erlaubt ist; da ihn aus Loyalität zum Zaren, der dazu sein Einverständnis verweigert hätte, kein Priester in Rußland trauen wollte, reiste Michail außer Landes und bezahlte in Wien einen Geistlichen der serbisch-orthodoxen Kirche, der die Trauung vollzog

fügt. Die Miete – zwischen zwei- und dreitausend Rubel pro Jahr – übernimmt die Zarin, da Rasputin, den Unbestechlichen und an materiellen Werten Desinteressierten mimend, zumindest ihr gegenüber jegliche finanzielle Vergütung für seine Hilfsdienste zurückzuweisen pflegt. Zwei von der Zarin persönlich beorderte Sicherheitsbeamte der Ochrana (Geheimpolizei) bewachen Rasputins Haus.

Seit der letzten lebensbedrohenden Krise ihres Sohnes zeigt sich die Zarin Rasputin gegenüber besonders dankbar. Erstmals wird Rasputin zum Abendessen in den Palast eingeladen – mit ihm seine fünfzehnjährige Tochter Maria, die er nach Petersburg mitgenommen hat, um sie hier auf ein Gymnasium zu schicken. Für das Mädchen ein großes Erlebnis, das sie festgehalten hat:

»Tausend Fragen schossen mir durch den Kopf. Was sollte ich anziehen? Was sollte ich sprechen? Wie mich benehmen? Dunja* kämmte mich – ich hielt ruhig wie ein Pferd, wenn es gestriegelt wird. Dann kam ein Diener in Livree. Seine Kutsche wartete vor dem Haus, und wir fuhren nach Zarskoje Sjelo. Kaum angekommen, sprangen die bisher würdig dasitzenden Kutscher und Diener herunter und halfen uns beim Aussteigen. Im Palast öffneten sich die Flügel des Hauptportals, wir wurden hineingeleitet und unserer Mäntel entledigt. Dann führte uns ein livrierter Page einen mahagonigetäfelten Gang entlang in einen Empfangsraum.

Dort erschienen der Zar aller Russen, die Zarin und deren fünf Kinder. Papa küßte erst den Zaren, dann die Zarin, die für mich die schönste aller Frauen war, denen ich je begegnet war. Natürlich war ich überwältigt von der Anwesenheit von solchen – wie mir schien – göttlichen Wesen. Doch während ich nach Kräften versuchte, mich entsprechend zu

---

*) Rasputins Haushälterin

verhalten, strahlten diese Menschen eine solche Wärme aus, daß ich bald mein krampfhaftes Verhalten aufgab und mich wohlfühlte. Mitten in der ersten Konversation zog mich die Zarin an sich und küßte mich mütterlich.

Dann wurde ich den jungen Großfürstinnen und dem Zarjewitsch vorgestellt, der bald um Papa herumtanzte und an ihm zog – ich hatte schon nach kurzer Zeit den Eindruck, als gehörte ich zur Familie. Die Mädchen zogen mich zu einem kleinen Sakuski*-Tisch, auf dem sich roter und schwarzer Kaviar, Krabben, Sardellen, Hering, Fleisch- und Fischbällchen sowie Wodka und Wein türmten. Die Großfürstinnen standen auf einer Seite, höflich wartend, bis sich ihre Eltern und die Gäste bedienten, doch Alexej pickte mit verschmitztem Lächeln mit dem Zahnstocher ein Fleischbällchen heraus und steckte es in den Mund. Der Zar schüttelte mißbilligend den Kopf und seufzte:

›Wenn ich nicht mehr bin, wird Rußland von einem Zaren regiert werden, der in die Geschichte als Alexander der Schreckliche eingehen wird ...‹

Die Kinder überschütteten mich mit Fragen, was ich in meiner Freizeit täte und wie es mit einem solchen Vater sei ...

Dabei hatte ich Gelegenheit, den Raum zu betrachten mit seinen rosa Damastwänden, die Möbel aus hellem Holz – Ahorn, wie ich später erfuhr –, die Gemälde und Fotos, die überall hingen, den kleinen Sekretär mit dem großen Kreuz darauf; doch viel Ruhe zum Schauen hatte ich nicht; bald freundete ich mich mit der meinem Alter am nächsten stehenden Großfürstin an, die wie ich Maria hieß.

Unsere Unterhaltung wurde unterbrochen, als ein Butler verkündete, das Essen sei serviert. Wir begaben uns in ein großes Eßzimmer mit riesigen Fenstern, die von roten Samtvorhängen mit Goldborten umrahmt waren. Der Tep-

---

*) Sakuski – kalte russische Vorspeisenteller

pich war so weich, daß ich fast stolperte, als mein Fuß darin versank. Den Tisch bedeckte ein schönes Damasttuch, darauf ein Heer goldener Porzellanteller mit dem Zarenwappen; zu jedem Gedeck gehörten drei Kelche mit Goldwappen – wie alles, von den Leinenservietten über Messer und Gabeln bis zu den Silbertabletts, das Wappen trug. Hinter jedem der roten Samtstühle stand ein Diener in blauem Samtlivree mit weißen Handschuhen. Auf jeder Seite des Gedecks gab es Messerbänkchen aus Kristall, auf denen die verschiedenen Messer, Gabeln und Löffel ruhten.

Nach ein paar Bissen Salat legte ich meine Gabel auf den Teller – und im Nu war der Salat vom Diener hinter mir weggeräumt. Die Zarin bemerkte das und fragte: ›Hat er dir nicht geschmeckt?‹ – ›Oh doch, Eure Hoheit, er war sehr gut, doch der Kellner nahm ihn weg.‹ – ›Ich verstehe. Du hast deine Gabel auf deinen Teller gelegt, was bedeutet, daß du fertig bist.‹

Danach erklärte sie mir den Gebrauch der Bestecke, und ich konnte den Rest des wunderbaren Mahls genießen. Ich erfuhr auch, daß der Mann hinter mir nicht ein Kellner, sondern ein Diener war. Das Essen klang mit einer wunderbaren hausgemachten Eisspeise aus, deren Rezept ich später erfuhr. Es handelte sich um das berühmte ›Eis à la Romanow‹, das mit Zucker, Eigelb, leichter Creme, Vanille und Schlagobers zubereitet war.

Schließlich zogen wir uns zum Tee in den Salon zurück. Ein riesiger Silbersamowar, der wiederum das Zarenwappen trug, wurde auf einem Wagen hereingeschoben. Das Konzentrat wurde aus dem kleinen Kännchen darauf ausgeschenkt – in jede Tasse ein paar Tropfen – und mit dem brühenden Wasser aus dem Samowar aufgefüllt; die von allen Russen so geschätzte gemütliche Teestunde begann.

Als wir gingen, wurden wir von jedem Familienmitglied geküßt. Maria nahm mich um die Taille und ging mit mir bis zum Ausgang. Diener halfen uns in die Kutsche, und es ging nach Hause ...«

Im Frühjahr 1913 wird das dreihundertjährige Jubiläum der Dynastie Romanow begangen. Der erste Romanow namens Kobyla, deutsch-litauischer Abstammung, war bereits Ende des 13. Jahrhunderts in den Rat eines Großfürsten berufen worden. Jedoch erst im Jahre 1613 wurde ein Abkömmling dieser Familie zum Zaren gewählt.

Nun reist die Familie mit dem siebzehnten Zaren dieser Dynastie von Petersburg und Moskau in alle Städte, die in der Geschichte der Dynastie und Rußlands eine Rolle gespielt haben. Die Zarin, die in Rasputin längst mehr sieht als einen begabten Redner über religiöse Fragen und einen Wunderheiler, verfügt zum Erstaunen des Hofministers, daß Rasputin in Petersburg an den Feiern teilnimmt – sie meint, damit Gottes Schutz zu genießen und vor Attentaten sicherer zu sein.

Da Rasputins Anwesenheit der Regierung nicht bekannt ist (die Zarin wäre damit vermutlich auf Protest gestoßen), kommt es zu einem Zwischenfall. Beim feierlichen Te Deum in der Petersburger Kasaner Kathedrale teilt ein der Duma zugeteilter Polizist Präsident Rodsjanko mit, daß »ein Unbekannter in Bauernkleidung, jedoch mit einem Kreuz auf der Brust«*, sich im ersten (den Dumaabgeordneten vorbehaltenen) Rang aufhalte. Rodsjanko ist sofort klar, um wen es sich handelt. Er nähert sich Rasputin und fragt ihn: »Was machst du hier?« »Geht dich das was an?« fragt Rasputin selbstbewußt zurück.

»Wenn du mich duzt, ziehe ich dich an deinem Bart die Kirche hinaus«, antwortet Rodsjanko mit funkelnden Augen. Rasputin kniet fromm nieder und zeigt sich tief ins Gebet versenkt. Unbeeindruckt läßt Rodsjanko seine Stimme ver-

---

*) geweihten Priestern oder Mönchen vorbehalten

nehmen: »Wenn du nicht unverzüglich von hier verschwindest, lasse ich dich von meinen Polizisten abführen.« Rasputin spielt seine Rolle perfekt zuende: tief seufzend erhebt er sich und murmelt, schon im Gehen: »Herr vergib' ihm seine Sünde ...«

Als sich das Zarenpaar auf seiner Reise in Moskau zeigt, wird der neunjährige Zarjewitsch von einem stämmigen Kosaken der Leibgarde getragen; immer noch leidet er an den Folgen der Verletzungen und Blutungen des vergangenen Herbstes. Die Bevölkerung, seit jeher zum Aberglauben neigend, sieht darin ein böses Omen.

Als die Zarenfamilie auf der Krim am Ende der offiziellen Feierlichkeiten privat Feste feiert, verletzt sich Alexej – wieder bildet sich ein gefürchteter Bluterguß. Rasputin wird nach Jalta beordert. Indessen haben die Ärzte Alexejs Zustand unter Kontrolle gebracht – doch seine Besserung wird von der Zarin allein Rasputins Nähe und dessen Gebeten zugeschrieben. Ungeniert unternimmt Rasputin von seinem Hotel aus Ausflüge in benachbarte Orte, wo er an Gelagen teilnimmt und in den Morgenstunden völlig betrunken von Sicherheitsbeamten in seine Unterkunft gebracht wird, um Skandale zu vermeiden.

Daß Rasputin bei Hof zu neuem Ansehen gefunden und seine Stellung damit auch in der Gesellschaft zementiert hat, beeinflußt in keiner Weise sein Privatleben. Im Gegenteil: sich des hohen Schutzes sicher, kümmert er sich weniger denn je um seinen Ruf und die Gerüchte, die sich von neuem ausbreiten und in den Schlagzeilen ausländischer Medien seinen zweifelhaften Ruhm als »größte Liebesmaschine« nach England und Frankreich tragen.

Dabei muß man sich fragen, wie Rasputin für diesbezügliche Amüsements Zeit findet, denn er ist sehr beschäftigt. Täglich ist sein »Wartezimmer«, wie er das Vorzimmer konsequenterweise nennt, voll von Bittstellern. Die Gorocho-waja-Straße Nr. 64 ist weit über Petersburg hinaus berühmt. Jeder kennt die Telefonnummer 646-46. Auch aus Moskau und Kiew kommen Menschen mit ihren Anliegen: Militärs, Beamte und auch Geistliche wollen eine raschere Beförderung. Geschäftsleute streben Sondergenehmigungen, Privilegien oder die Anbahnung von Kontakten auf höchster Ebene an; Frauen wiederum, sofern sie als Bittsteller kommen, engagieren sich für die Beförderung ihrer Männer, andere bitten um Milderung einer Strafe für einen Verurteilten; Juden wollen die Aussetzung eines Prozesses, der einige von ihnen ins Gefängnis gebracht hat, weil diese sich mit gefälschten Ärztediplomen Wohnrecht in der Hauptstadt erschwindelt haben. Interessanterweise kommen keine Arbeiter oder Bauern zu Rasputin: sie trauen ihm nicht und halten wenig von seiner Allmächtigkeit. Ein Bauer aus dem sibirischen Ochta-Gebiet formuliert es so: »Lieber mit Haut und Haaren zugrunde gehen als Rasputin um Hilfe bitten!« Schließlich bitten noch Mittellose um Spenden für eine medizinische Behandlung, auch hier zeigt sich Rasputin großzügig.

Er kann es sich leisten. Geld fließt bei ihm in großen Mengen. Kaum einer der Hilfesuchenden, der Rasputin nicht mehr oder weniger diskret ein Bündel Geld zusteckt. Dazu kommen noch großzügige Zuwendungen von seiten seiner Verehrerinnen – meist wohlhabende Damen aus gutsituierten Kreisen – entweder für ihn persönlich oder zur Weitergabe an Bedürftige und an die Kirche bestimmt. Alle wissen, daß der Sekretär des Metropoliten bei Rasputin ein- und ausgeht und die Spenden mitnimmt. Niemand weiß allerdings, ob sie auch ihr Ziel erreichen.

Wie groß sein Vermögen ist, weiß Rasputin nicht. Das liegt nicht nur an seiner – für Russen nicht untypischen – philosophischen Einstellung zum Geld, über das nicht disponiert, sondern spontan verfügt wird, sondern auch daran, daß er kaum zählen kann. Dafür hat er seine »Berater«, den Bankier Dmitrij Rubinstein und den Diamantenschleifer und Spekulanten Aron Simanowitsch. Sie verwalten Rasputins Gelder und werden, wie seine Tochter Maria treuherzig bemerkt, »dabei immer reicher«, denn »Vater hat nie einen Beleg oder eine Abrechnung verlangt«. Unter anderem ist Rasputins Vermögen in Kautschukaktien angelegt, aber die beiden Geschäftsleute nutzen ihre Freundschaft mit dem einflußreichen Klienten auch für eigene Transaktionen. In jedem Fall müssen die Kinder später, als sie am Tag nach Rasputins Tod vergeblich nach Bargeld für ihre Ausgaben suchen und die beiden »besten Freunde« anrufen, erfahren, daß sich Rasputins Vermögen auf geheimnisvolle Weise verflüchtigt hat und keine Kopeke übriggeblieben ist.

Doch Rasputin braucht sich um das tägliche Leben keine Sorgen zu machen. Es vergeht kein Tag, da nicht riesige Geschenkkörbe bei ihm eintreffen; sie sind mit köstlichen Lebensmitteln, Wein, Madeira (den Rasputin besonders liebt) gefüllt; Blumen, Porzellan, Kristallgläser und sogar Möbel und Teppiche werden Rasputin verehrt, um ihn gewogen zu stimmen – oder als Dank für erwiesene Hilfe oder auch nur für seine erbaulichen Reden. Anonym bleibende Damen senden ihm oft liebevoll seidenblumenbestickte Hemden und feines Tuch für Hosen und Jacken.

Seinen stattlichen dicken Pelzmantel mit Biberfellverbrämung und Bibermütze hat Rasputin von jüdischen Freunden erhalten. Das führt trotz seiner gelegentlichen antisemitischen Ausfälle dazu, daß er plötzlich zum Fürsprecher der in ihren Rechten zu dieser Zeit benachteiligten jüdischen Bevölkerung hochstilisiert wird. Dazu trägt sein »Sekretär« Simanowitsch bei, der in seinen (bis in die Gegenwart immer wieder publizierten) Schriften Rasputin als Anwalt der russischen Juden glorifiziert. Dieses Bild hat mit der Wirklichkeit allerdings ebensowenig zu tun wie andere Berichte von Simanowitsch (der nie einen Schritt über die Schwelle des Zarenpalastes gesetzt hat), er hätte nachts mit dem Zaren im Pyjama Karten gespielt und ihm während der Kriegsjahre Diamanten verkauft.

Tatsache ist, daß Rasputin mit seinen Interventionen zwar vielen Juden hilft, dabei jedoch weder ein Konzept noch ein Ziel verfolgt. Er hilft aus geschäftlichen oder freundschaftlichen Gründen, weil er sicherlich hilfsbereit ist und weil sich ihm auch andere Vorteile bieten – die Erweiterung seiner Macht und die Bekanntschaft mit Mädchen oder Frauen, deren Anliegen er sich zunutze macht.

Für die Bewältigung seines Haushaltes hat Rasputin aus Pokrowskoje Katja und Dunja (die auch seine Geliebte ist) mitgebracht. Letztere nimmt auch Telefonanrufe entgegen und liest Rasputin Briefe oder Bittelegramme vor. Außerdem steht die Nonne Akulina Laptinskaja in Rasputins Diensten, sie macht Notizen über die täglichen Ereignisse; vermutlich ist es auch sie, die Rasputins Zitate erbaulicher, meist ihrer Bruchstückhaftigkeit wegen nahezu unverständlicher Reden ehrfurchtsvoll auf Papier festhält und so daraus später jene Manuskripte entstehen läßt, die in numerierten Exemplaren als Botschaft des heiligen Mannes kursieren.

Die Antworten auf die Bittgesuche besorgt Rasputin selbst. Ob sich der Antragsteller persönlich bei ihm einfindet oder sein Anliegen in einem Schreiben oder Telegramm vorbringt – Rasputin nimmt einen seiner Briefbögen und schreibt nur die bald geflügelten Worte »Miloj, daragoj, pomogi …«* – »lieber, teurer, hilf«. Damit schickt er den Hilfesuchenden zum zuständigen Minister oder er läßt seinen

---

*) richtig: »milyi, dorogoj, pomogi« – Rasputin schrieb nach Gehör

Interventionszettel per Boten zustellen. Manchmal greift er auch zum Telefon. Die Angesprochenen reagieren verschieden: manche ignorieren Rasputins Intervention, manche fügen sich seufzend, weil sie sich Rasputins Unmut nicht zuziehen wollen, wieder andere lassen es darauf ankommen, daß der Bittsteller nochmals urgiert und Rasputin dann düstere Drohungen oder Beschimpfungen an die Adresse des säumigen Beamten richtet, deren Nichtbeachtung üble Verleumdungen bei der Zarin und schließlich den Verlust des Postens nach sich ziehen können. Nicht selten erscheint Rasputin auch persönlich bei einem Minister, um ihn dabei zu einer für ihn wichtigen Beförderung eines Beamten zu bewegen. Dabei setzt er unverfroren seine hypnotischen Mittel ein, wie Makarow erzählt:

»… Ich mußte ihn empfangen, obwohl er mir zutiefst zuwider war. Er nahm mir gegenüber Platz. Ich ließ mir den Akt desjenigen kommen, für dessen Beförderung sich Rasputin einsetzen wollte. Als die Unterlagen kamen, vertiefte ich mich kurz in die Papiere, aus denen ich zu dem Schluß kam, daß keine Qualifikation die Beförderung der betreffenden Person rechtfertigte – im Gegenteil. Noch während meiner Lektüre gab ich laut zu verstehen, daß hier wenig Anlaß zu Hoffnung bestünde. Als ich schließlich aufblickte, sah ich, was ich die ganze Zeit hindurch irgendwie gespürt hatte: Rasputin hatte mich die ganze Zeit hindurch aus seinen großen wäßrigen Augen angestarrt wie ein Hypnotiseur. Mir war geradezu schwindlig.

Außer mir vor Wut schlug ich mit der Faust auf den Tisch und brüllte ihn an: ›Diese Spiele können Sie mit jemand anderem machen, aber nicht mit mir! Hinaus mit Ihnen!‹ – Und ohne weiter auf die Sache einzugehen, warf ich Rasputin hinaus. Ich atmete auf. Doch kurz darauf war ich meines Postens enthoben.«

Innenminister A. A. Makarow, wegen seiner Bemühungen,

Rasputin zu entfernen, ohnehin längst bei der Zarin in Ungnade gefallen, wird durch den »neutraleren« N. A. Maklakow ersetzt.

Die Gesellschaft ist gespalten in jene, die sich bei Bekanntwerden solcher Vorgänge empören, und jene, die Rasputin verehren, auch ohne daß sie von ihm konkrete Hilfe in Anspruch nehmen. Außer Günstlingen beiderlei Geschlechts, die sich für alle Fälle Rasputins Freundschaft versichern, sind es meist Damen der mittleren bis höheren Gesellschaftsschicht, die Rasputins Gegenwart als Quelle religiöser Erbauung und Lebensweisheit genießen.

Das liegt zum einen in der russischen Tradition selbst, in der Sonderlinge ihren festen Platz in der Gesellschaft einnehmen. Zum anderen begünstigt der russische Hang zu Mythenbildung – und Rasputin ist bereits zu Lebzeiten ein Mythos – den Glauben daran, daß diesem eine besondere Ausstrahlung eigen ist, was ihm auch seine Kritiker bescheinigen. Und schließlich liegt es auch an der geistigen Krise der Zeit, daß viele Gläubige sich von der herkömmlichen Lehre der Kirche abwenden und den modischen Strömungen des Mystizismus, Spiritismus und Sektenwesens verschreiben. Diese Leere empfinden eher gelangweilte Salondamen als Angehörige der unteren Gesellschaftsschichten, die schon aufgrund der Tatsache, daß sie mit der Bewältigung ihres Alltags beschäftigt sind, auf dem Boden der Realität bleiben und wenig Interesse für religiös-erotische Schwärmereien aufbringen. Die Orientierungslosigkeit bestimmter Kreise in der Suche nach dem »wahren« Glauben, der für Russen traditionell eine größere Rolle spielt als etwa für Westeuropäer, bietet dem Wirken selbsternannter »Starzen« wie Rasputin eine geeignete Heimstätte für ihr Wirken, noch dazu wenn sie mit einer so starken Suggestionskraft ausgestattet sind wie dieser.

Der Kreis der Rasputinschen Freunde erweitert sich mit seiner neuerlich gefestigten Stellung sprunghaft. Der Sibirier geht in den berühmtesten Salons Petersburgs ein und aus, wird empfangen von einer Baronin Ikskül, von Fürstin Schachowskaja, von Baronin Rosen. Er ist bunter Vogel bei Abendgesellschaften und Diners. In den Augen der Gesellschaft ist er nicht mehr wie in der Zeit seiner Einführung in die Petersburger Kreise nur Prediger und Starez, sondern eine »politische« Person. Man lädt ihn ein, um sich mit ihm zu brüsten. Er ist eine Attraktion – kaum jemand vergißt den Anblick, wenn Rasputin, von den Klängen der Zigeunerkapelle mitgerissen, aufspringt und wie elektrisiert tanzt. Jeder kennt seinen Einfluß, seine Kontakte zu den höchsten Beamten im Staat, auch einige Berater des Zaren zählen dazu – abgesehen von jenen, die ohnehin Rasputin ihre Karriere verdanken. So verkehrt er mit Graf Meschtscherskij, einem extrem konservativen Publizisten, der sich auf diese Weise Gunst und Subventionen des Zaren verschafft, weiters mit dem Oberprokuror des Synods, Sabler, seinem Stellvertreter Damanskij, dem neuen Innenminister Maklakow, Finanzminister Bark, Sablin, Waffenproduzent Putilow, Finanzmakler Manus – um nur einige zu nennen. Gewöhnlich gibt Rasputin da seine als tiefere Erkenntnisse vorgetragenen Lebensweisheiten zum besten, durchsetzt mit Zitaten aus der heiligen Schrift, die quasi als Bestätigung seine Reden untermauern. Immer wieder kommt er vor den Damen auf seine mystisch-religiös verschleierte Erotik zu sprechen:

»Einzig in der Reue liegt unser Heil. Das heißt, wir müssen sündigen, um den Anlaß zur Reue zu schaffen. Folglich müssen wir uns, wenn Gott uns eine Versuchung sendet, dieser hingeben, um für die nötige Bedingung für eine fruchtbare Reue zu schaffen. Im übrigen: war es nicht das erste Wort des Lebens und der Wahrheit, das Christus den

Menschen sagte? ›Bereut!‹ – lautete sein Aufruf. Doch wie soll man bereuen, wenn man nicht zuvor gesündigt hat …«
»Seine simplen Predigten« – faßt der französische Botschafter in Petersburg, Maurice Paléologue, scharfsinniger Beobachter der Verhältnisse in der Hauptstadt, zusammen – »quellen förmlich über von schlauen Redewendungen über den reinigenden, von Sünden befreienden Wert der Tränen und die vergebende Kraft einer zerknirschten Seele. Eines seiner bevorzugten Argumente, mit denen er bei seiner weibliche Klientel am besten ankommt, läßt sich wie folgt zusammenfassen:
›Meistens ist es nicht die Abscheu vor der Sünde, die uns daran hindert, einer Versuchung nachzugeben – denn wenn die Sünde selbst uns die Abscheu vor ihr eingäbe, würde sie uns ja nicht dazu verleiten, zu sündigen. Wollen wir denn jemals etwas essen, was uns zuwider ist? – Nein, was uns zurückhält und abschreckt, ist die Erfahrung, welche die Reue dem Stolz zufügt. Vollkommene Reue, in der wir tief zerknirscht sind, erfordert absolute Demut. Aber wir wollen nicht demütig sein – nicht einmal vor Gott. Hier liegt das Geheimnis unseres Kampfes mit der Versuchung. Und wenn wir im Tal Josaphats sein werden, wird Er uns an alle Gelegenheiten erinnern, bei denen wir unser Heil, unsere Rettung hätten erlangen können und die wir zurückgewiesen haben …‹
Im elften Jahrhundert sind derartige Sophismen schon von der phrygischen Sekte gepredigt worden. Der Häretiker Montanus pflegte sie mit Freuden seinen schönen Anhängerinnen in Laodikja zu beweisen und erreichte dabei dieselben praktischen Ergebnisse wie Rasputin …«
Paléologue konstatiert schließlich in einem Satz, was Rasputins Veranlagungen so fatal macht:
»Wenn sich die Aktivitäten des Starez auf den Bereich seiner Wollust und seinen Mystizismus beschränkten, wäre er

für mich lediglich ein mehr oder weniger psychologisch interessanter Gegenstand der Betrachtung oder des physiologischen Studiums. Jedoch die Umstände haben aus diesem ungebildeten Bauern ein politisches Werkzeug gemacht. Um ihn herum hat sich die Klientel einflußreicher Personen geschart, die ihr Schicksal mit dem seinen verknüpfen …«

Rasputin würde sich, wüßte er davon, kaum um die Sorge kümmern, die in diesen Worten anklingt. Er genießt sein Leben, seine Macht, die Annehmlichkeiten, die damit verbunden sind, und die Anhänglichkeit seiner Verehrerinnen, die sich in vereintem Enthusiasmus um seinen sonntäglichen Teetisch scharen. Manche, die nicht zu diesem offenbar verblendeten Kreis hingebungsvoller Verehrerinnen gehören und eher zufällig an einer Tafel mit Rasputin teilnehmen, können davon mit der Distanz eines außenstehenden Beobachters berichten:

»Ich war durch eine Bekannte, die Rasputin von mir erzählte, von ihm zum Tee eingeladen worden«, beginnt die anonym bleibende Berichterstatterin[*], von der nur bekannt ist, daß es sich um eine Sängerin handelt. »Ich war neugierig und wußte, daß all das Gerede Rasputins, das seine Anhängerinnen beeindruckte, auf mich nicht wirken würde.

Ich hatte eine fürstlich eingerichtete Wohnung erwartet. Doch das, was ich betrat, war ein bescheidenes, wenn auch geräumiges Heim, dessen Einrichtung geschmacklos und ungemütlich zusammengestellt war. Ich wurde durch das Wohnzimmer, das eher karg mit einem Tisch, verschiedenartigen Stühlen und einem weichen Lederfauteuil möbliert war, in das Speisezimmer geführt. Dieser Raum wirkte überhaupt kahl; in seiner Mitte stand ein langer schmaler Tisch. Später erfuhr ich, daß diese ärmliche Ausstattung einer

---

[*] sie hat ihre Eindrücke niedergeschrieben und in numerierten Exemplaren in Petersburg verbreitet

besonderen Taktik Rasputins entsprach. Zu Beginn der Saison war alles wie leergefegt, und dann sammelte sich alles mögliche an, das seine Verehrerinnen ihm geschenkt hatten – Stühle, Diwans, Teppiche, Ikonen, kaiserliches Geschirr mit Monogramm. Mit all dem war die berühmte Wohnung in der Gorochowaja bald überhäuft – bis all das Gut im Sommer nach Pokrowskoje gebracht wurde, und im Herbst fing die ganze Komödie von vorne an.

Am Tisch saß im himbeerroten Hemd Rasputin, an dessen Lippen die um ihn versammelten Verehrerinnen hingen. Ihm am nächsten saß in einem Fauteuil Anna Wyrubowa, und es war auf den ersten Blick klar, daß sie der Ehrengast war. Sie wollte im Kreis der anderen besonders schlicht wirken, was sie durch ihre mehr als bescheidene Kleidung zum Ausdruck brachte. Doch in ihrem Blick und den Zügen ihres Mundes war das Selbstbewußtsein über ihre Macht zu spüren. Wie auch nicht – handelte es sich doch um die am nächsten stehende und einzige Freundin und Beraterin der Zarin. Alle anderen betrachteten sie nicht ohne Neid, suchten ihren Blick und sagten nur Dinge, die ihr gefallen mußten. Sie war praktisch das Zentrum der Aufmerksamkeit – und Rasputin quasi eine Zugabe. Wenn ihm Aufmerksamkeit zuteil wurde, so geschah dies mit besonderem Nachdruck, damit es auch bestimmt nicht ihrer Aufmerksamkeit entging.

Es waren außer seinen Sekretärinnen Mädchen und Frauen mit guten Namen da, ältere Damen in künstlicher Schönheit (Rasputin liebte Prunk und kostbare Aufmachung), auch ganz junge, schlichte Mädchen, sauber gepflegt und bescheiden, von ihren Müttern zur ›Andacht Gottes‹ mitgebracht. Aus deren Täschchen wurden unauffällig Gesuche an allerhöchste Adresse gezogen und in die breiten Taschen Rasputins gesteckt. Rasputin ließ es geschehen – Hauptsache, es schaute ein Gewinn dabei heraus.

Männer gab es kaum. Ein Beamter des Synods, der Besitzer

des Varieté-Restaurants Rodé [nach ihm »Villa Rodé« benannt], dem Rasputin versprach, sich für einen Orden zu bemühen, Manasjewitsch-Manuilow mit dem Gehaben eines Ministers [tatsächlich wurde er von einem Minister in Dienste genommen], der Sekretär des Metropoliten von Petersburg, Osipenko, mit dem Aussehen eines Verschwörers – und ein paar Bankiers, die unbeteiligt schienen, als wüßten sie selbst nicht, weshalb sie eigentlich hier sind. Klar war nur, daß dies nicht der schönen Augen Rasputins wegen der Fall war. (…)

›Bjelik!‹* rief Rasputin aus, als er mich sah, sprang auf und streckte mir seine Hand zum Kuß hin.** Die Hand war vom Essen fett – ich glaube, es waren die Reste der Fischspeise. Diese Hand zu küssen verspürte ich wenig Lust, und schwer landete sie auf meiner Schulter, wo sie fette Schmutzflecken hinterließ. Ich stand noch etwas befremdet da, als Rasputin auch schon eine Dame, die scheinbar eingeschlafen war, von ihrem Stuhl beförderte und dafür mir an seiner Seite Platz machte. Als die anderen dieses Zuvorkommen des ›teuren Vaters‹ mir gegenüber sahen, schmeichelten sie mir alle und bemühten sich, mir gegenüber besonders liebenswürdig zu sein. Seufzend wandte sich Rasputin seiner prominenten Nachbarin Wyrubowa zu und flüsterte: ›Sie ist klug und gut …‹

Und alle, denen kein Ton ihres Meisters entgangen war, richteten staunend ihren Blick auf mich und wiederholten ehrfürchtig anerkennend: ›klug und gut …‹

Nun wurden Speis und Trank gebracht. Bevor die anderen die mit Tee gefüllten Tassen und die Teller mit den Speisen

---

*) Koseform zum Wort »Eichhörnchen«. Rasputin nannte seine Bekannten meist bei Kosenamen, schon weil er sich ihre Namen nicht merken konnte.

**) in Rußland gegenüber einem Geistlichen üblich, bei einem Priester höheren Ranges obligatorisch; Rasputin spielt hier die Rolle des Starez und stellt sich – obwohl nicht geweiht – einem Priester gleich

berührten, segneten sie erst Rasputin und hielten ihm anschließend alle ihre Tassen und Teller hin:
›Segne es, Vater.‹
Rasputin schien seiner ›heiligen‹ Pflicht fast unwillig nachzukommen, fuhr mit seinen schmutzigen Pfoten in die von einer Verehrerin gereichte silberne Zuckerdose, zog zwei Stück heraus und ließ sie in die ihm hingereichte Tasse fallen; bei den weiteren Tassen badete er mitunter durch seine unkontrollierten Handbewegungen mit den Fingern im Tee. (…)
Dasselbe wiederholte sich mit den Salzgurken, die man ihm zum Segen hinstreckte: ›Vater, segne!‹
Bald erhob sich die Wyrubowa und verließ, gnädig die tiefen Verbeugungen entgegennehmend, die Gesellschaft.
Mit ihrem Verschwinden wich auch die gezwungene Atmosphäre, und alle fühlten sich plötzlich erleichtert und frei. Am meisten Rasputin selbst.
Alle stürzten sich auf ihn, küßten ihm die Hände, Schultern, den Saum seines langen Hemdes, den Rücken. Da flüsterte jemand ihm zärtlich ins Ohr, dort sammelte jemand anderer die Krumen in seinem Bart ein, wieder andere aßen und tranken das, was der Starez in seinem Geschirr übriggelassen hatte – mit verzückt geschlossenen Augen …
Ich erhob mich und wollte gehen. Rasputin sprang auf.
›Komm mit, wir müssen noch reden‹, sagte er und zog mich an der Hand durch das Speisezimmer.
›Die Glückliche, die Glückliche‹, flüsterten die Damen. Ich spürte aller Augen auf mich gerichtet und vernahm noch die zischenden Worte: ›Warum nicht ich? Warum nicht ich? Wie lange hat er mich schon nicht genommen …‹
Rasputin brachte mich in einen schmalen und kleinen Raum. Er war von oben bis unten schmutzig. Auf einem kostbaren Schreibtisch standen ein kristallenes Tintenfaß und ein mit Tinte verschmiertes Fläschchen, in dem die Fe-

der stak. Ein riesiger Fleck hatte sich auf der Tischplatte ausgebreitet. ein Stapel von Papieren mit Rasputins unglaublichen Hieroglyphen war aufgetürmt, die die verschlossensten Türen zu öffnen imstande waren. Ein Diwan, zwei Stühle – das war alles, was noch da war. Der Diwan sah noch neu und sein Leder nicht abgenutzt aus, doch in der Mitte war er stark in Mitleidenschaft gezogen, abgerieben und eingedrückt. Von all diesen Eindrücken, dazu Rasputin selbst, wurde mir übel.

Er schlug die Tür zu und trat auf mich zu, wie ein Raubtier die Hände nach mir ausstreckend. Seine Augen leuchteten nun schon nicht mehr inspiriert, sondern traten eher gierig hervor. Er näherte sich mir mit halb irrem, halb gefälligen Lächeln, ein Tier, von unbändiger Gier erfaßt, gewöhnt, sie ohne Widerstand stillen zu können.

›Meine Liebe, meine Freude‹, flüsterte er, kaum bei Sinnen. Ich war nicht einmal unruhig und sogar der anfängliche Ekel verließ mich bald. Mit dem Rücken zum Tisch stützte ich mich mit beiden Händen auf und stand völlig kühl da; ernst blickte ich ihn an. Selbst als er ganz zu mir kam und mich umarmte, wehrte ich mich nicht – jeder Widerstand hätte zu einem Kampf geführt. Er wäre böse geworden, das war mir klar, und seine Überlegenheit wäre vernichtend für mich gewesen. Er fühlte jedoch die Verachtung, die ich ihm entgegenbrachte, wie sie in einem solchen Augenblick auch der primitivste Mann spürt. Wie schrecklich mußte es für ihn sein zu begreifen, daß er eine Null war für die Person, die er so sehr begehrte!

Ohne meinen strengen Blick von Rasputin zu lassen, nahm ich meine gesamte Willenskraft zusammen. Er näherte sein Gesicht dem meinen, und ich hörte seinen schweren Atem … Hier hörte meine unbeirrbare Ruhe auf. Zu abstoßend war er und zu ekelhaft. Unwillkürlich hielt ich ein Taschentuch vor mein Gesicht und wandte mich jäh von ihm weg.

›Eine solche bist du also, Niederträchtige‹, zischte der ›Starez‹ durch seine vor Fäulnis dunklen Zähne. – ›Graut dir etwa vor mir? Gefalle ich dir nicht? Ganz andere als du kommen auf den Knien gerutscht. Ich werd's dir zeigen, werde dich schon biegen!‹

Er zischte, fauchte, und Speichel sprühte aus seinem Mund, der mich verfluchte. Ich schloß kurz die Augen. Als ich aufblickte, war Rasputin auf dem Diwan gelandet. Von dort aus kroch er nochmals auf allen vieren an mich heran, packte den Saum meines Unterrocks, riß ihn mit seinen Zähnen wie ein wütender Hund herunter – ohne meinen Aufschrei zu beachten, erhob sich und führte mich hinaus. Ich war im Gehen, doch durch die halbgeöffnete Tür sah ich, wie er aus dem Speisezimmer nach irgendeiner Frau – sie war dicklich, soweit ich es sehen konnte, griff und sie in den gleichen Raum führte, den ich soeben verlassen hatte …«

Jeder, der Rasputin einmal tanzen gesehen hat, ist von seinem Temperament beeindruckt. Es sind die Zigeunerweisen, die ihm ins Blut gehen und denen er augenblicklich folgt, sobald sie erklingen. Es ist zu dieser Zeit durchaus üblich, einem gesellschaftlichen Abend mit Zigeunermusikern Stimmung zu verleihen. Auch in Restaurants und Nachtlokalen gehobener Kategorie verbreiten Zigeunerensembles mit ihrem Temperament jene Atmosphäre, die Gäste zu Ausgelassenheit (und entsprechendem Wein- und Champagnerkonsum) stimuliert. Nicht zufällig läßt Lew Tolstoj den Helden seines Romans »Der lebende Leichnam« einen von seiner Ehe verbitterten Aristokraten allabendlich »zu den Zigeunern gehen, um zu vergessen …«

Ein Abend bei der Fürstin Schapowalnikowa. Sie hat eine kleine, aber hochkarätige Tischgesellschaft versammelt. Beherrscht wird diese von – Rasputin. Er ist Mittelpunkt des Abends.

Ein kleiner Zigeunerchor betritt den Raum. Rasputin begrüßt

jede der Sängerinnen – ob schön oder nicht – mit einem Kuß und streichelt ihnen liebevoll über die Wangen. Diese wiederum, dankbar für den gutbezahlten Auftritt, der wie gewöhnlich für Rasputin arrangiert wird, umwerben und umschmeicheln ihn kokett und wischen sich ganz unauffällig die von seinen schmatzenden Küssen feuchten Wangen ab.

Es beginnt mit einem schwermütigen Gesang. Rasputin bleibt direkt vor der Gruppe stehen und führt mit seiner Rechten in der Luft dirigierende Gesten aus.

Doch bald kommt Rhythmus in die Musik. Mit einem Aufschrei springt Rasputin in die Mitte des Raums. Leichtfüßig bewegt er sich zur Musik, um von Zeit zu Zeit mit den Absätzen seiner weichen Lederstiefel den Takt zu markieren. Gebannt verfolgen die anderen Gäste den Anblick, den der von seiner Statur her behäbige Muschik nun in selbstvergessener Faszination bietet. Sie meinen, nicht nur einen Tanzenden vor sich zu sehen, sondern einen Menschen, der sich in der Ekstase eines Rituals auslebt – »kein Zweifel, das ist ein Chlyst«, flüstern die anderen. Je wilder Rasputins Tanz, desto anfeuernder seine Gesten für die Musiker. Bald versagen ihnen die Stimmen, und die wohlklingenden Laute verwelken zu heiseren Tönen. »Weiter, weiter!« kommandiert der unermüdliche Tänzer die erschöpften Sänger, die längst von den metallischen Schlägen der Balalaika und der anderen Instrumente übertönt werden.

Und dann ist Rasputin wieder ganz der erbauliche Starez, der mit dem Selbstbewußtsein einer unwidersprochenen Autorität »tiefere Einsichten« vermitteln und damit wohl vor allem jene beeindrucken will, die ihn noch nicht kennen. Diese Neigung und die Lust an Ausgelassenheit gehen bei Rasputin nahtlos ineinander über.

Jelena F. Dschanumowa berichtet darüber: sie war eigens aus Moskau gekommen – allerdings nicht um Erbauung zu suchen, sondern Hilfe für Verwandte, die wegen ihrer deutschen Abstammung nach Sibirien verbannt werden sollen – es herrscht bereits Krieg mit Deutschland. Dschanumowa wird von einer Petersburger Freundin zum Mittagessen mit Rasputin eingeladen, um dort seine Bekanntschaft zu machen:

»Als ich kam, saßen bereits alle an der prächtig gedeckten Tafel. Ich erkannte Rasputin sofort, obwohl ich ihn noch nie gesehen hatte. Er trug ein weißes außen überhängendes Hemd. Dunkler Bart, längliches Gesicht mit tiefsitzenden Augen, die sich in einen hineinbohrten, als wollten sie den anderen bis in die Tiefe ergründen. Erst betrachtete er mich ernst. Plötzlich langte er nach einem Glas Rotwein und sagte zu mir: ›Trink!‹ – Mir war schon aufgefallen, daß er alle duzte, und doch fand ich es merkwürdig. Doch dann kam es noch unerwarteter: ›Nimm einen Bleistift und schreib‹, befahl er mir unvermittelt. Offenbar war er es gewöhnt, andere zu kommandieren. Eine Unzahl von Händen streckte sich mir entgegen – die einen mit Papier, die anderen mit einem Stift. Ohne zu begreifen, was das sollte, nahm ich alles mechanisch in die Hand und folgte seinem Befehl ›Schreib!‹:

›Erfreue dich in der Einfachheit – den vom Leid und vom Bösen Zerknirschten scheint die Sonne nicht. Vergib mir, Herr, ich bin sündig, ich bin irdisch, und meine Liebe ist irdisch. Herr, wirke Wunder, gib uns den Frieden. Wir sind dein. Groß ist deine Liebe für uns, zürne uns nicht. Sende meiner Seele den Frieden und die Freude der glückseligen Liebe. Rette mich und hilf mir, Herr.‹

Alle hörten ehrfürchtig zu, während er diktierte. Dann flüsterte mir eine alte Dame zu: ›Sie Glückliche, er hat sich sofort in Sie verliebt …‹

Nach dem Essen ging man in den Salon nebenan. Plötzlich rief Rasputin aus: ›Spielen! Po ulice mostowoj!‹*

---

*) russisches Lied »Auf der Brückenstraße«

Eine der Damen setzte sich an den Flügel und begann zu spielen. Er stand auf, tippte erst mit dem Fuß den Takt und ließ sich mit einem Mal von der Musik mitreißen. Wie beflügelt glitt er durch das Zimmer, näherte sich einer Dame und zog sie im Flug aus der Gruppe heraus, um sich mit ihr im Kreis zu drehen. Niemand war darüber erstaunt, als wäre das zu dieser Tageszeit das natürlichste der Welt.

›Genug!‹ brach er plötzlich ab und wandte sich unvermittelt mir zu. ›Und du – bist du für ein Anliegen gekommen, meine Liebe? Dann müssen wir wohl darüber reden, komm!‹ Und führte mich an der Hand in einen anderen Raum. Ich erklärte ihm alles. ›Schwierige Sache‹, meinte er nachdenklich. ›Jetzt ist mit Deutschen nicht zu scherzen. Aber ich werde mit ihr [der Zarin] (er sprach diese Worte mit besonderem Nachdruck aus) reden. Du mußt wieder zu mir nach Piter* kommen …‹

Noch lange auf dem Heimweg wurde ich die Melodie ›Na mostowoj‹ nicht los, und immer wieder hatte ich Rasputins Worte im Ohr: ›Denk daran, wenn du nicht zu mir kommst, wird nichts …‹«

Dschanumowa verspürt offenbar kein großes Verlangen, zu Rasputin zu kommen. Würde es ihr überhaupt etwas nützen? Darauf kann sie sich jedenfalls nicht verlassen. Doch ihre Entscheidung wird vorweggenommen. Schon am nächsten Morgen klingelt in ihrem Hotel das Telefon. Es ist Rasputin. »Frantik«, murmelt er sanft durchs Telefon, wobei er ihren Vatersnamen Franzjewna auf seine Weise umformt, um wie so oft Gedächtnislücken der allzuvielen Namen um ihn zu überbrücken, »Frantik, du kommst doch? Ich erwarte dich heute um sechs Uhr.«

Die Angesprochene will jedoch nicht allein zu ihm gehen. Sie nimmt ihre Bekannte mit, die sie bei ihm eingeführt hat.

---

*) so nannten die Petersburger ihre Stadt

Dazu gesellt sich noch ein Nachbar, der mitbekommen hat, daß die Frauen zu Rasputin gehen, und als ihr »Onkel« mit dabei sein will. Dabei und bei den folgenden Begegnungen zeigt sich Rasputin von der Seite des gekränkten Verliebten – und die Gesellschaft um den wie einen Heiligen vergötterten »Vater« als hoffnungslos verblendet.

Rasputin reagiert verärgert. Er zeigt sich bereits enttäuscht, daß »Frantik« nicht allein erscheint – als er dann aber erfährt, daß ihr »Verwandter« vor dem Haus auf die Erlaubnis wartet, nachkommen zu dürfen, verliert er die Fassung. »Hinaus! So bist du also! Kommst auch noch mit deinem Freund an bei mir! Mußt du sie mit Habichten* sich herumtreiben lassen?!« wendet er sich vorwurfsvoll an die gemeinsame Bekannte. Unsanft befördert er die Besucherinnen hinaus.

Die beiden sind starr vor Entsetzen über sein Verhalten. Dschanumowa: »Ich glaube, es war ihm gar nicht bewußt, wie beleidigend er sich uns gegenüber benommen hat. Es war etwas so Archaisches, etwas unserem Verständnis so Fremdes in ihm, daß man sich eigentlich nicht einmal ärgern konnte. Schlau und listig und zugleich wild war dieser Mensch, dem die Beherrschung seiner Bedürfnisse fremd schien ...«

Wieder ruft Rasputin an. Er lädt Dschanumowa neuerlich ein, nachdem ihm ihre Bekannte den wahren Sachverhalt über den Stein des Anstoßes, den aus Neugier mitgekommenen Mann, dargelegt hatte. Diesmal ließ er diesen mitkommen, »um den zu sehen, dessentwegen unsere Suppe angebrannt ist ...« Außer diesem kommen wiederum andere Leute, junge Männer mit. Dafür hat Rasputin gar nichts übrig. Wenn ihn eine Frau interessiert – wie das offenbar bei Dschanumowa der Fall ist, wehren sich seine Instinkte gegen die Anwesenheit anderer Männer.

---

*) so pflegt Rasputin andere Männer zu bezeichnen

»Rasputin saß mit düsterer Miene am Tisch. Er schwieg
und betrachtete feindselig die Gäste. Dann rief er Maria zur
Seite und warf ihr vor, andere Männer mitgebracht zu haben. ›Alle glotzen sie nur Frantik an‹, beschwerte er sich.
›Ich will, daß sie mit mir zusammen ist und mit niemand
anderem.‹…«

Daß Rasputin auch diesmal nicht in erwarteter Weise die
Anwesenheit seiner verehrten »Frantik« genießt, macht
ihm zu schaffen. Jetzt beschließt er, ihr zu zeigen, welche
Wertschätzung er von seiten anderer Frauen genießt, und
lädt sie zu einer seiner Tischgesellschaften ein.

»Im Speisezimmer waren schon viele Menschen versammelt, als ich kam – ausschließlich weiblichen Geschlechts.
Ich staunte über das, was ich zu sehen bekam. Kostbare
Seide neben edlem Tuch, Zobel und Chinchilla; Brillanten
allerreinster Farbe blitzten auf – daneben das schlichte Gewand einer alten Frau und das blendendweiße Tuch der
geistlichen Schwester. Rasputin nahm mich an der Hand
und erklärte allen: ›Das ist meine liebste Moskauer Frantik.‹ – Alle nickten mir anerkennend zu. Überallhin folgte
ihm irgend jemand, half bald bei diesem, bald bei jenem
Handgriff. Als ich meine Hand nach der Zuckerdose aus-
streckte, nahm ›Kilina‹, wie die Rasputin demütig dienen-
de Nonne Akulina Laptinskaja genannt wurde, mein Glas
und hielt es Rasputin hin: ›Segne, Vater.‹ Dieser fuhr mit
den Fingern in die Dose und warf das herausgezogene
Stück in mein Teeglas. Dazu kommentierte ›Kilina‹: ›Es ist
gottgefällig, wenn der Vater selbst mit seinen Fingern das
Stück in das Glas gibt …‹

Ein junges Mädchen erweckte noch meine Aufmerksamkeit,
aus deren ausdrucksvollen Augen ihre Vergötterung Rasputins und völlige Hingabe zu lesen waren. – ›Das ist Munja
[Maria Golowina], mit Annuschka [Hofdame Anna Wyrubo-
wa] verwandt – Nichte der Hofdame zweier Zarinnen – sein

270

Liebling …‹ flüsterte mir jemand zu. Daneben saß auch deren Mutter. – ›Komm, Dunjascha, setz dich zu uns‹, rief indessen Rasputin die Haushälterin zu sich, von der es hieß, sie sei eine Verwandte und hätte im Haus viel zu reden.*
Eine ältere Dame im Samtkleid mit Zobelumhang überließ ihr ihren Platz, erhob sich und ging in die Küche, um abzuwaschen. Ich wunderte mich schon über gar nichts mehr. Indessen läutete es an der Tür.
Nun sprang Munja auf, öffnete die Tür und nahm wie ein Dienstmädchen dem Besuch den Mantel ab. Es war eine elegant gekleidete Dame, die leichtfüßig hereinschwebte. Alles an ihr glitzerte und funkelte – von den kostbaren Steinen, die sie trug, bis zu den Goldverzierungen ihres Gürtels; in ihren Augen stand ein beseelter Glanz. Im Vorbeigehen warf sie ihre eleganten Velourshandschuhe hin, den Duft eines feinen Parfums verströmend.
Sie steuerte direkt auf Rasputin zu, dem sie stürmisch um den Hals fiel. Er küßte sie innig. – ›Vater, Vater‹**, begann sie mit seligem Lächeln, ›ich tat, wie du mir befohlen hast – und alles war so, wie du sagtest. Meine Wehmut verschwand, als hätte es sie nie gegeben. Du sagtest, ich müßte mit anderen Augen die Welt sehen – und jetzt ist mir in der Seele so froh zumute …‹ – sie geriet förmlich in Ekstase – ›Weißt du, Vater, ich genieße jetzt alles und sehe den blauen Himmel und die Sonne und höre die Vögel zwitschern. Wie gut, Vater, wie gut!‹ – ›Siehst du, ich habe es dir ja gesagt, man braucht mir nur zu glauben. Man braucht mir nur zu folgen, und alles wird gut …‹ nickte Rasputin selbstzufrieden. Die Angesprochene lachte und küßte ihm die Hand. Mir schien, sie befand sich überhaupt in einer ande-

---

*) es handelt sich um jene Magd, die sich bei Rasputin in Pokrowskoje verdingt hatte und ihm dann gefolgt war; sie wurde seine Geliebte und ersetzte den beiden Töchtern in Petersburg die Mutter
**) traditionelle Anrede eines russischen Geistlichen

ren Welt. Später erfuhr ich, daß sie die Tochter eines Großfürsten war.

Immer wieder erhob sich eine der Frauen, um Rasputin die Hand zu küssen. – ›Siehst du, Frantik‹, wandte er sich stolz an mich, ›wie wir hier in Piter leben, ich freue mich an der Liebe, und allen, die mich lieben, geht es gut …‹

Die Stimmung stieg noch an. Irgend jemand hob an zu singen, und die anderen fielen ein. Auch Rasputins tiefe Stimme klang mit, quasi als Begleitung, von der sich die hohen weiblichen Stimmen abhoben. Es war ein religiöses Lied, das ich noch nie gehört hatte, ähnlich einem Volkslied. Dann waren Psalmen an der Reihe – feierlich wurde die Atmosphäre. Die Augen der jungen Großfürstin wanderten weit weg und schienen in der Ferne etwas Schmerzliches zu berühren. Für Munja schien überhaupt das Paradies auf Erden gekommen zu sein.

Klingeln an der Tür unterbrach den weihevollen Gesang. Ein großer Geschenkkorb wurde geliefert. Rosen und Seidenhemden verschiedener Farben. Rasputin bedeutete mit einer beifälligen Geste, den Korb abzustellen.

Der Gesang wurde nicht wieder aufgenommen – nun folgte ein Gespräch über religiöse Themen. ›Man muß sich demütigen, einfacher, noch einfacher sein, um Gott näher zu kommen. Listig seid ihr alle, ihr Frauen, ich weiß das, ich lese in eurer Seele …‹ – Nach diesen belehrenden Worten sprang Rasputin plötzlich auf und stimmte ein russisches Volkslied an. Sogleich fielen die anderen Stimmen ein. Mit gebieterischer Geste winkte er die Großfürstin zu sich. Mit entrücktem Lächeln wiegte sie sich graziös im Tanz. Doch diesmal tanzte er nicht so ausgelassen wie das erste Mal, als ich ihn sah. Wieder brach er jäh ab.

Man begann sich zu verabschieden. Alle küßten dem ›Vater‹ die Hand. ›Zwieback, Vater‹, bettelten sie. Daraufhin teilte er allen schwarzen Zwieback aus – der somit offenbar

272

als gesegnet galt – und packte ihn ein. Nach kurzem Flüstern brachte Dunjascha Wäschestücke und wickelte sie in Papier. Zu meinem Erstaunen sah ich, daß es sich um Schmutzwäsche handelte, die da ausgegeben wurde. Noch verblüffter aber war ich, als ich erfuhr, daß es sich um Wäsche des ›Vaters‹ handelte, um die man Dunja gebeten hatte. ›Noch schmutziger, Dunja, noch mehr getragen, mit seinem Schweiß‹, baten einige. Eine der Damen mühte sich indessen ab, ihre Überschuhe selbst anzuziehen und hinderte Munja, ihr zu helfen: ›Der Vater lehrt uns, demütig zu sein‹, beharrte Munja und ließ es sich nicht nehmen, der anderen in die Schuhe zu helfen.

Schließlich erklärte mir jemand auf meine Frage, wer denn die alte Dame sei, die um den Hals zwölf kleine Miniaturbücher trug wie einen Schmuck: ›Das ist die bekannte Generalsgattin L., früher große Anhängerin Iliodors. Jetzt verehrt sie Vater als Heiligen. Das sind die Evangelien, die sie ständig bei sich trägt. Sie schläft auf einem harten kahlen Brett, und erst als wir den Vater baten, ihr eines seiner Kissen zu schicken, war sie bereit, damit zu schlafen. Eine Heilige ...‹

Als ich auf der Straße war, schien mir, soeben einem Irrenhaus entkommen zu sein. Mich schwindelte. Ich beschloß, abzufahren, denn in meiner Angelegenheit war wohl nichts zu machen ...«

Wieder wird Dschanumowa noch einmal unschlüssig, als Rasputin sie anruft. Auf ihre Erklärung, nun müsse sie abreisen, beharrt Rasputin: »Aber wie soll denn was aus deiner Angelegenheit werden, dusenka* – ohne dich läuft nichts!«

»Frantik« beschließt, sich noch einmal zum Abschied zu zeigen. Als sie eintritt, sitzt gerade »eine elegante, unge-

---

*) Kosewort

wöhnlich schöne Frau, Fürstin Sch[?].« neben ihm. Während er einen Fisch ißt, schält diese ihm »mit ihren langen Fingern, deren Nägel perlmuttfarben glänzen, eine Kartoffel. Er nimmt sie ohne irgendein freundliches Wort und verzehrt sie. Ihre Küsse auf seine Hand bleiben ebenso unbeachtet. Dschanumowa hatte erfahren, daß diese Frau Rasputins wegen Mann und Kinder verlassen hatte, um ihm als Anhängerin zu dienen. Die Ignoranz, die er ihr entgegenbringt, während er seine ganze Aufmerksamkeit seiner Moskauer Besucherin widmet, wird dieser schließlich so peinlich, daß sie ihn ersucht, der anderen Dame gegenüber aufmerksamer zu sein. »Was umschmeichelst du sie denn so?« entrüstet sich Rasputin geradezu. – »Früher habe ich sie heftig geliebt, aber jetzt liebe ich sie eben nicht mehr …« Rasputin verschwindet stattdessen in seinem Zimmer und bringt eine dünne Schrift mit: »Meine Gedanken und Betrachtungen« ist in großen Lettern zu lesen. Es sind Rasputins Niederschriften über seine Reise ins Heilige Land, die er nun der Moskauerin mit einer Widmung schenkt: »Dem lieben Dummkopf Frantik zur Erinnerung, Grigorij.«

Die Dame war gegangen. »Nun – so gehen wir doch ins Arbeitszimmer. Hier wird man ja dauernd gestört – Telefon, Besuche … – Njurka«, wendet er sich einer der Bediensteten zu – »wenn jemand anruft – ich bin nicht zuhause. – Komm nur, dusenka …« und er schiebt die Moskauerin in das bekannte kleine Zimmer. Dort will er sie umarmen. Als sie zurückweicht, sagt er vorwurfsvoll: »Du hast Angst vor mir, ich weiß – aber sieh doch nur, wie unsere Petersburgerinnen mich lieben …« – Auf ihre Frage, ob er sich nun ihrer Sache annehme oder nicht, antwortet er: »Ich tue alles für dich, dusenka, aber du mußt mich respektieren und mir folgen. Das ist mehr wert als Geld. Wenn du tust, was ich will, wird die Sache gerichtet werden. Wenn du es nicht tust – wird eben nichts sein.«

»Frantik« tut, als hätte sie die Anspielung nicht verstanden und schickt sich an zu gehen. – »Nun, dann wartet die Angelegenheit eben«, erklärt Rasputin kühl, »wenn du wiederkommst und mit mir bist, werden wir alles richten.«

»Seine Augen brannten förmlich«, erinnert sich Dschanumowa an den Anblick Rasputins, »und sein Blick war unheimlich. Ich wollte weglaufen, doch etwas lähmte meine Glieder, und ich konnte mich nicht erheben.«

»Telefon aus Zarskoje Sjelo«, ruft Njura herein. Rasputin bedeutet der Moskauerin, auf ihn zu warten. Doch kaum hat er den Raum verlassen, nutzt sie – offenbar vom Bann des Blickes befreit – die Gelegenheit, zu gehen und sich nur mit einer hastigen Geste im Speisezimmer zu verabschieden. Stunden später fährt sie im Zug zurück nach Moskau. In ihrer Sache – es handelte sich um die Aufhebung der Verbannung ihrer Mutter und Schwester nach Sibirien – geschieht nichts, genau wie Rasputin gedroht hatte. Dschanumowa erfährt dagegen von seinem wachsenden Einfluß bei Hof und dem damit verbundenen Unmut in der Bevölkerung. Gelegentlich erhält sie Telegramme von Rasputin mit nebulosem Inhalt:

»Ich segne meinen Schatz, bin im Geist sehr bei dir. Grigorij« Oder: »Freue mich im Gruß und erhabener Ruhe. Grigorij.«

Noch unzählige vergleichbare Episoden gäbe es zu berichten. Von »Frantiks« Freundin Lelja, noch hübscher als sie selbst, die für ein anderes Anliegen Rasputin bemühen will. Widerwillig bringt Dschanumowa sie zu ihm. Die Komödie wiederholt sich mit anderen Vorzeichen. »Das Herz ohne Liebe verödet. Die Liebe ist göttlich, ohne ihr Licht wird die Seele dunkel, und die Sonne wird nicht mehr erfreuen und Gott wird sich von dir abwenden (...) Gib mir einen Augenblick Liebe, und meine Kraft wird erstarken, und dein Anliegen wird sich zum besten wenden ...« beginnt er.

Doch diesmal nimmt alles kuriosen Charakter an. Dschanumowa kann das alles schon nicht mehr hören. Diesmal ist
die – raffiniertere – Lelja, deretwegen ja die beiden gekommen waren, an der Reihe; sie gibt vor, auf Rasputin einzugehen, um sich dann doch noch rechtzeitig zu verabschieden.
Tags darauf erscheint zur Überraschung der beiden
Mädchen eine Dame, eine Anhängerin Rasputins: »Wir
sind alle außer uns. Was soll denn das?« beginnt sie mit
Vorwürfen. »Wir müssen zusehen, wie er leidet. Warum
wollt ihr euch denn gar nicht ihm hingeben? Darf man et-
wa einem Heiligen etwas abschlagen?«
Die eine Moskauerin faßt sich schnell: »Braucht etwa ein
Heiliger sündhafte Liebe?«
»Bei ihm ist alles heilig, und durch ihn wird alles heilig«,
widerspricht die Dame belehrend.
»Sie haben doch nicht etwa auch …?« fragt das eine
Mädchen.
»Aber natürlich, ich habe ihm gehört und empfinde das als
höchsten Segen …«
»Aber Sie sind doch verheiratet?« staunen die Moskauerinnen.
»Mein Mann weiß das«, erwiderte die Dame ruhig, »und
empfindet das als großes Glück. Wenn der Vater jemand begehrt, sehen wir darin ein großes Glück, auch unsere
Ehemänner, wenn es sie gibt …«
Die Moskauerinnen werfen die Abgesandte, die in fordern-
dem Ton »im Namen aller seiner Anhängerinnen« verlangt,
»den Qualen des heiligen Vaters ein Ende zu setzen«, hinaus.
Am gleichen Abend kreuzt Rasputin selbst unangemeldet
im Petersburger Hotel der beiden Moskauerinnen auf. Ohne sich um »Frantiks« Anwesenheit zu kümmern, setzt er
sich zu Lelja und fängt an, sie unter festen Umarmungen zu
küssen.

276

»Schämst du dich denn gar nicht?« wundert sich Dschanumowa. »Dich halten sie für einen Heiligen, und du treibst
einfach Geschlechtsverkehr …«

»Was für ein Heiliger? Ich bin ein größerer Sündiger als alle anderen. Nur darin liegt ja keine Sünde. Das haben nur
die Menschen ausgedacht. Schau nur die Tiere an. Gibt es
für sie Sünde?« antwortet Rasputin in großzügiger Auslegung seiner eigenen Argumente.

»Aber die haben auch keinen Verstand. Ein Tier kennt keine Sünde, aber auch keinen Gott«, bringt Dschanumowa
Rasputin in Verlegenheit.

»Sprich nicht so. In der Einfachheit liegt die Weisheit, und
nicht im Wissen …« kontert Rasputin.

Geistesgegenwärtig bringt Lelja das Gespräch auf ihr Anliegen. »Du hast in der Sache nichts unternommen, nicht
wahr?« fragt sie mit vorwurfsvollem Unterton. »Du hast
auch noch nichts für mich getan«, gibt Rasputin zurück,
»und führst mich nur an der Nase herum. Gib mir einen
Augenblick Liebe …«

Der Rest der Rede kann als bekannt vorausgesetzt werden.
Schließlich entsinnt sich Rasputin, der sich dem Ziel seines
Wunsches nahe sieht, auf eine List, sich der störenden
Freundin zu entledigen:

»Fahr doch zu mir, Frantik«, bittet er diese, »und hol von
Dunja einen Madeira, ich möchte so gerne trinken …«

»Wenn du Madeira brauchst, ruf einen Lakaien. Doch ich
nehme solche Aufträge nicht an.«

Rasputins Augen glühen vor Wut. Er fixiert Dschanumowa
– offensichtlich um sie durch Hypnose seinem Willen un-
terzuordnen – doch diese wendet ihren Blick von ihm ab.
Außer sich vor Wut über dieses Verhalten brüllt sie ihn an:
»Vergiß dich nicht!! Ich bin nicht dein Dienstbote!«

»Rasputin begann nervös im Raum auf und abzugehen«,
erinnert sie sich. »Seine Augen blitzten vor Zorn. Doch all-

mählich unterdrückte er seine wilden Gefühle ...« Und wechselt seine Taktik: »Nicht böse sein, Frantik, ich wollte dich nur prüfen, ob du mich liebst. Würdest du mich lieben, folgtest du mir. Würdest auch um Mitternacht in Schnee und Eis für mich gehen. Meine Petersburger Frauen hätten es mir nicht abgeschlagen. Jede ginge mit Freuden. Aber du liebst mich offenbar nicht ...«

»Das habe ich auch nie behauptet«, hakt »Frantik« ungerührt ein.

Daraufhin schweigt Rasputin, und nach einigen weiteren Runden durch das Zimmer verläßt er die beiden.

Am nächsten Tag Tischgesellschaft bei Rasputin. Die Damen seiner ständigen Anhängerschaft sitzen mit besorgter Miene da – der Hausherr ist anders als sonst. Bleich, mit strähnigem Haar in der Stirn, schleicht er mit einer Weinflasche in der Hand von einem Zimmer ins andere. Sein Blick ist furchterregend. Die ganze Nacht war er nicht nach Hause gekommen. Bei den Zigeunern hatte er Zerstreuung für seinen unerfüllten Wunsch (Lelja) gesucht. Spätabends war er mit dem letzten Trumpf in der Hand bei der Angebeteten aufgekreuzt: »Minister Ch.«, wie Dschanumowa diskret schildert. Es dürfte sich dabei um den für Leljas Anliegen zuständigen Innenminister Chwostow gehandelt haben, der Rasputins Intervention seinen Posten verdankt.

»Ich bin's, mit dem Minister!« versuchte Rasputin sich an der Zimmertür Einlaß zu verschaffen. Aber die Mädchen wollten von dem Besuch nichts wissen. Nach mehrmaligem Rufen erschien ein Nachbar am Korridor, was den kompromittierten Minister zur Flucht veranlaßte.

Düster ist Rasputins Blick. Schließlich verschwindet er in der Küche. Plötzlich ist lautes Klirren zu hören. Ein Teller nach dem anderen kracht zu Boden. Schließlich ist ein ganzes Geschirr zerschlagen.

Mitfühlend hängen die Frauen an seinem Blick, als Rasputin wieder erscheint. Zwei Popen mit langen schwarzen Gewändern und Goldkreuzen auf der Brust sitzen im Vorzimmer und sehen einander fragend an. »Sie haben mein Herz gebrochen«, lallt Rasputin, »und ich habe die ganze Nacht zu vergessen versucht – aber es gelang mir nicht ...«

Für die unerschütterlichen Anbeterinnen am Teetisch jedoch ist und bleibt der betrunkene Muschik ein Gott ...

2. 1914: Zwei Attentate und die Folgen

»Ein Krieg zwischen Österreich und Rußland wäre ein äußerst nützlicher Spaß für eine Revolution in Osteuropa, aber es ist wenig wahrscheinlich, daß Franz Joseph und Nikolascha* uns diese Freude machen werden ...«** äußert Lenin, der sich 1914 – der Verbannung in Sibirien entflohen – im Westen aufhält. Kurioses Detail am Rande: im Oktober desselben Jahres sollte Lenin, in Österreich in Haft geraten, auf Intervention des sozialdemokratischen Abgeordneten Viktor Adler und von Ministerpräsident Graf Stürgkh mit dem Argument freigelassen werden, daß er als russischer Emigrant Feind des Zaren sei und »sehr nützlich für Österreich sein könnte ...« Von hier aus darf Lenin dann in sein Zürcher Exil reisen.

Am 28. Juni wird der Thronfolger von Österreich-Ungarn, Erzherzog Franz Ferdinand, gemeinsam mit seiner Gattin in Sarajewo ermordet. Europa schreckt aus seiner sommerlichen Muße auf. Doch nach den ersten Verurteilungen des »abscheulichen Verbrechens« in den offiziellen Aussendungen europäischer Regierungen legt sich die Unruhe wieder.

---

*) so nannten die Revolutionäre spöttisch Zar Nikolaus II.
**) siehe in Lenins Gesammelten Werken: Lenin W. I., Sobr. Soc., 4. Ausg., Bd. 35, S. 48

»Kein Grund zur Sorge«, meint der Pariser Figaro. »Ein furchtbarer Schock für den guten alten Kaiser«, gibt sich Englands König Georg V. mitfühlend. Deutschlands Kaiser Wilhelm II. läßt kabeln, daß er »bis ins Tiefste meines Herzens erschüttert« sei und setzt seine nordische Segelreise fort.

Als der russische Zar seiner Jacht entsteigt, wird er mit den Befürchtungen des französischen Botschafters Paléologue konfrontiert, es könne zu einem Krieg kommen, in welchem Deutschland seinem österreichischen Verbündeten bei dessen Absicht, sich in Serbien Genugtuung zu verschaffen, beistünde. Doch auch diesen Gedanken wischt der Zar vom Tisch: »Ich kann nicht glauben, daß Kaiser Wilhelm einen Krieg will. Wenn Sie ihn nur so kannten, wie ich ihn kenne! Wenn Sie nur wüßten, wie theatralisch seine Gesten sind! Er ist viel zu vorsichtig, sein Land der schönen Augen der Habsburger wegen in ein Abenteuer zu stürzen, da er doch weiß, daß Frankreich und England an Rußlands Seite treten würden – und was Kaiser Franz Joseph betrifft, der will nur in Frieden sterben ...«

Es muß tatsächlich erstaunen, daß Wilhelm sich gemeinsam mit Österreich-Ungarn der russisch-französisch-englischen Allianz überlegen fühlt. Selbst wenn sich England als ebenso halbherziger Verbündeter Rußlands erweisen sollte wie schon im Russisch-Japanischen Krieg, ist die Umklammerung Deutschlands zunächst nicht gerade eine quantité négligeable.

Diese Vorstellung beunruhigt auch Wien nicht. Hier ist man entschlossen, »das serbische Problem« ein für allemal aus der Welt zu schaffen. Während bereits der Generalstab – in Absprache mit dem deutschen – Mobilisierungspläne schmiedet, wird von Angehörigen des Außenministeriums an einem Ultimatum an Serbien gearbeitet. Es soll so abgefaßt sein, daß seine Annahme unwahrscheinlich ist und den

Vorwand für einen Krieg liefert. Wien hat einen Abgesandten nach Berlin geschickt, um sich dessen Unterstützung »im Fall des Falles« zu versichern.

Mit der Überreichung des Ultimatums an die serbische Regierung wartet man nur noch, bis die Ernte in Österreich-Ungarn eingebracht ist. Außerdem will man die Reise des Staatspräsidenten Poincaré, Repräsentant von Rußlands Verbündetem Frankreich, nach Petersburg abwarten, um Absprachen zu erschweren.

Kaum verläßt das französische Schiff, die »France«, mit Poincaré an Bord Petersburg, trifft die Nachricht des Ultimatums von Österreich-Ungarn an Serbien ein. Nun läuft in Europas Hauptstädten eine Maschinerie hektischer Aktivitäten an. Dem Wortlaut des Ultimatums nach zu urteilen, in welchem unter anderem die Zulassung österreichischer Organe auf serbischem Territorium zur Untersuchung der Hintergründe des Attentats gefordert wird, befürchtet man nun allgemein Kriegsgefahr.

Der Zar, vom serbischen Gesandten um Hilfe gebeten, versichert nach einem rasch einberufenen Kronrat die serbische Regierung in einem Telegramm seiner Unterstützung. Doch um auszuschließen, daß Rußland bei einer Eskalation der »österreichisch-serbischen Frage« Serbien auch militärischen Beistand leisten müßte, unternimmt der Zar einige Initiativen. Sie erreichen in den intensivsten Aktivitäten der letzten Woche des Juli 1914 ihren Höhepunkt.

Der Zar wendet sich in Telegrammen an Kaiser Wilhelm, seinen Vetter, mit der Bitte, auf dessen österreichischen Verbündeten beschwichtigend einzuwirken. Einige Tage lang herrscht reger Telegrammverkehr zwischen Petersburg und Berlin. Aber auch nach Serbien sendet der Zar Telegramme, in denen er zu Mäßigung aufruft. Kann er ahnen, was der serbische Gesandte in Petersburg euphorisch angesichts der zunächst proserbischen russischen Haltung nach

Hause gekabelt hat? Es liest sich förmlich wie eine Einladung, den großen Konflikt herauszufordern:

»... Nach meiner Ansicht ergibt sich eine glänzende Gelegenheit, die Ereignisse in Serbien weise auszunützen und die völlige Vereinigung der Serben zu bewerkstelligen. Daher ist es wünschenswert, daß Österreich-Ungarn uns Serben angreife. In diesem Fall vorwärts in Gottes Namen! Spalajkovic«

Am gleichen Tag geht der russische Außenminister, Sasonow, mit dem Botschafter Österreich-Ungarns, Graf Szapary, den Text des Ultimatums durch und empfiehlt ihm, einige Passagen abzuschwächen: »Ändern Sie das, und ich stehe für den Erfolg ein!«

Doch an dieser Art des Erfolgs ist Österreich-Ungarn gar nicht interessiert. Das zeigt sich auch, als der Zar quasi im letzten Moment vor Ablauf des Ultimatums über seinen Botschafter in Wien, Kudaschow, dem österreichischen Außenminister vorschlagen läßt, die Frist des Ultimatums an Serbien zu verlängern. Graf Berchtold lehnt kategorisch ab.

Am meisten Hoffnung setzt der Zar auf seinen Vorschlag, den »österreichisch-serbischen Streitfall« vor das übernationale Gremium des Haager Schiedshofes zur Schlichtung zu bringen – eine Institution, die Nikolaus II. selbst 1898 ins Leben gerufen hatte, woran sein Gemälde in Den Haag und eine Tafel im UNO-Hauptquartier New York erinnern. Doch für seine Idee, per Telegramm dem deutschen Kaiser übermittelt (in dem Nikolaus noch immer einen Freund sieht), hat dieser wenig mehr als Spott übrig: »Schiedsgericht – was für Unsinn!«

Daß sich währenddessen in Deutschland bereits die psychologische Vorbereitung auf einen Krieg gegen Rußland bemerkbar macht, berichtet der in jenen Tagen in Bad Kissingen weilende russische General Brusilow:

»Meine Befürchtungen, daß ein Weltkrieg unvermeidlich sei, den ich allerdings erst für 1915 erwartete, beruhten auf der Beobachtung, daß sämtliche Großmächte aufrüsteten, Deutschland jedoch die anderen bereits überholt hatte, während Rußland nicht vor 1917 auf eine derartige Prüfung vorbereitet sein würde und auch Frankreich den nötigen Stand noch nicht erreicht hatte. Deutschland aber würde nicht zulassen, daß wir [Rußland] unsere Kräfte über ein gewisses Maß hinaus entwickelten, und daher raschestmöglich einen Krieg vom Zaun brechen. Ein denkwürdiges Erlebnis bestätigte meine Befürchtungen und kennzeichnet die Stimmung der deutschen Gesellschaft jener Tage, aber vor allem die Fähigkeit von Organisatoren, die öffentliche Meinung auf das Ereignis vorzubereiten – während die russische Gesellschaft in völliger Unkenntnis lebte, welche Gewitterwolke im Anzug war und wer ihr unmittelbarer Feind war.

Im Kurpark von Kissingen fand ein Fest statt, das zuvor überall groß angekündigt worden war. Der ganze Park und die umliegenden Hügel waren an diesem Abend festlich mit Fahnen, Transparenten und Girlanden geschmückt. Überall ertönte Musik. Da sahen wir, daß im Zentrum des Platzes mit seinen Blumenbeeten eine Kulisse aufgebaut war, die – den Moskauer Kreml mit all seinen Kirchen, Mauern und Türmen darstellte! Im Vordergrund erhob sich die Basiliuskathedrale.

Wir waren sehr erstaunt. Doch als zu den Klängen eines großen Orchesters ein grandioses Feuerwerk begann, staunten wir noch mehr: nun setzten nämlich unzählige Funken und Flammen mit einem Prasseln, das an Kanonenfeuer erinnerte, den ganzen Kreml mit all den Bauten in Brand! Es war das Schauspiel eines Großfeuers mit Rauch, Qualm und dem Krachen einstürzender Mauern. Die Glockentürme und Kreuze der Kirche neigten sich erst zur

Seite und fielen Stück für Stück zu Boden. Alles brannte – zu den Klängen von Tschajkowskijs ›1812‹. Wir waren bestürzt und schwiegen befremdet. Als wir betroffen den Heimweg antraten, drang plötzlich die laute Stimme eines Landsmannes an unser Ohr, der irgendwie auf einen allseits sichtbaren Platz geklettert war und schrie: ›Ihr habt wohl vergessen, wie euch die russischen Kosaken gerettet haben!‹…«

All dies ereignet sich lange bevor ein Krieg mit Rußland zur Gewißheit wird. Während der Zar noch gemeinsam mit England diplomatisch aktiv ist, versucht Rußland zugleich diskret – allerdings auch vergeblich – Serbien zu überreden, das Ultimatum Wiens zu akzeptieren und jene(n) Punkt(e), bei denen ihm das allzu schwer fiele, einem internationalen Schiedsspruch zu überlassen.

Als Österreich-Ungarn Belgrad nach Ablauf des Ultimatums, das Serbien nicht wie kategorisch gefordert vollständig angenommen hatte, die Stadt bombardiert, verhält sich Rußland abwartend und greift nicht ein. Der Außenminister versucht sogar dem österreichischen Botschafter einzureden, daß die serbische Regierung das Ultimatum ja »nahezu in allen Punkten akzeptiert« hätte. Der Zar hofft immer noch, sich aus dem »österreichisch-serbischen Konflikt« heraushalten zu können. Er mobilisiert jedoch für alle Fälle im Militärbezirk Kiew, an der russischen Südwestgrenze, gegen Österreich-Ungarn.

Das nimmt der deutsche Kaiser – trotz Beteuerungen »Nikis« an »Willy« – zum Anlaß, am 1. August 1914 Rußland den Krieg zu erklären. Der Zar ist vollkommen überrascht. Es war nicht nur das letzte, was er erwartet hätte, von seinem Cousin, dem er sein Vertrauen geschenkt und der all die letzten Wochen den »Vermittler« zu Österreich gespielt hatte, so sehr getäuscht worden zu sein. Er hatte offenbar auch immer irrtümlich Österreich als seinen größten Feind gefürchtet, worüber er später Gilliard anvertraute: »Ich wußte, daß früher oder später eine Auseinandersetzung mit Österreich-Ungarn unvermeidlich sein würde – doch ich hoffte immer, sie würde meinen Nachfolgern vorbehalten bleiben …«

Fünf Tage später folgt Österreich-Ungarn dem Beispiel. Der ahnungslose Zar hatte nicht begriffen, daß er außer England nahezu der einzige war, der einem Krieg auszuweichen suchte. Es war ihm 1908 gelungen, als Österreich-Ungarn Bosnien und die Herzogowina annektierte. Er hatte sich 1913 zurückgehalten, als Wilhelm ihn mit einer Entsendung einer preußischen Militärmission nach Konstantinopel provozierte und seinem Botschafter zu verstehen gab, daß »… der Kampf zwischen Slawen und Germanen ohnehin nicht aufzuhalten« sei und daß es dabei »gleichgültig ist, wer den Kampf beginnt …« Doch jetzt hat der Zar, von Deutschland angegriffen, keinen Ausweg mehr.

Neben gemeinsamen Interessen mit Österreich am Balkan kam Deutschland eine Konfrontation mit Frankreich wegen Elsaß-Lothringen und die Hoffnung auf Schwächung Rußlands gelegen. Ohne falsche Bescheidenheit wurde in Berlin die Parole »Frühstück in Paris, Abendessen in Petersburg!« ausgegeben. Doch für das Ergebnis sollten die verschiedenen Ausgangspositionen der drei Mächte unerheblich werden: alle drei Kaiserreiche – Deutschland, Österreich und Rußland – erwartete der Untergang. Als der Zar am Tag nach der deutschen Kriegserklärung an Rußland mit einem Te Deum im Winterpalast den Eintritt Rußlands in den Krieg verkündet und sich danach am Balkon des Palastplatzes der Bevölkerung zeigt, sieht er sich patriotischen Kundgebungen der Menge gegenüber. Seine Worte, bei der Verteidigung der russischen Erde wie 1812 »mit dem Schwert in der Hand und dem Kreuz im Herzen« zu kämpfen, verbunden mit der feierlichen Erklärung, »nicht eher Frieden zu schließen, bis der letzte Feind russisches Territorium verlassen hat«, lösen einen Sturm der Begeisterung aus. Vergessen ist jegliche Kritik an der Regierung, vergessen die Kluft zwischen den zerstrittenen Parteien und Oppositionen im Parlament – in gemeinsamem Geist sind in diesem Augenblick alle geeint, die sich Rußland verbunden fühlen. Hoch werden Flaggen mit dem Staatswappen, Bilder mit dem Zaren und Ikonen gehoben, und die Menschen sinken in die Knie, Gebete und die Hymne »Gott, erhalte den Zaren« anstimmend.

Ex-Minister Witte ist einer der wenigen, der massiv gegen den Kriegseintritt Rußlands protestiert, ohne allerdings eine Alternative angesichts des deutschen Einmarsches anbieten zu können. Er sieht in dem ihm eigenen Pessimismus bei jedem möglichen Ausgang des Krieges katastrophale Folgen für Rußland:

»Dieser Krieg ist Wahnsinn! (…) Kein denkender Mensch macht sich einen Deut aus diesem hitzigen und eitlen Balkanvolk, den Serben, die nicht einmal Slawisches im Blut haben, sondern höchstens umgetaufte Türken sind. (…)

Was können wir von diesem Krieg erhoffen? Eine Erweiterung des Territoriums? Ist nicht das Reich Seiner Majestät schon groß genug? Haben wir nicht selbst in Sibirien, Turkestan, dem Kaukasus und in Rußland endlos weite Gebiete, die nicht einmal erschlossen sind? Eroberungen? Ostpreußen? Hat der Herrscher nicht schon genug Deutsche unter seinen Untertanen? Galizien? Es ist voller Juden! Konstantinopel, ›das Kreuz auf der Hagia Sophia errichten‹*, der Bosporus, die Dardanellen?

Und selbst wenn wir – was unrealistisch wäre – von einem totalen Sieg ausgehen und die Hohenzollern und die Habsburger so klein sind, daß sie um Frieden betteln – das

---

*) traditionelle russische Parole in Jahrhunderten der Auseinandersetzung mit der Türkei

würde nicht nur das Ende der deutschen Dominanz bedeuten, sondern die Ausrufung von Republiken quer durch ganz Europa. Es würde gleichzeitig auch das Ende des Zarismus sein.

Ich ziehe es vor, zu schweigen hinsichtlich dessen, was wir im Falle unserer Niederlage zu erwarten haben ...«

Ein Journalist der Petersburger Zeitung »Birschewyje Wjedomosti« (Börsennachrichten) hatte Rasputin bereits am Tag des Attentats von Sarajewo nach seiner Meinung gefragt. Vielleicht erwartete er vom »Starez«, dem man hellseherische Fähigkeiten zuspricht, mehr als Rasputins folgenden Kommentar:

»Nun, was kann Grigorij Jefimowitsch schon dazu sagen, Brüderchen? Hat man ihn [Franz Ferdinand] eben umgebracht. Da ist nichts mehr zu machen, man kann da nichts zurückdrehen, und wenn man noch so sehr weint oder heult. Man kann tun, was man will, für jeden gibt es ein Ende. So ist das Schicksal.

Was die Gäste aus England in Petersburg* betrifft, besteht Grund zur Freude. Gute Vorzeichen. Mit meinem Bauernverstand denke ich, es ist eine große Sache, Freundschaft zwischen Rußland und England zu haben. Ein Bund zwischen England und Rußland, mein Täubchen, das sich noch dazu im Verband mit Frankreich befindet, ist keine Kleinigkeit – kein Honiglecken für einen Feind, sondern eine bedrohliche Kraft, wahrlich was Gutes.

Und gut ist auch, daß der Heilige Synod beschlossen hat, den Rektor der Petersburger Geistlichen Akademie Anastasij, den Erzbischof Sergej von Finnland und Professor Sokolow nach England zu schicken, um die heutige Lage der anglikanischen Kirche kennenzulernen. Ich finde, eine

---

*) Rußland und England sind durch eine Entente verbunden, die sich in die Allianz mit Frankreich einfügen soll

Annäherung zwischen der orthodoxen und der anglikanischen Kirche ist möglich und sogar notwendig. Im übrigen, das zu besprechen ist nicht unsere Sache, dazu gibt es Klügere als uns …«

Wenn Rasputin sich ebenfalls zum Kriegsgegner erklärt, so ist das freilich fern politischer Überlegungen der Fall und entspricht dem natürlichen Empfinden jedes Menschen, speziell eines Bauern, für den Krieg bedeutet, daß die Männer bei der Arbeit in der Landwirtschaft fehlen.

Nach diesem Interview fährt Rasputin wie jeden Sommer nach Pokrowskoje. Am Tag nach seiner Ankunft, dem 29. Juni 1914, verläßt er um drei Uhr nachmittag sein Haus, um einen Telegrammboten einzuholen. Doch er wird von einer unscheinbaren Frau aufgehalten, die sich tief vor ihm verneigt – unausgesprochene Bitte eines Bettlers.

Während Rasputin Kleingeld zusammenkramt, zieht die Frau einen unter ihrem üppigen Fetzengewand verborgenen Dolch hervor und sticht Rasputin in den Unterleib. Mit einem Aufschrei läuft Rasputin zu seinem Haus zurück, während er, sich mit der linken Hand die Wunde haltend, mit der rechten irgendwo einen Stock erfaßt und auf die ihn verfolgende Frau einschlägt, bis sie von ihm abläßt. Während diese von den Bauern, die im Nu zusammengelaufen sind, festgehalten wird, schreit sie: »Ich habe den Antichristen getötet, den Antichristen habe ich getötet!«

Rasputin wird erst in seinem Haus verbunden; innerhalb von acht Stunden trifft ein Arzt aus Tjumen ein und näht in der Nacht bei Kerzenlicht die Wunde zu. Dabei murmelt Rasputin, kreidebleich, doch bei vollem Bewußtsein, unentwegt die Worte: »Ich werde davonkommen. Ich sterbe nicht, ich sterbe nicht …«

An die Zarenfamilie läßt er ein Telegramm senden:
»Ein Schwein hat mich mit einem Messer verletzt. Mit Gottes Hilfe lebe ich. Grigorij.«

Kaiferlich Deutfche Botfchaft.   St. Petersburg, den 15. Juli 1914.

Nr. 207.

Auf den bekannten Grigori R a s p u t i n,

dessen Einfluß am Zarenhofe und in demselben nahe

stehenden Kreisen in letzter Zeit immer mehr die öf-

fentliche Kritik herausgefordert hat, ist in seinem

Heimatsort, dem Dorfe Pokrowskoje im Gouvernement

Tobolsk, ein Anschlag verübt worden. Die Tat ist von

einer Frau namens Gussewa aus Zaryzin begangen wor-

den, die Rasputin vor seinem Hause aufgelauert und

ihn, als er sie ansprach, durch einen Messerstich

am Unterleib verwundet hat. Der Zustand Rasputins

gilt nach den vorliegenden Zeitungsnachrichten als

sehr ernst.

Der " Petersburger Kurier ", der die sen-

sationellsten Nachrichten über den Vorfall bringt,

will in der Tat einen persönlichen Racheakt sehen.

Die Mehrzahl der Blätter führt jedoch die Tat auf

eine Art religiösen Fanatismus zurück und weist da-

rauf hin, daß die Gussewa zu den Anhängern des Mön-

Seiner Exzellenz

dem Reichskanzler

ches

Herrn von Bethmann Hollweg.   L243256

Rußland 82 Nr. 6.

Bericht über den Mordanschlag auf Rasputin von 1914 aus der Sicht des Berliner Außenamts

Die Antwort kommt postwendend:
»Sind tief betroffen von dem, was geschehen ist. Beten innig.«
Die Zarin ist aufs äußerste bestürzt. Sie läßt den Zaren an den Innenminister schreiben:
»Teurer Nikolaj Alexejewitsch [Maklakow]!
Wie ich höre, wurde gestern im Dorf Pokrowskoje, Gouvernement Tobolsk, ein Attentat auf den Starez Grigorij Jefimowitsch Rasputin verübt, den wir verehren. Er wurde von einer Frau am Bauch verletzt. Da ich fürchte, daß eine ganze Bande verabscheuungswürdige Absichten gegen den Starez hegt, beauftrage ich Sie hiemit, die Angelegenheit genau zu untersuchen und den Starez beschützen zu lassen, damit sich so etwas nicht wiederholt. (…) Nikolaus«
Wenige Tage danach wird Rasputin in ein Krankenhaus nach Tjumen gebracht. Die Zarin hatte eigens Professor von Breden, einen Chirurgen, aus Petersburg hinbeordert. Er öffnet die Wunde und operiert Rasputin fachmännisch, was diesem vermutlich das Leben rettet. Gehorsam meldet er danach telegrafisch der Zarenfamilie: »Glücklich, daß Operation gelungen.«
Der Krankenakt Rasputins ist erhalten geblieben; die Diagnose lautete: Vulnus ictus abdominis (Einstichverletzung im Unterleib). Rasputin wird vom 3. Juli bis 18. August im Spital behalten. Bald ist es in aller Munde, daß Rasputin sich nach einem Attentat in Spitalspflege befindet.
Eine Moskauer Zeitung hatte vorschnell von Rasputins Ableben berichtet, was kurzfristig die Diskussionen über einen drohenden Krieg verdrängte. Voreilig hatten sich viele gefreut, andere verzweifelt getrauert. Während die einen über die betroffene Körperstelle witzeln, senden die anderen Rasputin Geschenke und Briefe, und er verschickt seinerseits ein vervielfachtes Foto von sich im Krankenbett mit Widmung, die wie immer rätselhafte Formulierungen ent-

hält: »Was wird morgen sein? Herr, du bist unser Führer. Wie dornig sind die Wege des Lebens!« – oder: »Lauf schnell, solange es noch hell ist …«

Nur in Rußland können sich Legenden unter Rasputins Anhängerinnen wie jene bilden, wonach die Marienikone in seinem Haus kurz vor dem Attentat »geweint« hätte, und jedesmal, wenn jemand sie trocknete, hätten sich die Augen der Gottesmutter wieder mit Tränen gefüllt – dieses Wunder habe das Attentat angekündigt … Eine naheliegende Erklärung für das Entstehen dieser Legende ist die Tatsache, daß diese Ikone regelmäßig gewachst wurde und durch ihre Oberfläche bei Erwärmung durch eine zum Gebet brennende Kerze zu tropfen begann.

Die Neugier derer, die bei dieser Gelegenheit erfahren wollen, wie es um Rasputins Organ aussieht, dem er einen so legendären Ruf zu verdanken hat, wird von einer Mitteilung des operierenden Arztes befriedigt bzw. enttäuscht, wie der Chef der Sicherheitspolizei, General Spiridowitsch, festgehalten hat:

»… Der Professor konstatierte mit eigenen Augen, daß die männlichen Organe des Verletzten keineswegs den fabelhaften Gerüchten entsprachen, die darüber in Petersburg kursierten und so viele Frauen neugierig machten. Er hatte nichts anderes als einen von seinen Ausschweifungen verwelkten, verlebten Mann vor sich. Der Gesamtorganismus des Starez verfügte jedoch über so viel vitale Kraft, daß er der gefährlichen Verletzung und der Belastung durch die Operation standhalten konnte.«

Noch im Tjumener Spital erfährt Rasputin vom Eintritt Rußlands in den Krieg. Daraufhin läßt er dem Zaren telegrafieren:

»Laß dich nicht zum Krieg hinreißen! Er ist das Ende Rußlands und des Zaren und wird Rußland den letzten Mann kosten!«

Fotografie, die Rasputin nach dem Attentat an Anhänger mit der Aufschrift versandte: »Was wird morgen sein? Du bist unser Führer, Gott, wie viele dornige Wege gibt es im Leben …«

[Царское Село]

из

ПОКРОВСКАГО Тобольск. губ.

№ 81

Передана.

ПОДАНА.

Служебныя отмѣтки.

[handschriftlicher Text in russischer Sprache]

Telegramm Rasputins an die Zarin nach dem Attentat: »Seid nicht betrübt, sie [die Gottesmutter?] wird mit Euch sein und sich allen Kriegern in ihrer Schönheit zeigen, seid beruhigt. Grigorij«.

Die Wyrubowa ist anwesend, als der Zar dieses Schreiben erhält – während deutsche Soldaten bereits einmarschieren. Ihrem Bericht nach hat Nikolaus das Telegramm genommen, überflogen und erbost in Stücke gerissen. Erbost vielleicht weniger über die Anmaßung des Muschiks, ihm politische Ratschläge erteilen zu wollen, als über die Tatsache, daß er alles versucht hatte, Rußland aus dem Krieg herauszuhalten, jedoch angesichts des deutschen Angriffs auf Rußland gar nicht die Chance hatte, eine freie Entscheidung für oder gegen den Krieg zu treffen.

Es wäre nicht die Wyrubowa, würde sie nicht Rasputin postwendend die Reaktion des Zaren mitteilen. Daraufhin nimmt er ein neues Blatt Papier und kritzelt mit seinen riesigen Hieroglyphen in Wortfetzen folgenden Brief:

»Lieber Freund!

Ich werde es wieder sagen: eine bedrohliche Wolke ist über Rußland, Unglück und viel Leid, es ist dunkel, und kein Licht dringt durch. Ein unendliches Meer von Tränen und Blut.

Was soll ich sagen? Es gibt keine Worte, der Schrecken ist unbeschreiblich. Ich weiß, alle wollen den Krieg von Dir, auch die Treuen, denn sie wissen nicht, daß er den Untergang bedeutet. Schwer ist die Strafe Gottes, denn wenn dieser Weg gegangen wird, ist er der Anfang vom Ende.

Du bist Zar, Vater des Volkes, erlaube nicht den Wahnsinnigen, zu triumphieren und sich und das Volk in den Untergang zu stürzen. Selbst wenn sie Deutschland besiegen – was ist mit Rußland? Man muß bedenken, daß alles anders sein kann, als man es sich vorstellt. Seit Menschengedenken gab es kein bittereres Leid, alles wird in viel Blut ertrinken, unendlich wird das Sterben sein und der Kummer. Grigorij«

Schon wenige Tage nach dem Attentat wird im Zuge der gerichtlichen Untersuchung auch Rasputin verhört. Sein erster Kommentar: »Chionija Gusjewa ist von Iliodor Trufa-now geschickt worden, um mich zu töten, denn er ist zu je-der Gemeinheit gegen mich fähig!« Trufanow – oder mit Mönchsnamen Iliodor – hatte Rasputin nicht vergessen, daß er durch dessen Intrigen in die Verbannung gesandt worden war – wie andere, weit höhere und würdigere Ver-treter der orthodoxen Kirche als Iliodor.

So war der Anschlag, wie Rasputin richtig vermutet, von seinem ehemaligen Freund in Rachsucht geplant worden, wobei sich dieser einer jener zahlreichen Frauen bediente, die von Rasputin mißbraucht worden waren und sich Ili-odor, seinem Gegenidol in Südrußland, zugewandt hatten. Geplant war alles seit Monaten. Bei Chionija Gusjewa wur-de bei ihrer Festnahme die alte Ausgabe einer Zeitung »Swjet« (»Das Licht«) gefunden – das Blatt datiert vom 18. Mai 1914. Es enthält den Artikel eines unter dem Pseud-onym »Amphitheatrow« schreibenden Verfassers, der sich zu diesem Zeitpunkt im Ausland aufhält; er war wegen ei-nes polemischen Artikels mit dem gewagten Titel »Djelo Obmanowych« – »Die Sache der Verblendeten«, ein deutli-ches Wortspiel mit »Romanowych« – »der Romanows«, in Schwierigkeiten geraten. Im Artikel vom 18./31. Mai sind Skandalgeschichten nachzulesen, die das Signal für die Jagd auf Rasputin bilden sollten.

Wie sich im Laufe der Verhöre der Journalisten herausstellt, sollte das Attentat auf Rasputin am gleichen Tag wie jenes auf den österreichischen Thronfolger stattfinden – was be-deutet, daß sich die serbischen Pläne für den 28. Juni, Ge-denktag der Schlacht am Kulikower Feld (Amselfeld), zu je-nen russischen Kreisen herumgesprochen haben. Das wie-derum besagt, daß hier Gegner Rasputins und Befürworter eines Krieges am Balkan zusammenfanden in der Vorstel-lung, daß ein solcher Krieg die slawischen Christen verei-nen würde; Rasputin würde jedoch, wenn am Leben, alles tun, den Zaren davon abzuhalten, indem er seinen Einfluß auf die mystisch veranlagte und ihm grenzenlos ergebene Zarin geltend machen würde. Mit seiner Ermordung würde man zugleich seine Einmischung auch in der Frage des Krieges ausschalten und seinen Feinden Genugtuung verschaffen.

Zur Stützung dieser These verweist der Untersuchungsbericht darauf, daß sich zum Zeitpunkt des geplanten Mordes in Pokrowskoje ein Journalist des »Petersburger Kuriers«, Wenjamin Borisowitsch Dowidson, aufhielt und im nahen Tjumen sein Sekretär Lewonowskij die Ereignisse abwartete.

Den fast zeitgleichen Attentaten auf den österreichischen Thronfolger und auf Rasputin lag also mehr als nur das gemeinsame politische Ziel, zwei Gegner eines Krieges zwischen Österreich und Ungarn auszuschalten, zugrunde. Ein Ziel, das – trotz des Fehlschlags im Fall Rasputin – erreicht wurde, wenn auch nicht die damit verbundene Hoffnung erfüllt.

Mit den Verhören der Personen, die zur Aufklärung des Mordanschlages befragt werden, passiert Rasputins Vergangenheit der Jahre zwischen 1909 und 1913 Revue. In dieser Zeit hat sich ja seine endgültige Wandlung vom echten Starez zum lebenslustigen Mann vollzogen, der nur mehr den Schein wahrt, um sich die damit verbundene Autorität und Macht zunutzezumachen und sein tatsächliches Wesen zu kaschieren. Kernfrage der Untersuchung: war Iliodor der Auftraggeber zu dem Mord an Rasputin und wenn ja, warum?

Aus der Aussage von Bischof Hermogen:

»Grigorij Rasputin lernte ich in Petersburg Ende 1908 kennen, als ich im Herbst an der Heiligen Synode teilnahm. Erzabt Feofan, Rektor der Geistlichen Akademie von Petersburg, hat mich mit ihm bekanntgemacht. Damals kam auch Vater Iliodor vom Potschajewer Kloster. (...) Iliodor und Rasputin standen bestens zueinander. Rasputin erfreute sich damals guten Rufs und Ansehens. (...) Als Rasputin bei Iliodor in Zarizyn war, stellte ihn Iliodor als hochstehenden Christen vor. (...) Anfang 1910 erhielt ich ein Schreiben von Wladyka* Feofan, worin er mir mitteilte, daß Grigorij Rasputin ein völlig unwürdiger, ehrloser Mensch sei, und mir eine Reihe von Beispielen über das zügellose Leben Rasputins aufzählte. Ich änderte meine Einstellung zu ihm, Iliodor unterhielt jedoch weiter seine Freundschaft mit ihm, da er meinte, die Anschuldigungen seien unbegründet.

Im Sommer 1911 unternahm Iliodor eine Pilgerreise entlang der Wolga. Rasputin unterstützte dieses Unternehmen meines Wissens und spendete dafür auch Geld – ich glaube 3.000 Rubel. Ende 1911 suchte Iliodor Sponsoren für eine Zeitung »Donner und Blitz«. Er hatte auch damit Erfolg. Um diese Zeit hörte ich noch schlechtere Nachrichten über Rasputin in Petersburg und verbot Iliodor, weiter mit ihm zu verkehren.

Schließlich war er doch überzeugt davon und erklärte seiner Hirtengemeinde in Zarizyn, daß Rasputin ein unwürdiger Mensch sei.

Über Rasputins Bekannte in Zarizyn kann ich nur sagen, daß darüber Iliodors Anhängerin Xenia Gontscharenko mehr weiß; aus ihren Erzählungen weiß ich nur über [die Attentäterin] Chinonja Gusjewa, daß sie einmal von Rasputin verführt und dann im Stich gelassen worden war (...) In der ersten Zeit erfreute sich Rasputin der Verehrung der Bevölkerung in Zarizyn, wenn er zu Iliodor kam, doch dann, als er immer offener sein ungeniertes Verhalten gegenüber jungen Mädchen und Frauen an den Tag legte, mochte man ihn nicht mehr so gerne. Junge Frauen begannen über-

---

*) Bezeichnung eines orthodoxen Geistlichen im höheren Rang

haupt, Rasputin auszuweichen. Ihn suchten nur mehr alte Frauen auf. Diesbezüglich äußerte sich Rasputin gegenüber Vater Iliodor äußerst verärgert.

Ich habe dem nichts hinzuzufügen. Bischof Hermogen« Iliodor kann nicht befragt werden. Er ist unbekannten Aufenthalts. Endlich trifft die Nachricht ein, daß er in Kopenhagen gesehen worden sein soll. Er hatte seinerzeit, als er durch Betreiben Rasputins in Verbannung geschickt worden war, beantragt, seinen geistlichen Rang ablegen zu dürfen. Seitdem hatte er, nach Zarizyn zurückgekehrt, ein Haus errichtet, das er »Neues Galiläa« nannte; dort hielt er mit seinen früheren Anhängern sektiererische Gottesdienste ab.

Bei einer Hausdurchsuchung an diesem letzten Wohnsitz in Zarizyn werden nun Schmähbriefe von Rasputin an ihn gefunden. Ein Bekannter aus seinem Kreis, Iwan Sinizin, gibt an, Trufanow (wie Iliodor nun wieder mit bürgerlichem Namen heißt) habe Briefe an seine Anhängerinnen, darunter die Gusjewa, etwa folgenden Inhalts geschrieben:

»… Mit dem Geld, das Du gesammelt hast, fangen wir die erste Sache an: Rasputin erledigen …«

Unter den Anhängern wurden Mittel für die Beschaffung von Sprengstoff und gefälschten Pässen zusammengetragen.

Sinizin beschreibt im weiteren Iliodors Lehren, die von den orthodoxen erheblich abwichen: Gott sei der Sohn einer einfachen Frau gewesen, die ihn nicht vom Heiligen Geist empfangen hätte, sondern von einem gewöhnlichen Mann, und die außer ihrem Sohn auch andere Kinder gehabt hätte, ferner sei Gott zwar am Kreuz gestorben, aber nicht auferstanden; er hätte die Welt zwar erschaffen, greife aber in den weiteren Verlauf der Dinge und das Schicksal der Menschen nicht ein; die Menschen lebten nach ihrem Tod nicht in anderer Form weiter, und es gebe keine Auferstehung

von den Toten; jeder Glaube sei ein Aberglaube; Iliodor sei
es vorbehalten, eine eigene Religion zu gründen. Er warte
auf das weiße Pferd …*

»Er sagte das alles in völlig nüchternem Zustand«, wundert
sich der Zeuge noch nachträglich, »und viele waren von alldem irritiert, doch er konnte eine kleine Gruppe für sich gewinnen – meist einfache Menschen, die ihm blind folgten;
bei seinen Gottesdiensten an der Tafel trug er eine helle
Kutte ähnlich jener, die Christus auf den alten Darstellungen trug …«

Unter Iliodors Anhängerinnen soll Chionja Gusjewa eine
der glühendsten gewesen sein. Sie identifizierte sich völlig
mit Iliodors Haß und Rachsucht gegenüber Rasputin. »Grischa ist ein Dämon«, wird sie zitiert, »und ich werde ihn töten, wie der Prophet Elias auf Befehl Gottes die vierhun-
dertfünfzig falschen Propheten des Baal getötet hat – denn
Rasputin ist noch viel schlimmer als sie …«

Sinizin kommen seine Aussagen schlecht zu stehen. Wenige Tage später stirbt er an einer Vergiftung. Iliodor hat sich
längst ins Ausland abgesetzt.

Chionja Gusjewa gibt im Verhör ihre Mordabsicht zu, läßt
jedoch nichts über den mutmaßlichen Auftraggeber Iliodor
verlauten. Sie habe die Ehre der von Rasputin geschände-
ten Mädchen – darunter einer Nonne – rächen wollen, klärt
sie. Zuvor berichtet sie alles, was sie von Rasputin weiß:

»Chionija Kusmina Gusjewa, 33 Jahre, geboren in Syrsan,
Gouv. Simbirsk, Wohnort Zarizyn, keine besonderen Kenn-
zeichen, Russin, rechtgläubig [orthodox], geringe Schulbil-
dung, ledig, Näherin, kein Vermögen, nicht vorbestraft. (…)
Ich fühle mich schuldig, nach vorgefaßtem Plan absichtlich
Grigorij Jefimowitsch Nowyj einen Dolchstoß in den Bauch

---

*) Symbol des christlichen Glaubens, dargestellt in der Georgsikone; der
heilige Georg reitet auf einem weißen Pferd, um den Drachen (des Un-
glaubens) zu besiegen

versetzt zu haben, um ihn zu töten (...) Den Dolch habe ich im Basar von Zarizyn von einem Tscherkessen um drei Rubel gekauft. Geld dafür hat mir niemand gegeben (...)

Ich kannte Grigorij Rasputin seit dem Jahre 1910 von Zarizyn her. (...) Erst hielt ich wie die anderen ihn für einen Propheten, dann aber erkannte ich, daß er ein falscher Prophet war, ein Antichrist, und um die christliche Wahrheit zu verteidigen, beschloß ich, ihn dem Gericht Gottes zu überantworten – das heißt, ihn seines Lebens zu berauben ...«

Das Gericht kommt zu dem Schluß, daß Chionja Gusjewa das Verbrechen im Zustand der Unzurechnungsfähigkeit als Affekthandlung unter dem Eindruck eines religiös-politischen Wahns begangen hat.

Die bei Gusjewa beschlagnahmte Zeitung enthält eine ausführliche Darstellung der teils allgemein, teils nur in Zarizyn bekannten Skandalgeschichten über Rasputin. Unter anderem werden Berichte Iliodors über Rasputin zitiert:

»... Zwei Jahre, nachdem man ihn mir als besonders frommen Mann empfohlen hat, erzählte mir der Erzabt Antonij, daß er Grischa in Kasan mit einer Frau erwischt hat. (...) Bei uns in Zarizyn verehrte man Grischa wie einen Gott. Wenn er in ein Haus kam, fielen alle vor ihm zu Füßen und küßten ihm die Hände – einfache und gebildete Leute. Grischa küßte mit großem Vergnügen überall nur die jungen hübschen Mädchen und Frauen, die alten stieß er von sich. Damals beachtete das niemand. (...) Ein anderes Mal trieb er es im Zarizyner Kloster stundenlang mit einer Nonne, wie ich erst Monate später erfuhr. (...) Als ich ihn in Pokrowskoje besuchte, wunderte ich mich, daß er so reich lebte; daß er nicht mehr so schmutzig war wie in seiner ersten Zeit in Petersburg, war klar, aber in seinem Dorf fand ich ein großes, schönes und kostbares Haus vor, Teppiche, Ikonen und viele andere Dinge. Er selbst kleidet sich prächtig. Die Bauern halten ihn für einen Nichtsnutz, Idioten, Chlysten,

Gauner. (...) Mir erzählte er, wie er mit anderen Frauen ins Bad ging, wie er sich mit ihnen entkleidete usw. Seine Frau schweigt, aber manchmal jagt sie Rasputins Mädchen aus dem Haus ...«

Rasputin selbst gibt zu Protokoll:

»Ich heiße Grigorij Jefimowitsch Rasputin-Nowyj, 50* Jahre, rechtgläubig, Bauer von Pokrowskoje, wo ich lebe, wenig Schulbildung, nicht vorbestraft ...

Nachmittags um 4 Uhr eilte ich aus dem Haus, um ein Telegramm aufzugeben, und als ich auf die Straße trat, sah ich eine unbekannte Frau mit verbundenem Mund auf mich zugehen; es waren nur ihre Augen zu sehen; sie verbeugte sich.

Ich wollte ihr gerade ein Almosen geben; als ich in die Tasche griff, blitzte plötzlich etwas in ihrer Hand auf. Plötzlich fühlte ich das Messer im Bauch, und ich spürte neben dem Nabel Blut fließen (...)

Ich habe diese Frau noch nie zuvor gesehen und keine Begegnungen irgendwelcher Art mit ihr gehabt. (...) Ich glaube, sie ist von Iliodor-Trufanow gesandt worden, da er über mich alle möglichen Gemeinheiten verbreitet; andere Angaben über einen Verdacht kann ich nicht machen. Er beschwerte sich über mich beim Synod und sandte auch Beschwerden an Außenminister Sasonow**; es hat sie mir mein Freund [der Journalist Sasonow] vorgelesen, da ich nicht lesen kann. Wir haben uns endgültig zerstritten, als ich ihn nicht die Pilgerreise an der Wolga unternehmen ließ und ihm auch kein Geld für seine Zeitung geben wollte.***

Schließlich eignete sich Iliodor in Pokrowskoje einen Brief [von der Zarin] an, den er an höchste Stellen weitergab. Mehr habe ich nicht zu sagen.

---

*) tatsächlich ist Rasputin um 1914 erst 45 Jahre alt
**) von Rasputin später wieder widerrufen
***) beides von anderen Zeugen gegenteilig dargestellt

Ich bitte, mir das Protokoll nicht vorzulesen, da ich nicht mein eigenes Diktat hören will.«

Wie von selbst trifft noch ein Indiz für die Urheberschaft Iliodors am Mordanschlag gegen Rasputin in Form eines kurzen Schreibens ein, das im Ausland aufgegeben wurde:

»Ich bin als Sieger aus diesem Kampf hervorgegangen und nicht Du, Grigorij! Deine Hypnose ist verpufft wie eine Rauchwolke im Sonnenlicht. Ich sage Dir, Du wirst sterben – gleichgültig, was sein wird!

Ich – Dein Rächer.«

3. Am Hebel der Macht

Als Rasputin nach dem überstandenen Mordanschlag im Herbst 1914 nach Petersburg zurückkehrt, ist die Wertschätzung der Zarin höher denn je. Das läßt sich sogar in Zahlen messen: Nach den Aufzeichnungen von Alexandras Sekretär Rostowzow wurde zu diesem Zeitpunkt aus den Mitteln der Zarin über Frau Wyrubowa »gemäß den Anweisungen Ihrer Kaiserlichen Hoheit für die betreffende Person [Rasputin] ein Betrag von 75.000 Rubel ausgezahlt«. Zum Vergleich: Die Ausgaben der Zarin, die als sparsam, um nicht zu sagen geizig gilt, betrugen für das gesamte Jahr 1914 36.000 Rubel, wovon 20.000 Rubel für Spenden ausgegeben wurden. Welchen Verwendungszweck dieses Vermögen erfüllten sollte – die Miete von 2.000 Rubel pro Jahr für Rasputins Stadtwohnung wird auch von der Zarin bezahlt –, ist nicht klar. Möglicherweise sollte damit nach den Vorstellungen der Zarin Vorsorge für Rasputins Familie, speziell seine drei Kinder, getroffen werden für den Fall, daß Rasputin einem neuerlichen Attentat zum Opfer fallen sollte.

Mit dem Eintritt Rußlands in den Krieg ändert sich die Szenerie, die den Hintergrund für Rasputins Wirken abgibt. Mit Gebeten und Gesängen werden die überfüllten Züge der an die Front reisenden Soldaten verabschiedet, und nahezu alle weiblichen Angehörigen verschiedener Gesellschaftsschichten stellen sich in den Dienst ziviler Aufgaben und Hilfsleistungen. Viele arbeiten freiwillig in Rüstungs- und Munitionsfabriken mit; andere beispielsweise nähen Kissen für Verwundete.

Vor allem für höhergestellte Frauen gehört es zum guten Ton, sich – wie die Zarin, ihre älteren (neunzehn- und siebzehnjährigen) Töchter und Frau Wyrubowa – als Krankenschwestern ausbilden zu lassen. Alexandra läßt einen Flügel des Palastes zu einem Spital umgestalten, wo sie mit Olga und Tatjana auch arbeitet. Adelsfamilien folgen dem Beispiel und richten Teile ihrer Palais als Arbeitsräume für karitative Tätigkeiten ein, die meist im Dienst der Versorgung der Zug- und Feldlazarette stehen.

Der Krieg lenkt Rasputins Aktivitäten in neue Bahnen. Vieles von dem, was er durch seine Einflußnahme vor allem bei Postenbesetzungen, aber auch durch andere Interventionen bewirkt, gewinnt angesichts des Krieges an politischer Bedeutung. Dieser Mechanismus kommt erst allmählich in Gang und wird erst in einem Stadium augenfällig sein, wenn die Ereignisse nicht mehr kontrollierbar sein werden.

Die Anliegen der Bittsteller werden immer delikater – und damit die Verantwortung, die Rasputin mit ihrer Erfüllung auf sich nimmt. Es sind verschiedene Kreise, die sich nun um seine Bekanntschaft bemühen. Selten sind es die gewöhnlichen, ihre Pflicht erfüllenden Diener des Staates; häufiger suchen Geschäftemacher im Bereich von Produktionszweigen für den Krieg im weitesten Sinne und Spekulanten Rasputins Nähe; einer will eine Geschäftskonzession, ein anderer den Zuschlag für einen Auftrag über 1 Mio. Rubel. Rasputin hilft ihnen aus Sympathie oder für Geld, ohne sich für die Sache selbst zu interessieren. Er genießt seine Macht, an ihr berauscht er sich wie ein Kind.

Mit den leichtlebigeren Petersburgern, die der Kriegsstimmung in ausschweifende Nächte entfliehen, feiert Rasputin mehr Festgelage und Orgien als je zuvor. Es sind wiederum Geschäftsleute und andere Personen, die zum Kreis seiner Günstlinge gehören wollen und den mächtigen Muschik mit allem verwöhnen, was ihm gefällt. Rasputins Tochter berichtet, in dieser Zeit sei Rasputin immer häufiger in Depressionen verfallen, die er in nächtlichen Ausschweifungen zu ertränken (im wahrsten Sinn des Wortes) suchte.

Seit der Verletzung im Juni 1914 sind Rasputins körperliche, vor allem aber seine übernatürlichen – heilenden und hellseherischen – Kräfte im Verfall begriffen. Seine schwindende Religiosität und das Sich-Entfernen von all dem, was seinen ursprünglichen Weg bestimmt hatte, machen sich bemerkbar. Es fällt dem nun fünfundvierzigjährigen »Mann Gottes« nach Berichten derer, die ihn nach wie vor ständig umgeben, sogar schwer, die Konzentration für das Gebet zu finden oder sich in Meditation zu versenken.

Doch der Außenwelt bleibt das weithin verborgen. Nun strömen schon an die hunderte Bittsteller pro Tag in seine legendäre Wohnung. Rasputin ist längst überfordert. Er verwechselt Namen und nennt bei seinen telefonischen oder persönlichen Interventionen mitunter einander konkurrierende Anwärter für einen Posten. Sein mangelnder Sinn für Diskretion tut ein übriges: wenn seine Helferinnen gerade beschäftigt sind, läßt er sich einfach durch einen der Anwesenden die Briefe anderer Hilfesuchender vorlesen.

Auch sonst bemüht er ungeniert die Mithilfe der Wartenden, wenn er sich angesichts des Ansturms rasch eines Problems (oder Bittstellers) entledigen will: da wird er einer al-

ten Frau überdrüssig, die Geld für einen Krankenhausauf-
enthalt benötigt. Offenbar sind Rasputins Taschen gerade
nicht wie sonst mit Banknoten gefüllt. Daraufhin verlangt
er von den anwesenden Besuchern, alles, was sie haben,
herzugeben und drückt der Frau die Banknoten in die
Hand. Die über 20.000 Rubel sind mehr, als diese Frau je gesehen hat oder für ihr Anliegen benötigen würde. Doch sie
hat keine Zeit, zu staunen oder Rasputins Kittel zu küssen:
»Jetzt geh endlich, schau, daß du wegkommst, und verlier
das Geld nicht!« – befördert Rasputin sie hinaus.

Er kommt nicht mehr dazu, die Berge schriftlich einlangen-
der Anliegen auch nur durchzusehen – das heißt sich vorlesen zu lassen. Er schiebt die aufgetürmten Briefe und Telegramme in einen Sack und fährt damit zum Innenminister, vor dessen erstaunten Augen er das Ganze einfach auf
den Tisch leert. Was weiter damit passiert, interessiert ihn
ohnehin nicht, denn für Sonderfälle engagiert er sich direkt
bei Anna Wyrubowa oder der Zarin, indem er zum Telefon
greift oder in seinen eigens diesen Auftritten vorbehaltenen
bescheidenen Bauernkaftan schlüpft und sich nach Zarskoje Sjelo begibt.

Daß die Mehrzahl der Rasputins »Wartezimmer« füllenden
Besucher weiblichen Geschlechts sind, hängt mit der allseits bekannten Tatsache zusammen, daß er den von diesen
meist bereitwillig im voraus – allein schon für seine Zusage, sich ihres Anliegens anzunehmen – entrichteten Preis
den üblichen Geld- oder Sachspenden vorzieht. Mit Geld
verbindet Rasputin ohnehin eher eine philosophische als
praktische Beziehung, und auch wenn ihm selbst unbe-
kannt ist, über wieviel er verfügt, ist ihm bewußt, daß es
mehr ist, als er je benötigt.

Viele Mädchen und Frauen finden sich von vorneherein mit
der Gegenleistung ab, die sie im berühmten Diwanzimmer
für Rasputins Wohlwollen zu erbringen haben. Auch hier

милой
дорогой
простите
застранясь
и забеспокоил анво
токовая я
боля светая я
все строжнющи
я нить
надеюсь усоко
ите задите тебь
уиказ
Распутинъ

So sahen Rasputins Zettel aus, die er zuständigen Ministern zur Intervention sandte: »Lieber, Teurer, verzeihen Sie, daß ich Sie belästige (...) Ich hoffe, Sie beruhigen meinen Freund ... Grigorij Rasputin«

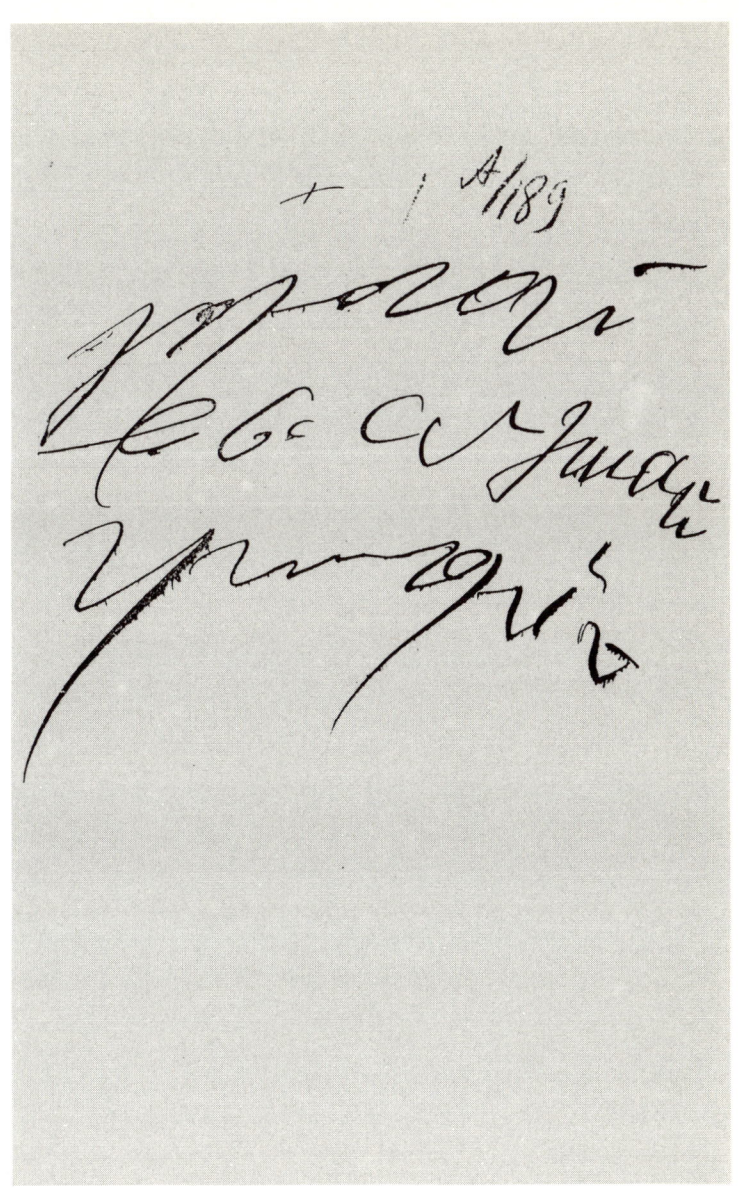

Meist waren sie jedoch nicht länger als obiger: »Teurer, ein Fall für Dich, Grigorij«

hält Rasputin Diskretion für überflüssig; manche Wartende berichten später konsterniert über jenes Gestöhne und Gekeuche, das durch die nachlässig offengebliebene Tür des Nebenzimmers dringt und sie zu unfreiwilligen Zeugen von Rasputins animalischer Konsumation jener »Rechte« macht, die dieser fordert, oft ohne sich später um seine damit eingegangenen Pflichten zu kümmern. Doch oft nimmt sich Rasputin auch mit Gewalt, was ihm nicht freiwillig gewährt wird, und seine Türposten sehen aus der gutbewachten Wohnung so manche kreischende Frau entfliehen, die sich entsetzt dem Zugriff des bisher für heilig gehaltenen Mannes entwunden hat – nicht bereit, diese Form des (vorauseilenden) Dankes zu entrichten.

Rasputin nimmt nun, da der Zar häufig von der Hauptstadt abwesend ist und im Generalstab oder an der Front weilt, mehr denn je Einfluß auf Postenbesetzungen in Regierung und Kirche (welcher eine größere Rolle zukommt als vergleichsweise der Westkirche). Der Zar ist jedoch – noch – davon entfernt, sich von Rasputin, der der Zarin ständig mit irgendwelchen Namen für Besetzungen von Ministerposten durch einen seiner »braven, loyalen« Männer in den Ohren liegt, Ratschläge erteilen zu lassen; wenn jedoch er selbst unter mehreren Möglichkeiten zu wählen hat, gibt die »Empfehlung Unseres Freundes«, wie Alexandra sich auszudrücken pflegt, mitunter doch den Ausschlag. Dabei kommt es Rasputin nicht auf Sachfragen oder Qualifikationen an – die zu beurteilen ihm ohnehin schwerfiele –, sondern darauf, sich Freunde zu (er)halten oder Feinde vom Leib zu schaffen, um damit seine Machtposition gegen Anfechtungen abzusichern. Verhängnisvollerweise macht sich auch die Zarin dieses Vorgehen nach dem »Feindprinzip« zu eigen – das heißt, sie teilt mögliche Kandidaten in »unsere« und in jene, die »gegen uns« sind – je nachdem, ob deren Einstellung gegenüber Rasputin positiv oder kritisch ist.

Für Kritiker liefert Rasputin ständig neue Anlässe. Er befördert wieder einen seiner Freunde und löst damit Unverständnis und Unmut aus. Sein sibirischer Freund Makarij aus Tomsk wurde dank Rasputins Engagement für den »heiligen Mann« Metropolit von Moskau. Nun steht der Bischof von Tobolsk zur Debatte. Der Synod hat die Entscheidung zu treffen.

Rasputins Vorgangsweise ist hier exemplarisch für viele andere. Er begnügt sich nicht damit, über Alexandra dem Zaren seinen Freund aus sibirischen Jugendjahren, Warnawa, ans Herz zu legen. Er schildert dabei in eindrucksvollen Worten die »Loyalität zum Herrscherhaus« und die »tiefe Frömmigkeit« dieses jungen Mannes mit bürgerlichem Namen Wasilij Nakropin, der ihm »sofort aufgefallen« sei, als er ihn bei seiner Pilgerreise im Kloster Werchoturje kennengelernt habe. Dabei verschweigt Rasputin, daß Warnawa, ein Analphabet ohne jegliche Schulbildung, dort mangels geistlicher Ausbildung lediglich als Gärtner tätig war.

Doch Rasputin ist durch den Mangel an Warnawas Qualifikation und rationalen Argumenten für ihn nicht in Verlegenheit zu bringen. Den Synod sucht er persönlich auf, um Oberprokuror Sabler und seinen Stellvertreter Damanskij unter Druck zu setzen, wobei er nicht daran zu erinnern vergißt, daß beide ihren Posten seiner Fürsprache verdanken. Bei Alexandra macht er sich ihre mystische Neigung zunutze, die bereits jeden Realitätssinn verdrängt hat. Gemeinsam mit Warnawa sendet er ihr aus Sibirien ein eindrucksvolles Telegramm mit jener Art geheimnisvoller Formulierungen, die in ihrer Unergründlichkeit die Zarin stets zu beeindrucken pflegen. Es scheint sich um die Ankündigung eines Wunders zu handeln:

»Dank der heiligen Gnade werden Augenzeugen sehen können, daß Christus sich im Gotteshaus zeigt (…) Näheres mündlich …«

ТЕЛЕГРАММА

Плата. | **Передана.**

из

№

Разрядъ. | **Число словъ.** | **ПОДАНА.** | **Служебныя отмѣтки.**

(Наименованіе ад

(Мѣстожительство

(Мѣсто назначеніе

Telegramm Rasputins an den durch ihn zum Bischof ernannten umstrittenen Warnawa: »Mach Dir keine Sorgen, Du bist dort im Buch und im Herzen ...«

310

Господамъ Народнымъ Представителямъ
Государственной Думы.

Господа Народные Представители.

народа и удрученнаго соблазномъ
Отъ лица ~~всего измученнаго народа~~
обращаемся къ Вамъ какъ къ защитникамъ
и представителямъ народной совѣсти,
Въ концѣ 1910 года, въ г. Царицынѣ появился
нѣкто Григорій Распутинъ, съ именемъ
котораго было связано нѣчто таинствен-
ное, загадочное святое, въ особенности пос-
лѣднее, которое онъ и старался поддерживать
всѣми способами до прорицанія включительно,
усердно посѣщая дома Царицынскихъ обыва-
телей, куда при его появленіи стекалось
массы народа, ожидавшаго получить отъ
него душевное утѣшеніе, кто въ болѣзняхъ,
кто въ тяжелыхъ обстоятельствахъ жизни получить совѣтъ и наставленіе, а кто
въ простотѣ сердечной думалъ вопросить и
о своемъ будущемъ, и онъ представлялъ изъ
себя какъ-бы человѣка Святой жизни, Пра-
ведника Аскета, давалъ совѣты, утѣшалъ
въ болѣзняхъ, и всячески старался поддерживать увѣренность, въ своей Святости
и даръ пророчества, раздавая при этомъ
какъ-бы священные реликвіи, кому поясокъ,
кому платокъ, полотенце, кусокъ сахару, и
горсточку чаю, и надо отдать справедливость,
онъ мастерски успѣлъ вполнѣ увѣрить —
людей въ своей святости, люди получи —
вшіе отъ него эти подарки хранили ихъ какъ

Und »das Nähere« ist Rasputins Bericht, daß sich über der Tobolsker Kirche eine Viertelstunde lang ein Kreuz gezeigt habe.

Verwirrt, aber in keiner Weise in ihrem Glauben an Rasputins Bericht schwankend, beeilt sich die Zarin, Nikolaus in den Generalstab zu melden:

»Gott gebe, daß das ein gutes Zeichen ist. Kreuze sind selten …«

Warnawa, der schon als junger asketischer Mönch nichts von Rasputin gehalten hat, spielt Rasputins Spiel im Interesse seiner Karriere mit Freuden mit – und Rasputin hat sich für die Zukunft eine Stütze geschaffen, die er anläßlich neuerlicher Untersuchungen gegen ihn in seinem Heimatbezirk noch benötigen wird.

Doch kaum hat sich das Murren derer, die über die Vorgänge Bescheid wissen, beruhigt, bereitet Warnawa als frischgebackener Bischof von Tobolsk Ärger. Durch den plötzlichen Aufstieg selbstsicher geworden, nimmt Warnawa, um seine Diözese mit einem eigenen Heiligen zu krönen, die Kanonisierung der sterblichen Überreste eines früheren Metropoliten von Tobolsk, Johannes Maximowitsch, vor. Damit will Warnawa eine Attraktion für Pilger schaffen und finanziellen Nutzen daraus ziehen.

Diesmal läßt sich der Synod, dem dieser vom Zaren zu bestätigende kirchliche Beschluß obliegt, Warnawas Entscheidung nicht aufzwingen. Kein Wunder: nach dem ersten Skandal mußte Sabler gehen, und sein Nachfolger Samarin – ein angesehener und unbestechlicher Abkömmling der Moskauer Aristokratie – scheut sich nicht, die Konsequenzen zu ziehen und Warnawa vor Gericht zu zitieren. Der Zar hatte Samarin gegen den Widerstand der Zarin (da von Rasputin gefürchtet und bekämpft) eingesetzt; nach seinem Vorgehen gegen Rasputins Protegé Warnawa wird auch seine Amtszeit kurz sein: daß Samarin gegen jemanden (Warnawa) vorgehe, der von einem »heiligen Mann« verteidigt werde, sei doch an sich schon eine Sünde, argumentiert Alexandra. Als Samarin dem Zaren auch noch nahelegt, Rasputin nach Sibirien heimzuschicken – was der Zar vorübergehend auch tut –, sind seine Tage als Oberprokuror gezählt. Nach ständigen Interventionen Rasputins und Bündeln von Telegrammen darf Warnawa seine Position behalten, sein Amt jedoch nur eingeschränkt ausüben, und bald darauf verliert Samarin seinen Posten.

Gläubige aus Zarizyn, wo Rasputin Jahre zuvor an der Seite Iliodors die größten Triumphe als Prophet gefeiert hatte, horchen angesichts der Vorgänge in der Kirche auf, die allmählich auch in der Provinz ihre Autorität zu verlieren droht. Ein von tausend Personen unterzeichnetes Schreiben ergeht an den Parlamentspräsidenten als »Repräsentant und Verteidiger des Volksgewissens«, wie es eingangs heißt. Hier wollen die besorgten Unterzeichner wissen, wie es um Rasputin nun tatsächlich bestellt sei, »von dessen Heiligkeit so viele von uns überzeugt waren, als er kam, predigte, heilte und Geschenke verteilte (...), von dem aber andererseits ganz gegenteilige Gerüchte verbreitet werden und in den Zeitungen zu lesen sind ...« – Wenn das alles stimme, und auch, »daß sich Rasputin vier Stunden lang im Synod aufgehalten hat, um dessen Entscheidungen zu beeinflussen, und wenn sogar an den Berichten über sein zügelloses Leben etwas dran ist ...«, lautet der Kern dieses vierseitigen Schreibens, »warum schweigen Sie alle dann – und wenn nicht, warum verteidigen Sie ihn nicht? Für Batjuschka Zar gibt es nur eine Wahrheit. Wir bitten ihn, sie uns mitzuteilen. Wir werden sie anerkennen – aber, bitte, beruhigen Sie unser Gewissen ...«

Das Schreiben, bereits anläßlich der ersten Vorkommnisse um Warnawa und Rasputins Umgang mit dem Synod – dem höchsten Rat der Kirche – verfaßt, ist ein Anlaß mehr für den Vorsitzenden der neuen Sitzungsperiode der Duma, Gutschkow, in einer kaum verschlüsselten Rede die Verhältnisse anzuprangern. »Finstere Kräfte beherrschen den Dunstkreis, in dem Entscheidungen auf höchster Ebene getroffen werden …«

Schon in einer Zeitung, deren Aufsichtsrat Gutschkow angehört, hatte er – weit unverblümter – Kritik an Rasputins Macht und ihrem Mißbrauch geübt. Daraufhin war er von der Zensur, die der Presse in bezug auf die Person des Zaren, der Zarin und Rasputin auferlegt ist, gerügt worden. Dagegen will er in der Sitzung Protest erheben und eine gemeinsame Resolution erzwingen, die Aufklärung von der Regierung verlangt. Doch der Parlamentspräsident rät ihm vom Vorgehen ab: »C'est l'affaire du collier de la reine« (»Das ist die Affäre des Halsbands der Königin«) – Anspielung auf die berühmt-berüchtigte Halsbandaffäre der Marie Antoinette. Ein heißes Eisen, das man besser nicht anrührt, meint Rodsjanko vorsichtig – die Minister der Regierung könnten Maßnahmen zur Schließung der Sitzung treffen …

Gutschkow läßt seinen Plan fallen – nicht zuletzt deshalb, weil er keine Lobby für sein Vorhaben findet: die Linksparteien, von denen er sich angesichts der Kritik an der Regierung Unterstützung in dieser Sache erwartet hatte, winken uninteressiert ab. Auf diese Weise etwas zu verändern liegt nicht in ihrem Interesse: »Besser als Rasputin dient niemand der Revolution – warum sollen wir ihn bekämpfen?«

Doch die Angelegenheit um Warnawa war nur ein Vorspiel. Die Schriftstellerin W. A. Schukowskaja berichtet von einer weit höheren Beförderung, deren Zeugin sie im Jahre 1915 im Rahmen eines Mittagessens bei Rasputin geworden war: »Als ich gegen eins in die Gorochowaja kam, hörte ich schon im Vorzimmer laute Stimmen und betrunkenes Gelächter. Ich überlegte, ob ich wieder gehen sollte, doch da kam auch schon Rasputin herausgewankt, fröhlich und mit rotem Kopf;

er trug ein kostbares lila Hemd: ›Dusenka*, du kommst ja wie gerufen‹, lallte er und zog mich ins Eßzimmer. Hier saßen vier Männer – ein Mönch höheren Priesterranges mit blinkendem Kreuz auf der Brust, ein kleiner Pope, noch ein Herr orientalischen Aussehens** und ein kränklich aussehender junger Mann – offenbar Osipenko, der Sekretär Pitirims.***

Die Gesellschaft war mehr oder weniger betrunken. Auf dem Tisch standen eine Menge leerer Flaschen, eine riesige Platte Stör, zwei, drei Torten, unzählige schlampig geöffnete Konservendosen, deren Inhalt über das Tischtuch ebenso verstreut war, wie überall Brotstücke herumlagen, Salzgurken, Weißbrot und Piroggen.

›Da habe ich euch ein Schätzchen gebracht‹, sagte Rasputin und setzte mich neben sich an der Spitze der Tafel mit dem Rücken zum Fenster, wie er es immer tat. Während er dem älteren Mann rechts neben sich ein Weinglas hinschob, rief er: ›Nun, Fürstchen, gieß ein! – ›Trink, dusenka‹, reichte er mir das Glas mit Madeira, ›das hat mir Wanka gebracht‹ – er zeigte dabei auf den jungen Mann. – ›Ich möchte aber nicht‹, lehnte ich ab. – ›Warum denn nicht, mein Fräulein?‹ meldete sich nun der Mönch mit schwerer Zunge. ›Trinken ist keineswegs eine gottlose Handlung, denn es ist sogar von unserem heiligen Vater Wladimir gesegnet, der die große Wahrheit aussprach: Trinken ist Rußlands Vergnügen, und ohne dieses können wir nicht sein.‹ – ›Richtig, Vater, richtig‹, unterstützte ihn der, den Rasputin ›Fürstchen‹ nannte – offenbar Fürst Andronnikow**** –, ›wir sind ohne

*) Abwandlung von duschenka – Herzchen
**) der aus dem Kaukasus stammende M. Andronnikow
***) eig. Oknow, Bischof von Kursk mit zweifelhaftem Ruf, durch Rasputin zum Exarchen von Georgien befördert. Osipenko wurde von den einen als dessen unehelicher Sohn, von anderen als Geliebter des als Homosexuellen geltenden Pitirim betrachtet.
****) M. M. Andronnikow gilt als dubiose Figur in Petersburg, dessen Broterwerb niemandem klar war – auch an seinem Fürstentitel wird gezweifelt; sicher ist nur, daß er hinter den Kulissen Fäden für die Besetzung einflußreicher Ämter spann.

315

Wein wie Fische ohne Wasser.‹ – ›Recht hast du, Fürst, recht hast du‹, murmelte Rasputin und hielt ihm den Madeira hin. ›Trink, die Sünde ist nichts Schlimmes. Durch die Sünde wird die Seele gereinigt. Und danach reinigen uns die Liebhaberinnen!‹ – ›Nur sie können Ihre Sünden wegbeten?‹ meldete ich mich zu Wort. Rasputin schlug mit seiner Faust so kräftig auf den Tisch, daß alle Tassen hochsprangen. ›Und ob! Ihre vielleicht nicht, aber meine sibirischen. Ich habe meine eigenen Leute dafür!‹ – ›In Wahrheit, das hast du, Väterchen Grigorij Jefimowitsch‹, lallte der völlig betrunkene Pope, dessen Schluckauf seine Worte unterbrach. ›Du hast so gut für deine Landsleute gesorgt, gebe Gott dir viele Jahre Gesundheit – hast uns die Quelle des Wohlergehens eröffnet, seit die Gebeine des heiligen Johannes von Tobolsk bei uns als Reliquien ausgestellt sind – jeden Augenblick bringt man uns Opfergaben dar …‹ – ›Opfergaben! Du lügst, Pope!‹ schrie Rasputin ihn an. ›Reliquien brauchen kein Geld, das fließt alles in eure Taschen! (…) Die Füße könnt ihr mir küssen und Wasser trinken, jawohl!‹ – ›Wir trinken ja, wir trinken ja!‹ bekräftigte der immer schwerer betrunkene Mönch mit dem Schluckauf. – ›Ich hab's ja auch Samarin gesagt, und heute oder morgen …‹ – Rasputin spuckt zweimal aus – ›stellen wir uns noch einen anderen Fürsprecher auf, das sag ich euch!‹ – Rasputin schlug zur Bekräftigung wieder mit der Faust auf den Tisch. – ›So ist es, so ist es, deine Worte sind immer weise und gerecht, Grigorij Jefimowitsch‹, stimmte nun der Fürst zu, der unablässig nachschenkte. – ›Da haben sie wohl alle gedacht, sie können uns was verbieten, aber dann haben Warnawa und ich selbst Johannes von Tobolsk geöffnet … – Nun, bin ich der Zar oder nicht?‹ brüstete sich Rasputin. ›Welcher Johannes von Tobolsk?‹ wollte ich wissen. Lebhaft wandte sich Rasputin mir zu: ›Nun, Warnawa und ich haben ihn nach Sibirien gebracht – überall in Rußland gibt es

Reliquien wie Heu, und bei uns gibt's gar nichts; ohne Reliquien geht es doch nicht …‹«
Die Tafel wird im Haus Solowjows fortgesetzt, eines Mitglieds des Heiligen Synods. Hier wird die Frage um die Bestellung Pitirims zum Erzbischof und Metropoliten von Petersburg ausgesprochen:
»›Wie steht's mit Pitirim – hast du schon etwas entschieden, Vater?‹ fragte der Hausherr Solowjow. Rasputin schnalzte mit der Zunge. ›Hab ich, hab ich. Es gehen üble Gerüchte um ihn herum. Macht nichts, ich werfe ihn ihnen nicht zum Fraß vor. Pitirim ist ein Prachtkerl, man muß jetzt nur etwas warten. Ein schlauer Kerl, und trinken kann er auch nicht schlecht. Ich habe schon dem Zaren geschrieben. Soll's nur Pitirim werden. Er ist unser Kumpel.‹ ›Man muß ihm nur den Finger auf den Mund legen‹, meinte der Hausherr besorgt. ›Wozu?‹ fragte Rasputin. ›Damit man ihn in Ruhe läßt‹, antwortete Solowjow ruhig.
Aber Rasputin war in seinen Gedanken schon anderswo: ›Her mit der Balalajka! Her damit!‹ rief er unvermittelt. Augenblicklich tauchten zwei Balalajkaspieler auf, und Champagnerkorken knallten. Rasputin sprang auf und begann beim ersten Klang wie wild zu tanzen, wobei er die Musiker anfeuerte: ›He, ihr, he, he! Dem Seligen habt ihr nichts gebracht!‹ Und er nahm ein Glas und hielt es dem älteren Geistlichen hin, der eingeschlafen zu sein schien und jetzt erschrocken die Augen öffnete. ›Nun, wenn du nicht willst, laß es eben bleiben!‹ – und leerte selbst in einem Zug das Glas, das er anschließend zu Boden warf und weitertanzte. Wild, wie von Sinnen, raste er im Raum herum, wobei er alles, was ihm im Weg war, umwarf, um schließlich in seinem lila Hemd mit den roten Quasten und den hohen Lackstiefeln eine Solodarbietung wie auf einer Bühne abzugeben. Der Geistliche öffnete kurz die Augen, dann den Mund und begann schallend zu lachen.

Zwischendurch zog mich Rasputin von meinem Sitz hoch und drehte mich um sich herum. Unvermittelt hörte er auf. Der junge Mann lag faul am Boden, der andere Mönch im Eck, der ältere Geistliche schlief. Als Rasputin mich an die Wand drücken wollte und sein heißes Gesicht an das meine preßte, kam die Hausfrau und fragte, ob er nicht noch etwas trinken wolle – Madeira oder Champagner. ›Gib her – beides!‹ rief Rasputin. Dann ließ er von mir ab und setzte sich hin.

Der Hausherr wollte sein Gespräch über die Kirche fortsetzen, das ihm offenbar sehr am Herzen lag. Aber Rasputin verspürte dazu wenig Lust. Als Solowjow noch auf seine Antwort wartete, sprang Rasputin plötzlich auf und schlug mit der Faust auf den Tisch: ›Ach, Mädchen, verdammt soll diese Kirche sein. Wir machen Pitirim, den Hundesohn, zum Metropoliten, ach, meine Liebe, was brauche ich jetzt den Synod, was brauche ich Samarin, ich weiß selbst, was ich tue …‹ – Erschrocken blickte nun der alte Geistliche auf. ›Und dich‹, wandte sich Rasputin an mich, ›laß ich jetzt nicht mehr laufen. Du bleibst über Nacht bei mir. Ach, mein Mädchen, gib mir die Hand! Was brauch ich die Kirche, ich spucke auf alles, was brauch ich jetzt einen Metropoliten …‹ Während er sich umdrehte, nutzte ich den Augenblick und schlüpfte zur Tür hinaus, fand im Vorraum meinen Mantel, warf ihn hastig über und lief aus dem Haus – im Ohr noch das wilde Balalajkaspiel und die dröhnenden Worte Rasputins: ›Ach, Fräulein, gib mir die Hand … Pitirim, ein Schlaufuchs, Mordskerl … Soll nur der Hundesohn Metropolit werden … He, Wanka, spiel lustiger! …‹«

Kurze Zeit später darf sich Pitirim, obwohl in Skandale als Homosexueller verwickelt, des Mißbrauchs von Kirchenbesitz bezichtigt und des Predigens von Chlystensektenlehren angeklagt, Metropolit von Petersburg nennen.

Die Bestellung Pitirims zum Metropoliten von Petrograd,

wie Petersburg mit dem Kriegsausbruch 1914 heißt, wird von der Öffentlichkeit nur mehr mit Resignation zur Kenntnis genommen. Indessen hat Rasputin einen Verbündeten mehr, der mit ihm – nicht selten auch gegen ihn – hinter den Kulissen jene Fäden zieht, an denen Personen zwischen Ministerposten hin- und hergeschoben werden. Doch Rußland ist in erster Linie mit dem Krieg beschäftigt, der schon wenige Monate nach seinem Beginn zu ersten Ermüdungserscheinungen in der Bevölkerung führt.

Die ersten militärischen Operationen waren für Rußland erfolgreich gewesen. Vor allem in Galizien konnte sich die russische Armee behaupten. Am 21. August (4. September nach westlicher Zeitrechnung) 1914 schrieb der Zar in sein Tagebuch:

»Erhielt heute die allerschönste Nachricht: Lemberg und Halitsch sind genommen! Gott sei gelobt!«

Die Petersburger, die allabendlich vor dem Redaktionsgebäude der größten Zeitung, »Russkoje slowo«, auf Neuigkeiten warteten, entblößten ihre Häupter, als sie die großen Lettern lasen:

»Lemberg erobert!«

»Den Slawen zurückgegeben!« riefen alle.

Aufs neue beflügelt war der Patriotismus derer, die sich an Hilfsaktionen beteiligten; Spenden wurden gesammelt, Kriegsanleihen gezeichnet, die Produktionen angekurbelt – alles für die Front …

Doch bald wendete sich das Blatt. Die deutsche Führung zog, alarmiert vom russischen Vorrücken, Einheiten von der französischen Front ab und leitete sie nach Nordosten um. »Das war unsere Rettung«, bedankte sich der französische Militärattaché beim Zaren und dessen Außenminister, denn dadurch kam es nicht zum Vormarsch der deutschen Armee bis Paris. Im Herbst 1914 wurde Hindenburg Oberbefehlshaber der Ostfront, und durch seine Einkreisungsstrategie wurden die Russen in Ostpreußen zurückgeschlagen und in der Folge auch aus dem ungarischen Raum und der Bukowina vertrieben. Nach dem deutschen Sieg bei Tannenberg – ein halbes Jahrtausend nach der Niederlage des deutschen Ritterordens durch die Slawen – beging der russische General Samsonow Selbstmord.

Hier zeigten sich die taktischen Schwächen der russischen Kriegsführung, in welcher auch einzelne Generäle wie Brusilow, Wrangel und Iwanow im Südosten nichts ausrichten konnten: die russische Front ist mehrere tausend Kilometer lang – ebenso wie der Weg der Soldaten zur Front, während er bei den Gegnern nur einen Bruchteil dieser Entfernung ausmacht; die Koordination und Versorgung mit Nachschub, vor allem mit Kriegsmaterial und Munition wäre nur bei perfekter Organisation gesichert. Das ist keineswegs der Fall. Daran kann weder der Oberbefehlshaber, Großfürst Nikolaj Nikolajewitsch, Onkel des Zaren, noch die häufige Anwesenheit des Zaren selbst im Generalstab etwas ändern.

Nach diesen ersten schwerwiegenden Niederlagen, die auch die Hoffnung auf eine kurze Kriegsdauer zunichte machen, breiten sich Enttäuschung und Demoralisierung aus, wo Soldaten mit Unfähigkeit und Verantwortungslosigkeit von Vorgesetzten konfrontiert sind. Menschenleben scheinen – da in Rußland reichlich vorhanden – selten viel wert zu sein.

Als sich die Situation weiter verschlechtert, werden krasse Versäumnisse von Kriegsminister Suchomlinow bekannt. Er ist für schwerwiegende Mängel in der Versorgung verantwortlich, wird seines Postens enthoben und vor Gericht gestellt. Doch während er in der Peter- und Pauls-Festung auf seinen Prozeß wartet, scheint sich die Sache auf merkwürdige Weise zu verschleppen: die Zarin hatte in Briefen an den Zaren in den Generalstab um Suchomlinows Schonung gebeten. Unschwer zu erraten, woher dieses Engagement kommt: von Rasputin.

Rasputins Freund A. Manasjewitsch-Manuilow berichtet später im Verhör der Untersuchungskommission der Provisorischen Regierung:

»Erst förderte Rasputin Suchomlinows Absetzung. Persönliche Gründe waren dafür ausschlaggebend gewesen. Doch als er verhaftet wurde, begann Frau Suchomlinowa Rasputin zu besuchen, und Rasputin hat sich in sie verliebt. Er sagte: ›Nur zwei Frauen auf der Welt haben mein Herz gestohlen – Wyrubowa und Suchomlinowa.‹ Genauso hat er es gesagt. Man wußte, daß Madame Suchomlinowa mit ihm eine enge Beziehung unterhielt (...) Und so kam es zur Freilassung Suchomlinows ...«

So einfach hatte sich die Freilassung allerdings nicht gestaltet. Nachdem eine Reihe persönlicher Feinde (etwa der erste Ehemann von Frau Suchomlinowa und »Fürst« Andronnikow, ihr Hausfreund) gegen den Kriegsminister ausgesagt hatten – etwa, er hätte in Berlin Geld deponiert oder er sei von ausländischen Rüstungskonzernen bestochen worden –, war es dem Staatsanwalt nicht gelungen, auch handfeste Beweise für die teils abenteuerlichen Behauptungen zu erlangen. Vor allem hinsichtlich der kühnsten von ihnen, wonach Suchomlinow mit dem österreichischen (über Kiew operierenden) Spion Altschiller in Kontakt gewesen sei, schienen die Ankläger in Beweisnotstand zu geraten. Das einzige, was dazu vorgelegt wurde, war eine Postkarte Altschillers aus Karlsbad an Frau Suchomlinowa mit den Worten:

»Es regnet viel, die Straßen sind miserabel und lange Spaziergänge unmöglich.«

Der Staatsanwalt ging davon aus, daß es sich um eine raffiniert codierte Nachricht handelte. Als ihn der dazu konsultierte Chef der Ochrana auslachte, wurde der Jurist wütend:

»Der Teufel weiß, was der Mann damit gemeint hat ...«

Gewiß: wenn schon nicht der Inhalt kompromittierte, war es die Tatsache des Schriftverkehrs an sich zwischen einem Spion des Feindeslandes und der Frau des Kriegsministers mitten im Krieg.

Als Ergebnis bleibt, daß Suchomlinow durch Rasputins Intervention bei der Zarin nicht für seine folgenschweren Versäumnisse zur Verantwortung gezogen wird und letztlich mangels Beweisen freigeht. Alexandras Intervention in der Angelegenheit des diskreditierten Kriegsministers findet in der Presse kritischen Widerhall. Doch die Zarin ist lediglich darüber empört, daß die Medien »es wagen«, über ein Mitglied der Zarenfamilie kritisch zu berichten, und weit davon entfernt, den politischen Schaden zu erfassen, den sie selbst durch ihr Agieren unter Rasputins Einfluß der Dynastie zufügt (von innen- und außenpolitischen Konsequenzen jeder einzelnen Aktion ganz zu schweigen).

An seiner Stelle wird Poliwanow Kriegsminister. Sogar das hatte die Zarin zu verhindern versucht: »Bist Du sicher«, schreibt sie an den Zaren, »daß er Dein Vertrauen verdient? Ist er nicht Feind Unseres Freundes [Rasputin], was doch immer Unglück bringt?« Alexandra war sogar so weit gegangen, für die Wiedereinsetzung Suchomlinows zu intervenieren, zu dem sie – unter Rasputins anhaltender Einwirkung – offenbar trotz allem mehr Vertrauen hatte als zu Poliwanow, von dem sie vermutlich kaum mehr wußte, als daß er kein Freund Rasputins war. Um Poliwanow nach letzterem Kriterium beurteilen zu können, zitiert sie ihn – das hat sie sich seit der Abwesenheit des Zaren bei allen potentiellen Kandidaten zur Gewohnheit gemacht – zu sich. »Ich hatte heute ein Gespräch mit Poliwanow«, schreibt sie dem Zaren am 15.6.1915, »ich weiß nicht, er gefällt mir nicht. Er ist zwar klüger als Suchomlinow, aber ich ziehe dennoch letzteren vor …« Doch diesmal bleibt der Zar hart. Rasputin scheut sich auch sonst nicht, in militärische Belange einzugreifen (oder es zumindest zu versuchen). Dabei bedient er sich – zumal er derart heikle Fragen nicht einem zuständigen Minister, sondern der Zarin selbst in Telegrammen oder persönlich vorzutragen pflegt – ihrer Empfänglichkeit für mystische Botschaften aus seinem Mund. Stets motiviert er seine jeweiligen Vorschläge Alexandra gegenüber – strikt unterscheidend – entweder als »Erkenntnisse« oder »nächtliche Visionen«. Entsprechend blumig werden sie ihr auch übermittelt.

So geht es zum Beispiel um die Beförderung eines Generals. Rasputin hört zum ersten Mal von dessen Namen, als er zu einer Party mit Offizieren eingeladen wird, die keinem anderen Zweck dient als den General (namens Russkij) zu befördern. Gegeben wird sie von einem zwielichtigen Mann namens Miklos, von dem manche sogar munkeln, er sei ein Spion. Alle reden auf Rasputin ein, General Russkij müsse zum Oberbefehlshaber der Nordfront befördert werden. Was soll Rasputin schon dagegen haben, zumal er ihn nicht einmal kennt? Was er für seine Intervention erhält, ist nicht bekannt. Nur, daß er umgehend der Zarin zur Weiterleitung an den Zaren das folgende Telegramm sendet:

»Alle Augen des Volkes sind auf General Russkij gerichtet, und wenn das Volk auf ihn blickt, sollst auch Du das tun …«

Wenige Tage später erfolgt tatsächlich die Ernennung.

Zugleich achtet Rasputin darauf, daß der Zar nicht im Generalstab, wo er dem direkten Einfluß der Zarin entzogen ist, von seinen Ratgebern zu sehr eingenommen wird, die – allen voran der Oberkommandierende, Nikolaus' Onkel Nikolaj Nikolajewitsch – Rasputin gegenüber höchst kritisch eingestellt sind und versuchen, den Zaren vor den (von Rasputin eingegebenen) Interventionen abzuschirmen. Das ist Rasputin bewußt, und im Sinne der Erhaltung seines Einflusses und seiner Macht versucht er nun, einen

Keil zwischen den loyalsten und auch persönlich Nikolaus am nächsten stehenden Berater im Stab, den Großfürsten, und den Zaren zu treiben. Dabei macht sich Rasputin dank seiner psychologischen Begabung die Neigung Alexandras zunutze, besitzergreifend und eifersüchtig über ihren Gatten zu wachen. Wer ihm, dem Zaren, an Autorität oder Popularität zu nahe kommt – eben wie der Großfürst –, ist in den Augen der Zarin eine Gefahr für ihn und untergräbt seine Position.

Nichts leichter für Rasputin, als Alexandra gegen Nikolaj Nikolajewitsch einzunehmen, umso mehr, als das Verhältnis des Großfürsten, dessen Gattin Anastasia immerhin zehn Jahre zuvor Rasputin bei Hof eingeführt hatte, zum »Starez« angesichts seines tatsächlichen Charakters abkühlte und schließlich zum Abbruch des Kontakts führte. Die Machtposition des Großfürsten, so schlußfolgert Rasputin richtig, könnte der seinen ein Ende bereiten. Dem muß vorgebeugt werden. Rasputins Kampagne zeitigt bei der Zarin Wirkung:

»… Er [Rasputin] befürchtet, daß Bonheur [Deckname für Nikolaj Nikolajewitsch] und Galka [dessen Frau Anastasia] auf den Thron wollen, daß das ihr Hauptziel ist (…) G[rigorij] liebt Dich eifersüchtig, und es ist unerträglich für ihn, daß N. eine wichtige Rolle spielt …« heißt es am 20.9.1914. Der Zar zeigt sich von derartigen Absurditäten unbeeindruckt.

»Unser Freund fordert«, drängt Alexandra einen Tag später, »daß sich der Zar so oft wie möglich seinen Truppen zeigt, und zwar ohne Nikolaj Nikolajewitsch (…), um nicht das weitere Anwachsen der Popularität des Oberkommandierenden auf Kosten des Zaren zu ermöglichen …«

Er solle eine solche Frontinspektion ohne Mitteilung an seinen Oberkommandierenden antreten, rät die Zarin. Darauf reagiert der Zar, der ihr bisheriges Drängen ignoriert hatte, verärgert: »Ich werde doch nicht meinen eigenen Onkel und Oberkommandierenden hintergehen!« entgegnet Nikolaus.

»Zeige, daß Du der Befehlshaber bist«, bestürmt ihn Alexandra am 4.4.1915, »N. [Nikolajewitsch] ist zwar sehr hochstehend, aber Du stehst noch höher als er (…) Höre auf Unseren Freund, nicht umsonst hat Gott ihn uns gesandt …«
Doch der Zar »hört« weder auf »Unseren Freund« noch auf seine Frau. Im Frühsommer ersetzt er, als die Spannung zwischen seiner Regierung, also den Ministern, und der Duma einen ersten Höhepunkt während des Krieges erreicht, eine Reihe konservativer Regierungsmitglieder durch liberalere. In dieser Phase der vierten Parlamentsperiode sind in den Parteien* der Duma bereits Einbrüche unter den Konservativen und ihre Aufsplitterung erfolgt, und der Zar will für eine stärkere Einheit in der Bewältigung der durch den Krieg anstehenden Probleme ein harmonischeres Klima schaffen. Die Ministeropfer sind Zugeständnisse dafür, und Nikolaus hat sie unter dem Rat seines von Rasputin so gefürchteten Onkels gebracht.
Alexandra ist bestürzt, Rasputin zutiefst beunruhigt. Aber seine Stunde schlägt, als sich die russischen Mißerfolge an der Front häufen – gleichgültig, auf welche Ursachen sie zurückzuführen sind. »Ein Mann, der nicht Gottes Segen hat, kann keinen Erfolg haben«, kommentiert Alexandra die Ereignisse – genau nach den Worten, die ihr Rasputin souffliert hat, denn Gottes Segen ist für sie identisch mit dem des Starez.

---

*) Zusammensetzung der Vierten Duma (15.11.1912–6.10.1917: Sozialdemokraten – 14 Abgeordnete, Trudowiki 10, Nationale Gruppen – 21, Kadetten (= Konstitutionelle Demokraten) – 59, Progressisten – 48, Oktobristen – 98, Gemäßigte Rechte und Nationalisten 120, Rechte – 65. Gegenüber der vorhergehenden Duma hatte sich vor allem die Kadettenpartei verstärkt, die für eine stärkere Hinwendung zur konstitutionellen Monarchie und damit Erweiterung der parlamentarischen Befugnisse eintritt

Diesmal verschiebt der Zar seine geplante Rückkehr nach Zarskoje Sjelo, um den Anstürmen seiner Frau zu entgehen, um zwei Wochen, wie der Sicherheitchef im Generalstab später berichtet.

Rasputin versteht es immer, eigene Interessen an seinen Interventionen zu kaschieren, auch wenn diese für einen rationaler denkenden Menschen als die Zarin augenfällig sind. So wird von der zweiten Einberufung der Jungsoldaten, mit denen die großen Verluste der ersten Monate ersetzt werden sollen, auch Rasputins Sohn betroffen. Nach russischem Gesetz ist bei der ersten Mobilisierung der einzige Sohn einer Familie ausgenommen; erst bei einer weiteren wird er eingezogen.

»Große Unruhen sehe ich vor mir«, lautet die düstere Vision Rasputins im Hinblick auf die bevorstehende zweite Mobilisierung. »Da die Männer dann zu Hause bei der Arbeit fehlen«, ergänzt Alexandra im Brief an Nikolaus Rasputins Warnung mit seinen Worten. Vorerst hat Rasputin der Zarin verschwiegen, daß auch sein Sohn davon betroffen wäre.

Als Nikolaus in seinen Antwortschreiben nicht darauf eingeht, wird Alexandra drängender; schließlich bringt sie zur Sprache, daß Rasputin um seinen Sohn bangt – ohne auch nur in Gedanken einen Zusammenhang mit seiner Warnung vor der zweiten Einberufung zu sehen – und interveniert direkt für seine Freistellung. Das widerstrebt jedoch dem Gerechtigkeitssinn des Zaren, der angesichts der Tatsache, daß er selbst täglich miterlebt, wie sich Freiwillige in Patriotismus an die Front melden, keine Ausnahmen für »Privilegierte« machen will. Er ignoriert Alexandras Bitte. Rasputin greift zu seinen altbewährten Mitteln, die Zarin zu beeindrucken. Aus Sibirien sendet er ihr ein Telegramm: »Inmitten der Erleuchtung, die ich beim Osteropfer vom

Heiligen Geist empfing, traf mich wie ein Donner die Nachricht, daß mir mein einziger Sohn genommen wird. So werde ich also das Schicksal Abrahams erleiden – statt daß mein Sohn weiter Gutes auf Erden tun kann …«

Ergriffen gibt die Zarin Rasputins Formulierung weiter. Vergessen sind all die tröstenden Worte, die der Starez stets parat hatte, wenn Alexandra über die verwundeten Soldaten klagte, die sie in ihrem Lazarett leiden oder sterben sah: »Sei nicht betrübt«, pflegte Rasputin zu sagen, »sie sind brennende Kerzen vor dem Altar Gottes …« – Sollte das für seinen Sohn – falls er wirklich fallen sollte – nicht gelten?

Da die Zarin davon ausgeht, daß jede Warnung Rasputins, in den Wind geschlagen, unweigerlich Unglück bringen würde, sendet sie dem Zaren einen Stock, den Rasputin vom Athos-Kloster erhalten hat und ihr nun für Nikolaus weitergibt, »als seinen Segen …«. Nicht ohne Rasputins letzte rhetorische Wendungen zur Durchsetzung seines Anliegens zu erwähnen: »Er sprach so schön, daß nur ein russischer Kaiser der wahrhaft Gesalbte ist (…) Und daß Du durch die Nichteinberufung der zweiten Klasse Deine Herrschaft retten würdest …«

Der Zar zeigt sich dennoch unbeeindruckt – und es ist naheliegend, daß er Rasputin durchschaut hat, Alexandra jedoch mit seiner Einsicht schonen will. Auf ihren neuerlichen seitenlangen Brief mit der unvermeidlichen Bitte für Schonung von Rasputins Sohn antwortet er herzlich, aber kurz: »Herzlichen Dank für den lieben Brief. Es ist schrecklich heiß hier. (…) Küsse alle innig, Niki.«

Der Sohn wird eingezogen, doch dank einer Anhängerin Rasputins landet er nicht an der Front, sondern in einem Lazarett, das in der Hauptstadt eingerichtet ist, als Sanitäter.

Rasputin sorgt indessen wieder für Aufruhr durch seinen Lebenswandel. Während der Kriegsjahre gehen die Skandale über die Dimension des persönlichen Amusements

Rasputins jedoch hinaus, da seine Gastgeber meist geschäftliche und im Zusammenhang mit der Kriegssituation selten legale Angelegenheiten damit verbinden, daß sie den vergnügungssüchtigen mächtigen Muschik bei Laune halten.

Im März 1915 begibt sich Rasputin kurz nach Moskau, um bei den Reliquien eines Heiligen zu beten, wie er es im Jahr zuvor gelobt hatte für den Fall, daß er von der Verletzung des Attentats auf ihn genesen werde. Den Abend verbringt er jedoch ganz nach seinem irdischen Geschmack. Diesen 26. März 1915 werden viele nicht vergessen – auch jene, die nicht dabei sind und nur von anderen davon hören. Der Chef der Geheimen Sicherheitspolizei, General Spiridowitsch, beschreibt ihn:

»Der Abend, den das Moskauer Restaurant ›Jar‹ veranstaltete, endete mit einem großen Skandal. Mit der Zunahme der Spekulationen bei Kriegslieferungen spielte auch Moskau in Rasputins Aktivitäten eine Rolle. Mehrere aktive Moskauer Geschäftemacher hatten Rasputins Bekanntschaft gemacht und für ihre Transaktionen eingesetzt.

Am 26. März erschien Rasputin gegen elf Uhr abends in Begleitung zweier Damen und des Journalisten N. I. Sojedow, der auch Geschäfte betrieb. Alle hatten viel getrunken. Sie wollten einen Handel begießen, den sie abgeschlossen hatten. Man feierte in einem Separé, ließ Zigeuner aufspielen und rief noch S. D. Kugulskij an, ihnen Gesellschaft zu leisten.

Der Zigeunerchor sang, man tanzte Cake-Walk, leerte viele Flaschen; Rasputin war betrunken, tanzte und ließ sich zu intimen Bemerkungen gegenüber den Zigeunern hinreißen.

›Diesen Kaftan hat mir die Alte gemacht‹, lallte er – und erklärte anschließend, daß er mit der ›Alten‹ die Zarin meinte.

Nach einer weiteren Tanzrunde meinte er: ›Was würde sie [die Zarin] wohl sagen, wenn sie mich hier so sähe!‹

Alle tranken, Rasputin wurde immer betrunkener. Schließlich provozierten ihn die anderen, zu beweisen, daß er wirklich Rasputin sei.

Hierzu heißt es im Bericht der örtlichen Moskauer Ochrana: ›Das Betragen Rasputins wurde völlig unzumutbar und nahm sexualpathologische Züge an. Er entblößte sein Geschlechtsorgan und stellte es allgemein zur Schau, wobei er sich weiter mit den Sängerinnen unterhielt. Dazu verteilte er handgeschriebene Zettel an sie mit den Worten wie LIEBE SELBSTLOS und ähnliche derartige Weisheiten. Der Kapellmeister gab Rasputin zu verstehen, daß er dieses Benehmen nicht länger dulden könne, doch Rasputin erwiderte: Ich amüsiere mich immer so, wenn ich in Gesellschaft von Damen bin! Dabei verteilte er große Geldsummen, die er sich zuvor von einer der Begleiterinnen ausgeliehen hatte. Um zwei Uhr morgens brach die Gesellschaft endlich auf …‹

In beiden Städten, Moskau und Petersburg, rief der Skandal Empörung hervor. Von Petersburg aus sandte Rasputin noch an seine beiden Begleiterinnen Telegramme wie: ›Freue mich über meine Eroberung, traurig über Wartezeit, küsse meine Liebe‹ und ›Angebeteter Schatz, bin ganz nah bei Dir, küsse Dich!‹.

Einen Monat später fand ein anderes ausschweifendes Gelage in Petersburg statt, an dem auch ein Bankier teilnahm. Rasputin kam den ganzen nächsten Tag nicht zu sich.

Im Mai feierte Rasputin eine Orgie in Anwesenheit eines anderen Bankiers, Manus. (…) Außer Bankiers nahmen eine Dame der höheren Gesellschaft, eine Prostituierte, ein Kaufmann, ein Geschäftsmann, ein Offizier und ein General teil …«

Gewöhnlich wird vermieden, die Namen bekannter Personen in Polizeiberichte aufzunehmen, die im Zusammenhang mit Rasputin kompromittiert werden könnten; es werden lediglich ihre Initialen vermerkt.

In dieser Zeit schreibt die Zarin in einem Brief vom 11.5.1915 an den Zaren: »Unser Freund hat [Finanzminister] Bark aufgesucht, und sie haben sich zwei Stunden lang sehr gut miteinander unterhalten ...«

Rasputin interveniert bei Bark für Manus. I. P. Manus ist Kaufmann, Börsenmakler, Direktor der Gesellschaft für Eisenbahnfabriken, Direktor der Russischen Transportgesellschaft, der Russischen Versicherungsgesellschaft, Aufsichtsrat der Zeitung »Graschdanin« (Der Bürger), die konservativ und von der Regierung subventioniert ist. Manus will eine Aktiengesellschaft für ein großes Projekt gründen: die Bewässerung der Kaukasischen Steppe. Außerdem will er eine Getreidebank gründen. Für beides benötigt er Geld vom Finanzminister.

»Sie wollen irgendwelche Sümpfe trockenlegen«, erklärt Rasputin der Wyrubowa, der er Manus' Unterlagen für das Projekt zur Weiterleitung an den Zaren (über die Zarin) gibt, »sie brauchen Geld dafür – und wir wollen schließlich auch gut leben ...«

Als Vermittler von Kontakten fungiert ein undurchsichtiger junger Mann namens Manasjewitsch-Manuilow. Ursprünglich war er als Journalist zu Rasputin gekommen, um ihn zu interviewen. Es wurde ein Skandal daraus, als Rasputin freimütig erzählte, es stimme, daß er öfter mit Frauen in ein Dampfbad ginge:

»... Einige der Damen der höheren Gesellschaft sagten mir, sie wollten Gott näherkommen. Da lud ich sie ein, zu mir nach Pokrowskoje zu kommen. Dort ging ich mit ihnen – es waren an die sieben, acht Damen – ins Dampfbad. Mit all ihren kostbaren Kleidern und Brillanten kamen sie. Dort ließ ich sie sich ausziehen und mir meinen Körper waschen,

um sie durch die Erniedrigung, sozusagen, Gott näherzubringen ...«

Doch bald nach dem Aufruhr angesichts des Interviews
quittiert Manuilow seinen journalistischen Dienst und stellt
sich umsomehr Rasputin als Vermittler (und Nutznießer)
von Kontakten zur Verfügung. Seine Korruptheit ist kein
Geheimnis: Vor dem Krieg hatte er sich bereit erklärt, eine
Summe von 300.000 Rubel vom deutschen Botschafter
Pourtalès anzunehmen, um entsprechend auf seine Zeitung
einzuwirken, der Chefredakteur hatte ihn allerdings hinausgeworfen. Später arbeitet er im Innenministerium.

Als Manuilow später in der Untersuchungskommission
aussagt, dauert sein Verhör mehrere Tage – so viele Details
weiß er aus dem Umfeld Rasputins zu berichten. Am Ende
fragt er nicht ohne Stolz den Untersuchungsrichter: »Ist es
interessant? Und ich weiß noch mehr ...«

Ein anderer Geschäftemacher heißt Migulin. Er will Konzessionen, Bankgründungen und Lieferlizenzen über Rasputin erreichen.

Der im Polizeibericht erwähnte Bankier ist Dmitrij Lwo-
witsch Rubinstein: Jurist, Verwaltungsdirektor zweier verschiedener Steinkohlengrubenunternehmen, einer Versicherungsgesellschaft, der Russisch-Französischen Bank,
Börsenmakler u. a. Über Rasputin bringt Rubinstein seine
Kandidaten für Ministerposten durch. Weiters übt er Einfluß auf die Presse aus, da er in diesem Bereich über ein
großes Aktienpaket verfügt, vor allem bei »Nowoje Wrjemja« (Neue Zeit), einer konservativen Tageszeitung.

Am 10. Juli 1916 wird Rubinstein verhaftet. Der Verdacht
lautet auf Betreiben illegaler Geschäfte mit Deutschland.
Darunter werden ihm der Verkauf russischer Aktien im
deutschen Feindesland über ein neutrales Land (Dänemark, Schweden) nach Frankreich, ferner von Aktien der
russischen Gesellschaft »Jakor« an deutsche Händler, die

Inanspruchnahme hoher Provisionen für im Ausland hergestellte Waren für Rußland usw. zur Last gelegt.

Kein Wunder, wenn sich Rasputin für Rubinstein besonders engagiert: Er ist nicht nur Hauptfinanzier seines immer aufwendigeren Lebenswandels, sondern legt Rasputins Geld auch in seinen eigenen Geschäftsbereichen an. Unter anderem hält Rasputin durch ihn Kautschuk-Aktien. Daß damit im neutralen Kopenhagen von einem gewissen Alexander Parvus alias Helphand gehandelt und u. a. damit die russische revolutionäre Bewegung mitfinanziert wird, ist zu diesem Zeitpunkt niemandem bekannt.

Rubinstein bleibt nicht lange in Haft. Rasputin liegt der Zarin für ihn entsprechend in den Ohren. »Laß ihn ganz leise enthaften und nach Sibirien schicken«, rät die Zarin Nikolaus in ihren Briefen. Der Zar ist jedoch bei politischen, speziell die Kriegsbestimmungen betreffenden Vergehen empfindlich.

Doch Rubinstein streckt über seine Mittelsmänner überall seine Fühler aus. Der Wyrubowa hatte er dezent Diamanten geschickt; davor hatte ihr jemand ein Päckchen mit dem Kommentar abgegeben: »5 Karat, 8 Karat …« usw. Darüber hinaus ergehen Bestechungsgelder direkt an Rasputin und an Minister.

Später sagt der erwähnte Freund Rasputins, Manasjewitsch-Manuilow, beim Verhör durch die Provisorische Regierung 1917 aus:

»Rasputin erhielt von Rubinstein mehr als 100.000 Rubel für dessen Freilassung. Und er wurde freigelassen. Dafür forderte er später von ihm, Dobrowolskij zum Justizminister zu machen. Rasputin fand keinen Gefallen an ihm, aber er brachte ein Treffen von Dobrowolskij mit der Zarin zustande …«

Tatsächlich sollte Dobrowolskij Justizminister werden – allerdings erst kurz nach Rasputins Ermordung.

Daß die Zarin nicht begreift, mit wem sie es in Rasputin zu tun hat, liegt nicht am Mangel von Information, sondern an ihrer Unerschütterlichkeit in ihrem blinden Glauben an ihn. Der Bericht des Skandals im Moskauer »Jar« hatte den Zaren erreicht. Stumm zeigte er ihn seiner Frau. Als sie ihn sah, brach sie – nach Angaben des Palastkommandanten – in Tränen aus: »So sehr verleumdet man einen Heiligen!« Hatte Rasputin nicht kurz zuvor einmal mehr das Leben ihres Sohnes gerettet? Hätte ihm Gott diese Fähigkeit verliehen, wenn das alles, was man nun über ihn verbreitet, wahr wäre? Diese Gedanken sind es, die Alexandra bewegen. Und sie zweifelt keinen Augenblick daran, daß Rasputin ein Heiliger ist: als Alexej Nasenbluten hatte – gefürchtet bei einem von Hämophilie Befallenen –, war Rasputin nur an sein Bett getreten und hatte ihn gesegnet; kurz darauf hatte die Blutung aufgehört.

Für den Zaren ist das alles kein Argument. Er sendet Rasputin – wieder einmal – »zur Erholung« nach Pokrowskoje. Allerdings mit Beschattung. Nicht nur, um dessen Lebenswandel zu überwachen, sondern auch um sicherzugehen, daß Rasputin nicht, wie schon oft, von der Notwendigkeit, Frieden zu schließen, redet, denn pazifistische Propaganda kann der Zar im Augenblick nicht brauchen.

Doch schon auf der Überfahrt mit dem Dampfer gibt es Probleme. Rasputin betrinkt sich und mischt sich unter mitfahrende Soldaten. Erst verlangt er, daß sie für ihn Lieder singen und gibt jedem von ihnen dafür Geld. Dann will er alle in das Schiffsrestaurant der Ersten Klasse einladen, ihm wird jedoch vom Ober der Eintritt verwehrt. Rasputin geht nicht, ohne Kellner und Gäste wüst beschimpft und ein Teeservice zerschlagen zu haben. Er setzt den lauten Gesang bis in die Morgenstunden fort, wobei er weiter trinkt. Schließlich fällt er völlig alkoholisiert auf eine Bank, auf der er einschläft und näßt. Die empörten Passagiere verlangen vom Kapitän, daß er einen Bericht über das Vorgefallene verfaßt.

In Pokrowskoje setzen Matrosen den Betrunkenen an Land. Bischof Warnawa holt ihn ab. Als er vom Aufruhr um Rasputins Benehmen hört, bietet er dem Kapitän Geld dafür an, daß dieser sein Protokoll nicht weiterleitet. Er weiß nicht, daß zwei mitfahrende Agenten bereits einen Bericht verfaßt haben, den sie Generalmajor Dschunkowskij, stellvertretender Innenminister, senden.

Indessen beschließt der Gouverneur von Tobolsk, Rasputin aufgrund des um seine Trunkenheit entstandenen Aufruhrs verhaften und für kurze Zeit einsperren zu lassen. Doch Rasputin erfährt rechtzeitig davon und aktiviert wieder die Hilfe Warnawas.

Die Rasputin beschattenden Agenten berichten auch von einer anderen Szene, in welcher Rasputin, wieder im Trunk, nach kurzem Wortwechsel mit seinem Vater diesen in den Hof zitiert und dort niederschlägt. Sein Vater wirft ihm – auch nicht mehr ganz nüchtern – ein paar Schimpfworte hin: »Du bist ja nur ein Nichtsnutz, das einzige, was du kannst, ist, die weichen Körperteile Dunjas zu begrapschen!« Rasputin schlägt wieder auf ihn ein, bis er von anderen weggezogen wird.

Ein Jahr später stirbt der Vater. Rasputin bemüht sich nicht zu seinem Begräbnis.

Indessen sendet er seine üblichen philosophischen Telegramme an die Zarin. Trost kann sie gebrauchen: Seit dem Frühjahr des Jahres 1915 gibt es immer wieder Unruhen mit antideutschen Ausschreitungen, vor allem in Moskau. Die kriegsmüde Bevölkerung richtet ihren ganzen Haß gegen alles Deutsche: deutsche Geschäfte oder Einrichtungen mit deutschen Namen werden zerstört, geplündert, deutsche Komponisten dürfen nicht aufgeführt werden; die Wut gipfelt in Beschimpfungen gegen die Zarin, »die Deutsche«, wie man sie nennt – ungeachtet der Tatsache, daß sie nun mehr denn je betont, sich als Engländerin zu fühlen und Russin geworden zu sein.

Nach den militärischen Mißerfolgen, die im Fall Warschaus gipfeln, entbindet der Zar den Großfürsten Nikolaj Nikolajewitsch vom Oberkommando und übernimmt dieses entgegen den eindringlichen Warnungen seiner Minister selbst. Ein Triumph für die dem Oberkommandierenden so mißtrauisch gegenüberstehende Zarin. Eine Freude für Rasputin, dem er auf dessen Ankündigung, er wolle in den Generalstab kommen, geantwortet hatte: »Kann kommen, wird aber gehängt.«

Doch für Rußland ist es der Anfang vom Ende. Denn mit der ständigen Abwesenheit des Zaren ab Herbst 1915 von der Hauptstadt entgleiten diesem Übersicht und Kontrolle über die Vorgänge, und die Entscheidungsgewalt in Regierungsfragen geht allmählich in die Hände der Zarin – genauer: Rasputins über.

Am 16. September 1915 erhält Rasputin einen anonymen Brief:

»Grigorij, unser Vaterland ist dem Untergang geweiht, hinter den Kulissen will man Frieden schließen, denn Du bekommst chiffrierte Telegramme, das heißt du hast großen Einfluß, doch wir, die wir zur Duma gewählt sind, verlangen von Dir, daß du dafür sorgst, daß die Minister vor dem Volk verantwortlich sind und daß die Duma Ende September zusammentritt zur Rettung unseres Vaterlandes – und wenn Du das nicht erfüllst, werden wir Dich umbringen, da gibt es keine Schonung, unsere Hand wird nicht zittern wie die der Gusjewa, und wir erwischen Dich, wo auch immer du bist. Wir sind zehn Mann, und das Los ist auf uns gefallen …«

Das Schreiben mag mysteriös sein, aber es stellt ein klares Indiz für den Unmut in der Bevölkerung dar, der ahnen läßt, daß sich in Kreisen der Parlamentsabgeordneten eine Front gegen die Regierung formiert. Zugleich zeigt es die Ahnungslosigkeit für das, was hinter den Kulissen gespielt wird: Sitzungen der Duma können nicht im Interesse Rasputins sein, weil hier die Mißstände und seine Machenschaften zur Sprache kommen und die Position gerade derjenigen Personen gefährden, die Rasputin für die ihn dirigierende Clique wie Marionetten bewegt.

Tatsächlich tritt die Duma (ohne Rasputins Zutun) zusammen, wird jedoch schon nach ein paar Wochen wieder aufgelöst. Die anstehenden Probleme bleiben. Die Unzufriedenheit wächst.

Beim französischen Botschafter Paléologue, Repräsentant des verbündeten Frankreich (das an einer stabilen Lage in Rußland als Voraussetzung für eine erfolgreiche Kriegsführung interessiert ist), erscheint ein russischer Offizier. Er spricht offen davon, daß eine Gruppe Gleichgesinnter einen Putsch vorbereite: der Zar soll zugunsten eines Großfürsten abdanken, die Zarin in ein Kloster hinter den Ural, Rasputin und die Wyrubowa sollen nach Sibirien verbannt werden.

Zur gleichen Zeit erscheinen im Jahre 1915 zwei einander kontrastierende Publikationen. Die eine ist eine in kleiner Auflage verbreitete Broschüre mit »Gedanken und Reflexionen eines Starez«, die vermutlich seiner Rehabilitierung dienen soll. Die andere stammt vom alten Feind Rasputins, Iliodor, der vom norwegischen Kristiana aus seine Erlebnisse und Erfahrungen mit dem »entarteten Mann Gottes« und allem, was er zu Rasputin noch aus zweiter Hand in Erfahrung gebracht hat, ausplaudert. Unterstützt hat Iliodor bei dieser Publikation niemand anderer als der sozialistische Schriftsteller Maxim Gorkij, der sie »als äußerst notwendig und nützlich« ansieht: im Sinne seines ideologischen Engagements gegen die bürgerliche Gesellschaft kann ihm, wie schon aus dem Munde der Linksparteien bei ähnlichen Gelegenheiten zu hören war, die Kompromittierung der zarischen Regierung durch die Enthüllungen der Zustände mit einem so skandalumwitterten Berater am Hof wie Rasputin nur recht sein.

Später stellt sich heraus, daß Gorkij für seine Verlagstätigkeit von der deutschen Regierung über deren russische Mittelsmänner finanzielle Unterstützung erhält: denn jede das zarische Regime diskreditierende Pressearbeit, wie sie von den Linksparteien neben ihrer pazifistischen Propaganda betrieben wird, kommt den deutschen Interessen entgegen. Da auch Deutschland den russischen Kriegsgegner und damit die Dauer des Krieges unterschätzt hat, fördert das Berliner Außenamt bereits seit Januar 1915 die russische revolutionäre Bewegung, um über Propaganda die russische Kampfbereitschaft zu unterminieren, die Bevölkerung gegen die Regierung aufzubringen und solcherart auf einen Sturz der zarischen Regierung zum Zweck eines solcherart erzwungenen Separatfriedensschlusses hinzuarbeiten.

Die deutschen Gelder verwaltet ein Mittelsmann, der im Westen lebende russische »Chefideologe« und Gesinnungsgenosse Lenins und Trotzkijs, Alexander Parvus alias Helphand. Er hat bereits bei den Agitationen für die revolutionäre Bewegung und Streikwelle 1905–1906 eine führende Rolle gespielt und arbeitet an der Seite der im Züricher Exil auf ihre Chance wartenden Revolutionäre um Lenin. Aufgrund eines systematischen Umsturzplans, den er dem Staatssekretär im Berliner Außenamt, Zimmermann, Anfang 1915 übergeben hat, erhält er die finanziellen Mittel zur Durchführung des Unternehmens. Bedingung: Die revolutionäre Gruppe muß, mit dieser Hilfe an die Macht befördert, zu deutschen Bedingungen Frieden schließen. Parvus richtet in Kopenhagen ein »Büro für internationale

Abschrift.

Vorbereitung eines politischen Massenstreiks in Russland.

Es soll für den Frühling ein politischer Massenstreik in Russland vorbereitet werden unter der Losung : Freiheit und Frieden. Das Centrum der Bewegung wird Petersburg sein; hier wiederum die Obnuhowschen, Putilowschen und Baltischen Werke. Der Streik soll die Eisenbahnverbindungen Petersburg-Warschau, Moskau - Warschau und die Süd-West-Eisenbahn erfassen. Der Eisenbahnstreik wird vor allem in den grossen Centralen mit starker Arbeiterschaft, den Eisenbahnwerkstätten etc. durchgeführt werden. Zum Zwecke seiner Verallgemeinerung werden überall womöglich die Eisenbahnbrücken gesprengt, wie dies auch bei der Streikbewegung 1904/1905 der Fall war.

Konferenz russischer sozialistischer Führer.

Dieses Werk kann nur unter der Leitung der russischen Socialdemokratie zustande kommen. Der radikale Teil der letzteren ist bereits in Aktion getreten. Es ist notwendig, dass sich auch die gemässigte Minoritätsfraktion anschliesse. Bis jetzt waren es zumeist die Radikalen, die eine Einigung verhinderten. Der Führer des letzteren, Lenin, hat aber vor zwei Wochen selbst die Frage nach einer Einigung mit der Minorität aufgeworfen. Eine Einigung auf einer mittleren Linie im Sinne der Notwendigkeit, die durch den Krieg geschaffene Schwächung des administrativen Apparates im Innern des Landes zur Einleitung einer energischen Aktion gegen den Absolutismus auszunützen, dürfte sich herbeiführen lassen. Es ist zu bemerken, dass der gemässigte Teil stets am stärksten unter dem Einfluss der deutschen Social-

demokratie

Erste von zwanzig Seiten des Revolutionsprogramms von 1915 für Rußland (erst 1917 verwirklicht). Der Russe Parvus-Helphand legte es dem deutschen Außenamt zur Finanzierung vor und wurde dafür später »Kaufmann der Revolution« genannt. Deutschland gab insgesamt 1 Mrd. Mark dafür aus.

Wirtschaftsbeziehungen« ein und betreibt (größtenteils illegale) Geschäfte zwischen Deutschland und Rußland.
Die finanziellen Mittel des Außenamts gelangen über Informanten, die Parvus in den neutralen Ländern Dänemark
und Schweden trifft, und Agenten, die in Rußland selbst
Agitation zugunsten der revolutionären Bewegung betreiben, nach Rußland. Später sind es auch Waffen und Sprengstoff, die zur Ausführung von Sabotageakten, dem Spren-
gen von Brücken, Bahnlinien und Versorgungswegen zur
Front oder zur Versorgung der Städte nach Rußland gelangen. Dadurch wird dann jene Mangel- und Notsituation erzeugt, die von den Agitatoren zum Anzetteln von Streiks
und Unruhen und an der Front zur Lähmung der Kampf-
kraft ausgenützt wird.
All das soll – wie aus den geheimen Schriften des Außenamts hervorgeht – schon 1915 wirksam und der Umsturz-
plan noch in diesem Jahr durchgeführt werden. Doch aufgrund der Übernahme des Höchstkommandos durch den
Zaren und einige seiner Maßnahmen für effektivere Kriegs-
versorgung und -führung lassen die gewünschten Voraussetzungen für chaotische Verhältnisse auf sich warten. So
ist der Boden für revolutionäre Aktionen noch lange nicht
reif.
Zur Beschleunigung des Vorgangs werden auch russische
Politiker bestochen, um Entscheidungen zur Stabilisierung
der Lage zu verhindern. Das Außenamt ist durch die ständig über Parvus' Mittelsmänner übermittelten Berichte
über die Lage in Rußland, am Zarenhof, die Hintergründe
von Entscheidungen, die Personen, die sie treffen, und die
Diskussionen in der Duma laufend informiert.
Am 30. Mai 1916 heißt es in einem Bericht des deutschen
Gesandten aus Kopenhagen, der mit Parvus Kontakt hält,
an den Reichskanzler Bethmann Hollweg:
»Dr. Helphand, nach Aufenthalt in Stockholm mit Beratun-

gen mit russischen Revolutionären zurückgekehrt, teilte mit, daß die ihm zur Verfügung gestellte Summe von einer Million Rubel sofort nach Petersburg weitergesandt und ihrer Bestimmung übergeben wurde. (…) Vertrauensleute haben ihm abgeraten, mit der Aktion sofort zu beginnen, da dies verfrüht wäre. (…) Trotz unveränderter Entschlossenheit der Revolutionäre hat sich (…) die politische Lage verändert (…) und der Widerstand der bürgerlichen Parteien gegen einen revolutionären Aufstand gesteigert. Die Regierung war nicht untätig und ist geschickt vorgegangen, um einer solchen Bewegung entgegenzuwirken, indem sie Führer der Linksparteien in verantwortliche Stellungen berufen hat. Außerdem hat sie Maßnahmen getroffen, die Lebensmittelnot in Petersburg zu lindern (…)«

Die Umbesetzung auf Kosten konservativer Regierungsmitglieder war jene Maßnahme des Zaren gewesen, die bei Alexandra (und Rasputin) so große Unruhe verursacht hat; unwissentlich arbeitet somit Rasputin durch sein weiteres Vorgehen, korrupte Personen in verantwortliche Stellungen zu befördern, für die Revolution und den deutschen Feind. Unwissentlich und unwillentlich schon deshalb, weil es nicht im Sinn Rasputins sein kann, den Sturz des Zaren und der Zarin zu betreiben, von denen allein seine Macht und sein Reichtum abhängen.

Über Rasputin und seinen Kreis ist man in Berlin nämlich bestens informiert und imstande, die gewonnenen Erkenntnisse auszunutzen. Ein Telegramm des deutschen Gesandten in Bern, Romberg, an Diego von Bergen im deutschen Außenamt Berlin vom 8. Februar 1916 lautet:

»Geheim. (…) Svatkowsky [russischer Kontaktmann der deutschen Gesandtschaft] hat einige Angaben über die Verhältnisse in Petersburg gemacht. Am russischen Hof habe zur Zeit ein Abenteurer, ein gewisser aus dem Kaukasus stammender Prinz Andronnikow, großen Einfluß, der sich früher in der Schweiz aufgehalten habe. Worauf sich dieser Einfluß stütze, wisse niemand. Rasputin sei käuflich. Für 10.000 Rubel könne man sich seiner versichern.«

Noch am gleichen Tag beanwortet die Berner Gesandtschaft offenbar eine Anfrage aus Berlin betreffend Andronnikow: »Geheim. Legationsrat von Brüning hatte Gelegenheit, über den in meiner Berichterstattung erwähnten angeblichen kaukasischen Prinzen Andronnikow Erkundigungen einzuziehen.

Danach soll Andronnikow, der kein Prinz ist, in Petersburg als eine sehr anrüchige Person bekannt sein. Er soll zweifellos einen gewissen Einfluß besitzen und sich durch alle möglichen Gefälligkeiten in der Petersburger Gesellschaft beliebt machen. Sein Bruder ist Offizier im russischen Heer und war bei Kriegsausbruch Kommandeur eines Kavallerie-Regiments …«

Am 1. Mai desselben Jahres 1916 drahtet der Chef des Admiralstabes der deutschen Marine, Prieger, dem Staatssekretär des Auswärtigen Amts:

»Geheim! Von vertrauenswürdiger deutsch-baltischer Seite mit guten Verbindungen unter Offizieren und Beamten in Petersburg wird mitgeteilt: Fürst Andronnikow ist mit Rasputin sehr befreundet und genießt dessen volles Vertrauen. Er ist gegen bare Entschädigung für Unternehmungen jeder Art zu gewinnen …«

Eine gründliche Analyse der Lage in Rußland und der Machtkonstellation ist im folgenden Geheimbericht vom 20. Mai 1916 zusammengefaßt:

Politischer Vertrauensrat, Berlin, Geschäftsleitung, an das Auswärtige Amt Berlin:

»Daß Grigorij Rasputin soeben der mächtigste Mann in Rußland ist, habe ich schon erwähnt. Einerseits gehört er zu den bestgehaßten Leuten, was nicht erstaunt, andererseits hat er eine große und getreue Gefolgschaft von mehr als zweifelhaften Personen, die ihm Amt und Würden, Regierungs- und Lieferungsaufträge, Bewahrung vor Strafe oder sonst etwas verdanken. Sowohl die Hofgesellschaft wie die politischen Parteien streben fast ausnahmslos danach, ihn zu beseitigen, haben jedoch bisher keinen Erfolg gehabt. (…) Die Geheimpolizei und deren Agenten bewachen ihn mit der gleichen Sorgfalt wie den Kaiser. Die grenzenlose Liebe des Kaiserpaares zum schwächlichen Thronfolger dient Rasputin als Mittel zur Festigung und Erhaltung seiner Macht (…)

Sein Einfluß beruht in erster Linie auf der geschickt von ihm aufrecht erhaltenen Fiktion einer Einwirkung auf den Gesundheitszustand des Thronfolgers. Seine Macht erstreckt sich auf alle Zivilbehörden, auf die militärischen wohl nur in wirtschaftlichen Fragen, vielleicht auch bei persönlichen Beförderungen, aber kaum in strategischen. Die ihn leitenden Motive sind wohl in erster Linie brennender Ehrgeiz und der Wille, trotz seiner niederen Herkunft (er ist Bauer aus der sibirischen Steppe) dennoch zur Macht zu gelangen. Nicht zur Verwirklichung irgendwelcher politischer Ziele (…)

Nebenbei hat er sich auch einem ziemlich wüsten Leben hingegeben. Dem Alkohol und den Frauen ist er neuerdings sehr ergeben. Diese Liebhabereien kosten viel Geld, daher hört man in letzter Zeit, daß er für Geldzuwendungen empfänglicher sei als früher. Besonders Personen, denen große Bestellungen im Kriegsministerium in Aussicht standen, suchten die Protektion Rasputins durch Zahlungen an ihn.

(…) Im Gegensatz zu früher nimmt er für kleinere Dienste, Beförderungen oder Niederschlagungen eingeleiteter Untersuchungen auch kleinere Geldgeschenke, allerdings nicht unter 1.000 Rubel, an – nicht direkt, sondern durch Mittelsmänner.

Allein auf sich angewiesen kann er sich natürlich nicht in dieser ungeheuer beneideten und mißgönnten Stellung halten. Seine allerwichtigste Stütze ist eine Hofdame [Wyrubowa], die Tochter des Geheimrates [Staatsrates] Tanejew, deren Schwester* mit dem Sohn des Generalmajors von Pistolkors verheiratet ist. Diese Dame, sehr klug und sehr wohlhabend, hat auf den Kaiser einen außergewöhnlichen Einfluß.

(…) Rasputin, die genannte Hofdame, der Metropolit Pitirim und der Bischof von Tobolsk, Warnawa, bilden wohl das Haupt der unverantwortlichen Nebenregierung, von der auch in der Duma und im Reichsrat von der Rednertribüne aus mit der größten Offenheit gesprochen wird. (…) Ihr Presseorgan ist hauptsächlich ›Nowoje‹ und ›Wjetschernoje Wrjemja‹, früher in Suworins, jetzt in Besitz von Rubinstein und seinen Hintermännern, die zur Zeit die Engländer sind. In letzter Zeit versucht Pitirim, Rasputin zurückzudrängen. So soll Stürmer [Innenminister] Kandidat Pitirims gewesen sein …«

Zur Haltung Rasputins gegenüber dem Krieg und zur Stimmung der politischen Parteien dazu heißt es in der Analyse:

»… Früher war Rasputin entschieden für baldigen Friedensschluß, jetzt betreibt er mehr die Fortsetzung des Krieges, weil er bei seinen kostspieligen Liebhabereien viel Geld ausgibt und die Prozente der Armeelieferanten ihn erst in die Lage versetzen, das wüste Leben fortzusetzen. Selten ist er direkt der Bestechung zugänglich, sondern meist erfolgt diese durch seinen neuerdings angestellten Privatsekretär [Aron Simanowitsch]. Er sucht den Schein der Unbestechlichkeit aufrechtzuerhalten und hält sich Mittelspersonen für die Schlepperdienste.

---

*) eine der Teilnehmerinnen von Rasputins an früherer Stelle beschriebenen Tischgesellschaften

(…) Mir ist nur einer von ihnen bekannt: Fürst Andronnikow. Besagter spielt jedenfalls eine dunkle Rolle. Er ist selbst fast mittellos, ein geriebener Schuft, hat beste Beziehungen zu höchsten Kreisen und ist die rechte Hand Rasputins. Ein Mensch ohne moralischen Halt und der Bestechung zugänglich. Er gilt als einer der ›Affäristen‹ gefährlichster Sorte. Von anständigen Leuten mag ihn niemand, aber jeder fürchtet ihn. Man weiß, daß er in intimen Beziehungen zu Rasputin und Ihrer Majestät steht und sehr bestechlich ist, aber nur für große Summen. Er verfügt über große Routine und Verschlagenheit, weiß unendlich viel nicht nur aus der inneren Politik, sondern auch aus allen Hofintrigen und dem Leben interessanter Personen und nützt seine umfassende Kenntnis der Dinge, die das Tageslicht scheuen, ausgiebig aus. Daher ist er gehaßt und gefürchtet.

Auch diplomatisch hat er sich nicht ohne Erfolg versucht, zum Beispiel die formelle Aussöhnung zwischen dem König von Bulgarien und dem russischen Minister Ignatjew* zustandegebracht, was beim letzten Besuch des Königs in Petersburg eine wichtige Angelegenheit war (…)

In Anbetracht der unhaltbaren Zustände am Kaiserhof haben sich während der ganzen Zeit des Krieges die Panslawisten und die monarchistische Partei der ›Wahrhaften Russen‹ mit der Idee getragen, den regierenden Kaiser für unfähig zu erklären und durch einen Großfürsten zu ersetzen (…)

Die Linksparteien wünschen einen unglücklichen Ausgang des Krieges, um die Monarchie zu stürzen.

Die Monarchisten warten auf den Augenblick, in dem sie sagen können, die Staatsform sei wohl beizubehalten, doch der jetzige Monarch müsse einem anderen weichen (…)

---

*) dessen Frau war Anhängerin Rasputins und Teilnehmerin der erwähnten Tischgesellschaften

4 Zar Nikolaus II.

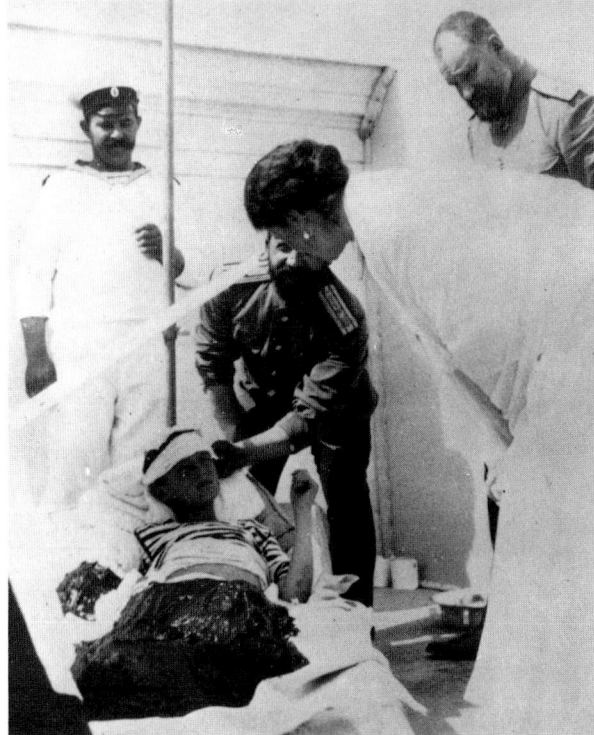

5 (links) Zarin
Alexandra Fjodorowna
mit Thronfolger Alexej

6 (oben) Die Zaren-
töchter (v. li.: Maria,
Olga, Anastasia und
Tatjana) mit Alexej

7 (rechts) Alexej wird
nach einem Bluteranfall
mit Schlamm behandelt
(v. li.: sein Betreuer, der
Matrose Derjewjenko,
Arzt Derjewjenko, Hof-
arzt Botkin, vorne re.
Zarin Alexandra)

18 Innenminister N. A. Maklakow

19 Innen- und Premierminister
P. A. Stolypin

20 Polizeichef S. P. Bjeljetzkij

21 Innenminister A. N. Chwostow

22 Innenminister A. D. Protopopow

23 Oberprokuror des Hl. Synods,
W. K. Sabler

4 Wohnung Andronnikows, in welcher Geheimtreffen zwischen Rasputin und Ministern
sowie Protegés stattfanden

25 Rasputin in seinen
letzten Lebensjahren

26 Fürst Felix Jusupow
(mit Ehefrau Irina),
Urheber des Mordkom-
plotts gegen Rasputin

27 Dumaabgeordneter
W. M. Purischkjewitsch,
der auf Rasputin schoß

28 Großfürst Dmitrij Pawlowitsch, Neffe des Zaren; mit seinem Wagen wurde Rasputir
Leiche transportiert

Das Petersburger Jusupow-Palais an der Mojka, wo Rasputin ermordet wurde

Links des Einfahrtstors jene Stelle im Hof des Jusupowpalais, wo Rasputin von
Schüssen getroffen in den Schnee fiel

31–33 Polizeiaufnahmen vom 19.12.1916 von der Bergung der Leiche Rasputins unter d
Petropawlowskij-Brücke an der Kleinen Njewka

Das Mittel der republikanischen [revolutionären] Partei, die auf ihren Augenblick wartet, wird nicht der bewaffnete Aufstand sein, sondern der Generalstreik der Eisenbahnen verbunden mit Sabotage, der aufgrund des Fehlens von Lebensmittelreserven in den größeren Städten zu entsetzlichen Hungerrevolten führen muß.

(...) Doch die verschiedenen Parteien und Gruppierungen sehen ihre Zeit noch nicht gekommen; indessen bereitet jede Gruppe für sich ihre Aktion vor, daher ist es fast für jede von ihnen wünschenswert, daß die Empörung und Erbitterung über die allgemein bekannte Mißwirtschaft bei Hof noch tiefer werden ...«

Am 15.7.1916 drahtet der Informant Adalbert Nolde an das Berliner Außenamt:

»Auf die mir vorgelegte Frage betreffend die Stellung Rasputins beehre ich mich, zu antworten:

Dieser sibirische Bauer beherrscht das Kaiserhaus und die Sphären*; Kaiser und Kaiserin wähnen, daß er das Leben des Thronfolgers erhalten kann. Als Rasputin zu Beginn des Krieges es zu arg trieb, vom Hof verbannt, bald aber wieder zurückgerufen wurde, sagte der Zar einem meiner Landsleute:

›Wenn Sie die hysterischen Anfälle der Kaiserin gesehen hätten, würden Sie auch lieber drei Rasputins haben wollen als solche Anfälle noch einmal erleben.‹

Rasputin strebt nach Geld und persönlicher Macht.«

Aus den Geheimberichten der gutinformierten deutschen Beobachter geht auch die heikle Rolle anderer, die zum Freundeskreis Rasputins gehören, hervor:

»Deutsche Gesandtschaft Stockholm, 30. September 1916.

An den Chef des GenSt. des Feldheeres, An den Admiralstab der Marine, An das Auswärtige Amt. Betrifft: Ausreise-

---

*) damit sind einflußreiche Kreise gemeint

erlaubnis für den russischen Staatsangehörigen Baron Edgar Üxküll [Ikskül].

Am 21. September hörte ich im Ausw. Amt, daß dem russischen Staatsangehörigen Bar. E. Üxküll, der aus Rußland ausgewiesen ist und sich zur Zeit mit Erlaubnis des Generalstabes in Berlin befindet, die Rückreise nach Schweden nicht gestattet werden soll. Hierzu erlaube ich mir, zu melden:

Baron Edgar Üxküll ist mir schon aus meiner Petersburger Zeit vor dem Krieg bekannt. Als er während des Krieges seinen Aufenthalt in Schweden nahm, habe ich wieder Kontakt zu ihm gefunden und verdanke ihm wertvolle Informationen. Besonders wichtig ist er mir bei der Beurteilung von Personen (russisches Ministerium, russische Marine usw.), denn er kennt eine große Anzahl solcher, die sich in führenden Stellungen befinden (...), und läßt sich daher hervorragend zum Verbreiten fingierter Nachrichten verwenden. Er hat sich auch zum Teil mit Erfolg bemüht, mir weitere russisch-baltische Quellen zugänglich zu machen (...)«

Zur Erinnerung: Während des Krieges werden gewöhnlich Angehörige des Feindeslandes ausgewiesen – es sei denn, sie stellen sich als Agenten in die Dienste des Gastlandes.

Aus Aufzeichnungen des Außenamts geht hervor, daß Üxküll in der Folge nach Petrograd eingeschleust wird und Geld für den russischen Innenminister überbringt.

Üxkülls Beziehung zu Rasputin: Baronin Üxküll gehört zu dessen Freundinnen und verkehrt in seinem Haus.

Doch auch andere Verbindungen als jene zu Informanten oder Geldempfängern Deutschlands – oder, wie im Fall Rubinsteins, Geschäftemachern mit dem deutschen Feind – machen den Umgang Rasputins mit zwielichtigen Personen so brisant. Zu seinem Freundeskreis gehören auch Männer, die politisch mit dem Feind kooperieren: Gesinnungsgenossen und Kontaktleute der von Deutschland finanzierten Revolutionäre.

So findet sich etwa ein Freund und Informant von Parvus, dem »Kaufmann der Revolution«, wie er später genannt werden sollte, in Rasputins Kreis. Von ihm erhält Parvus nicht selten jene Informationen, die Rasputin mangels jeden Sinns für Diskretion – aufgrund seiner Eitelkeit, sich mit delikatem Wissen zu brüsten – gerne weitergibt, vor allem, wenn er getrunken hat. Kein Wunder, wenn der Kreis der Gastgeber für derartige Gelage ständig anschwillt und zu den großzügigen Spendern an seiner Seite gutdotierte Informanten des deutschen Außenamts gehören. Nun wird Rasputins Leben nicht nur von der Ochrana, sondern auch von Agenten Deutschlands vor Attentaten geschützt.

Zu weiteren Personen in der Umgebung Rasputins, die für die deutsche Seite oder bzw. und für die revolutionäre Bewegung arbeiten, gehören M. Burzew – ein Agent, der noch vor dem Jahr 1916 auffliegt und verurteilt wird – und W. Bontsch-Brujewitsch. Er interessierte sich für Rasputin ursprünglich vom Aspekt seiner hypnotischen und religiös-sektiererischen Anlagen her. Zugleich ist Bontsch-Brujewitsch ein Gesinnungsgenosse Lenins. Er ist es, der Lenin, als im Juli 1917 – nach dessen Rückkehr nach Petrograd während seiner Vorbereitung des Umsturzes – seine deutschen Kontakte und die Finanzierung durch den Feind auffliegen, mitten in der Nacht anruft und ihm zur Flucht rät, da für den nächsten Tag vom Justizminister seine Festnahme angeordnet ist. Somit verdankt Lenin Rasputins Freund sein Entkommen.

Rasputin verdient jedoch nicht nur, wie vorhin dargestellt, an der Weiterführung des Krieges mit, sondern auch am finanziellen Hintergrund der von Deutschland geforderten revolutionären Bewegung. Aus Geschäftsunterlagen von Parvus geht hervor, daß dieser mit russischen Metallen für die deutsche Kriegsmetall-Aktiengesellschaft ebenso handelt wie mit Kautschuk, um die Summen für die revolutionäre Propaganda aufzustocken, für die allein die deutsche Regierung von 1915 bis Mitte des Jahres 1918 für die Machtergreifung und -erhaltung Lenins in der ersten Zeit nach heutigem Gegenwert etwa eine Milliarde Mark aufwendet.

Rasputin hält an beiden Handelsgesellschaften (Metalle und Kautschuk) Aktien, verwaltet von Dmitrij Rubinstein. Der Bankier und Freund Rasputins, Manus, regelt dazu den Geldverkehr mit dem Feindesland, über den auch Mittel für die russische Revolution nach Rußland laufen. Doch als man Rubinstein und Manus verhaftet (beide werden durch Intervention Rasputins später befreit bzw. Rubinstein wird nach Pskow abgeschoben), ahnt freilich kaum jemand etwas von den wahren Dimensionen ihrer teilweise unter Mitwirkung Rasputins erfolgten Machenschaften.

Auch Rasputins Sekretär Simanowitsch wird verhaftet, da seine Vermittlerdienste für Unterschlagungen von gerichtlichen Untersuchungen und für illegale Geschäft bekannt werden. Doch seinen mächtigen Freund hinter sich wissend, scheut er sich nicht, in eigener Sache beim Zaren zu intervenieren …

Tatsächlich läßt sich die versuchte Einflußnahme Rasputins über die Zarin selbst in Fragen militärischer Bereiche nachweisen. Erst bemüht er sich jedoch, den Zaren seiner Loyalität und der Unterstützung für die Weiterführung des Krieges zu versichern, gegen den er sich zum Unmut des Zaren zu Beginn so heftig ausgesprochen hatte. In einer Situation, in der es dem Zaren darum gehen mußte, seine Soldaten für die Verteidigung des Vaterlandes und die Bevölkerung für den moralischen Rückhalt zu motivieren – immerhin war der Krieg Rußland durch die Kriegserklärung Deutschlands aufgebürdet worden –, konnte er keine pazifistische Propaganda gebrauchen.

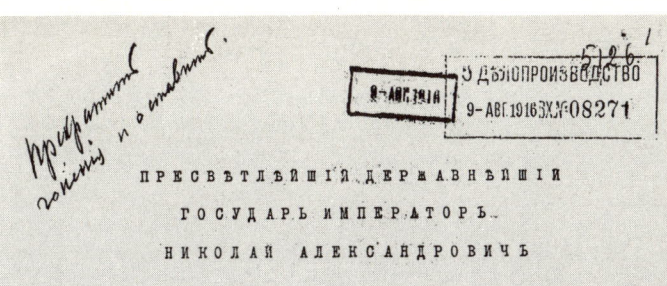

ПРЕСВѢТЛѢЙШІЙ ДЕРЖАВНѢЙШІЙ

ГОСУДАРЬ ИМПЕРАТОРЪ

НИКОЛАЙ АЛЕКСАНДРОВИЧЪ

ВСЕМИЛОСТИВѢЙШІЙ ГОСУДАРЬ

Проситъ вѣрноподданный
Петроградскій 1-й гильдіи
купецъ Аронъ Симоновъ
СИМАНОВИЧЪ.

Въ началѣ февраля текущаго года до моего свѣдѣнія дошло, что нѣкоторые лица занимающія видное
положеніе составили заговоръ на лицъ лично извѣст-
ныхъ ВАШЕМУ ИМПЕРАТОРСКОМУ ВЕЛИЧЕСТВУ. Исполняя свой
долгъ вѣрноподданнаго я довелъ объ этомъ до свѣдѣнія
лицъ, которымъ угрожала опасность и по начальству.
Но злоумышленники занимали высокое положеніе и немедленно начались мои гоненія: я былъ арестованъ и
какъ преступникъ, содержался подъ стражей около двухъ
недѣль. 26 февраля меня освободили и выслали изъ Пет-
рограда. 27 февраля я подалъ всеподданнѣйшее прошеніе
на имя ВАШЕГО ИМПЕРАТОРСКАГО ВЕЛИЧЕСТВА и 28 февраля мнѣ было объявлено, что ВАШЕ ВЕЛИЧЕСТВО Всемило-
стивѣйше соизволили приказать высылку отмѣнить, но
тѣмъ не менѣе въ ночь на 1 марта явились ко мнѣ чины
полиціи и объявили мнѣ, что я долженъ немедленно
выѣхать въ Тверь. 10 марта моей семьѣ было объявлено,

Rasputins Freund Simanowitsch, wegen zweifelhafter Geschäfte verhaftet,
dann auf Beschluß des Zaren verbannt, interveniert nun unter der Protektion des mächtigen Muschiks auch gegen diese Maßnahme beim Zaren. Mit
Erfolg – siehe den Vermerk des Zaren links oben: »Ahndung abbrechen und
sein lassen«

Telegramm Rasputins im März 1916 an den Zaren mit erbaulichen Worten

Rasputin war bereits während seines erzwungenen Erholungsaufenthaltes in Pokrowskoje bewußt geworden, daß er sich mit diesbezüglichen Bemerkungen in Gesellschaft vorzusehen hatte. Nun sendet er – noch von Pokrowkoje aus – Telegramme etwa folgenden Inhalts an den Zaren: »Die Kraft des Mächtigen geht von Deinem Herzen aus, die Muttergottes beschützt Dich und hilft unsichtbar Deiner Armee ...« und: »... Die Gnade Gottes ist über Dir, und Deine Hand ist das siegreiche Schwert für alle. Grigorij Nowyj.«

Aus erwähnten Gründen spricht Rasputin nun kein Wort mehr von Friedensschluß. Erst kürzlich war die Zarin durch eine ungeschickt von Deutschland aus über eine Privatperson lancierte Fühlungnahme für Separatfriedensverhandlungen in den Verdacht geraten, mit den Deutschen gemeinsame Sache zu machen. Rasputin sieht sich besonders vor und unterstützt verbal alles, was mit den Kriegshandlungen in Zusammenhang steht – und angesichts seines persönlichen Profits daraus tut er das diesmal auch völlig überzeugt. In deutschen Akten ist sogar zu lesen, Rasputin sei nun (1916) »von den Engländern gekauft« worden. Wohl nicht als »Agent« – denn England ist mit Rußland verbündet –, eher als Nutznießer des Krieges.

Rasputin interessiert sich nun schon fast für jeden Schritt, der im Generalstab unternommen wird. Die Zarin, unerschütterlich in ihrem Glauben, in Rasputin einen Heiligen vor sich zu haben, meint, nur mit seinem Segen werde der Krieg in jeder einzelnen Phase von Erfolg gekrönt sein. Die Briefe, in denen der Zar ihr von den Vorhaben an der Front berichtet, zeigt Alexandra postwendend Rasputin, damit er die Pläne – im wahrsten Sinn des Wortes – »absegnen« kann. Erst sind es Ratschläge, dann Beschwörungen, schließlich Befehle, die Alexandra formuliert, wenn sie Rasputins Eingebungen übermittelt. Hatte er ihr nicht gesagt, wie klug sie sei – »eine zweite Katharina II.« – und daß sie jetzt, da sie allein in der Hauptstadt sei, ihre Begabung »zum Wohl des Landes« unter Beweis stellen müsse?

»Jetzt – damit ich nicht vergesse«, schreibt die Zarin am 15. November 1915, »– unser Freund [Rasputin] verlangt [!] aufgrund einer nächtlichen Vision, daß Du einen Angriff neben Riga befehligst, das sei notwendig – er meint, gerade jetzt sei das so wichtig und bittet Dich nachdrücklich, anzugreifen.«

In den Augen vieler hat die Zarin den Verstand verloren. Man hofft nur, daß der Zar ihre Anweisungen ignoriert. In Moskau wagen sich Demonstranten auf die Straße. Sie tragen die Bilder des Zaren und der Zarin und fordern ihre Verbannung in ein Kloster, die Absetzung des Zaren zugunsten eines Großfürsten (bevorzugt Nikolaj Nikolajewitsch, der Autorität und Popularität genießt) – und daß Rasputin gehängt wird.

Der französische Botschafter Paléologue trägt in sein Tagebuch ein, welche Stimmung in der Duma herrscht. Die gesamte Riege der liberalen Minister war wieder durch Konservative ersetzt worden. Miljukow, Führer der Konstitutionellen Demokraten, hatte vom Rednerpult aus verkündet: »Wir sind nicht die Opposition *gegen* Seine Kaiserliche Hoheit, sondern wir *sind* die Opposition seiner Kaiserlichen Hoheit!« – Womit er sagen wollte, nur eine Befreiung des Zaren aus dem Dunstkreis seiner üblen Berater und die Unterstützung der Kräfte der Duma im Sinne einer konstitutionellen Monarchie können seine Herrschaft retten. »Und unter vier Augen«, schließt Paléologue seine Aufzeichnungen, »sagte er zu mir:

›Soweit es von uns abhängt, wird es während des Krieges zu keiner Revolution kommen. Doch es kann schon bald geschehen, daß es nicht mehr von uns abhängen wird ...‹«

General Iwanow, Kommandeur der Südwestfront, wird auf

Betreiben Rasputins abgelöst. Selbst General Brusilow, der in diesem Frontabschnitt befehligt, kann sich diese Entscheidung nicht erklären. Kann er wissen, daß sie bei einem Trinkgelage Rasputins gefällt wurde? Als der General später im Generalstab des Zaren eintrifft, ist gerade die Zarin zu Gast. Sie läßt Brusilow zu sich kommen. Der General erinnert sich an die merkwürdige Begegnung:

»Sie empfing mich ziemlich kühl und fragte mich, ob ich auf die nächste Offensive vorbereitet sei. Ich entgegnete, die Vorbereitungen seien noch nicht abgeschlossen. Ich hoffe jedoch, daß wir den Feind noch in diesem Jahr besiegen würden. Daraufhin erkundigte sie sich noch, wann ich zur geplanten Offensive antreten würde. Das hänge ganz von der Lage ab, erwiderte ich, und von den Geheiminformationen, die ich nicht im Kopf hätte. Daraufhin gab sie mir ein Bild des heiligen Nikolaus ...«

Brusilow, der als einer der fähigsten Generäle der russischen Armee gilt, kann nicht wissen, warum die Zarin ihn so kühl empfängt: Rasputin – und damit Alexandra – hatte es dem General äußerst übel genommen, daß er einen von ihr aufgrund einer »Vision« des Starez übermittelten Rat, einen Angriff abzubrechen, mißachtet hatte.

Rasputin ist immer interessierter an den militärischen Vorgängen. Einmal rät er, »bei Libawa anzugreifen«, dann fordert er wieder eine Änderung der Strategie, »denn diese erwarten die Feinde, man muß sie täuschen ...«

Daß Rasputin auf den Zaren einen spürbaren Einfluß in diesen Dingen ausübt, wird bezweifelt. Doch die Tatsache, daß die Zarin über Informationen verfügt, die sie mit niemandem teilen sollte, ist gefährlich genug. »... Aber bitte, bitte, sprich mit niemandem darüber«, fleht Nikolaus seine Frau am Ende der Briefe an, »– auch nicht mit Unserem Freund« – oder energischer: »Die Verantwortung trage ich, und ich möchte keine Einmischung von außen ...« Doch kann Alexandra es auf sich nehmen, ihren Mann auch nur einen Schritt setzen zu lassen, wenn er nicht von »Unserem Freund, dem alles von oben gegeben ist«, gutgeheißen ist? Kann sie ahnen, daß Rasputin sich nach einer Operation erkundigt, weil Manus in der betreffenden Gegend mit Grundstücken spekuliert und von Rasputin wissen will, ob sich das Geschäft lohnt? Kann doch nicht einmal Rasputin selbst beurteilen, ob wirklich nur die Frage der Grundstücksspekulation am Faden dieser aus dem Generalstab einzuholenden Antwort hängt oder noch mehr …

»Rasputin«, spricht man in Petersburg hinter vorgehaltener Hand, »ist das kostbarste Instrument in den Händen der Deutschen …«

Admiral Grigorowitsch will ein Exempel statuieren, um festzustellen, ob – wie befürchtet – Rasputin von der Zarin interne Informationen erhält, die er in weinseligen Launen denen ausplaudert, die ihn zu diesem Zweck umgeben.

Er sendet fingierte Meldungen nach Zarskoje Sjelo über angebliche Auslaufbefehle für russische Kreuzer. Prompt erscheint zum angegebenen Zeitpunkt ein feindlicher Flottenverband …

Indessen dreht sich das Ministerkarussell immer schneller. Der Zar, von loyalen Beratern im Generalstab darauf aufmerksam gemacht, daß man im Parlament der Hauptstadt längst davon ausgeht, daß nicht er, sondern die Zarin de facto regiere – und das unter dem Kommando Rasputins –, schreibt an Alexandras Freundin Anna Wyrubowa einen Brief, um das Problem von dieser Seite her zu lösen: Es gehe nicht an, teilt er ihr in freundschaftlichem Ton mit, daß allgemein der Eindruck herrsche, die Zarin und Rasputin hätten die Zügel in der Hand; sie möge doch der Zarin klarmachen, daß es am besten sei, wenn sie sich von Rasputin trenne …

Kaum zeigt eine Geste mehr die Machtlosigkeit des Zaren

rijt zu A.14678. pr. 3.Juni 1916 pm.

prt Nolde.   Berlin, den 30. Mai 1916.

tockstraße 56,

on "Am Tiergarten".

Cop dci.
für
gez. Zimmermann
9/6

      Auf die mir heute vorgelegten Fragen beehre ich

mich ff. zu antworten pp.

          5. Stellung Rasputins?

             Antwort:

      Dieser sibirische Bauer beherrscht das Kaiserhaus

und die Sphären; Kaiser und Kaiserin, um die Thronfolge

besorgt, wähnen, daß er das Leben des Thronfolgers er-

halten kann. Als Rasputin zu Beginn des Krieges es zu

arg betrieb, vom Hof verbannt, bald aber zurückgerufen

wurde, sagte der Zar einem meiner Landsleute: "Wenn

Sie die hyterischen Anfälle der Kaiserin gesehen hät-

ten, würden Sie auch drei Rasputins haben als solche

Anfälle noch einmal erleben." Rasputin strebt nach Geld

und persönlicher Macht (cf. meinen 2. Bericht).pp.

           gez: Adalbert Nolde.

Orig.:i.a. Russland 61.

Bericht eines Informanten an das Deutsche Außenamt vom Mai 1916 über
Rasputins Rolle und das Problem des Zaren, sich seiner zu entledigen

Дневник Распутина

и 2 письма „Мурики"
(писанной под диктовку
Р. — „Мурской" — Акилиной Никифоровной
Лаптинской, монашкой, у которой
изгнали „беса" и проживавшей у
Р. в качестве секретаря)

Tagebuch der Schreibhilfe Rasputins, Akilina Laptinskaja, das Vorgänge in Rasputins Haus und seine Aussprüche enthält.
»… Rasputin sagt: Ich gebe mich mit Katja ab, denn (…) der Körper bezahlt mit dem Körper. Gestern kam sie mit einem Anliegen: ein Kaufmann (…) möchte vom Kriegsdienst freigestellt werden (…) Eine Bittstellerin brachte

Дѣвки тоже хотятъ править.

[handschriftlicher Brief in russischer Sprache, alte Orthographie]

Лелечка — какъ моя душа.

---

angeblich 500.000 Rubel, es waren aber nur 100.000 (...). Annuschka [Wy-rubowa] kam und las einen Brief des Zaren an sie vor: die Duma meine, statt des Zaren regierten die Zarin und Rasputin, und sie [Wyrubowa] solle ihrer Freundin [der Zarin] klarmachen, es sei besser, sich von Rasputin zu trennen ...«

gegenüber seiner eigenen Frau als dieser verzweifelte Versuch, über ihre Freundin zu erreichen, was ihm selbst nicht gelingt. Als wäre ihm nicht klar, daß die Wyrubowa nicht weniger von Rasputins Heiligkeit überzeugt ist als Alexandra und kaum auf ihre Macht verzichten würde, die ihr als Drahtzieherin im Ränkespiel in den Schoß fiel.

Wyrubowa hat nichts Besseres zu tun, als dieses Schreiben postwendend Rasputin vorzulesen. Dessen Sekretärin Laptinskaja hat die Episode im Tagebuch, das sie für Rasputin führt, aufgezeichnet. Danach dürfte Rasputin in eigener Sache bei Alexandra interveniert haben …

Wenn nicht Zerwürfnisse zwischen Duma und Regierungsmitgliedern zur Entlassung letzterer führen, so ist es das Drängen der Clique um Rasputin, die für ihre Zwecke einen bestimmten Mann an einem bestimmten Platz benötigt. Alexandra sendet dem Zaren von Rasputin diktierte Listen. Sie selbst behält sich angesichts Nikolaus' Abwesenheit vor, sich die Kandidaten vorzunehmen. Im Laufe der Zeit haben sich jedoch die Kriterien für deren Beurteilung auf zwei reduziert: Loyalität zum Zaren und Akzeptanz Rasputins.

»Die Zarin war machthungrig«, sagt Andronnikow später im Verhör über die Vorgänge hinter den Kulissen des Besetzungsspiels aus, »und während sie anfangs, als sie nach Rußland kam, liberaler eingestellt war, stellte sie sich später weit härter als der Zar gegen eine Stärkung der Rolle des Parlaments. Man hatte das Gefühl, daß sie die Macht auskostete; Rasputin bestärkte sie darin, indem er ihr einredete, wie klug und politisch begabt sie sei …« Er vergißt zu erwähnen, daß seine, Andronnikows, Wohnung die Szenerie für die Postenschacher mit Rasputin abgab …

Chwostow wird Innenminister. Rasputin hatte nach der üblichen Begegnung in der Wohnung Andronnikows, wo Kandidaten und Rasputin einander zugeführt werden, den konservativen Politiker dringend empfohlen. Und auch gleich seinen Stellvertreter, den Polizeichef.

»Sie empfing mich sehr liebenswürdig«, erinnert sich Chwostow, »und fragte mich nach dem Gespräch freundlich, aber bestimmt: Sie werden doch Bjeljetzkij als Mitarbeiter nehmen, nicht wahr?«

Chwostow nickt gehorsam. Da dem Zaren nichts Negatives über die Kandidaten vorliegt und für ihn deren Loyalität zur Regierung, zum Kaiserhaus und zur von diesem vertretenen Linie der Kriegsführung vorrangig ist, hat er gegen ihre Bestellung, die er quasi per Post vom Generalstab aus vornimmt, nichts einzuwenden.

Doch die beiden agieren bald unterschiedlich. Bjeljetzkij hält Rasputin in raffinierter Form unter Kontrolle, indem er eigens ausgewählte Männer für seinen Schutz vor Anschlägen auf sein Leben *und* vor in der Öffentlichkeit komprommitterendes Verhalten abstellt. Außerdem pflegt er eine Art freundschaftlichen Kontakt mit ihm, durch den er Rasputin unter Beobachtung zu halten versucht. Wenn die Exzesse ausarten, haben Bjeljetzkijs Agenten Order, Rasputin ohne viel Aufhebens nach Hause zu befördern. Skandalmeldungen werden unterdrückt.

Chwostow legt seine Loyalität zur Wahrung der Würde des Kaiserhauses radikaler aus. Als er quasi aus der Nähe durch die hauseigenen Berichte erkennen muß, welchen Schaden Rasputin der Dynastie zufügt, beschließt er, ihn beseitigen zu lassen.

»Ich habe mit absoluter Sicherheit erfahren, daß die Deutschen die meisten Geheiminformationen betreffend den Generalstab durch Rasputin erhalten haben«, erklärt er später seine Motive gegenüber dem Justizminister. »Es war jedoch unmöglich, ihn vom Palast zu entfernen. Natürlich war Rasputin ein Gottesgeschenk für jeden Geheimdienst; die deutsche Regierung wäre töricht gewesen, wenn sie ihn nicht ausgenutzt hätte. Er hatte unbezahlbare Vorteile: innerlich gegen den Krieg eingestellt zu sein, nicht wählerisch im Umgang mit Menschen, solange sie ihm Vorteile oder Frauen seines Geschmacks bieten konnten, und schließlich gerne mit Informationen und seinen hohen Beschützern und seinem Einfluß bei Hof zu prahlen. So war es ein Leichtes, von ihm Informationen zu sammeln und weiterzugeben ...«

Es ist einer der vielen Versuche zwischen 1914 und 1916, Rasputin endgültig ein Ende zu bereiten. Einmal versucht ein Kutscher mit unbekanntem Auftraggeber, Rasputin auf der Straße mit einer Trojka niederzustoßen. Ein andermal spürt Rasputin plötzlich einen heißen Schmerz im Rücken – »als ob mir jemand ein heißes Bügeleisen draufgesetzt hätte«, wie er zu Hause seiner Dunja berichtet: jemand hatte versucht, ihn von hinten zu erschießen, doch das Projektil war durch den dicken Pelzmantel gebremst worden und nicht in den Körper eingedrungen.

Er ist langsam besorgt um sein Leben, wie er der Wyrubowa gegenüber äußert. Diese tut gemeinsam mit der Zarin alles, ihrem kostbaren Freund das Leben zu erhalten – und zu erleichtern: hat doch Rasputin erst kürzlich – wie sie meint – ihre Genesung bewirkt oder zumindest beschleunigt, als sie nach einem Bahnunfall mit gebrochenen Beinen darniederlag. Rasputin war lediglich am Krankenbett erschienen und hatte energisch gerufen: »Annuschka, wach auf!« und war mit den Worten weggegangen: »Sie wird gesund, wird aber ein Krüppel bleiben ...« und im Nebenraum erschöpft zusammengebrochen. Ohne Krücken kann »Annuschka« nun tatsächlich nicht mehr gehen. Aber hatte das dieser anstrengenden Prophezeiung bedurft?

Nun erhält Rasputin ein Automobil mit Chauffeur, was die Zarin erst unter Druck beim Kriegsminister (!) durchsetzt.

Den persönlichen Geleitschutz, den Agenten Kommissarow*, hat Wyrubowa selbst für Rasputin ausgewählt.

Chwostow sieht die Rettung der Monarchie nur mehr darin, Rasputin zu beseitigen. Da Kommissarow versagt hat (offenbar lohnt es sich für ihn, Rasputin leben zu lassen) und das für diesen vorgesehene Gift dessen Katzen verabreicht, entsinnt Chwostow sich eines anderen – denn er kann sich offenbar auf die eigenen Leute nicht verlassen.

Es soll so aussehen, als sei der zu unternehmende Mord von Rasputins unversöhnlichem Feind Iliodor von Kristiana aus geplant worden. Um diesen Schein zu wahren, schickt Chwostow einen Agenten, Rschewskij – bisher erfolgreich als Spion in Paris tätig –, nach Kristiana. Nach seiner Rückkehr soll er Rasputin in eine Wohnung locken und erschießen.

Doch der Mangel an Diskretion macht sich in diesem Milieu fatal bemerkbar. Rschewskij plaudert den Plan seiner Frau aus, die zugleich Geliebte eines Freundes Rasputins ist. Dieser wird von dem Vorhaben in Kenntnis gesetzt. Alarmiert wendet sich Rasputin an Bjeljetzkij um Hilfe. Dieser hat nur auf die Gelegenheit gewartet, mit seinem Vorgesetzten abzurechnen. Es kostet ihn wenig Mühe, Rschewskijs habhaft zu werden. Am Bahnhof von Petrograd wird er verhaftet.

Eingeschüchtert gesteht er sofort Plan und Auftraggeber. Bei einer Hausdurchsuchung werden die vorgesehenen Waffen und eine Geldanweisung vom Innenminister über 60.000 Rubel gefunden. Die Bombe ist geplatzt. Chwostow, der die Schuld vergeblich auf Bjeljetzkij abzuschieben versucht, muß seinen Hut nehmen. Rasputin bleibt am Leben.

---

*) ein hochrangiger Agent, der als Spezialist für Decodieren chiffrierter Nachrichten in sieben Sprachen bekannt war; am Ende des russisch-japanischen Krieges 1905 hatte er sämtliche an die japanische Botschaft eintreffenden Depeschen vor dieser gesehen und entziffert

Ein Mordanschlag Chwostows gegen Rasputin?

Nach einer Stockholmer Meldung des Tag veröffentlicht Rußkija Wiedomosti auf Grund von Prozeßberichten jetzt eine genaue Darstellung des Mordanschlags auf Rasputin.

Chwostow hatte Rschewskij den Auftrag erteilt, für 60 000 Rubel Rasputin zu beseitigen; er gab eine schriftliche Zusage. Rschewskij reiste zu dem in Kristiania weilenden Mönche Illiodor, einem erbitterten Feinde Rasputins, und gewann ihn für den Mordanschlag. Illiodor gab fünf in Petersburg wohnhafte Fanatiker als geeignete Meuchelmörder an. Rschewskij reiste nach Rußland zurück. Die Mörder wurden durch Decktelegramme gedungen. Chwostow stellte einen Scheck auf 60 000 Rubel aus. Da wurde die Angelegenheit durch einen Zufall verraten. Ein anderer Geheimagent Simonowitsch, besuchte den bei seiner Geliebten wohnenden Rschewskij und traf beide in wütendem Streit. In der Wut verriet die Geliebte den geplanten Mordanschlag. Simonowitsch suchte sofort Rasputin auf. Eine ihm wohlwollende Dame allerhöchsten Ranges riet ihm, sofort Petersburg zu verlassen. Am nächsten Tage rief bereits der Redakteur des Kolokol Rasputins Freundin an, ob Rasputin noch nicht ermordet sei. Inzwischen wandte sich die genannte Dame an die Kriegsbehörden und erbat Schutz für Rasputin. Die Militärbehörden nahmen bei Rschewskij eine Haussuchung vor, fanden den Auftragsbrief und den Scheck Chwostows sowie fünf Revolver. Rschewskij wurde verhaftet und erklärte sich schuldig auf mehrere, darunter sehr hohe Würdenträger, Attentate zu planen. Der Auftragsbrief wurde Rasputin zugestellt, der Simonowitsch telephonisch zu einer Unterredung berief. Als Simonowitsch in seine Wohnung zurückkehrte, waren dort zehn Ochranabeamte anwesend; sie verhafteten ihn unter dem lächerlichen Vorwande, er habe einem österreichischen Offizier zur Flucht verholfen und hielten ihn 14 Tage in Haft. Dann wurde er zur Ausweisung verurteilt. Bevor er fortgeführt wurde, erhielt er einen eigenhändigen Brief Stürmers, der seine Freilassung anordnete. Trotzdem brachte ihn die Ochrana gewaltsam in das Twersker Gouvernement. Rschewskij wurde dagegen freigelassen.

Inwiefern die reichlich abenteuerlich klingende Geschichte den Tatsachen entspricht, ist natürlich von hier aus nicht nachzuprüfen. Aber wenn ein russisches Blatt sie veröffentlichen darf, so wird man jedenfalls von ihr Notiz nehmen müssen.

Der vom russischen Innenminister Chwostow geplante Mordanschlag gegen Rasputin in der deutschen Presse

362

Kein Wunder, daß Rasputin – verflucht, gejagt und verfolgt – seit dieser Zeit von Todesängsten und düsteren Vorahnungen heimgesucht wird. Anläßlich des Ostergottesdienstes im April 1916 in der Fjodorowkirche erlebt er eine Vision, die er einer seiner Freundinnen anvertraut:

»Man wird mich umbringen. Ich werde auf grausame Weise umkommen … Und dann sehe ich eine Menschenmenge vor mir – weit weg, in der Ferne, Volk, Grafen, Großfürsten – und alle ertrinken sie in Blut.«

Als Rasputin seine Empfehlung für Chwostows Nachfolger abgibt – es handelt sich um Protopopow –, wird der Zar unsicher. Wem kann er überhaupt noch trauen? Bisher hat er sich, der über die Vorgänge in der Hauptstadt nur mehr nebulose Vorstellungen hat, davon leiten lassen, im Zweifelsfall seiner Frau zu vertrauen, wenn gegen den vorgeschlagenen Kandidaten nichts vorlag. Protopopow gilt als loyal, aber nicht sehr fähig. Doch er kommt aus den Reihen der Duma. Damit könnte er eine Brücke über die Kluft schlagen, die Parlament und Regierung trennt. Zugleich gilt er als konservativ und der Dynastie ergeben. Das bedeutet, er könnte bei der bevorstehenden Dumasitzung Ende dieses Jahres 1916, bei der stürmische Debatten erwartet werden, die allzu regierungskritischen Abgeordneten zur Räson bringen. Letzteres hofft vor allem Alexandra, denn sie weiß, daß die Hauptlast der Kritik dabei ihr, ihrer Verantwortung für Besetzungen und ihrer Hörigkeit gegenüber Rasputin gilt.

Protopopows Bestellung verursacht Aufruhr, wie schon zuvor die des deutschstämmigen Ministers und Premiers Stürmer. Noch ist nicht vergessen, daß er als Dumaabgeordneter auf einer Reise nach England in Kopenhagen Mittelsmänner der deutschen Regierung getroffen hatte, die im Auftrag des Außenamtes Möglichkeiten für Separatfriedensverhandlungen sondieren wollten. Damit hatte er, Protegé Rasputins und der Zarin, die Regierung schwer kompromittiert. Er sei krank, heißt es nun, und könne gar keinen normalen Gedanken mehr fassen. Doch der Zar schüttelt nur den Kopf zu diesen Reaktionen der Duma auf einen Mann aus ihren eigenen Kreisen. Anläßlich der bevorstehenden Neueinberufung der Duma im November 1916 bestellt er jedoch einen neuen, konsensbereiten Ministerpräsidenten, den energischen Trjepow, dessen kluge Hand die Zusammenarbeit mit der Duma lenken und damit den gefürchteten Bruch mit der Regierung verhindern soll.

Auch Trjepow ist klar, daß die für November dieses Jahres 1916 einberufene Dumatagung in erhitzte Debatten münden wird. Nach den militärischen Katastrophen dieses so hoffnungsvoll begonnenen Jahres 1916 hat sich die regierungskritische Stimmung an der demoralisierten Front und in der Hauptstadt in einem gefährlichen Ausmaß verstärkt. Die Duma wird, das weiß Trjepow, diesmal lauter und energischer denn je die Mißstände anprangern und fordern, daß der Zar eine dem Parlament voll verantwortliche Regierung ernennt. Vor dieser Kompetenzerweiterung des erst seit einem Jahrzehnt existierenden Parlaments schreckt der Zar, zusätzlich noch von der autokratisch eingestellten Zarin bestürmt, während des Krieges zurück: »Es könnte in den Augen des Feindes als Schwäche ausgelegt werden – außerdem bedeutet das eine gravierende Modifizierung im Regierungssystem – und ich kann nicht zwei Dinge zugleich tun: jetzt ist Krieg – danach wird das alles geschehen ...«

Fast alle Großfürsten erscheinen beim Zaren und bitten ihn, der Forderung nachzugeben und bei dieser Gelegenheit ein für allemal die Zarin aus Regierungsgeschäften herauszuhalten; daß Rasputin entfernt werden müsse, versteht sich aus ihren Äußerungen von selbst. Außer ihnen versucht auch Parlamentspräsident Rodsjanko den Zaren über die

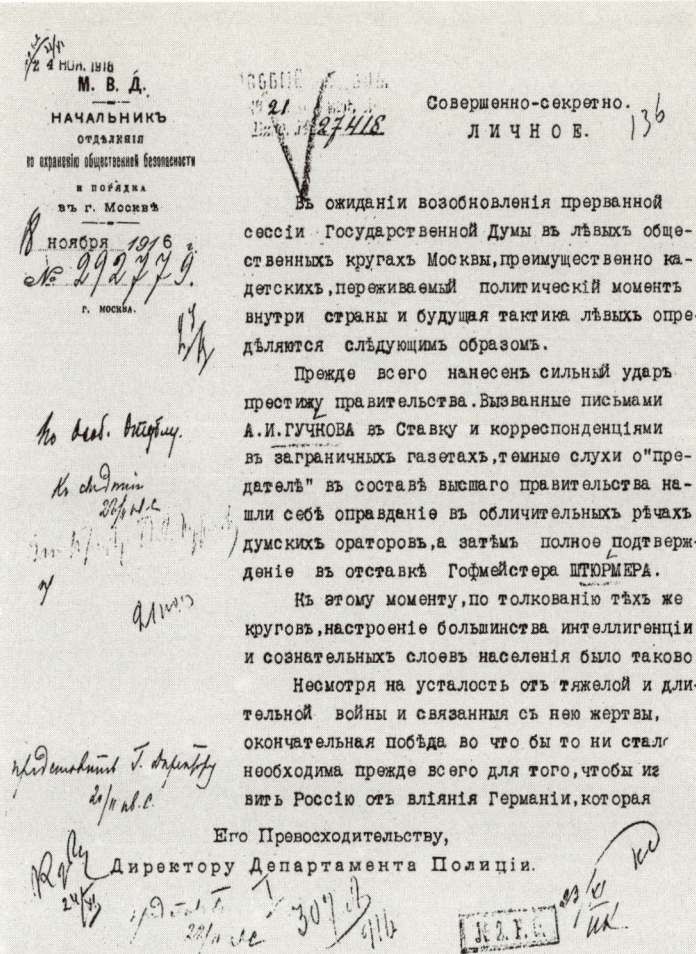

Совершенно-секретно.
ЛИЧНОЕ.

Въ ожиданіи возобновленія прерванной
сессіи Государственной Думы въ лѣвыхъ обще-
ственныхъ кругахъ Москвы, преимущественно ка-
детскихъ, переживаемый политическій моментъ
внутри страны и будущая тактика лѣвыхъ опре-
дѣляются слѣдующимъ образомъ.

Прежде всего нанесенъ сильный ударъ
престижу правительства. Вызванныя письмами
А. И. ГУЧКОВА въ Ставку и корреспонденціями
въ заграничныхъ газетахъ, темные слухи о "пре-
дателѣ" въ составѣ высшаго правительства на-
шли себѣ оправданіе въ обличительныхъ рѣчахъ
думскихъ ораторовъ, а затѣмъ полное подтверж-
деніе въ отставкѣ Гофмейстера ШТЮРМЕРА.

Къ этому моменту, по толкованію тѣхъ же
круговъ, настроеніе большинства интеллигенціи
и сознательныхъ слоевъ населенія было таково:

Несмотря на усталость отъ тяжелой и дли-
тельной войны и связанныя съ нею жертвы,
окончательная побѣда во что бы то ни стало
необходима прежде всего для того, чтобы из-
вить Россію отъ вліянія Германіи, которая

Его Превосходительству,
Директору Департамента Полиціи.

Geheimbericht des Sicherheitschefs an den Polizeichef anläßlich der Wiedereröffnung der Duma im Hinblick auf deren Stimmung und mögliche
Unruhen. Die Regierung sei durch die von Zarin und Rasputin beförderten
»deutschfreundlichen« Minister Stürmer und Protopopow u. a. diskreditiert, und die Duma werde nachdrücklich ein ihr verantwortliches Kabinett
fordern. Bei Eskalation des Konfliktes sei mit der Mobilisierung »realer
Kräfte« wie Armee und Bevölkerung zu rechnen. Diese Analyse vom
18.11.1916 nimmt die Februarrevolution von 1917 vorweg.

Gefahr aufzuklären, daß ein Sturm auf die Bastille, vom Parlament aus entfacht, drohe.

Doch der Zar sieht die Gefahr nicht. Vor der Sitzung versucht Trjepow, den zu erwartenden Angriffen die Spitze zu nehmen: er sendet einen Boten zu Rasputin und läßt ihm ein Angebot überbringen: 200.000 Rubel und eine Rente auf Lebenszeit, wenn er sich aus der Politik heraushielte. Rasputin lehnt ab: seine Macht ist unbezahlbar.

Weder Rasputin noch all diejenigen, die ihn als Instrument in der Maschinerie der Macht benutzen oder dank seiner Intervention an der Macht sind, begreifen, daß sie an jenem Ast sägen, auf dem sie selbst sitzen. Denn durch ihre Machenschaften zerstören sie jenes Gefüge staatlicher Ordnung, von der sie so vielfältig profitieren. Niemand von ihnen ahnt, daß sie Monate später, von einem Sturm des Aufruhrs hinweggefegt, in der Peter-Pauls-Festung landen und zu Verhören über all das geführt werden, was sie jetzt hinter den Kulissen treiben. Und daß einer nach dem anderen entweder gleich an Ort und Stelle den Tod finden wird oder im Ljubjanka-Gefängnis in Moskau: Chwostow, Bjeljetzkij, Schtscheglowitow, Protopopow und noch viele andere – erschossen an der Mauer des Gefängnishofes …

Die Sitzung beginnt stürmisch. Die Zarin hat Protopopow eigenmächtig instruiert, hart zu bleiben. Die Ausfälle werden direkt. Der Regierung wird Unfähigkeit vorgeworfen. Flammende Reden werden gehalten. »Finstere Kräfte sind es«, donnert Purischkjewitsch von der Tribüne, »die das Land regieren und den Willen des Herrschers in Fesseln legen! …« »Bravo, bravo!« – kommt es von links und rechts, »… und der Kern des Übels liegt dort, wo Personen wie Marionetten geschoben und auf hohe Posten befördert werden, denen sie nicht gewachsen sind. Das alles geht von Rasputin aus. Die Existenz des Reiches ist bedroht. Wenn Ihr treue Untertanen seid, öffnet dem Zaren die Augen!«

Ein zirkulierender Zettel, der Rasputins Handschrift trägt, bringt das Faß zum Überlaufen. Es ist ein Telegramm, das Rasputin offenbar kurz vorher an die Zarin gesandt hat. Darin wirbt er für jenen neuen Justizminister, der ihm von Rubinstein anläßlich dessen großer Geldspende gemeinsam mit Simanowitsch aufgeschwatzt worden war: Dobrowolskij. Auf einem weiteren Zettel steht:

»Während die Duma denkt* und rätselt, hat Gott längst entschieden: der Chef wird Iwan sein [Schtscheglowitow, derzeit Vorsitzender des Staatsrats], sein Stellvertreter Stjepan [Bjeljetzkij, Polizeichef, soll von R. zum Innenminister gemacht werden]. Und so handle auch. Nowyj.«

In den Pausen machen diese Anweisungen Rasputins an die Zarin die Runde. Die Empörung wächst auf der einen Seite, auf der anderen die Belustigung.

Unverblümt nennt Miljukow in seiner Rede die Dinge – und Personen – beim Namen, wobei er aus einer ausländischen Zeitung (der Wiener »Neuen Freien Presse«) zitiert: »Hier steht, wer die Kamarilla ist, von der die Zarin geleitet wird: Rasputin, Wyrubowa, Wojejkow, Tanejew, Stürmer, Andronnikow ... – Ist das Dummheit oder Verrat?!!!«

Tosender Beifall. Über die Rede wird (von Protopopow) Druckverbot verhängt, sie zirkuliert jedoch in Abschriften. Die Sitzung wird per Regierungserlaß (von der Zarin eigenmächtig in ständiger Fühlungnahme mit Protopopow) geschlossen. Die Abgeordneten verlegen die Tagung daraufhin nach Moskau.

Die Zarin tobt. »Ich könnte Trjepow hängen, daß er das zugelassen hat – das ist Hochverrat, mitten im Krieg. Sei ein Löwe im Kampf gegen die Bestien von Republikanern!«

Doch der Zar überläßt die Sache seinen Ministern.

---

*) im Russischen Wortspiel: »Poka Duma dumajet ...«

In Moskau werden die Angriffe noch lautstärker vorgetragen. Der Vorsitzende der Städtevertreterversammlung, Lwow, geht noch weiter. »Jetzt müssen wir die Geschicke des Landes in die Hand nehmen ...« Das klingt nach Coup d'état.

Die Sitzung wird von der Polizei geschlossen. Proteste sind die Folge, und außerhalb der Duma demonstrieren die Menschen auf der Straße.

Komplotte werden geschmiedet, die Zarin in ein Kloster zu entführen, den Zaren zur Abdankung zugunsten seines Bruders oder seines Sohnes mit Regenten bis zu dessen Volljährigkeit zu zwingen und vieles mehr. Bis zur auf Februar 1917 vertagten Sitzung will man eine Lösung finden, jedenfalls Leute auf die Straße bringen, um den Druck zu erhöhen. Die Februarrevolution wirft ihre Schatten voraus.

Als erste Aktion soll das Übel der Mißstände an ihrer Wurzel gepackt werden. Der junge Fürst Felix Jusupow, Neffe des Zaren, hatte die Reden der Duma mit brennendem Interesse mitverfolgt. Für Jusupow bedeuteten Rasputins dreiste Zettel sein Todesurteil. Als er Purischkjewitsch hörte, stand für ihn fest: das sollte sein Verbündeter in der patriotischen Tat sein, die auszuführen er nun entschlossen ist – die Ermordung Rasputins.

4. Das Mordkomplott

Das Mordkomplott steht fest: Rasputin soll zu später Stunde als Gast des jungen Fürsten Felix Jusupow in dessen Palast an der Mojka eingeladen und dort umgebracht werden. Jusupow hat sich der Mithilfe von Wladimir Purischkjewitsch, Großfürst Dmitrij Pawlowitsch aus der Verwandtschaft des Zaren, des Arztes Doktor Lasowert und des

Leutnants Suchotin versichert. Nach Mitternacht soll der Mord geschehen – denn erst da gehen die Geheimagenten (die Rasputin sowohl beschatten als auch beschützen). Obwohl Rasputin in letzter Zeit angesichts gehäufter Morddrohungen vorsichtig geworden war, genügt die Aussicht, Jusupows schöne Frau Irina – Nichte des Zaren – kennenzulernen, etwaige Bedenken zu zerstreuen und der Einladung ins Jusupowsche Palais zu folgen.

Rasputin soll mit zyankaliversetzten Süßigkeiten vergiftet werden. Zusätzlich will man ihm Madeira in mit gelöstem Zyankali präparierten Gläsern reichen. Wenn nach zehn, fünfzehn Minuten die Wirkung eingetreten ist, soll Rasputins Leiche mit einem anderen Automobil als dem, mit dem er abgeholt wurde, zur Alten Njewka am Stadtrand gebracht und dort in einem Eisloch versenkt werden.

Der 16. Dezember des Jahres 1916 bricht scheinbar wie jeder andere Wintertag an. Der Rauhreif läßt die Nadelspitze des Admiralitätsturms ein wenig mehr als sonst glitzern; die zwölf Böllerschüsse der Peter- und Pauls-Festung schrecken nur einige wenige Bewohner der Hauptstadt mehr als sonst auf: Jusupow, Purischkjewitsch und Dmitrij Pawlowitsch, Lasowert und Suchotin: heute werden sie Rußland von Rasputin befreien.

Der junge dandyhafte Fürst, dessen Vermögen selbst das des Zaren übertreffen soll, hat einen Kellerraum seines Palastes zum Ort des Geschehens bestimmt und in eine gemütliche Kaminstube verwandeln lassen.

Heute soll der Umbau fertig sein. Als Jusupow ihn wenige Stunden vor dem Mord inspiziert, stellt er zufrieden fest, daß der Raum gastliche Atmosphäre ausstrahlt. Die Arbeiter sind gerade mit dem Glätten der Wände fertig und hängen Gardinen vor die kleinen Fenster. Teppiche werden aufgelegt, Diener tragen Möbel herein: einen Tisch, alte, geschnitzte Stühle mit schon nachgedunkelter Lederbespannung, dann massive eicherne Sessel mit hohen Lehnen, kleinere Schränke aus schwarzem Holz mit Schubläden und Geheimfächern, Tischchen, auf die Elfenbeinbecher und andere Ziergegenstände gestellt werden – und schließlich einen Intarsienschrank von besonderer Kostbarkeit – mit Spiegeln auf bronzenen Säulen, über denen sich ein italienisches Kruzifix aus Silber und Bergkristall aus dem 17. Jahrhundert erhebt.

Der offene Kamin aus rötlichem Granit am Ende des durch einen Rundbogen geteilten Raums wird für ein gemütlich prasselndes Feuer vorbereitet. Auf seinen Sims werden vergoldete Becher, alte Majolikateller und eine schwarze Holzschnitzerei verteilt. Ein großer Perserteppich und ein Bärenfell im Eck vor dem Intarsienschrank verbreiten luxuriöse Behaglichkeit. Die dunklen Farben der Möbel werden durch zwei große rote Chinavasen beiderseits des Eingangs belebt.

Der junge Fürst ordnet an, den Teetisch für sechs Personen herzurichten, Kuchen und Teegebäck mit Petits fours (wie sie Rasputin besonders schätzt) zu besorgen und Weine sowie Römergläser aufzustellen. Nicht zu vergessen der Samowar.

Durch die Kellertür, von der aus die Hintertreppe auf halber Höhe zum Hofausgang führt und sich dann weiter bis zum Erdgeschoß des Palais emporwindet, kehrt der Fürst in sein Kabinett zurück, wo abends seine Helfer auf ihn warten sollen. Dort legt er noch für alle Fälle ein sonderbares Stück bereit, über dessen Verwendung er sich noch nicht im klaren ist: ein knapp zwei Pfund schwerer Gummiknüppel. Jusupows Rechtsberater Maklakow, in dessen Pläne eingeweiht, aber nicht willens, sich auch darüber hinaus in das Mordkomplott verwickeln zu lassen, hatte ihm den Gegenstand »für alle Fälle« mitgegeben. Irgendwo läßt Jusupow noch ein größeres Stück Stoff bereitlegen, mit welchem später die Leiche für den Abtransport verpackt werden soll.

Wenig später begibt er sich zum Abendessen zu Großfürst Alexander Michajlowitsch.

Währenddessen erledigt der für diesen Abend als Chauffeur fungierende Mitverschwörer, Sanitätsarzt Doktor Lasowert, seine Aufgaben. Mit einer Lederschürze adjustiert, streicht er das Automobil des Dumaabgeordneten Purischkjewitsch um; es soll Rasputin zum Jusupowpalais bringen. Der Wagen soll nicht als der des prominenten Politikers erkannt werden. Rasch besorgt sich Lasowert noch eine Chauffeursuniform. Schließlich legt er Ketten und Gewichte in den Wagenfond, mit denen später die Leiche Rasputins beschwert werden soll. Das wichtigste Attribut des Abends – das Gift – befindet sich bereits bei Jusupow.

Der junge Großfürst Dmitrij Pawlowitsch braucht nur dafür zu sorgen, daß auch sein Automobil einsatzbereit ist. Dieses wird zum Abtransport von Rasputins Leiche vom Jusupowpalais zum Ort ihrer Versenkung ins Wasser dienen; die großfürstlichen Insignien am Wagen garantieren, daß er – sollte das Fahrzeug in den frühen Morgenstunden bei einem Wachebeamten Verwunderung oder Mißtrauen erregen – nicht angehalten wird.

Indessen erledigt Wladimir Purischkjewitsch, entschlossenster Teilnehmer des Vorhabens, noch einige Wege. Er hat vor, schon am Tag nach dem Mord mit seinem Lazarettzug an die rumänische Front zu fahren, wo er sich seit Kriegsbeginn um die medizinische Versorgung der Verwundeten kümmert. In seinem privaten Waggon dieses Zuges, in welchem sich wie in allen russischen Zugwaggons ein Ofen befindet, bereitet er alles Nötige vor, um nach dem Mord Rasputins Mantel und Schuhe zu verbrennen. Als er mit allem fertig ist, entläßt er seine Chauffeure, da an diesem Abend sein Wagen ja von Doktor Lasowert gefahren wird. Für alle Fälle steckt er seinen Revolver »Savage« und einen Schlagring ein. Nun begibt er sich zur Abendsitzung in die

Duma, von wo ihn sein Automobil, gefahren von Lasowert, um dreiviertelzwölf Uhr abholen und ins Palais Jusupow bringen soll.

Doch zu seinem Erstaunen sind die Sitzungsräume dunkel. Der Portier erklärt Purischkjewitsch, es seien heute nicht genügend Abgeordnete erschienen, und mangels beschlußfähiger Anzahl sei die Sitzung nicht zustandegekommen. Was tun? Purischkjewitsch muß die Zeit bis zu seiner Abholung irgendwie verbringen. Er läßt sich schließlich ein Kabinett aufschließen, wo er – hauptsächlich um sich von seiner Unruhe abzulenken – Briefe schreibt und mit Freunden telefoniert.

Ungeduldig tritt er schon um halb zwölf auf die Straße. Die Winternacht ist relativ mild, nicht kälter als zwei, drei Grad unter Null, und in dicken, nassen Flocken fällt der Schnee. Weit und breit ist niemand zu sehen. Es schlägt Viertel vor zwölf. Um Mitternacht soll er bei Jusupow sein, der auf den Wagen wartet. Zehn Minuten vor zwölf – endlich: am oberen Ende der Straße biegt ein Wagen mit dem vertrauten Motorengeräusch ein. Übernervös fährt Purschkjewitsch Lasowert an, wo er denn so lange gesteckt habe. Dieser murmelt etwas von Reifenwechsel, und die Fahrt geht Richtung Mojka-Kanal los.

Ebenso unvorhergesehen die Ankunft beim Palast: entgegen der Abmachung ist der Seiteneingang geschlossen, durch den Purischkjewitsch hereinfahren sollte, um sich nicht vor dem Wachpersonal zu zeigen. Doch angesichts der vorgerückten Zeit bleibt ihm nichts anderes übrig als vor dem Hauptportal zu halten und, höflich von den Soldaten gegrüßt, von dort zu Jusupows Wohntrakt zu eilen. Lasowert wartet beim Seitentor.

»Wo bleibt ihr nur so lange?« – kommt es Purischkjewitsch wie aus einem Mund entgegen – offenbar sind auch die Nerven der Mitverschwörer bereits überspannt. Auf Purischkjewitschs Erklärungen hin holt Jusupow Lasowert über den Hofeingang herein. Sofort verkleidet sich der Arzt als Chauffeur.

Jusupow führt Purischkjewitsch, Dmitrij Pawlowitsch, Lasowert und Suchotin in den Kellerraum. Den Freunden, die diesen noch am Vortag in seinem Urzustand gesehen hatten, bietet sich ein verblüffender Anblick: ein kleiner Salon, der Gemütlichkeit ausstrahlt. Edle Lampen mit bunten Glasschirmen beleuchten den ehemals düsteren Raum, vor dessen beiden kleinen Fenstern schwere dunkelrote Samtvorhänge zugezogen sind. Vom Kaminfeuer aus sprühen Funken auf die Steinfliesen des Fußbodens, von dem sich in sicherer Entfernung der Teppich abhebt. Im Samowar brodelt heißes Teewasser.

Die immer noch sprachlosen Freunde setzen sich an den für sechs Personen gedeckten Teetisch – das sechste Gedeck ist für Rasputin vorgesehen. Bewußt eröffnen sie die kleine Tafel, um bei Rasputin den Eindruck zu erwecken, die Gäste der Fürstin hätten erst hier gefeiert, ehe sie sich hinaufbegeben hätten.

Mit gebanntem Schweigen verfolgen Jusupows Freunde, wie er aus einem Schrank eine kleine Schachtel hervorholt, die das Gift enthält. Vom Tisch nimmt er den Teller mit den drei Mandel- und drei Schokoladenkuchen.

Nun tritt Doktor Lasowert in Aktion. Er zieht Handschuhe an und zerreibt ein paar Stäbchen Zyankali zu Pulver. Dann öffnet er die drei Schokoladenkuchen und streut Giftpulver hinein. Als die drei zu präparierenden Madeiragläser, dunkle Römer, an der Reihe sind, ordnet Lasowert an, daß die dazu vorgesehene Lösung des Giftes erst kurz vor Eintreffen Rasputins hineingeträufelt werden soll – der Arzt chauffiert um diese Zeit –, damit das Gift nicht durch den Kontakt mit Luft an Wirkung verliert. Nach Lasowerts Angabe ist schon ein kleiner Teil dieser Dosis für eine tödliche

Wirkung ausreichend. Zwanzig Minuten nach Lasowerts und Jusupows Abfahrt zum Haus Rasputins sollte dieser Vorgang erfolgen. Nach dieser Anweisung wirft Lasowert die Handschuhe in die Glut, um seine Spuren zu vernichten.

Der Kuchen wird angeschnitten, Krumen werden verstreut, Servietten zerknittert. Danach verlassen die Verschwörer den Raum. Einen Stock höher stellen die Männer ein Musikgrammophon vor die Tür zur Treppe. Jusupow zieht einen schlichten Pelzmantel an und eine Fellmütze tief ins Gesicht, die Ohrenklappen herunterstülpend. Lasowert, in Chauffeurlivree, öffnet ihm die Fondtür, und die beiden fahren auf Umwegen – um die Richtung der Fahrspur im Schnee zu vertuschen – zur Gorochowaja 64.

Rasputin hat den Tag verbracht wie immer. Er ist heiteren Gemütes – nichts von jenen düsteren Vorahnungen, melancholischen Reden und alldem, was Bekannte, die ihn an diesem Tag noch sehen oder am Telefon sprechen, nachträglich festgestellt haben wollen. Selbst seine ältere Tochter, die – offenbar anstelle ihres Vaters – von Vorahnungen geplagt wird, wie sie später berichtet, erlebt Rasputin heute in bester Laune.

Er hatte verschiedene Besuche erhalten, am Telefon geplaudert, sich nach Mittag eine Kiste Madeira kommen lassen und ein Glas nach dem anderen hinuntergespült, ehe er sternhagelvoll auf seinem Diwan entschlummerte. Gegen Abend war Anna Wyrubowa, die Freundin der Zarin und größte Verehrerin Rasputins da; sie übergab ihm eine Ikone, welche die Zarin aus Nowgorod mitgebracht und für ihn auf der Rückseite mit ihren Namenszügen versehen hat.

Um neun Uhr abends war auch sie gegangen.

Um zehn kam noch Bischof Isidor vorbei. Er warnte Rasputin, in nächster Zeit auszugehen.

Kaum hatte er sich verabschiedet, stattete noch Innenminister Protopopow Rasputin einen Besuch ab. Er verdankt ihm schließlich seine Position und hält seitdem Kontakt mit seinem mächtigen Freund, dies umsomehr als ihm (sowohl im Parlament als auch im Ministerrat) mit tiefster Verachtung und Kritik wegen seiner Unfähigkeit begegnet wird. Er solle heute abend besser nicht ausgehen, warnt auch er Rasputin, der auch ihm wie allen anderen – entgegen der Abmachung mit Jusupow – von seiner nächtlichen Einladung ins fürstliche Palais berichtet.

»Gerüchte über ein Mordkomplott gehen in der Stadt um«, fügte der Minister im Flüsterton, zu Rasputin hinübergebeugt, mit wissend-besorgtem Gesichtsausdruck hinzu. »Mir kann nichts geschehen«, wehrte Rasputin ab, dem seine hellseherischen Fähigkeiten mit den Jahren offenbar völlig abhanden gekommen waren. »Wer Hand an mich legt«, ließ er drohend seine Stimme vernehmen, »wird selbst umkommen!«

Es war weit nach zehn, als er sich von seinen beiden Töchtern in deren Wohntrakt mit dem üblichen Kreuzzeichen auf ihre Stirn verabschiedete.

Während sich Jusupow auf dem Weg zu Rasputins Haus befindet, kleidet sich Rasputin an. Er ist frisch gebadet, Haare und Bart sind sorgfältiger als sonst gekämmt und noch mit einer Pomade eingecremt. Über frische Wäsche streift er ein mit blauen Kornblumen besticktes Seidenhemd und schlüpft in eine weite, dunkelblaue Samthose. Das lange Hemd wird in der Mitte von einer kräftigroten Schnur mit zwei üppigen Quasten gehalten.

Schließlich fehlen noch die Stiefel. Rasputin sucht hier, sieht dort nach – aber er kann sie nicht finden. Mit seinen siebenundvierzig Jahren ist er schon vergeßlich geworden. »Katja!« – ruft er dröhnend nach der Magd – »Katja! Die Lackstiefel!« – Und endlich schafft das schon schlaftrunkene Hausmädchen sie herbei. Rasputin zieht ächzend die

überlangen Stiefel an. Bis auf den Mantel vollständig ange-
kleidet legt er sich auf das Bett und wartet.

Ein Motorengeräusch von der Straße her bedeutet ihm, daß
der Wagen auf der Schneefahrbahn vorgefahren ist. Kurze
Zeit später klingelt es an der Tür. Die aufgescheuchte Tochter Maria, besorgt über den späten Ausgang ihres Vaters an
diesem Abend, beobachtet durch den Türspalt, wie der junge Fürst Jusupow, der seine Pelzmütze gar nicht erst ab-
nimmt, ein paar lebhafte Worte mit ihrem Vater wechselt.

Plötzlich fällt Rasputin ein, daß er noch Geld mitnehmen
will. Vor seinem erstaunten Gast öffnet er einen kleinen
Koffer, der voll kleiner in Zeitungspapier gewickelter
Päckchen ist. »Ist das alles Geld?«, fragt Jusupow ungläu-
big. »Ja – ich habe es heute bekommen – von dankbaren
Leuten – es sind Spenden für die Kirche …«

»Wieviel Geld ist da wohl drin?«

»Keine Ahnung. Erstens habe ich keine Zeit zum Zählen
und zweitens kann ich auch nicht richtig zählen, um ehrlich
zu sein. Das ist Sache des Bankiers Mitka [Dmitrij Lwo-
witsch] Rubinstein. Ich sage ihm nur: ich brauche fünfzigtausend – sonst tue ich nichts für euch …‹* – Und dann
bringen sie das Geld.

Vielleicht ist es auch mehr als fünfzigtausend … Ich will damit die Aussteuer meiner Tochter bezahlen, die demnächst
einen Offizier heiraten wird. Einen guten Posten für ihn
gibt es auch schon. Sie [Zarin Alexandra] hat versprochen,
ihren Segen dazu zu geben …**«

»Aber Grigorij Jefimowitsch, ich dachte, das seien Spenden
für die Kirche …«

---

*) Rasputin, der von Rubinstein nicht nur finanziell beraten wurde, son-
dern auch oft bezahlt, hatte dafür ihm nützliche und willfährige Personen auf hohe Posten befördert; außerdem legte Rubinstein Rasputins
Geld an

**) das bedeutet, die Zarin hatte sich bereit erklärt, als Trauzeugin und
finanziell die Hochzeit zu unterstützen, wie Maria Rasputin berichtet

»Na und? Hat eine Heirat nicht auch etwas mit Gott zu tun? Hat nicht der Herr selbst in Kanaa seinen Segen dazu erteilt? Kann es ihm nicht egal sein, welchem Zweck das Geld dienen wird? Ihm, Gott?« – schließt Rasputin mit spitzbübischem Lächeln.

Jusupow amüsiert sich über den frechen Umgang Rasputins mit dem Gedankengut der Heiligen Schrift. Seinem Blick hatte sich Rasputins Maske des Gottesmannes längst als Requisit eines durchtriebenen Komödianten entlarvt.

Als Rasputin den Koffer schließt, dem er ein Paket Geld entnommen hatte, löscht er das Licht, bevor er das Zimmer verläßt. In diesem Augenblick überkommt Jusupow bei aller Verachtung gegenüber Rasputin ein Gefühl des Mitleids mit dem Mann, der sich ihm offenbar so arglos anvertraut. Wo sind nur sein Spürsinn und seine Wachsamkeit geblieben? Was ist mit seiner hellseherischen Gabe? – Und doch: angesichts der Erinnerung an all das, was in letzter Zeit von Rasputins Hand geschehen war, schwinden letzte Gewissensbisse, um endgültig der Entschlossenheit zu weichen, das Vorhaben wie geplant auszuführen.

Augenblicke später hilft Jusupow dem behäbigen Sibirier in seinen schweren Pelzmantel. Rasputin setzt noch seine Biberpelzkappe auf, und die Tür fällt hinter den beiden ins Schloß.

5. Der Mord

Es ist Viertel vor eins. Im Palast wird Jusupows Ankunft jeden Augenblick erwartet. Nun werden rasch die vorgesehenen Gläser mit der Zyankalilösung beträufelt. In der gespannten Stille ist das Motorengeräusch des Wagens leicht auszunehmen. »Sie kommen!« rufen die Freunde wie aus einem Munde und legen die Platte auf das vor den Kabinettsausgang postierte Grammophon.

Als Jusupow mit Rasputin vom Hof her das Haus betritt, dringen schon die Stimmen der Freunde, die eine heitere Abendgesellschaft simulieren, vom Kabinett heraus – übertönt von den lauten Klängen des Grammophons, das wie abgesprochen »Yankee Doodle« hinausposaunt.

»Ist das ein Gelage?« – wundert sich Rasputin. – »Nein, nein, das sind die Gäste meiner Frau, die sicher im Aufbruch begriffen sind – gehen wir einstweilen in die Teestube hinunter«, lenkt Jusupow seinen Gast gleich in die gewünschte Richtung.

Der »Chauffeur« Lasowert eilt indessen zu den anderen, um seine Livree gegen die eigene Kleidung auszutauschen.

Gemeinsam harren nun die vier oben Verbliebenen des Laufs der Dinge. Es kann ja nicht länger als fünfzehn, zwanzig Minuten dauern. Man versucht, eine gezwungene Unterhaltung zu führen, und abwechselnd schleicht einer von ihnen zur Tür, um etwas von dem, was im Geschoß darunter vorgeht, mitzubekommen. So vergeht eine Viertel-, eine halbe Stunde. Die Laute, die zwischendurch heraufdringen, deuten auf eine angeregte Unterhaltung hin, die nun langsam in Gang gekommen zu sein scheint. Ahnen die Wartenden, was unten tatsächlich vorgeht?

Kaum eingetreten, fällt Rasputin sofort die Ebenholzkommode auf mit den Spiegeln, deren Labyrinth von Läden er wie ein Kind fasziniert auf- und zuschiebt. Endlich nimmt er am Tisch Platz.

Jusupows bietet ihm Wein und die Süßigkeiten an. Zu seinem Entsetzen will Rasputin jedoch weder das eine noch das andere. Stimmte ihn etwas mißtrauisch? durchfährt es den jungen Fürsten. Stattdessen verlangt der schwierige Gast Tee. Jusupow gießt ein.

Nun lenkt der Gastgeber das Gespräch auf gemeinsame Bekannte und fragt – wie um Rasputin noch eine letzte Chance zu geben, – ob dieser nicht doch die Stadt verlassen wolle und das nicht besser für ihn sei … – Rasputins Antwort: ein kategorisches Nein. Damit ist für Jusupow dessen Schicksal unabänderlich besiegelt.

Die Wyrubowa, der Hof, Protopopow kommen zur Sprache und dessen Warnung, Rasputin solle sich in acht nehmen – er könne Opfer einer Verschwörung werden.

»Ich fürchte mich nicht«, wiederholt Rasputin auch jetzt, »ich bin gegen Unglück gefeit. Es hat schon genug Anschläge auf mein Leben gegeben, aber der Herr hat mich beschützt. Unglück wird über jeden kommen, der seine Hand gegen mich erhebt …«

Jusupows Nerven sind zum Zerreißen gespannt. Endlich greift Rasputin nach dem Gebäck. Erst reicht Jusupow – er kann es sich selbst nicht erklären – diejenigen, die nicht vergiftet sind. Endlich auch die anderen. Zu Jusupows Entsetzen schiebt Rasputin sie gleich wieder zurück: »Die sind mir viel zu süß …«

Doch – endlich – nimmt er eines der vergifteten Törtchen, dann noch eines – und schließlich ißt er alle auf. Jusupow beobachtet ihn gebannt. Das Gift müßte sofort wirken – doch nichts geschieht. Rasputin führt das Gespräch vollkommen ruhig fort.

Nun schlägt Jusupow neuerlich vor, doch von seinem Krimwein zu kosten. Wieder lehnt Rasputin ab. Doch Jusupow schenkt einfach zwei Gläser voll, eines davon für sich selbst, um seinen Gast zum Trinken zu animieren. Und auch für Rasputin benutzt er zunächst ein unvergiftetes Glas. Der Wein entspricht Rasputins Geschmack, und staunend folgt er Jusupows Erzählungen, wieviel es davon auf den Gütern seiner Familie gibt.

Einen Stock höher vernehmen die Wartenden erleichtert

das Geräusch des Entkorkens der Flasche. Jetzt kann es wohl nicht mehr lange dauern, meinen sie.

»Gib mir doch etwas Madeira«, verlangt Rasputin nun unerwartet. Jusupow ergreift die Gelegenheit, nun in ein vergiftetes Glas einzuschenken. Doch Rasputin protestiert: »Ich will mein Glas behalten.«

»Das ist unmöglich«, wendet Jusupow ein, »du kannst doch nicht zwei Weinsorten mischen!«

»Das macht nichts. Ich benutze dasselbe Glas«, beharrt der andere.

Jusupow bleibt nichts übrig, als ihm in das alte Glas einzuschenken – doch es gelingt ihm, scheinbar unabsichtlich das Glas über dem Steinboden fallenzulassen, und sofort schenkt er in eines der mit Zyankali präparierten Gläser ein. Er bleibt stehen, um zu beobachten, wie Rasputin es trinkt – denn die Wirkung müßte augenblicklich eintreten. Rasputin jedoch fährt gelassen fort, genießerisch wie ein Kenner das Glas zu schwenken. Er faßt nur hin und wieder an seine Kehle und äußert auf Jusupows Frage hin Schluckbeschwerden – »… ein bitteres Gefühl im Hals«, wie Rasputin hinzufügt. Schließlich erhebt er sich und geht auf und ab. Das Glas ist leer. Keine Wirkung. Rasputin streckt seine Hand mit dem Glas Jusupow hin, der immer noch steht – doch dieser beachtet die Geste nicht und gießt in ein weiteres der vergifteten Gläser auf dem Tablett nach.

Rasputin trinkt auch dieses bis zur Neige. Noch immer keine Wirkung. Nun schenkt Jusupow auch sich selbst Madeira ein, um Rasputin weiter anzuregen, noch ein drittes Glas zu trinken. Es ist das letzte verbliebene Glas mit Zyankali. Beide sitzen einander schweigend mit den Gläsern in der Hand gegenüber – Rasputin mit dem letzten, das vergiftet ist. Er sieht Jusupow an. Es scheint, als schimmere ein boshafter Ausdruck in dessen Augen – so als wolle er sagen: du vergeudest nur deine Zeit – mir kannst du nichts tun.

Doch allmählich verändern sich seine Züge. Plötzlich wirken sie böse. Das schlaue Lächeln war – will es Jusupow scheinen – wütenden Blicken gewichen. Mit aufgerissenen Augen fixiert Rasputin nun sein Gegenüber. Das bedrohliche Schweigen scheint Jusupow wie eine Bestätigung, daß Rasputin nun begriffen hat, weshalb er hierher gelockt worden ist. Wird er sich im nächsten Augenblick auf seinen Gastgeber stürzen?

Starr in den Gliedern verharrt Jusupow an seinem Platz und wendet den Blick von seinem furchteinflößenden Gegenüber ab. Als er wieder aufzusehen wagt, hat Rasputin den schweren Kopf in die Hände gestützt und blickt hinunter.

Jusupow nimmt Beherrschung an und fragt, wie es mit einer Tasse Tee wäre. »Gib nur her«, hört er Rasputin ermattet sagen, »ich habe starken Durst.«

Während Jusupow Tee einschenkt, steht Rasputin wieder auf und geht im Raum umher. Dabei fällt sein Blick auf die Gitarre, die malerisch im Eck ruht.

»Spiel' mir doch etwas Heiteres vor«, bittet er unerwartet, »ich höre so gerne, wenn du singst …«

Jusupow ist nach allem anderen zumute als jetzt zu spielen und zu singen – noch dazu etwas Heiteres. Doch gehorsam nimmt er die Gitarre und singt zu einer melancholischen Weise.

»Noch etwas – es steckt soviel Gemüt in deinem Gesang«, verlangt Rasputin, der mit gesenktem Kopf zugehört hatte. Jusupow erfüllt ihm auch diesen Wunsch, doch er erkennt seine eigene Stimme nicht mehr.

Die Uhr zeigt bereits halb drei. Fast zwei Stunden währt dieser Alptraum nun schon. Von oben dringt Lärm herunter.

Jusupow meint, er müsse nun nach oben gehen, die Gäste seien offenbar im Aufbruch begriffen. Kaum am Ende der

Wendeltreppe angelangt, stürzen ihm Dmitrij Pawlowitsch, Purischkjewitsch und Suchotin entgegen – Lasowert hat sich zurückgezogen. Ist alles vorbei? wollen die Freunde wissen.

»Das Gift wirkt nicht!« kommt es verzweifelt von Jusupow. Erstaunt sehen die anderen einander an: »Die ganze Dosis? – Ausgeschlossen!« ruft Dmitrij Pawlowitsch, der Jusupow ermuntert, noch etwas Geduld zu haben und auszuharren.

Jusupow kehrt zu seinem Gast zurück. Rasputin sitzt immer noch an seinem Platz, wo er Jusupows Spiel gelauscht hatte. Nun klagt er über Kopfschmerzen und Brennen im Magen. Dennoch verlangt er wieder nach Madeira. Das scheint ihn zu stärken (das Glas ist auch kein vergiftetes mehr) – und nun schlägt er vor, in ein Zigeunerlokal zu fahren.

»So spät?« wendet Jusupow erstaunt ein.

»Die sind es gewohnt, daß ich zu später Stunde komme. Oft bin ich in Zarskoje Sjelo oder bei Gebeten aufgehalten, dann fahre ich direkt zu ihnen. Auch der Körper braucht Erholung, nicht wahr? Unsere Gedanken gehören Gott, aber unser Körper gehört doch uns!« schließt er mit einem Augenzwinkern.

Jusupow ist völlig verblüfft. Die vitale Kraft dieses Mannes, der eine so beträchtliche Dosis Gift in sich hat, wie sie mehrere Menschen bereits getötet hätte, und die Tatsache, daß Rasputin, der sonst alles zu ahnen scheint, nicht begreift, daß in diesem Raum der Tod auf ihn lauert, machen ihn sprachlos.

Noch einmal läuft er hinauf. Er wolle aufgeben, erklärt er. Dmitrij Pawlowitsch meint, vielleicht sei eine andere Gelegenheit günstiger. Doch Purischkjewitsch bleibt hart. Jetzt oder nie, ist seine Devise. Indessen ist Doktor Lasowert zurückgekommen. Er ist leichenblaß. An der Front hatte er sich Orden verdient – doch der Mord an einem einzigen

Menschen in so unmittelbarer Nähe macht ihm zu schaffen. Kraftlos – er hatte sich mehrmals übergeben – läßt er sich in einen Lehnstuhl fallen. Erst wollen die anderen gemeinsam mit Jusupow hinunterstürzen und Rasputin umbringen – doch dann besinnt man sich anders: Jusupow nimmt den Browning-Revolver von Dmitrij Pawlowitsch und kehrt allein in den Keller zurück.

Er tritt vor den Schrank mit dem Kruzifix hin.

»Warum starrst du das so an?« will Rasputin wissen.

»Es ist so schön«, erklärt Jusupow, während er im stillen um die Kraft betet, die Sache jetzt zu beenden.

»Es ist schön«, pflichtet Rasputin bei, »es muß eine Menge gekostet haben. Wieviel hast du dafür bezahlt?« fügt er noch die für einen frommen Mann, wie er ihn vorgeben will, überraschende Frage hinzu. Und ohne die Antwort abzuwarten, tritt er näher an Jusupow heran und richtet seinen Blick auf den Schrank: »Aber der Schrank ist mir noch lieber …«, bemerkt er noch.

»Grigorij Jefimowitsch«, läßt sich Jusupow nun mit fester Stimme vernehmen, »es ist besser, du schaust das Kreuz an und sprichst ein Gebet …«

Rasputin sieht Jusupow erstaunt an. In seinen forschenden Blick mischt sich ein fremder Ausdruck von Unruhe. Er tritt Jusupow näher. Nun gibt es für diesen kein Zurück. Auf die Schläfe? Ins Herz? durchfährt es ihn wie ein Blitz. Während Jusupow noch schwankt, wohin er zielen soll, zieht er langsam seine rechte Hand mit der Pistole hinter seinem Rücken hervor und drückt ab.

Rasputin stößt einen wilden Schrei aus und fällt dumpf auf das Bärenfell.

Im nächsten Augenblick stürzen die Freunde, die diese fünf Minuten, seit Jusupow sie zuletzt verlassen hatte, gebannt an der Tür gelauscht hatten, die Treppe hinunter. Dabei kommt einer bei einem Lichtschalter an und stößt im Dunkel mit dem herauskommenden Jusupow zusammen. Erschrockene Schreie. Sekunden später findet jemand zum Licht.

Rasputin liegt vor allen da, mit dem Rücken auf dem Fell ausgebreitet, sein Gesicht zeigt noch Zuckungen. Die Hände sind verkrampft, die Augen geschlossen. Auf dem Seidenhemd bildet sich ein kleiner roter Fleck.

Einige der Männer sehen Rasputin hier zum ersten Mal. Das soll der Mann gewesen sein, fragen sie sich, der selbst den Zaren zu manipulieren und die Zarin zu beherrschen vermochte?

Um Blutspuren auf dem Fell zu vermeiden, ziehen der Großfürst und Dmitrij Pawlowitsch Rasputin vom Fell auf den kahlen Fußboden. Nun rührt er sich nicht mehr.

Die Anwesenden löschen das Licht, verlassen den Raum und verschließen die Tür hinter sich. Erleichtert – und fast freudiger Stimmung im Bewußtsein, nun Rußland vor seinem drohenden Untergang gerettet zu haben – beglückwünschen sie einander und machen sich an die letzten Aufgaben des Plans.

Zunächst verabschieden sich Dmitrij Pawlowitsch, Lasowert und Suchotin. Letzterer zieht Rasputins Pelzmantel und Mütze über, um Rasputins Rückkehr zu mimen, und läßt sich von Lasowert in die Gorochowaja fahren – für den Fall, daß doch ein Agent die Fahrt Rasputins zum Jusupowpalais verfolgt hat. Dann geht es weiter zum Warschauer Bahnhof, wo im Waggon von Purischkjewitsch Rasputins Mantel, Mütze und Überschuhe aus Filz verbrannt werden sollen. Das Automobil von Purischkjewitsch verbleibt dort. Mit einem Mietwagen fahren Lasowert, Suchotin und Dmitrij Pawlowitsch zu dessen Palais weiter, wo das Automobil des Großfürsten für die Rückkehr ins Jusupowpalais und den Abtransport der Leiche von dort geholt wird.

Jusupow, sichtlich bleich von der ungewohnten Anspannung, und Purischkjewitsch ziehen sich kurz ins Kabinett zurück. Während Purischkjewitsch entspannt eine Zigarre anzündet, ergehen sich die beiden in optimistischen Ausblicken über die Zukunft des Landes, da kein diabolischer Schatten mehr über ihm liege. Eine neue Ära sehen sie vor sich – nun würden alle wahrhaft der Regierung ergebenen Kräfte sich mit neuer Energie zur Arbeit vereinen. Keiner der beiden kommt auf die Idee, daß beim Großteil derer, auf die sie ihre Hoffnungen setzen, persönliche Interessen, denen sie mit Rasputins Hilfe dienen konnten, jeden Patriotismus ausgelöscht hatten.

Von einem unerklärlichen Gefühl getrieben beschließt Jusupow, nach der Leiche zu sehen. Er dreht im Raum unten das Licht an. Rasputin liegt unverändert da. Jusupow tritt näher. Als er dessen Körper berührt, fühlt er, daß dieser noch warm ist. Jusupow tastet nach dem Puls. Kein Schlag. Aus der Wunde sickert Blut auf die steinernen Fliesen.

Nun schüttelt Jusupow aus unerfindlichen Gründen Rasputins Hände. Leblos fallen sie zurück. Als er sich anschickt wegzugehen, fällt ihm auf, daß das linke Lid Rasputins zu zittern beginnt. Jusupow starrt die Leiche an. Nun beginnt Rasputins ganzes Gesicht zu zucken – immer stärker. Schließlich öffnet sich ein Auge. Nun zittert auch das andere Lid, hebt sich – und plötzlich ist der Blick Rasputins aus beiden Augen auf den vor Schreck erstarrten Fürsten gerichtet.

Jusupow will schreien, aber seine Stimme versagt. Er will davonlaufen, aber seine Beine sind wie gelähmt und gehorchen ihm nicht. Das Unvorstellbare geschieht: mit einem Ruck richtet sich Rasputin zu seiner vollen Größe auf. Aus seinen Lippen dringt Schaum. Mit wildem Blick formt er seine Hände zu Krallen. Während er bedrohlich die Augen verdreht und »Felix, Felix« – Jusupows Vornamen – keucht, bohrt sich die eine Hand wie eine Pranke in Jusupows Rücken, während die andere versucht, ihn am Hals zu packen.

Während Jusupow fast kraftlos scheint im Bemühen, sich aus der Umklammerung zu lösen, beginnt ein Ringen auf Leben und Tod. Für Jusupow ist es der Teufel selbst, der in diesem vergifteten und von einer Kugel getroffenen Körper steckt und ihm nun die Kraft verleiht, den Versuch, ihn umzubringen, zu rächen.

Mit letzter Anstrengung gelingt es dem verhältnismäßig schmächtigen Jusupow schließlich, sich loszureißen. Rasputin fällt zu Boden – in einer Hand das Schulterstück, das er Jusupow abgerissen hat. Doch schon im nächsten Augenblick beginnt er sich wieder zu bewegen.

Nun nimmt der junge Fürst seine letzte Kraft zusammen und eilt die Stiege zum Kabinett hinauf. »Er lebt, er lebt!« keucht er. »Schnell! Einen Revolver!«

Als Purischkjewitsch Jusupow kommen sieht – mit unkenntlichem Gesichtsausdruck, die Augen förmlich aus den Höhlen tretend – packt er hastig seinen Savage-Revolver aus.

Plötzlich hört er jemanden auf der Treppe. Wer kann das sein? fragt er sich und tritt mit dem Revolver rasch auf den Gang hinaus. Indessen hat Jusupow schnell aus seinem Zimmer den Gummiknüppel geholt.

Beide lauern nun auf dem oberen Treppenabsatz. Sie trauen ihren Augen nicht: auf allen vieren und gröhlend wie eine verwundete Bestie kriecht Rasputin behend herauf und wendet sich der Tür zu, die auf halber Höhe zum Hof führt. Ein Stoß – das Tor ist offen, und Rasputin verschwindet in der Dunkelheit.

Purischkjewitsch stürzt ihm nach. Noch im Laufen drückt er ab – und trifft daneben. Noch einmal – wieder in die Luft. Wie kann es sein, daß ein sonst hervorragender Schütze

386

jetzt nicht einmal auf zwanzig Schritt zielen kann? Rasputin hat seinen torkelnden Gang noch beschleunigt.

Indessen läuft Jusupow über den Haupteingang auf die Straße, um Rasputin gegebenenfalls von dort den Weg abzuschneiden und postiert sich dort mit seinem Knüppel. Eben ist Rasputin dabei, sich am einzigen unversperrten Gittertor hochzuziehen, als Purischkjewitsch stehenbleibt und zum dritten Mal feuert und trifft. Gleich folgt noch ein vierter Schuß nach. Rasputin wankt und stürzt auf einen Schneehaufen vor dem Tor. Nun tritt Purischkjewitsch auf den Körper zu, der vor ihm liegt. Der dritte Schuß hat Rasputin in den Rücken getroffen, der vierte in den Kopf. Jetzt ist sicher – Rasputin ist tot.

Als Jusupow über den Haupteingang ins Haus zurückkehren will, sieht er einen Polizeibeamten auf sich zukommen. Schüsse? – Ach so, nichts von Bedeutung, antwortet Jusupow. Einer seiner Gäste hätte in angeheitertem Zustand in die Luft geschossen. Dann eilt er ins Haus zurück. Dort fragen ihn die Dienstboten, ob etwas passiert sei. Mechanisch gibt er die gleiche Antwort. Und sucht sein Badezimmer auf, wo er sich übergibt. Dann kehrt er in das Kabinett zurück und läßt sich wie leblos in einen Stuhl sinken. Immer wieder murmelt er mit leerem Gesichtsausdruck die Worte »Felix, Felix …« – wie um sich von der traumatischen Erinnerung an den Zweikampf zu befreien.

Purischkjewitsch, der noch Schnee über Rasputins Leiche geschüttet hat, kehrt nun ebenfalls ins Haus zurück. Als er sieht, daß mit Jusupow nichts anzufangen ist, bleibt ihm angesichts der Unmöglichkeit, die Leiche allein ins Haus zu schaffen und für den Abtransport zu verpacken, nichts anderes übrig als die beiden Hauswachen einzuweihen.

Als er ihnen eröffnet, daß er soeben Rasputin getötet hat, fällt einer der beiden Purischkjewitsch fast um den Hals. »Gottlob – das hätte längst geschehen müssen!« ruft er zu

Purischkjewitschs Überraschung aus. Als dieser sie fragt, ob sie den Mund halten könnten, sind sie fast beleidigt: »Wir sind doch Russen; an uns ist nicht zu zweifeln …«

Als die beiden den Körper hereinbringen und auf dem Treppenabsatz ablegen, erwachen Jusupows Lebensgeister. Er geht zu seinem Schreibtisch, holt den Gummiknüppel und schlägt wie wild geworden auf Rasputins Schläfen ein – bis er von den anderen weggezogen werden kann. Selbst jetzt noch, scheint es Purischkjewitsch, sind Zuckungen bei Rasputin zu beobachten, und ein Auge scheint sich zu öffnen und Purischkjewitsch anzustarren. Rasch packen die Helfer seinen Körper in den großen Stoffballen – einen blauen Vorhangstoff – und gehen daran, ihn zu verschnüren.

Währenddessen meldet der Hausdiener den Polizeibeamten an der Tür, der schon zuvor auf die Schüsse hin nachgefragt hatte, was geschehen sei. Seine Erklärung auf dem Revier, wo die Schüsse gehört worden waren, hatte den Vorgesetzten nicht zufriedengestellt. Zu Jusupows Entsetzen beginnt Purischkjewitsch eifrig auf den Polizisten einzureden:

»Erkennen Sie mich?«

»Zu Befehl«, erwidert der Wachmann gehorsam. »Sie sind Wladimir Mitrofanowitsch Purischkjewitsch, Mitglied der Reichsduma.«

– »Und diesen Herrn, kennen Sie den auch?« zeigt Purischkjewitsch nun auf Jusupow, der fassungslos ist und außerstande, den Redner in seiner Erregung zu stoppen.

»Jawohl«, kommt es wie aus der Pistole geschossen, »Seine Hoheit Fürst Jusupow.«

»Haben Sie von Rasputin gehört? Der unser Land, unseren Zaren zugrunde gerichtet hat?«

»Zu Befehl«, erwidert der junge Mann, der nicht begreift, was man von ihm will.

»Die Schüsse, die Sie eben vernommen haben«, erklärt der Abgeordnete nun in feierlichem Ton, »haben dem Leben Rasputins ein Ende bereitet. Wenn Sie Rußland und den Zaren lieben, halten Sie den Mund. Wenn man Sie fragt – Sie wissen von nichts.«

Jusupow ist wie vom Schlag gerührt. Doch er ist außerstande, den Bekenner zum Schweigen zu bringen. Alles geht zu schnell.

Indessen zeigt der Blick des Wachmanns zugleich Überraschung und Verlegenheit:

»Das war eine gute Tat! Ich werde nichts verraten. Wenn man mich aber zwingt, vor einer Ikone zu schwören, muß ich die Wahrheit sagen. Es wäre eine Sünde, zu lügen ...«

Noch ganz unter dem Eindruck des soeben Gehörten und der Bekenntnisrede verläßt er das Haus.

Endlich kommt Dmitrij Pawlowitsch mit Lasowert und Suchotin vorgefahren. Heiter und arglos betreten sie Jusupows Kabinett. Als sie die Gesichter der beiden – Jusupow und Purischkjewitsch – sehen, fragen sie erstaunt, was in der Zwischenzeit vorgefallen ist. Doch im nächsten Augenblick verliert Jusupow das Bewußtsein. Die anderen tragen ihn in sein Zimmer, wo er in einen tiefen Schlaf verfällt.

Eilig machen sie sich nun zu viert mit der Leiche auf den Weg an den Stadtrand zur Petrowskijbrücke an der Alten Njewka. Plötzlich fällt Purischkjewitsch auf, daß Rasputins Pelz und Überschuhe noch im Wagen liegen. Auch bei den dreien war nicht alles nach Plan verlaufen: der Ofen, wo die Kleidung verbrannt werden sollte, erwies sich als viel zu klein. Die Ehefrau von Purischkjewitsch hatte sich jedoch geweigert, die Gegenstände zu zerschneiden. Also mußte man sie wieder mitnehmen.

Jetzt gilt es noch, das Wachthäuschen an der Brücke zu passieren, wo sich das Eisloch zum Versenken der Leiche befindet. Vorsichtig fährt Dmitrij Pawlowitsch seinen Wagen an die linke Seite der Brücke. Für einen Augenblick wirft der Scheinwerfer sein Licht direkt auf das Wachthäuschen am gegenüberliegenden Ende der Brücke. Doch der Posten schläft so fest, daß weder die Scheinwerfer noch das Motorengeräusch ihn wecken. Licht und Motor werden rasch abgestellt, lautlos die Türen geöffnet.

Die vier Männer holen Rasputins Körper heraus. Während Dmitrij Pawlowitsch beim Wagen bleibt, schwenken die anderen drei kraftvoll das schwere Bündel und schleudern es mit Schwung in das Eisloch unter der Brücke. Die Gewichte, die anzubringen sie vergessen hatten, werfen sie einzeln hinterher. Die Ketten, mit denen sie die Gewichte hatten befestigen wollen, stecken sie in den Pelz, den sie im Eisloch versenken. Schließlich suchen sie noch nach den Galoschen; im Dunkeln finden sie nur eine und werfen sie dem Pelz nach.

Nach wenigen Minuten besteigen sie den Wagen. Als sie über die Brücke fahren, sehen sie, daß der Wachtposten selbst jetzt noch nicht aufgewacht ist. Mehrmals bleibt der Wagen auf der Fahrt zurück in die Stadt stehen – der Motor stockt. Jedes Mal macht sich Lasowert an den Zündkerzen zu schaffen, und jedes Mal fährt der Wagen weiter. Endlich ist man beim Palais des Großfürsten angekommen. Dort findet sich durch die Portalbeleuchtung noch die zweite Galosche Rasputins im Wagen. Dmitrij Pawlowitsch weist seinen Diener an, diese und den blutbefleckten Teppich des Wagens zu verbrennen.

Purischkjewitsch, Lasowert und Suchotin verabschieden sich vom Großfürsten, nehmen eine Droschke und kehren in ihre Wohnungen – Purischkjewitsch zu seinem Lazarettzug – zurück.

Es ist fünf Uhr morgens, als für alle diese Nacht zu Ende ist. Nun schläft die ganze Stadt.

390

6. Die Last der Indizien

17. Dezember 1916. Um sieben Uhr früh klingelt in Rasputins Stadtwohnung das Telefon.

Es läutet einige Male – doch niemand hebt den Hörer ab. Endlich kommt Rasputins neunzehnjährige Tochter Maria verschlafen aus ihrem Zimmer und meldet sich.

Es ist der Innenminister. Er will Rasputin sprechen.

Doch Rasputin ist nicht da.

»Warum rufen Sie so früh an?«, fragt Maria erstaunt.

Protopopow murmelt eine ausweichende Antwort und hängt ab.

Als sich Maria umdreht, blickt sie in die besorgten Augen des Hausmädchens Dunja:

»Dein Vater ist nicht heimgekehrt! Ich habe ihn gestern nacht noch mit Jusupow weggehen sehen; er fuhr in einem Militärfahrzeug mit noch einem Zivilisten fort ... und jetzt ist er noch immer nicht da – es muß etwas geschehen sein ...«

Maria ruft eine gute Bekannte Rasputins, Munja Golowina, an.

»Keine Sorge«, versucht diese zu beruhigen, »er ist sicher die Nacht über dort geblieben und schläft noch ...«

Im nächsten Augenblick läutet es an der Tür. Mehrere Polizeibeamte treten ein. Sie stellen Maria und ihrer jüngeren Schwester Warwara Fragen.

»Was hat das alles zu bedeuten?« will Maria endlich wissen.

Die Beamten versuchen zu erklären. In der Nacht waren im Hof des Jusupow-Palais Schüsse gefallen. Als ein Wachmann, der sie hörte, nachfragte, erklärte der junge Fürst Felix Jusupow, seine Gäste hätten im Übermut seinen Hund erschossen. Man war auf eine Blutspur gestoßen, die sich von der Treppe her über den Hof zog.

Maria ist alarmiert. Sie ruft Rasputins Vertraute und Freundin der Zarin, Anna Wyrubowa, an und berichtet ihr, Rasputin sei seit seiner Einladung ins Palais Jusupow, wo er Fürstin Irene kennenlernen sollte, nicht zurückgekehrt.

»Aber die Fürstin ist doch mit den Kindern auf der Krim!«, ruft Wyrubowa besorgt aus. »Felix ist allein in Petersburg* – das hat sicher Böses zu bedeuten …«

Allmählich ahnt Maria das Schlimmste. Sie scheint die einzige zu sein, die es noch nicht weiß, denn noch hat sie ihr Haus nicht verlassen – während ganz Petersburg bereits davon spricht, daß Rasputin umgebracht wurde. Die Zarin hat als erste vom Verschwinden Rasputins erfahren; der Vorfall mit den Schüssen vor dem Jusupow-Palais ist ihr bereits bekannt. Sie ist außer sich vor Sorge und hat bereits dem Zaren telegraphiert, er möge dringend vom Generalstab in die Hauptstadt zurückkehren. Alexandra weiß um die kritische Haltung Jusupows und seiner – wie ihr vom Innenminister berichtet wurde – am Vorabend bei ihm weilenden Freunde Großfürst Dmitrij Pawlowitsch und Dumaabgeordneter Wladimir Purischkjewitsch gegenüber Rasputin.

Sicherheitshalber hat sie (eigenmächtig) den Innenminister angewiesen, die erwähnten Personen unter Hausarrest zu stellen. Das zu veranlassen, ist bei Verwandten des Kaiserhauses wie Großfürst Dmitrij Pawlowitsch und Fürst Felix Jusupow, der mit der Nichte des Zaren verheiratet ist, laut Gesetz nur dem Zaren selbst erlaubt. Doch die Zarin hat in Innenminister Protopopow, der dank Rasputins und folglich ihrer Intervention (gegen härteste Widerstände) seinen Posten erhalten hat, einen gehorsamen Diener. Er versucht, wie sich in den folgenden Stunden und Tagen zeigen wird, ihr zu Diensten zu sein.

---

*) Zu diesem Zeitpunkt wegen des Krieges mit Deutschland bereits in Petrograd umbenannt

Purischkjewitsch könnte ebenfalls nicht verhaftet werden – er genießt als Abgeordneter Immunität, und die kann auch die Zarin mit Hilfe Protopopows nicht ohne weiteres aufheben; er verläßt bereits am Abend nach der Mordnacht mit dem Lazarettzug die Hauptstadt in Richtung Front.

Jusupow und Dmitrij Pawlowitsch versuchen, eine Audienz bei der Zarin zu erhalten, um sich zu erklären. Zarin Alexandra gewährt Jusupow erst einen Termin – vor dessen Einhaltung ihn eine Freundin warnt, da sie fürchtet, er werde nicht mehr zurückkehren. Doch Alexandra widerruft ihre Zusage und läßt Jusupow übermitteln, er könne sich schriftlich erklären. Als Dmitrij Pawlowitsch, ein naher Verwandter des Zaren, um eine Audienz ersucht, wird ihm diese von der Zarin jedoch von Anfang an kategorisch verwehrt. Die beiden Männer versuchen noch, Alexandra anzurufen. Sie kommt nicht zum Telefon. Schließlich schreibt Jusupow ihr einen Brief, in dem er sich gegen Verdächtigungen, Rasputin ermordet zu haben, rechtfertigt; er bestreitet den Mord und wiederholt die Version, wonach durch die Schüsse nur ein Hund umgekommen sei. Bei dieser Version unter allen Umständen zu bleiben, haben sich alle am Mord Beteiligten geschworen.

Jusupow ahnt, daß die Zarin der Wahrheit auf der Spur ist. Zum ersten mußte das Verschwinden Rasputins gerade nach seinem nächtlichen Besuch bei Felix Jusupow Verdacht in ihr wecken; zum zweiten aber haben die fatalen Schüsse im Freien, die nicht nur vom nahen Wachposten, sondern auch in dessen Dienststube gehört worden waren, die Untersuchung ins Rollen gebracht; der junge Stadtpolizist konnte sein Versprechen, über das verhängnisvolle Selbstbekenntnis von Purischkjewitsch zu schweigen, nicht halten. Angesichts des großen Aufsehens wog das Geheimnis zu schwer: der junge Polizist bekam es mit der Angst zu tun und berichtete alles, was er wußte.

Brief von Fürst Felix Jusupow an die Zarin am Tag nach der Ermordung Rasputins; darin beteuert er seine Unschuld

Die Zarin übt nun Druck auf den Innenminister aus, die Sache raschest zu klären und alles zu unternehmen, um Rasputins Leiche zu finden.

Indessen beschließt Rasputins Tochter Maria, ein Telegramm an ihre Mutter nach Pokrowskoje zu senden – vorerst behutsam: »Vater krank bitte kommen«.

Als sie auf die Straße tritt, bietet sich ihr ein merkwürdiger Anblick: Menschenansammlungen in kleinen Gruppen, die Leute fallen einander freudig in die Arme. Sie begrüßen einander mit einer Euphorie, als hätte Rußland endlich die deutschen Angreifer besiegt. Als Maria näher hinhört, traut sie ihren Ohren nicht:

»Hast du schon gehört? Rasputin ist tot! Erschossen haben sie den Hund! Dem Hund ein Hundetod!«

Jeder will über die Hintergründe Bescheid wissen. Ein Mordkomplott war es, von langer Hand vorbereitet. Semjonow, der Spielklubbesitzer, wußte es ja schon lange vorher. Der Abgeordnete Maklakow* sollte auch mitmachen, wollte sich aber heraushalten. Sogar Kerenskij, den Führer der linken »Trudowiki« – der Arbeiterpartei – sollen die Mörder auf die Ausführung oder Mitwirkung angesprochen haben, aber der winkte ab:

»Die Ermordung Rasputins würde nur die Position des Zaren festigen …« – und das wäre wohl kaum im Sinn der Partei.

Daß Rasputin nicht mehr am Leben ist, scheint allen klar. Doch seine Leiche ist bisher nicht aufgetaucht.

Dennoch wird die Lage für die Verschwörer kritisch. Unübersehbar ist allerdings, daß die Vorgangsweise der Behörden, die nun von höchster Stelle zur Aufklärung des Verbrechens angehalten werden, auf eine gewisse Sympathie gegenüber den potentiellen Mördern schließen läßt.

---

*) Der Jurist A. A. Maklakow ist nicht zu verwechseln mit Innenminister N. A. Maklakow

Bereits am Vormittag nach der Mordnacht findet sich General Grigorjew, Polizeikommandant des Kasaner Wohnbezirks, bei Jusupow ein. Der Stadthauptmann hatte ihn durch Protopopow dazu veranlaßt, wie er offen erklärt und sich noch entschuldigend rechtfertigt, »daß die Abwesenheit Rasputins mit den im Revier gehörten Schüssen in Zusammenhang gebracht wird …«

Überraschend konfrontiert der General nun Jusupow auch mit dem angeblichen Bekenntnis von Purischkjewitsch. Doch Jusupow hält – entsprechend dem Eid unter den Verschwörern – an der Fassung mit dem erschossenen Hund fest. Geistesgegenwärtig erklärt er die Aussage von Purischkjewitsch dahingehend, daß dieser »in seinem angeheiterten Zustand den Hund mit Rasputin verglichen« habe.

Als der General noch höflich nach anderen Gästen des Abends – Purischkjewitsch steht ja bereits fest – fragt, erklärt Jusupow, er könne oder wolle sie nicht nennen, da es sich um Familienväter handle, deren Existenz unnötig gefährdet würde, wenn sie voreilig in einen falschen Verdacht gerieten – in einer Angelegenheit, die sich bald als harmlos herausstellen würde.

Der General gibt sich damit zufrieden. Doch Jusupow ist beunruhigt. Obwohl die Blutspuren, die der Mord hinterlassen hatte, bereits beseitigt wurden – wobei die Treppen neu gestrichen werden mußten, da sich die Blutflecken bereits in den Steinboden gefressen hatten – entschließt Jusupow sich schweren Herzens, nun tatsächlich einen seiner Hunde erschießen zu lassen, damit bei einer möglichen Durchsuchung des Hauses oder zumindest des Hofes Blutspuren des Tieres gefunden würden. Der Hund wird unter den Schneehaufen gelegt, auf dem Rasputin unter den Schüssen zusammengebrochen war, und man verschüttet Kampfer, um polizeiliche Suchhunde irrezuführen.

Doch Jusupow ist zu nervös, als daß er den weiteren Lauf

der Dinge zuhause abwarten könnte. Um sich ein Bild über den Stand der Ermittlungen zu machen, begibt er sich zum Stadtkommandanten, General Balk. Auch dieser scheint, wie bei Grigorjew bereits zu erahnen war, sich zwar pflichtbewußt, aber nicht gerade enthusiastisch bei der Aufklärung der Angelegenheit zu engagieren. Erst wiederholt Jusupow seine Hundeversion. Balk ist zufrieden, erklärt dem Fürsten jedoch, daß dennoch eine Hausdurchsuchung angeordnet werden mußte, da die Zarin selbst gegenüber dem Innenminister darauf bestanden hätte.

Jusupow protestiert: »Meine Frau ist die Nichte des Zaren – Tochter seiner Schwester. Unsere Wohnung ist unantastbar. Nur der Zar selbst kann Maßnahmen gegen uns verfügen.« Daraufhin läßt Balk – sichtlich erleichtert – den Hausdurchsuchungsbefehl rückgängig machen.

Danach begibt sich Jusupow direkt zu Justizminister Makarow. In dessen Vorzimmer stößt er mit dem Generalstaatsanwalt zusammen. Alexandrow ist allseits wegen seiner Unbestechlichkeit und Objektivität gefürchtet; das bedeutet nun nicht nur, daß er zu Lebzeiten Rasputins durch keinen von dessen Interventionsversuchen zugunsten in Schwierigkeiten geratener Freunde zu beeinflussen oder gar einzuschüchtern war, sondern auch, daß er jetzt mit gebotener Konsequenz an der Aufklärung des Verbrechens mitzuwirken entschlossen ist. Sein Blick gibt Jusupow zu verstehen, daß die Sache für ihn, ungeachtet seiner gesellschaftlichen Stellung, noch nicht ausgestanden ist.

Makarows Ermittlungen sind noch nicht weit gediehen, die Suche nach der Leiche geht weiter. Als Jusupow jedoch auch ihm gegenüber die Hundeversion wiederholt, wonach ein alkoholisierter Purischkjewitsch beim Weggehen übermütig in die Luft geschossen und zufällig den Hund getroffen hätte, wendet der Justizminister ein: »Das scheint mir ausgeschlossen – wir kennen den Herrn Abgeordneten

sehr genau. Wir wissen, daß Purischkjewitsch keinen Tropfen Alkohol trinkt – soweit mir bekannt ist, hat er sogar eine Liga der Antialkoholiker gegründet ...« – Jusupow faßt
sich schnell: »Eben weil er Alkohol nicht gewohnt ist, hat er
– als er bei unserer Feier der neuen Wohnung einfach mit-
trinken mußte – so empfindlich darauf reagiert ...«

Makarow drückt seine Vermutung aus, daß sich die Polizei
mit dieser Erklärung zufriedengeben werde und daß der
Fürst »von weiteren Belästigungen verschont« bleibe. Hinsichtlich Jusupows Frage, ob er die Stadt verlassen dürfe
und seiner für den nächsten Tag geplanten Abreise zu seiner Familie auf die Krim nichts im Wege stünde, beruhigt
ihn Makarow, ehe er ihn entläßt.

Schließlich stattet Jusupow noch dem ihm nahestehenden
Dumapräsidenten Rodsjanko und dessen Frau einen Besuch ab. Offenbar waren diese in das Komplott eingeweiht
– wie oft hatte Rodsjanko vergeblich den Zaren von der
Notwendigkeit zu überzeugen versucht, Rasputin vom Hof
zu entfernen ... Während Frau Rodsjanko Jusupow unter
Tränen umarmt, klopft der behäbige Präsident Jusupow auf
die Schulter und läßt mit seiner polternden Stimme Worte
der Anerkennung vernehmen.

Jusupow faßt wieder Zuversicht, die Angelegenheit würde
sich für ihn und seine Freunde zum Guten wenden, und
kehrt nach Hause zurück. Dort erfährt er von seinen loyalen Dienern, daß sie verhört worden waren. Jusupow wird
unablässig von Angehörigen, Verwandten und Freunden
bestürmt – telefonisch oder persönlich. Doch ob Gratulan-
ten oder neugierige Fragesteller – niemandem enthüllt Jusupow die Wahrheit.

18. Dezember. Arbeiter stoßen zufällig auf Blutspuren nahe
einer Brücke am Stadtrand. Sie benachrichtigen die Polizei.
Der Stadtgouverneur hatte per Erlaß überall die Suche nach

Rasputin angeordnet. Sofort treffen Beamte bei der genannten Stelle ein. Auf dem Absatz eines Brückenpfeilers finden sie einen Schneeschuh. Die mangelnde Präzision – ohnehin keine typisch russische Eigenschaft – und die Nervosität der unprofessionellen Mörder werden diesen nun zum Verhängnis.

Der Überschuh wird Maria und Warwara gezeigt. Beide nicken: er gehörte ihrem Vater.

Nun sucht ein Taucher die Umgebung der Brücke ab, wo das Eis eigens aufgeschlagen ist.

Rasputin ist noch immer nicht gefunden. Doch das Gerücht, Jusupow habe Rasputin getötet, hat sich längst über die Hauptstadt hinaus ausgebreitet. Von überallher erreichen den Fürsten Glückwünsche. Einer seiner Onkel, Großfürst Nikolaj Michajlowitsch, der ebenfalls vergeblich auf den Zaren einzuwirken versucht hatte, ist unablässig bemüht, sich über die Ermittlungen auf dem laufenden zu halten.

Von ihm erfährt Jusupow, daß in Rasputins Wohnung eine Gruppe von zwanzig seiner Anhänger geschworen hat, den Mord zu rächen. Jusupow und Dmitrij Pawlowitsch suchen um Polizeischutz an. Unter die Wachbeamten mischen sich auch unbekannte Gestalten. Als Jusupow sie überprüfen läßt, behaupten sie zunächst, auch sie wollten Jusupow beschützen, können sich jedoch nicht ausweisen und werden davongejagt. Plötzlich wird dem Fürsten der Besuch einer Dame gemeldet, die er für diese Zeit bestellt habe. Aber Jusupow hat keine Dame bestellt. Durch ein Seitenfenster erkennt er eine bekannte Anhängerin Rasputins, obwohl sie Trauerschleier trägt. War sie gekommen, um ihn umzubringen? Jusupow läßt sie sicherheitshalber wegschicken.

Als Jusupow mit einigen Familienangehörigen abends zum Bahnhof fährt, um den Zug auf die Krim zu besteigen, ist die Bahnhofshalle von bewaffneter Polizei gesäumt. Als er den Bahnsteig erreicht, tritt ihm ein Gendarmerieoberst in den Weg:

»Auf Befehl Ihrer Majestät der Zarin ist Ihnen die Ausreise aus Petrograd untersagt. Sie haben sich in das Palais von Großfürst Alexander Michajlowitsch zu begeben und dort weitere Anordnungen abzuwarten.«

»Bedaure – das kommt mir ungelegen«, wahrt Jusupow Haltung, wiederholt den Befehl vor seinen Begleitern und verfügt, daß zwei der Verwandten auf die Krim vorausreisen. Die Polizei ist sichtlich nervös, als er die Reisenden noch zu ihren Abteilen begleitet, bis er sie verabschiedet. Die Verhaftung und das große Polizeiaufgebot rufen beträchtliches Aufsehen und angesichts des Umstandes, daß die Zarin diese veranlaßt hatte, großen Unmut hervor.

Jusupow zieht zu Dmitrij Pawlowitsch. Dort erfährt er, daß dieser am gleichen Abend ins Theater fahren wollte. Er wurde jedoch davon in Kenntnis gesetzt, daß geplant war, ihm zu Beginn der Vorstellung Ovationen »für seine patriotische Tat« zu bereiten – woraufhin er es vorzog, zuhause zu bleiben. Der Kontrast zwischen der Stimmung in der Bevölkerung und der Haltung der Zarin könnte nicht größer sein und verstärkt nur noch jene Empörung, die sich bereits zu Lebzeiten Rasputins gegen Alexandra gerichtet hatte.

Die Vermutungen der Zarin – beruhend auf Informationen des Innenministers –, wonach Dmitrij Pawlowitsch und Felix Jusupow die Mörder seien, gehen nicht nur auf die ersten Hinweise, sondern auch andere Erkenntnisse zurück. Alexandra hatte sofort eine Zensurierung der Post der beiden verfügt. Unter anderem war den Behörden dabei ein Glückwunschtelegramm an Dmitrij Pawlowitsch in die Hände gefallen:

»Wir beten für Sie, weil Sie diese patriotische Tat vollbracht haben …« – mit Grüßen und Wünschen auch an Fürst Jusupow. Das Schreiben wird vom Innenminister kopiert und die Abschrift der Zarin vorgelegt. Daraufhin will diese die sofortige Erschießung der beiden anordnen. Davon wird sie jedoch abgebracht. Sie muß sich mit deren Verhaftung – zumindest in Form eines Hausarrests – zufriedengeben, da auch der ihr ergebene Innenminister nicht wagt, in einem größeren Ausmaß ihrer Kompetenzüberschreitung zu folgen, und bezüglich weiterer Maßnahmen auf die bevorstehende Rückkehr des Zaren verweist.

Das Vorgehen der Zarin, mit welchem sie ihre Befugnisse überschritt, hat nicht nur innerhalb der großfürstlichen Verwandtschaft größte Empörung ausgelöst. Es hat weite Teile der Bevölkerung gegen sie aufgebracht und die allgemeine Sympathie für die mutmaßlichen Mörder erhöht.

Als in der Stadt das Gerücht umgeht, Rasputins Anhänger planten ein Attentat auf die beiden, melden sich spontan ganze Abordnungen von kaiserlichen Regimentern und bieten ihren Schutz rund um die Uhr an; doch erstaunlicherweise sind es sogar Arbeiter der großen Fabriken, die aufgrund der Nachricht, den Fürsten drohe Rache durch Erschießen, in spontanen Versammlungen beschließen, alle ihre Kräfte aufzubieten und einen Geheimschutz zu bilden.

Jusupow wird Zeuge, wie auch Dmitrij Pawlowitsch unter Hausarrest gestellt wird. Erst ruft der Generalgouverneur an; Dmitrij Pawlowitsch kehrt niedergeschlagen zu Jusupow zurück: »Felix, ich bin auf Anordnung der Kaiserin verhaftet! Aber sie hat nicht das Recht – nur der Kaiser selbst kann den Befehl zu meiner Verhaftung geben …«

Kurze Zeit später kommt der General selbst: »Ihre Majestät befiehlt Eurer Hoheit, das Palais nicht zu verlassen.«

»Ich bin also verhaftet?«

»Nein, Ihre Majestät verlangt nur …«

»Und ich sage Ihnen, daß Sie mich verhaften wollen!«, unterbricht ihn Dmitrij Pawlowitsch erregt. »Teilen Sie Ihrer Majestät mit, daß ich mich füge.«

Die Maßnahme ruft größte Aufregung in der Familie hervor. Dmitrij Pawlowitsch ist das beliebteste Familienmitglied, ein gutmütiger, verträumter junger Mann, der früh seine Mutter verloren hat. Ungeduldig warten die Verwandten auf die Ankunft des Zaren.

19. Dezember. Am Brückengeländer – nahe der Stelle, an der man einen von Rasputins Filzgaloschen gefunden hatte – gibt eine schneefreie Stelle den Ermittlern zu denken. Hier muß ein Körper gelehnt haben. Die Fahrspuren in diesem Bereich der Brücke lassen keinen Zweifel offen, daß hier jemand ins Wasser geworfen worden sein muß – tot oder lebendig.

Als die Taucher ein Eisloch schlagen und von hier aus ins Wasser absteigen wollen, bemerkt ein Angehöriger der Wasserpolizei etwas Schwarzes aus der Eisdecke herausragen. Es ist ein Stoffetzen. Darunter finden sich Reste von Rasputins Pelz. Kurze Zeit später findet der Taucher nicht weit unter dem Pelz die Leiche.

Zum Loslösen des unter der Eisdecke angefrorenen Körpers muß das Eis aufgehackt werden. Endlich wird der Körper, noch mit Eis und angefrorenem Stoff verkrustet, ans Ufer gebracht. Hemd, Hosen und die hohen Stiefel sind unter dem Eis unverändert geblieben. Die Beine sind gefesselt und mit dem rechten Handgelenk verbunden. Die Augen sind geschlossen, der Mund geöffnet, die Zähne zusammengebissen. Das Gesicht ist mit Blut bedeckt. Auf der Leiche sind drei Schußwunden ersichtlich – am Kopf, an der Brust und am Rücken.

Nachdem ein Protokoll aufgenommen und die Leiche von allen Seiten fotografiert ist, wird diese in einen nahegelegenen Schuppen gebracht.

Kurze Zeit später klingelt es bei Maria und Warwara an der Tür. Sie sind bereits auf das Schlimmste gefaßt.

Die Fahrt geht hinaus aus der Stadt – bis zur Mündung der

Kleinen Newa, die ruhig unter einer Eisdecke daliegt. An der Brücke, die die Petrowskij-Insel mit der Krestowskij-Insel verbindet, hält der Wagen.

Man führt die Mädchen zu einem Schuppen. Als die beiden den leblosen Körper sehen, nicken sie stumm: es ist ihr Vater, Grigorij Jefimowitsch Rasputin.

»Die Leiche war noch mit Eis bedeckt, an welchem Barthaare festgefroren waren«, erinnert sich Maria an den schaurigen Anblick; – »der Schädel war eingedrückt, das Haar blutverklebt, das rechte Auge eingeschlagen, Hände und Füße gefesselt ...«

Am 20. Dezember wird die Leiche zur Autopsie in den Totenraum des Tschesma-Militärhospitals gebracht. Im Bericht des Gerichtsmediziners, Professor Kosorotow heißt es: »Drei Schußwunden. Die erste Kugel war in die linke Brustseite eingedrungen und durch Magen und Leber gegangen. Die zweite war rechts im Rücken eingedrungen und hatte die Rippen durchschlagen, die dritte hatte Rasputin an der Stirn getroffen und war ins Gehirn eingedrungen. Die beiden ersten Kugeln hatten den Starez noch im Stehen getroffen, die dritte erst, als er schon auf der Erde lag. Die Gehirnmasse strömte Alkoholgeruch aus. Im Magen wurden etwa zwanzig Löffel einer bräunlichen Flüssigkeit gefunden, die ebenfalls nach Alkohol roch. Gift konnte nicht festgestellt werden ...«

Das Verblüffendste: Der Tod war erst durch Ertrinken eingetreten. Wie war das möglich? Bis heute wurde angesichts dieser Tatsache und der Umstände der Vergiftung und Erschießung Rasputins dessen Tod als der eines mit übernatürlichen Kräften Ausgestatteten mystifiziert. Es ist an der Zeit, eine Erklärung nach dem heutigen Stand der Gerichtsmedizin zu finden, denn längst hat sich die Schulmedizin mit dem Rätsel von Rasputins Ermordung beschäftigt. Sie kommt zu folgendem Schluß:

1. Daß es sich um Zyankali handelte – und nicht etwa, wie derjenige, der das Gift besorgt hatte, später behauptete, um Aspirin –, geht aus den Symptomen hervor, die Rasputin nach Genuß der vergifteten Mehlspeisen zeigte und mit den klassischen ersten Anzeichen dieser Vergiftung übereinstimmen: Kopfschmerzen, Übelkeit, Brennen auf Zunge und im Hals, Verlangsamung der Atmung, Angstgefühle, Nervosität bis zum Hervortreten der Augen – Übergang zur zweiten Wirkungsphase.

2. Normalerweise bricht der Vergiftete nach wenigen Minuten tot zusammen, da das (Enzym-)Gift das Atmungsenzym blockiert und der Tod durch Atemlähmung eintritt. Daß das bei Rasputin nicht der Fall war, wird in erster Linie dadurch erklärt, daß das extrem lagerungsempfindliche Zyankali (= Kaliumcyanid) nicht mehr frisch genug war. Bei längerer oder unsachgemäßer Lagerung oxidiert das Kaliumcyanid (KCN) zu Kaliumcyanat (KCNO) und verliert dadurch die Fähigkeit zur Bildung des giftigen Agens, der Blausäure. Dieser Vorgang und die damit verbundene Wirkungsminderung des Giftes wurden offensichtlich auch noch durch die mechanochemische Reaktion begünstigt, die beim Zerstampfen der Kristalle Stunden vor dem Genuß der damit versetzten Mehlspeisen einsetzte.

3. Damit in Zusammenhang steht die Frage der Menge, die zur Vergiftung Rasputins erforderlich gewesen wäre. Auf Grund der Tatsache, daß bereits 66 mg Zyankali (das entspricht 27 mg Blausäure) die halbletale Dosis (d. h. Giftmenge, die in 50 % der Fälle zum Tod führt) ist, muß eine Menge von 150 mg bis 250 mg Zyankali – je nach Körpergewicht – als absolut tödlich angesehen werden. Rasputin war ein Meter zweiundachtzig groß, siebenundvierzig Jahre alt und mindestens 90 Kilogramm schwer. Für ihn werden 250 mg als letale Dosis angenommen, angesichts seiner überdurchschnittlichen Regenerationsfähigkeit so-

gar 350 mg. Wenn nun von einem »verwitterten« Mittel ausgegangen wird, hätte dessen Menge weit größer sein müssen als die übliche, um ausreichenden Giftstoff für eine tödliche Wirkung zu enthalten.

4. Bei der Entfaltung des Giftes spielen die chemischen Verhältnisse eine Rolle, auf die es im Magen-Darmtrakt trifft. Das Gift wirkt üblicherweise durch Resorption im Magen, wobei die Blausäure durch die Magensäure freigesetzt wird, was ein durchschnittliches Vorhandensein ausreichender Magensäure voraussetzt.

Diese war – so die herrschende Lehrmeinung – bei Rasputin ebenfalls nicht ausreichend vorhanden: man spricht hier vom »Achylie-Syndrom«. Dadurch wurde das Gift im Fall extremen Mangels der Magensäure gar nicht oder – bei geringem Vorhandensein derselben – nur in kleinem Ausmaß aufgenommen und hat seine Wirkung daher gar nicht, nur teilweise oder nur verzögert entfaltet, während eine solche im »Normalfall« innerhalb von fünfzehn Minuten eintritt.

5. Begleitumstände wie Verfassung und Ernährung des Vergifteten spielen ebenfalls eine Rolle. Rasputins Eßgewohnheiten lassen annehmen, daß seine Körperchemie die Aufnahme des Giftstoffes nicht begünstigte. Starkes Vorhandensein von Methämoglobin – das als Gegengift zu Zyankali eingesetzt wird – macht dieses in geringen Mengen überhaupt wirkungslos. Stark nitrithaltiges Wasser wirkt der Aufnahmebereitschaft für den Giftstoff ebenfalls entgegen. Weiters tragen gewisse Genußmittel wie etwa der von Rasputin regelmäßig konsumierte Knoblauch dazu bei, daß aufgenommene Nahrung besser »verstoffwechselt« wird. Dadurch wurde auch das eingesetzte Gift besser bewältigt.

6. Die erwähnten Erklärungen gelten auch für das gelöste Zyankali. Zumal es nicht mehr ganz frisch war und die Resorptionsverhältnisse nicht günstig waren, konnte es seine Wirkung nicht ausreichend entfalten.

7. Warum das Gift auch bei der Autopsie nicht nachgewiesen wurde, hat zwei Erklärungen. Die chemische: rasche Degradation des Gifts in biologischem Material – das bedeutet, in einem toten Körper wird es sehr rasch abgebaut und kann dann nicht mehr nachgewiesen werden. Die zweite Erklärung dafür, daß man es nicht mehr fand: die Zarin hatte aus unerfindlichen Gründen die Autopsie um punkt ein Uhr nachts abbrechen und die Leiche holen lassen.

Fazit: Verwittertes Material, Achyliesyndrom und Anazidität – Untersäuerung des Magensaftes – haben das Gift der Mörder unwirksam gemacht. Und die Schüsse?

1. Allgemein gelten die verwendeten Schußwaffen Browning (Jusupow) und Savage (Purischkjewitsch) der Bauart jener Jahre um 1910 als sehr kleinkalibrig (die Browning hatte Kaliber 6,35), wie schon die geringe Größe der Pistolen nahelegt. Keines der Projektile war ausgetreten, damit war keine große Wirksamkeit gegeben.

Dazu kommt die Einschußrichtung: der erste Schuß durch Jusupow in die Brust traf auf den unteren Bereich des Brustkorbs (und drang in Magen und Leber ein, wie die Autopsie ergab). Es wurde keine lebensbedrohende Region betroffen, die den unmittelbaren Tod zur Folge gehabt hätte.

Der spätere Schuß der Savage in den Rücken hatte keine wundballistische Wirkung. Was den Stirnschuß betrifft, hat die schräge Einschußrichtung – Purischkjewitsch schoß auf den am Boden liegenden Körper – offenbar dazu geführt, daß es zu keinen ausgedehnten Verletzungen des Gehirns kam und damit auch dieser Schuß in den Kopf keine sofortige tödliche Wirkung nach sich gezogen hat.*

*) Erstellt aufgrund von Gesprächen mit den führenden Gerichtsmedizinern der Universität Wien, denen ich an dieser Stelle zu danken habe: Vorstand des Gerichtsmedizinischen Instituts der Universität Wien, Prof. Dr. Georg Bauer, sowie Prof. Dr. Walter Vykudilik, Leiter der chemischen Abteilung.

Am Körper findet man noch ein kleines goldenes Kreuz, in welchem »Rette und hilf« eingraviert war, sowie ein Armband aus Gold-Platin mit der Gravur »N«, der Krone und dem Doppeladler. Beides wie auch das Hemd fordert die Zarin an.

Die Leiche wird in der Kapelle des Hospitals aufgebahrt. Ein seinerzeit mit Rasputin befreundeter Bischof liest einen Totengottesdienst.

Die Zarin verfügt, daß die Vertraute Rasputins, die geistliche Schwester Akulina Laptinskaja, die Leiche reinigen soll und sendet ein neues Hemd und eine schwarze Samthose zur Bekleidung des Körpers. Mit dieser Aufgabe verbringt die junge Frau fast die ganze Nacht und ist danach völlig zerrüttet.

Das alles geht in größter Geheimhaltung vor sich, um Schaulustige oder Besucher abzuhalten – sowohl jene Leute, die Rasputin wenigstens tot sehen wollen, oder jene, die ihn verehrt haben und sich von ihm verabschieden wollen, als auch jene, die über sein Wirken so aufgebracht sind, daß sie auch den Leichnam zu lynchen imstande wären.

Während der Zar nach Zarskoje Sjelo zurückgekehrt ist, wird die Frage nach dem Begräbnis gestellt. Vorsorglich hat der Innenminister das Gerücht ausstreuen lassen, Rasputins Leiche sei bereits in seinen Heimatort gebracht worden, um Menschenansammlungen zu vermeiden. Der Palastkommandant, General Wojejkow, plädiert auch wirklich für die Überführung von Rasputins Leiche zur Bestattung in seinem Heimatdorf.

Rasputin selbst hatte keine Verfügung hinterlassen, ungeachtet der angeblichen Vorahnungen, von denen nachträglich so viele Zeitgenossen Zeugen gewesen sein wollen. Er hat – ungeachtet seines Reichtums – nicht einmal dafür gesorgt, daß seine in Petersburg wohnhaften Kinder ihren

Alltag bestreiten können. Als Maria am ersten Tag nach seinem Verschwinden den Schreibtisch öffnet, findet sie nichts:

»Als wir Geld für die täglichen Ausgaben suchten, war nichts zu finden. Auch in der untersten Lade, wo Vater angeblich meine Mitgift verwahrt hatte, war nichts mehr.

Völlig mittellos rief ich [Bankier] Niki Rubinstein und Simanowitsch [ebenfalls Verwalter des Vermögens und der Aktien Rasputins] an, welche Summen bei der Bank deponiert seien und wie groß das verwaltete Kapital sei, das der erstgenannte für Vater verwaltete. Beide antworteten, weder Geld noch Kapital sei vorhanden. Abgesehen von dem, was uns der Zar geschenkt hatte, und von unserem Haus in Pokrowskoje besaßen wir nichts ...«

Der Zar gibt den beiden Kindern Rasputins spontan einen Betrag von 150.000 Rubel (zum Vergleich: die Jahresmiete von Rasputins Stadtwohnung mit fünf Zimmern hatte zwei- bis dreitausend Rubel betragen) und sagt ihnen zu, außerdem für ihre Ausbildung zu sorgen. Das stellt er in Aussicht, als er sie nach seiner Ankunft empfängt und sie seines Beileides und seiner Unterstützung versichert.

Die Frage des Begräbnisses kommt zur Sprache. Als die Mädchen ankündigen, sie wollen den Sarg nach Sibirien bringen, schüttelt der Zar den Kopf und meint, das sei zu schwierig, denn sie müßten mit dem Sarg auf dem Schlitten reisen – und wie sollten sie mit einem Sarg Unterkunft für die Nächtigungen auf der Reise bekommen?

Rasputin auf dem Territorium des zum Zarenpalast gehörenden Parks zu begraben, kommt allerdings nicht in Frage. Es wird ein Ausweg gefunden: eine Stelle auf einem zwischen Alexandrowka und dem Alexandrow-Park in Zarskoje Sjelo gelegenen Terrain wird von Anna Wyrubowa als Begräbnisstätte für Rasputin gestiftet; später will sie dort eine Kapelle und ein Denkmal für ihren Heiligen errichten lassen.

Die Kinder sehen ein, daß es besser ist, ihren Vater hier zu begraben. Sie telegraphieren ihrer Mutter.

Doch schon am nächsten Tag werden sie ernüchtert. Akulina Laptinskaja kommt mit tiefliegenden Augen von ihrem schaurigen Leichendienst zurück, übermüdet und von Fieber geschüttelt. Von ihr erfahren die Kinder, daß sie und alle Rasputin Nahestehenden vom Begräbnis ausgeschlossen bleiben sollen, das schon für den nächsten Tag angesetzt ist. Es ist undenkbar, daß Marias Mutter mit dem Bruder rechtzeitig eintrifft.

»Das kann nicht sein! Das würde die Zarin nie zulassen«, protestiert Maria und ruft Wyrubowa an. Seit dem Mord ist sie bei der Zarin untergebracht, da diese fürchtet, ihre Freundin werde das nächste Opfer sein. Die Verbindung wird hergestellt. Wyrubowa reicht den Hörer der Zarin weiter:

»Meine Liebe, ich weiß, wie ihr leidet. Aber wir glauben, es ist besser, wenn ihr euren Vater nicht seht; auch für eure Mutter wäre es ein unerträglicher Schock.«

»Aber wir haben ihn doch schon gesehen«, wendet Maria fassungslos ein, »und wir wollen alle Abschied von ihm nehmen. Mutter liebt ihn immer noch sehr. Sie will seine Hand berühren und seinen Kopf in den Sarg legen – sie will ihm adieu sagen …«

»Ich habe entschieden«, hört Maria nun die Stimme der Zarin kälter und härter als vorhin. »Es ist besser, wenn es so gehalten wird, wie ich anordne. Ihr seid nicht dabei – ihr könnt in Annas Pavillon warten, wo wir uns nach der Feier sehen können. Es tut mir leid, aber dabei bleibt es.«

General Wojejkow versucht den Zaren davon zu überzeugen, daß seine Teilnahme selbst im engsten Kreis keinesfalls opportun sei. Vermutlich aus den gleichen Erwägungen – das Beisein am Begräbnis dieser skandalumwitterten Figur sei äußerst kompromittierend – hatte er für die Überführung nach Sibirien zu plädieren versucht. Nun hört Nikolaus seinem loyalen Beamten zu und schweigt nur.

Schwierig ist für den Zaren die Handhabung der Strafmaßnahmen für die Mörder – seine engsten Verwandten. Als Nikolaus im Generalstab die Nachricht von Rasputins Tod erhielt, konnte er – Augenzeugenberichten nach – seine Erleichterung nur mit Mühe verbergen. Doch jetzt steht er vor dem Dilemma, als Zar für Gerechtigkeit zu sorgen und andererseits seine eigenen Verwandten, die er sich anhänglich und ergeben weiß, zu bestrafen für eine Tat, von der kaum jemand besser weiß als er, daß sie aus Patriotismus und Loyalität zur Dynastie begangen wurde.

Seinem Lieblingsneffen Dmitrij Pawlowitsch hatte er nach den ersten Gerüchten um dessen Verwicklung telegrafiert: »Ich hoffe, daß aus der Untersuchung Deine Unschuld hervorgeht ...«

Nikolaus entschließt sich, die Untersuchungen einstellen zu lassen. Über die beiden Hauptverdächtigen verfügt er jedoch die Verbannung.

Dmitrij Pawlowitsch muß die Hauptstadt unverzüglich verlassen und wird an die persische Front geschickt, Felix Jusupow auf sein Gut im Gebiet von Kursk. Purischkjewitschs Immunität wird nicht aufgehoben. Der großfürstliche Familienclan hat sich zusammengefunden. Man will den Zaren um Pardonierung bitten. Nikolaus erhält auch ein diesbezügliches Telegramm von seiner Mutter. Er antwortet ihr, man werde die Sache »in Gottes Hände legen«.

»Sandro«, der Nikolaus seit seiner Jugend am nächsten stehende Verwandte, wird als Vermittler zu einer Audienz zum Zaren geschickt.

Der Zar bleibt hart. Nach der ersten Enttäuschung darüber verfassen die engsten Familienmitglieder gemeinsam eine Petition an den Zaren. Sie weisen auf ihre Loyalität zum Herrscherhaus hin und verteidigen die Fürsten, vor allem den jungen Großfürst Dmitrij Pawlowitsch, der anders als Jusupow und Purischkjewitsch im Grund gar nicht beim Mord selbst mitgewirkt hatte. Sie bitten zumindest um Milderung der Maßnahme – daß der junge Fürst statt an die persische Front auf ein Gut verbannt würde. Die Petition ist von sechzehn Familienmitgliedern unterzeichnet.

Der Zar sendet sie mit der Marginalie zurück:

»Niemandem ist es erlaubt, zu töten. Ich wundere mich, daß Ihr mir überhaupt einen solchen Brief zumutet ...«

Seine Reaktion ruft nur noch mehr Entrüstung hervor. Ein älteres Familienmitglied versucht dem Zaren zu verstehen zu geben, es sei unumgänglich, wenigstens jetzt die Zarin aus seinen Entscheidungen herauszuhalten. Daraufhin wird auch er auf ein Gut verbannt.

Unverhohlen spricht man von der »Notwendigkeit, die Zarin vom Hof zu entfernen und in ein Kloster zu verbannen«. In manchen Kreisen geht man sogar an die Planung eines Komplotts, um die Zarin dabei auch ganz aus ihrer Einflußnahme auf politische Belange auszuschalten – auch dort, wo man zwar über die Entfernung Rasputins, aber nicht über die Art und Weise glücklich ist. Daß die Täter quasi aus höchsten Kreisen stammen und relativ ungeschoren bleiben, ließ andere wiederum sagen: »Einmal kommt einer von unten hinauf und wird auch schon von den Angehörigen des Hofes beseitigt ...«

Schon in der Verbannung schreibt Felix Jusupow an seine Schwiegermutter, Großfürstin Xenia, Schwester des Zaren: »Ich, der ich genau weiß, was dieser Mann [er meint den

Никому не дано право заниматься убийством; знаю, что совѣтъ многимъ не даетъ покоя, т.к. не одинъ Дмитрій Павловичъ въ этомъ замѣшанъ. Удивляюсь вашему обращенію ко мнѣ.

Николай

Ваше Императорское Величество

Мы всѣ, чьи подписи Вы прочтете въ концѣ этого письма, горячо и усиленно просимъ Васъ смягчить Ваше суровое рѣшеніе относительно судьбы Великаго Князя Дмитрія Павловича. Мы знаемъ, что онъ боленъ физически и глубоко потрясенъ, угнетенъ нравственно. Вы,—бывшій его Опекунъ и Верховный Попечитель, знаете какой горячей любовью было всегда полно его сердце къ Вамъ, Государь, и къ нашей Родинѣ. Мы умоляемъ Ваше Императорское Величество, ввиду молодости и дѣйствительно слабаго здоровья Великаго Князя Дмитрія Павловича, разрѣшить ему пребываніе въ Усовѣ или Ильинскомъ.—

Вашему Императорскому Величеству должно быть извѣстно въ какихъ тяжкихъ условіяхъ находятся наши войска въ Персіи, ввиду отсутствія жилищъ, эпидемій и другихъ бичей человѣчества; пребываніе тамъ для Великаго Князя Дмитрія Павловича будетъ равносильно его полной гибели и въ сердцѣ Вашего Императорскаго Величества вѣрно проснется жалость къ юношѣ, котораго Вы любили, который съ дѣтства имѣлъ счастье быть

Gnadengesuch an den Zaren von seinen Verwandten zugunsten Dmitrij Pawlowitsch (der Beteiligung an Rasputins Mord verdächtigt). Am Briefkopf Nikolajs Antwort: »Niemand hat das Recht zu töten. Ich weiß, daß das

часто и много возлѣ Васъ и для котораго Вы были добры какъ отецъ.

Да внушитъ Господь Богъ Вашему Императорскому Величеству перемѣнить Свое рѣшеніе и положить гнѣвъ на милость. –

Вашего Императорскаго Величества

горячо преданные и сердечно любящіе:

Gewissen keine Ruhe läßt und nicht nur Dmitrij Pawlowitsch davon betroffen ist. Ich wundere mich über Euer Ansuchen. Nikolaj«

413

Mörder, also sich selbst] während und nach der Tat gefühlt hat und was er auch noch weiterhin empfindet, kann in ganz kategorischer Form erklären, daß er kein Mörder, sondern ein Werkzeug in den Händen der Vorsehung gewesen ist. Nur das Schicksal konnte ihm die unfaßbare und übermenschliche Kraft und Gemütsruhe verleihen, seine Pflicht gegenüber dem Vaterland und dem Zaren zu erfüllen, indem er diese böse und dämonische Macht auslöschte, die eine Schande für Rußland und für die ganze Welt war und der gegenüber bisher noch alle machtlos gewesen waren …«

Und Großfürst Dmitrij Pawlowitsch schreibt, von allem niedergeschlagen und in seiner Einsamkeit in Persien von Heimweh geplagt, an seinen Vater:

»Der Gott der russischen Erde weiß sicher, daß – wer auch immer die Täter waren – es Menschen waren, die ihre Heimat mit einer aufrichtigen, brennenden, leidenschaftlichen Liebe geliebt haben.

Diese Menschen, die Rußland lieben, sind ihrem Zaren brennend ergeben. Eine Situation, wie sie herrschte, konnte nicht mehr länger andauern. Unser Land konnte nicht weiter von Strohpuppen regiert werden, die den von einem Pferdedieb, einem fast ungebildeten, schmutzigen und ausschweifenden Muschik hingekritzelten Zetteln* gehorchten. Es war an der Zeit, die Atmosphäre von diesem Alptraum zu befreien. Es war an der Zeit, wieder reines Licht am Horizont zu sehen …«

Und Purischkjewitsch, der die letzten Schüsse abgegeben hatte:

»Rasputin ist nicht mehr. Er ist getötet. Das Schicksal wollte es, daß ich es war und kein anderer, der den Zaren von Rußland befreite; das Schicksal wollte es, daß er durch mei-

---

*) gemeint sind die täglichen Interventionszettel Rasputins

ne Hand fiel. Gott sei gelobt! Ja, Gott sei gelobt, daß die Hand des Großfürsten Dmitrij Pawlowitsch, der nur Zuschauer bei der Sache war, nicht von diesem unreinen Blut befleckt worden ist …«

Bevor der Sarg mit Rasputins Leiche für die Bestattung geschlossen wird, läßt ihm die Zarin jene Ikone auf die Brust legen, die sie ihm aus Nowgorod mitgebracht und noch am Abend vor seiner Ermordung mit ihrer Unterschrift und jenen der Großfürstinnen durch die Wyrubowa hatte überbringen lassen. Dazu ihr Abschiedsbrief an ihren »Freund und Beschützer«:

»Mein teurer Märtyrer, gib mir Deinen Segen, auf daß er mich auf meinem schmerzlichen Weg ständig begleiten möge, der mir noch hier auf Erden vorbehalten ist. Und gedenke unser im Paradies in Deinen heiligen Gebeten. Alexandra.«

Noch in den letzten Tagen des Dezember spielt sich die gespenstische Szene ab, da sich buchstäblich um Mitternacht, in Nebel und Schneetreiben gehüllt, ein paar Menschen – die Zarenfamilie mit Anna Wyrubowa und zwei Militärs – irgendwo im unendlichen Park in Zarskoje Sjelo andächtig versammeln. Während der mit Ikonen und Blumen der Zarin überhäufte Sarg vor der einsamen kleinen Gruppe langsam in die verschneite Erde gesenkt wird, entzünden unzählige Menschen wenige Kilometer entfernt in der Hauptstadt Kerzen vor der Ikone des heiligen Dmitrij: sie beten zum Namenspatron von Dmitrij Pawlowitsch um Segen und Gnade, auf daß er und seine Mitverschwörer vor den Folgen ihrer Tat beschützt würden …

Andere wieder fragen sich, was nun sein würde – hat man doch Rasputin oft der Zarin prophezeien (oder drohen?) gehört: »Wenn mir etwas zustößt, wirst du deine Krone verlieren und furchtbares Unglück wird über euch kommen …«
Hat sich diese Prophezeiung Rasputins, für den Fall seines gewaltsamen Todes ausgesprochen, nicht erst recht durch sein Wirken zu Lebzeiten erfüllt?

Protokoll über die Verbrennung von Rasputins Leiche und Sarg in der
Nacht vom 10. auf 11. März 1917 auf der Straße zwischen Petrograd und
Zarskoje Sjelo (siehe Prolog)

EPILOG

Anfang 1917. Auch nach Rasputins Tod bleibt sein Name in aller Munde. War es nicht sein Protegé – Innenminister Protopopow – der die stürmische Duma-Sitzung im vergangenen Dezember schließen ließ? Liegt nicht Rasputins Geist nach wie vor wie ein Schatten über den Ereignissen, die nun zu bürgerkriegsähnlichen Unruhen eskaliert sind? Die Empörung der Öffentlichkeit, die nach dem Eklat zwischen Duma und Regierung offen ausgebrochen ist, richtet sich gegen die Zarin, die in aller Augen mit ihrer »Regentschaft« unter Rasputins Eingebung das Land angesichts der schwierigen Lage während des Krieges in den Ruin gestürzt hat. Demonstrationen sind an der Tagesordnung. Im Februar werden sie in Massenstreiks ihren Höhepunkt erreichen, der Zar wird dem Druck nachgeben und – abdanken.

»Wir sind frei von Ihnen«, schleudert ein anonymer Autor im »Offenen Brief« einer Petersburger Tageszeitung Alexandra entgegen, die sich, entmachtet, mit ihrer Familie unter Hausarrest in Zarskoje Sjelo befindet. »Nicht weil Sie Deutsche sind, hassen wir Sie – Katharina II. war auch eine Deutsche; aber sie hat sich mit der Elite des Landes umgeben, um Rußland den größten Aufschwung in der Geschichte zu bescheren – und was haben Sie getan? Ein Muschik, Analphabet und Wüstling war Ihr einziger Freund und Berater, mit dem Sie sich anmaßten, Rußland zu regieren …«

Die Zeitungen überbieten sich mit Serien und Berichten darüber, wer und wie Rasputin »wirklich« war. In satirischer Form läßt man sein Leben Revue passieren, in kaum mehr verschlüsselter Form wird er nachträglich mit Schimpf und Schande bedacht. »Im Salon der Gräfin I(gnatjewa)«, beginnt ein satirisches Epos, dessen Ende lautet: »... und selbst der Amor am Plafond wendet sich mit Grauen statt die dumme Gans samt ihrem Titel mit dem Muschik und Vagabunden anzuschauen ...«

»Akaphist« – Anbetung des Heiligen – lautet ein anderer Einfall, ganz im Stil der Huldigung für einen Heiligen nach orthodoxem Ritus gehalten:

»Dem Satan empfehle ich Grigorij Nowych, Verräter christlichen Glaubens, Zerstörer Rußlands, Entweiher von Frauen und Mädchen, der um des Satans willen einen schmachvollen Tod erlitten hat (...) Erfreue Dich, Grigorij, an der geschmähten Kirche, am Sieg Pitirims, am Niedergang des Hl. Synods, der Gefangennahme Hermogens, der Ernennung Stürmers, der Lüge des Ehebruchs, freue Dich, großer Wüstling Grigorij, über die dunklen Kräfte, über den bösen Dämon, über Deine Schutzpatrone, die Gauner, freue Dich, Grigorij, großer Übeltäter...«

Am vierzigsten Tag nach Rasputins Tod – analog zur orthodoxen Glaubensvorstellung, wonach ein Verstorbener an diesem Tag in das ewige Reich eingeht – erscheint in einer anderen Petersburger Zeitung das

»Allerhöchste Grabesmanifest des Grischka Rasputin.

Von Teufels Gnaden erklären Wir, Grigorij, der letzte Pferdedieb und ehemalige Selbstherrscher von Ganz Rußland, Badezar, Raufgroßfürst usw. usw. allen Unseren üblen Rasputlern, Taschendiebministern (...) und Unserem übrigen Gesindel, daß wir Uns derzeit in der Hölle aufhalten, wo Wir jeden Tag mit des Satans Segen im heißen Bad dampfen und Uns in Gesellschaft all der Unterweltsbuhlerinnen, längst vermoderter Katharinas* und Messalinas befinden. Leider sind sie alle keine so guten Sklaven wie dies in Zarskoje Sjelo der Fall war, also noch fröhliche Zeiten herrschten. Wir vermissen hier auch die Deutsche Saschka**, Romaschka Nikolka***, die Reverenz Stürmers, das Spinnennetz Schtscheglowitows und den Spion Suchomlinow (...) sowie alle übrigen Pharaonenfratzen und scheinheiligen Synodengötzen.

Wir rufen alle Unsere üblen Rasputler, Taschendiebminister, Gendarmwachen, Barone und Pharaone und die deutschen Spione und Spioninnen, die in Rußland unter Meiner Herrschaft die höchsten Posten bekleideten und für Wilhelm**** mit dem russischen Volk kämpften – wir rufen sie alle auf, sich zu beeilen und schnellstens zu Uns in die Hölle zu kommen.

Hier in der Hölle, gezeichnet am vierzigsten Tag Unseres Hundetods mit der echten Hinterpfote Seiner Hundemajestät.

Grigorij«

Dazu werden die Geheimberichte der Beschattung Rasputins 1915/1916 veröffentlicht – Momentaufnahmen, die den Alltag seiner letzten Jahre Revue passieren lassen:

»10. Januar. Sch. brachte ihm [Rasputin] einen Teppich als Geschenk. R. sandte ein Telegramm nach Zarskoje Sjelo: ›Bin im Geist bei Euch, mein Gefühl ist das Gefühl Gottes ...‹

12.1. – R. empfing Bittsteller mit Gesuchen an Höchste Stelle, einer zur Begnadigung eines Freundes aus der Haft, der andere für einen wegen Wechselbetrugs Verurteilten. Nahm je 250 Rubel ...

---

*) Anspielung darauf, daß Zarin Alexandra sich in letzter Zeit selbst zu einer Katharina II. hochstilisierte
**) Pejorativ zu Alexandra
***) Nikolaus mit Wortspiel Romaschka (Kamille) – Romanow
****) den deutschen Kaiser

12. Februar. (…) Rasputin in Begleitung einer unbekannten Frau zur Troizkaja 15–17, Haus Andronnikows; kam erst um halb fünf Uhr morgens nach Hause (…)

3. April. Rasputin brachte um ein Uhr nachts eine Frau mit in seine Wohnung, die bei ihm übernachtete (…)

9. April. Verbrachte den Abend ab 9 h 45 in der Sadowaja 18 bei A. F. Filippow, ehem. Herausgeber von ›Geld‹ und ›Börsentag‹; kam um 6 h 30 morgens nach Hause.

25. April. R. sandte Telegramm an den Tobolsker Bischof Warnawa: ›War beim Ober[prokur des Synods], betreffend Krieg ablehnend, war liebenswürdig, hilft aber nicht unsrer Sache …‹

26. April. Etwa um 10 Uhr abends unbekannte Männer und Frauen bei R., 10–12 Personen, darunter [Bankier] Rubinstein (…)

27. April. R. wird am Telefon nach Zarskoje Sjelo gerufen, doch nachdem er nicht ausgeschlafen ist, raten ihm Wolynskij und Kusowa, nicht in diesem Zustand zu fahren: ›Das verdirbt alles‹.

2. Juni. R. kommt um 10 Uhr abends betrunken mit [Bankier] Manus und Kusminskij und läßt durch den Pförtner nach der Masseurin schicken (…) An der Treppe belästigt er die Frau des Pförtners und verlangt von ihr, ihn zu küssen. Diese kann sich losreißen und [Rs. Haushälterin] Dunja anrufen, die ihn holt …«

Minister und hohe Beamte des Zaren, von der Provisorischen Regierung interniert, werden verhört. Aus den Mosaiksteinen ihrer Aussagen läßt sich die Szenerie von Rasputins Spiel erahnen. Die Quintessenz der Erkenntnisse aufgrund der Aussagen von Polizeichef Bjeljetzkij, Innenminister Chwostow, »Fürst« Andronnikow, Journalist und Mitarbeiter des Ministers Stürmer, Manasjewitsch-Manuilow und des ehemaligen Palastkommandanten lautet:

(Aus dem Bericht:) »… Um zu verhindern, daß der Zar

durch Rs. Benehmen diskreditiert wird und um damit anti-dynastischen Strömungen entgegenzuwirken, wurde R. auf der Straße und in der Wohnung beschattet; man führte auch eine weibliche Agentin, N. I. Tscherwinskaja, bei ihm ein. Die Agenten brachten ihn auch diskret von kompromittierenden Orgien nach Hause. Bjeljetzkij gab R. monatlich 1500 Rubel gegen das Versprechen, ihm und dem Innenminister keine Bittsteller mehr zu senden. Doch er hielt sich nicht an das Versprechen, sie kamen sogar in deren Privatwohnungen und bestürmten deren Ehefrauen. Man verdoppelte den Betrag – das lief über Andronnikow –, aber ganz konnte man ihn dennoch nie unter Kontrolle halten.

Seine Kandidaten [für Ministerposten usw.] traf er in der Wohnung Andronnikows. Viele junge Männer gaben sich vergeblich dessen homosexuellen Neigungen hin. Dieser erhielt für seine Vermittlungen Geld. Er lebte nur davon. Danach wurden die Männer Wyrubowa und Palastkommandant Djedjulin vorgestellt, schließlich der Zarin, die den jeweiligen Kandidaten dem Zaren empfahl; wenn er dann von diesem empfangen wurde, brauchte er nur mehr einen möglichst guten Eindruck zu machen und zu sagen, was man von ihm erwartete.

Während der Duma-Sitzungen versuchte man nach Möglichkeit, R. aus der Hauptstadt zu entfernen, um Ruhe zu schaffen (…) Für eine solche Reise zu Klöstern engagierte man einen alten Freund von R.; dieser forderte dafür die Versetzung in einen höheren Rang; man erfüllte das ebenso wie Rs. Bedingung, den Gouverneur von Tobolsk [der Berichte über R. Benehmen nach Petersburg gesandt hatte] abzusetzen; für das Versprechen, die Reise anzutreten, nahm R. auch einen hohen Betrag, fuhr dann aber doch nicht (…) Stürmer [von R. zum Innen-, Premier- und Außenminister befördert] traf R. regelmäßig zu geheimen Gesprächen in

der Peter-und-Pauls-Festung. Das war deshalb möglich, weil deren Chef Vater einer Anhängerin Rs. war (...)
Simanowitsch schlich sich bei R. ein, um an den Petitionen mitzuverdienen. Erst brachte er ihm vor allem jüdische Freunde, die wegen Betrugs verurteilt waren, oder solche, die illegale Konzessionen wollten, dann führte er zwei Jüdinnen ein, die sich als Huren verdingten und bei der Gelegenheit von R. für verschiedene Personen intervenierten, die sie dabei gut bezahlten. Simanowitsch, offiziell als Kaufmann gemeldet und besteuert, betrieb keinen Handel und bereicherte sich nur durch die Vermittlung von Petitionen bei R., für die er den größten Teil der Gelder kassierte; er unterhielt davon Frau und drei Kinder und verspielte das Geld in Spielsalons (...)
R. hatte zwar auf Besetzungen Einfluß, aber nicht auf innen- oder außenpolitische Entscheidungen ...«
Innenminister Chwostow: »... Ich fand bei allen Kontaktpersonen unzählige Petitionen mit Rs. üblichem ›Lieber, teurer ...‹ versehen – die allerschmutzigsten Geschäfte; und als die 100 Betrüger, die sich durch gekauften medizinischen Rang Wohnrecht in der Hauptstadt erschlichen hatten, intervenierten, verdiente Simanowitsch allein 100.000 Rubel. Als ich gerade Hausdurchsuchungen bei den Beschuldigten vornahm, erhielt ich den Befehl, die Erhebungen abzubrechen – ein Brief von Wyrubowa im Namen der Zarin; ich mußte aufhören, und Stürmer entließ sie ...
R. war selbst kein Spion, aber in der Hand der deutschen Spionage. Nach einer Flasche Portwein plauderte er alles aus, was man von ihm wissen wollte; ich erinnere mich auch genau, wie er einmal nach Zarskoje Sjelo fuhr, weil Rubinstein ihn beauftragt hatte festzustellen, ob in einem bestimmten Gebiet ein Angriff geplant sei, weil er im Gouvernement Minsk einen Wald kaufen wollte ...«
Andronnikow auf die Frage, was ihn mit R. verband:

»Eigentlich nichts, ich hatte nichts mit ihm zu tun. In meinen Augen war er nur ein sehr tiefsinniger Mensch. Er kam oft zur Fischsuppe zu mir, manchmal mit Tscherwinskaja. Da sprach er von seinem Verhältnis zu Gott und allerlei Unverständliches, und wir fanden, er sei ein tiefsinniger Mann ...«

Innenminister Protopopow, in seiner Eigenschaft für die Eskalation der Lage um 1916/17 verantwortlich:

»Ob man Einfluß auf mich auszuüben versuchte? Gewiß. Aber ich hatte mit keinerlei Angelegenheiten oder Geschäften zu tun. Interventionen für Besetzungen? Gewiß, Berge von Petitionen. Aber R. übte keinen übermäßigen Druck auf mich aus. Was das heißt? Ich sage kategorisch, daß ich nur erfüllte, was mir möglich schien, und die restlichen Anträge ignorierte ich ...«

Anna Wyrubowa: »... Ob ich dieses Telegramm kenne? Ich erinnere mich nicht, den Sinn des Textes mißverstehen Sie ganz. Angeblich hat er [R.] sich mit Politik befaßt, aber mit mir hat er nie darüber gesprochen (...) – Ich soll Minister befördert haben? Wie sollte ich, wo ich sie doch nicht einmal kannte! Ob ich sie mit der Zarin zusammengebracht habe? Keine Spur. (...) Rasputin hat sich nicht in politische Angelegenheiten eingemischt. Ja, man sagte mir, Protopopow sei manchmal bei ihm. In meiner Anwesenheit (...)? Purer Unsinn. Stürmer? Ich soll R. seinetwegen angerufen haben? Erfindung.

Ob ich der Zarin wegen seines gefährlichen Einflusses etwas gesagt habe? Nun, sie sahen sich ohnehin selten, ein-, zweimal im Monat. Ob ich am Ende gesagt habe, R. fernzuhalten – nun, ich fürchtete, etwas zu sagen ...«

Der Vorsitzende der Außerordentlichen Kommission, Rudnjew, resümiert: »Rasputin war zweifellos ungeachtet seiner mangelnden Bildung äußerst raffiniert und verfügte über undefinierbare innere Kräfte, mit denen er mit und ohne Hypnose auf andere Menschen einwirken konnte ...«

Frühjahr 1917, Kislowodsk, ein Kurort im Kaukasus. Großfürst Andrej Wladimirowitsch erhält Besuch. Es ist der Untersuchungsrichter Sjereda, dessen letzte Aufgabe der Mordfall Rasputins war. Bei gemeinsamen Spaziergängen enthüllt er dem Cousin des Zaren einiges von dem, was hinter den Kulissen der offiziellen Erhebungen vorging.

»Simanowitsch gab an, daß sich in den letzten Tagen vor dem Mord Warnungen häuften; Rasputin war so verängstigt, daß er in Zarskoje Sjelo und beim Innenminister direkt um mehr Schutz bat und sich kaum aus dem Haus wagte. Bevor er am letzten Abend mit Jusupow ausging, rief er Simanowitsch an und sagte, er würde sich in einer Stunde melden und die Telefonnummer seines Aufenthaltsortes bekanntgaben (...) Dem Pförtner sagte er, als er ›mit einem gutgekleideten Mann‹, wie dieser aussagte, über den Hintereingang wegging, er solle nicht auf ihn warten, er käme spät und über den Haupteingang zurück. (...) Im Polizeirevier hörte man von der Mojka her um halb drei morgens vier Schüsse, drei hintereinander, einen später. Auf die Frage des Wachebeamten an die Wache vor dem Jusupow-Palais hieß es, niemand habe geschossen. Doch dann habe Jusupow ihn zu sich gerufen. Dort hätte ihn Staatsrat Purischkjewitsch gefragt, ob er ihn kenne, ob er Rasputin kenne, ob er Patriot sei und ob er schweigen könne. Er ging weg und wußte nicht, was er tun sollte.

Doch frühmorgens riefen wir bei Rasputin an und erfuhren, daß er nicht zurückgekehrt sei. Um neun Uhr früh begaben wir uns zum Hof des Jusupow-Palais. Dort war der Schnee geräumt, doch Spuren eines Automobils und Blutspuren waren sichtbar. Ich ließ für alle Fälle eine Blutprobe nehmen und erfuhr bald, daß es sich um Menschenblut handelte (...)

Nach Angaben des stellvertretenden Innenministers und Polizeichefs, Dschunkowskij, stellte man bei Rasputins Leiche fest, daß die Finger der rechten Hand zu einem Kreuzzeichen gelegt waren; man sagte, er wollte damit den Dämon des Todes abwenden (...)

Wir fingen Telegramme u. a. von Jusupows Mutter an Duma-Präsident Rodsjanko ab. Sie war offenbar im Bilde und hoffte, daß Rußland nun von der zerstörerischen Kraft des Muschik befreit sei.

Wojejkow berichtete, der Zar habe keinerlei Anzeichen der Erschütterung, ja vielmehr der Erleichterung zu erkennen gegeben, als er ihn über die Erhebungen am laufenden hielt. Wojejkow meinte, daß Rasputin von den Freimaurern gegen die Dynastie benutzt worden sei (...)

Vielleicht stimmt es, was Jusupow sagte – und damit ein für allemal seine Mordtat rechtfertigt: Rasputin habe ihm anvertraut, er wolle erreichen, daß der Zar zugunsten des Thronfolgers Alexej abdanke und bis zu dessen Volljährigkeit die Zarin die Regentschaft führe; als erste Handlung werde man einen Separatfrieden mit Deutschland schließen ... – War Rasputin sein jahrelanges Spiel noch immer nicht leicht genug und der Zar selbst ihm im Weg?«

Während die beiden Männer im Kaukasus ferne der Hauptstadt resümieren, bereitet sich die Familie des Zaren, in Zarskoje Sjelo von der Umwelt abgeschlossen, auf eine Abreise vor. Sie weiß nicht, wohin es gehen wird, nur die Empfehlung, warme Kleidung mitzunehmen, deutet auf ein Ziel in Sibirien hin. Und sie wissen nicht, daß es eine Reise ohne Wiederkehr sein wird.

Quellen

Archive

GARF – Gos. Archiv Rossijskoj Federacii, Moskau
Historisches Archiv Tobolsk, Sibirien
Historisches Archiv Tjumen, Sibirien
Historisches Archiv, Sankt Petersburg
Kinothek Sankt Petersburg
Militärhistorisches Archiv Freiburg/BRD
Archiv des Auswärtigen Amtes Bonn
Bundesarchiv Abteilung Potsdam
Geheimes Staatsarchiv Preuß. Kulturbesitz Berlin-Dahlem

Gespräche mit Augenzeugen

Praskowja Matwewjewa – Schwägerin Rasputins
Botkina Tatjana Jewgenjewa – Tochter des Hofarztes
Kriwoschejn Igor Alexandrowitsch – Sohn des Landwirtschaftsministers A. W. Kriwoschejn
Romanow Großfürst Wladimir Kyrillowitsch – Neffe von Zar Nikolaus II.
Schtscherbatow A. P. – Neffe des Innenministers um 1915, N. B. Schtscherbatow
Stolypin Ardakij Petrowitsch – Sohn des Innen- und Premierministers P. Stolypin

Primärquellen

Polizeiberichte, Aufzeichnungen der Agenten der Ochrana, Schriften Rasputins, Aufzeichnungen seiner Sekretärin Laptinskaja, Tagebuch von Nikolaus II., Tagebuch von Alexandra Fjodorowna, Tagebuch des Gf. Andrej Wladimirowitsch 1916–17, Briefe und Telegramme von und an Rasputin, Protokolle der Duma-Sitzungen, Verhörprotokolle der Außerordentlichen Kommission der Provisorischen Regierung

Alexander (Großfürst) Michajlowitsch (»Sandro«) – Wospominanija, Moskau 1991

Awrjech, A. Ja.: Carism nakanunje sverženija (Der Zarismus am Vorabend des Zusammenbruchs), Moskau, Nauka 1989

Amalrik, Andrej: Rasputin, Paris, Seuil 1982

Bochanow, A. N.: Sumerki monarchii (Dämmerung der Monarchie), Moskwa, Woskresjenie 1993

Brusilow, A. A.: Moji Wospominanija, Moskwa, Wojenisdat 1983

Dschanumowa, E. F., Mejiwstretschi Gr. Rasputinym (Meine Begegnungen mit G. Rasputinym), Petrograd – Moskwa, »Petrograd« 1923

Falejew, Wladimir: Za čto ubili Grigorija? (Warum hat man Grigorij umgebracht?), Moskwa, Molodaja guardija 1991

Forel, August: Die sexuelle Frage, München 1905 (Aufsatz)

Forel, August: Hypnotismus und suggestive Psychotherapie, Stuttgart 1907

Gilliard, Pierre: Trinadzatj ljet pri russkom dworje (Dreizehn Jahre am russischen Hof), Lew, Paris 1978

Gruber, Elmar: Traum, Trance, Tod – aus der geheimen Welt der Schamanen, Stuttgart, Herder 1985

Gutschkow, Alexander I.: Rasskazyvajet vospominanije, Moskau, Voprosy istorii 1993

Heresch, Elisabeth: Blutiger Schnee, Augenzeugen der Oktoberrevolution, Graz – Wien – Köln, Styria 1987

Heresch, Elisabeth: Das Zarenreich, München, Langen Müller 1991

Heresch, Elisabeth, Feigheit, Lüge und Verrat – Nikolaus II., München, Langen Müller 1992

Heresch, Elisabeth: Alexandra: Tragik und Ende der letzten Zarin, München, Langen Müller 1993

Hippius, Sinaida: Živyje lica, Tjumen 1991

Kerenaskij, Alexander F.: Die Kerenski-Memoiren, Wien, Zsolnay 1966

Kokowzow, Wladimir N.: Is mojewo proschlogo (Aus meiner Vergangenheit), Moskwa, Sowremennik 1991

Krasnyj Archiv (Enzyklopädie), Moskau 1934

Lockhart, R. H. Bruce: Vom Wirbel erfaßt, Bekenntnisse eines britischen Diplomaten, Stuttgart, DVA 1933

Massie, Robert K.: Nicholas and Alexandra, New York, Garden City 1967

Miljukov, Paul: Political Memoirs 1904–1917, USA, University of Michigan Press 1967

Mosolow, A. A.: Pri dworje posljednjego Rossijskogo imperatora (Am Hof des letzten russischen Kaisers), Moskwa, Ankor 1993

Paléologue, Maurice: Wospominanija byvšogo francuskogo posla v Rossii (Erinnerungen des ehemaligen französischen Botschafters in Rußland), Moskwa 1923

Platonow, Oljeg: Schisn sa zarja (Ein Leben für den Zaren), Moskau, Rossijane Nr. 10, 1992

Rasputin, Maria/Baryham, Patty: Rasputin, the Man Behind the Myth, London, Allen 1977

Sazonow, Sergej D.: Les années fatales (Die Schicksalsjahre), Paris, Payot 1927

Schukowskaja, W.A.: Wospominanija o Grigorii Jefimowitsche Rasputine 1914–1916, Moskwa Rossijskij Archiv 1992

Schulgin, W. W.: Wospominanija, Moskwa, Dni 1989

Simanowitsch, Aron: Rasputin i Jewrei (Rasputin und die Juden), Moskau, Wnjeschtorgisdat 1991

Spiridowitsch, General Alexandre: Les dernières années de la Cour de Tzarskoje Selo (Die letzten Jahre am Hof von Zarskoje Sjelo), Paris, Payot 1928

Stolz Alfred: Schamanen – Ekstase und Jenseitssymbolik, Köln, Dumont 1988

Swjatoj tschort (Der heilige Teufel), o. A., Moskwa, Knischnaja palata 1990

Teffi-Butschinskaja, Nadjeschda: Wospopminanija (Erinnerungen), Paris, La renaissance 1932

Witte, Sergej Ju.: Wospominanija (Erinnerungen, Bd. III), Moskau, Isd. Soc.-ekon. literatury 1960

Wyrubowa, Anna: Frejlina jejo Welitschestwa (Hofdame Ihrer Majestät), Moskwa, Sowjetskij pisatel 1991

NAMENREGISTER

433

fördert wurde, um »friedensbereites« Chaos in Rußland zu erzeugen; einer seiner Freunde gehörte zum Kreis Rs. 332, 337ff, 347

Peter I., »der Große« Zar von Rußland (1672–1725), erster Träger des Titels »Imperator«, schaffte Patriarchat zugunsten Synod ab 35, 55

Petschorkin Dmitrij, Jewdokija und Jekaterina, Anhänger Rs. 156, 231

Philippe (»Monsieur Philippe«) eig. P. Vachod, frz. Spiritist und Scharlatan, als »Prophet« Vorgänger Rs. bei Zarin Alexandra 60

Pistolkors A. E. von, Generalmajor der Suite, Ehemann einer Freundin Rs. 343

Pistolkors Alexandra A., Frau des Kammerjunkers und Beamten der Staatskanzlei A. E. v. Pistolkors; Schwester v. A. Wyrubowa, Anhängerin Rs. 72, 229, 232ff

Pitirim (alias Pawel Wasiljewitsch Oknow, 1858–1921), Metropolit von Pb. aufgrund Rs. Intervention, zuvor als Bischof von Nowgorod, Tula und Kursk diverser Unregelmäßigkeiten bezichtigt 315, 317f, 343, 418

Pjotr Nikolajewitsch, Großfürst, Onkel v. Zar Nikolaus II., verheiratet mit Gf. Miliza, Förderin Rs. 62

Poincaré Raymond, frz. Staatspräsident 281

Pokrowskij, P. M., russ. Historiker 132f

Poliwanow Alexej Andrejewitsch (1855–1920), General der Infanterie, 1905–1906 Generalstabschef, 1915–1916 Kriegsminister 322

Pourtalès Graf Friedrich v., dt. Botschafter in Pb. bis 2.8.1914 (dt. Kriegserklärung an Rußland) 331

Praskowja s. Rasputina

Prieger K., Admiralstabschef der dt. Marine im I. Weltkrieg 341

Protopopow Alexander Dmitrijewitsch (1866–1917), Dumamitglied, aufgrund Rs. Intervention v. Sept. 1915 bis Feb. 1917 Innenminister, der die Dumasitzung schließen ließ und die Unruhen auslöste 74, 122, 363, 366f, 375, 379, 391ff, 417, 423

Purischkjewitsch Wladimir Mitrofanowitsch (1870–1920), Grundbesitzer, Abgeordneter der II.–IV. Duma im konservativen Flügel, Mitbegründer des »Bundes des russischen Volkes« und »Erzengel-Michael-Bundes«, beteiligt an der Ermordung Rs. 366, 368ff, 382, 384ff, 392f, 396f, 406, 410f, 414, 424

Putilow A. I., Industrieller, stv. Finanzminister, Vorstand diverser Banken (Bauernb., Adelsb., Russ-Asiat. B) 258

Radzig N. A., 1897–1913 Kammerdiener von Zar Nikolaus II. 176f, 224

Rasputin Dmitrij Grigorjewitsch, Sohn Rs. (*1895) 48

Rasputin Grigorij Jefimowitsch – R.; im Register nicht eigens angeführt

Rasputin Jakow Wasiljewitsch, Großvater von R. 20

Rasputin Jefim Jakowitsch, Vater von R. 20, 156

Rasputina Anna Wasiljewna, Mutter von R. 20

Rasputina Praskowja Fjodorowna (Paraskjewa F. Dubrownina), Ehefrau von R. 37, 53, 156

Rastrelli Bartolomeo Francesco, ital. Architekt, Erbauer des Winterpalais 59

Rauchfuß K. A., Kinderarzt, Leibarzt von Alexej, † 1915 242

Rimskij-Korsakow Alexander A., Mitglied des Reichsrates 218

Rodé Adonij, prominenter Besitzer eines Pb. Restaurants u. Varietés, Treffpunkt der gehobenen Gesellschaft 262

Rodionow S., Pope 196

Rodsjanko Michail Wladimirowitsch (1859–1924), einer der Führer der Oktobristen, Dumapräsident 1911–1917, loyaler Berater des Zaren und als solcher schärfster Kritiker Rs. 180f, 212, 218, 220f, 229, 251f, 314, 364, 398, 425

Romberg Gisbert Freih. v., dt. Diplomat, Gesandter i. Bern um 1916, mit russ. Revolution befaßt 340

Rosen Baronin A. W., Anhängerin Rs. (Baron Rosen: russ. Botsch. in Tokio) 258

Roschdeschtwenskij S. P., Admiral, Oberkomm. d. russ. Flotte im Pazifik 65

Rostowzow Graf J. N., Sekretär d. Zarin Alexandra Fjodorowna 302

Rschewskij Boris Michajlowitsch, anfangs Journalist für »Russkoje slo-

Sokolow N. D., Pb. Jurist, Professor, Anwalt d. Liberalen, Mitglied d. Duma 287

Sokolowa J., Pb. Künstlerin, Anhängerin Rs. 155

Solotarjew P., Bekannter d. A. Bogdanowitsch 218

Solowjow N. N., Mitglied des Hl. Synods, Freund Rs. 317f

Spalajkovic Miroslav, serb. Gesandter in Petersburg um 1914 282

Spiridowitsch Alexander Iwanowitsch (1873–1952), Generalmajor, 1903–1905 Chef der Geheimen Sicherheitspolizei, 1906–1916 Chef der Palastwache von Zar Nikolaus II., Kritiker Rs. 188, 191, 291, 328

Stargorodskij s. Alexej (Patriarch)

Sticker G., dt. Mediziner und Parapsychologe 130

Stolypin Pjotr Arkadjewitsch (2.4.1862 bis 5.9.1911), einer der bedeutendsten Staatsmänner unter Nikolaus II., Reformer, Innenminister ab 1906 und bis 1911 auch Ministerpräsident, Kritiker Rs., in Kiew in Anwesenheit des Zaren ermordet 97ff, 146, 162f, 178, 180ff, 187ff, 190ff, 226

Stürmer Boris Wladimirowitsch (1848–1917), Jurist, Beamter, Gouverneur, seit 1902 bei Plewe im Innenministerium, aufgrund Rs. Intervention Ministerpräsident 10.1.–11.1916, 3.3.–7.7.1916 Innen-, 7.7.–10.11.1916 Außenminister, 1917 erschossen 343, 367, 418ff

Stürgkh Graf v. Karl, österr. Ministerpräsident um 1914, befreite im Okt. 1914 auf Interv. V. Adlers Lenin aus österr. Haft 279

Suchomlinow W. A., russ. General, Kriegsminister bis 1915, wegen Versagens und Spionageverdachts abgesetzt u. unter Anklage gestellt, durch Intervention Rs. aufgrund dessen Beziehung zu Frau Suchomlinowa freigekommen 190, 320ff, 419

Suchomlinowa, Frau von W. A. Suchomlinow, ging für dessen Enthaftung ein Verhältnis mit R. ein 321

Suchotin A. S., Offizier des Preobraschenskij-Regiments, Freund Felix Jusupows und beteiligt am Mordkomplott gegen R. 368f, 373, 382, 384, 389

Suworin A. S., Herausgeber der konservativen Zeitung »Nowoje Wremja« (Neue Zeit) 343

Svatkovsky O. V., Informant d. dt. Regierung im I. Weltkrieg 340

Szapary Graf Friedrich, österr. Botschafter in Pb. bis 6.8.1914 (Überreichung der Kriegserklärung Österr.-Ungarns an Rußland) 282

Tanejew Alexander S., Jurist, Oberhofmeister, Kanzleichef des Ministerkomitees, ab 1896 Chef der Hofkanzlei, Vater von Anna Wyrubowa geb. Tanejewa, führte sie bei der Zarin ein 87, 176, 229, 343, 367

Tanejewa s. Wyrubowa

Tatischtschew Graf S. S., Gouverneur von Zarizyn 164f

Tatjana Nikolajewna, Großfürstin (1897–1918), zweitälteste Tochter von Nikolaus II. und Alexandra 114f, 190, 303

Teffi (alias Butschinskaja) Nadjeschda A., russ. Schriftstellerin 77

Timofejew Jermak – Anführer der Kosaken bei der Erschließung Sibiriens 20

Tjutschewa Sophija I., Enkelin des russ. Dichters Fjodor Tjutschew, bis 1912 Erzieherin der Zarenkinder, wegen Kritik an R. von der Zarin entfernt 175f

Togo Heihahiro, japan. Admiral, vernichtete 1905 die russ. Flotte bei Taushima 66

Tolstoj Graf Lew N., russ. Schriftsteller († 1910) 265

Trjepow A. F., Mitglied des Staatsrats, 1915 russ. Verkehrsminister, 1916 Ministerpräsident, versuchte vor Duma-Sitzung Skandale durch Entfernung Rs. zu vermeiden, Bestechungsversuch an R. schlug fehl 364, 366f

Trotzkij (Bronstein) Lew 337

Trufanow s. Iliodor

Tchajkowskij Pjotr Iljitsch, russ. Komponist († 1893) 284

Tchemagin Fjodor, Pope in Pokrowskoje 153, 157

Tscherwinskaja N. J., auf R. angesetzte Agentin 421, 423

Uexküll s. Ikskül

Namen, die lediglich in den Berichten
der Geheimpolizei usw. aufscheinen,
z. B. von Agenten oder Prostituierten,
sind hier nicht eigens erfaßt. Hinge-
gen sind einige für das historische
Umfeld interessante Personen auch
unabhängig vom Text genannt.